基于环境权的

环境公益诉讼法理难点研究

邹 雄 等◎著

Exploring the Jurisprudential Challenges in Environmental Public Interest Litigation: An Environmental Rights Perspective

法律出版社
LAW PRESS · CHINA
北京

图书在版编目（CIP）数据

基于环境权的环境公益诉讼法理难点研究 / 邹雄等著. -- 北京：法律出版社，2024. -- ISBN 978 -7 -5197 -9786 -7

Ⅰ. D925.304

中国国家版本馆 CIP 数据核字第 2024K5K756 号

基于环境权的环境公益诉讼法理难点研究
JIYU HUANJINGQUAN DE HUANJING GONGYI SUSONG FALI NANDIAN YANJIU

邹 雄 等著

策划编辑 孙 慧 余群化
责任编辑 孙 慧 余群化
装帧设计 贾丹丹

出版发行 法律出版社
编辑统筹 司法实务出版分社
责任校对 杨锦华
责任印制 吕亚莉
经　　销 新华书店
开本 710 毫米 × 1000 毫米 1/16
印张 25 **字数** 379 千
版本 2024 年 12 月第 1 版
印次 2024 年 12 月第 1 次印刷
印刷 唐山玺诚印务有限公司

地址：北京市丰台区莲花池西里 7 号（100073）
网址：www. lawpress. com. cn
投稿邮箱：info@ lawpress. com. cn
举报盗版邮箱：jbwq@ lawpress. com. cn
销售电话：010 - 83938349
客服电话：010 - 83938350
咨询电话：010 - 63939796

书号：ISBN 978 - 7 - 5197 - 9786 - 7　　**定价**：98. 00 元

凡购买本社图书，如有印装错误，我社负责退换。电话：010 - 83938349

前　言

本书系国家社科基金项目《基于环境权的环境公益诉讼法理难点研究》的研究成果。全书框架结构由邹雄教授统筹策划，具体指导、协调各部分的论证思路和观点，并审定全部书稿，使全书形成一个严谨的逻辑整体。书稿作者及撰写分工如下：

绪论，陈山，福州大学讲师，环境与资源保护法学博士研究生。

第一章，王莉，河南财经政法大学教授、博士生导师，环境与资源保护法学博士。

第二章第一节，苏和生，复旦大学诉讼法学博士研究生。

第二章第二节，张珍旭，郑州轻工业大学讲师，环境与资源保护法学博士。

第三章，许仁杰，福州大学环境与资源保护法学博士研究生。

第四章第一节，邹雄，福州大学法学院教授、博士生导师，阳光学院法学院教授；陈山，福州大学讲师，环境与资源保护法学博士研究生。

第四章第二节，邹雄，福州大学法学院教授、博士生导师，阳光学院法学院教授；陈山，福州大学讲师，环境与资源保护法学博士研究生；周宇，福建江夏学院副教授，法学博士。

第五章第一节，詹宇雷，福州大学法学博士研究生。

第五章第二节，王宗涛，海南大学环境与资源保护法学博士研究生。

第五章第三至五节，邹雄，福州大学法学院教授、博士生导师，阳光学院法学院教授。

结论，邹雄，福州大学法学院教授、博士生导师，阳光学院法学院教授。

本课题顺利完成并成书出版，要感谢参与研究的课题组成员和福州大学法学硕士李慧君、蔡奇的辛勤努力！要感谢学界同仁先期研究成果和交流的启发！要感谢单位领导和同事的支持！要感谢法律出版社余群化编辑的精心工作！

本书之撰写，我们虽已尽心竭力，但限于学识素养，错误、疏漏在所难免，敬祈专家同仁不吝赐教，不胜感激！

《基于环境权的环境公益诉讼法理难点研究》课题组

2024 年 12 月 6 日

目录 CONTENTS

绪　　论

一、研究背景和研究意义

环境公益诉讼制度作为引自国外、具有中国特色的司法制度，是我国环境法实施进入21世纪以来的一项重要制度。尤其是党的十八大以来生态文明建设被纳入我国“五位一体”的总体布局以来，我国环境公益诉讼的立法司法实践紧锣密鼓地开展，该制度以司法手段辅助环境行政手段保护生态环境、推动生态治理，被视为环境法重要的制度创新，已成为我国生态环境法治体系中的重要组成部分。同时，环境公益诉讼方面的法学理论研究如同雨后春笋般涌现，从21世纪开始兴起，进入第二个十年后随着环境公益诉讼制度的逐步建立成为环境法学的理论热点之一，相关研究随之进入“井喷期”，对于环境公益诉讼的基础理论研究、具体制度创新、司法实践政策导向、立法完善等方面的研究一直在碰撞和交错中争鸣发展。略显遗憾的是，我国环境公益诉讼的理论研究总体而言滞后于立法司法实践，呈现“制度先行，论证补齐”“制度先上车，理论再补票”的状况。由于环境法学基础性理论的不成熟，对于环境公益诉讼的基础法理问题以及随之而来的制度层面问题的法理解释不同程度地面临各方的质疑和争议。在环境公益诉讼的法理层面，环境公益的内涵外延、环境公益诉讼对应的诉的类型、环境公益诉讼诉权理论、环境公益诉讼原告适格等法理问题尚无统一的认识。在环境公益诉讼的制度层面，环境公益诉讼与环境私益诉讼的衔接、各类环境公益诉讼的区隔和衔接、环境公益诉讼中的各类原告起诉顺位及其衔接、环境民事公益诉讼中的因果关系证明和惩罚性赔偿的适用等问题，也长期处于众说纷纭、莫衷一是的理论混沌状态。因此，对环境公益诉讼的法理难点问题的研究并将其应用至立法、司法实践层面对于澄清长期以来的理论困惑、指明我国环境公益诉讼现有制度改进的方向有着重大意义。

（一）研究背景

1. 立法背景：犬牙交错的多元并行制度

我国环境公益诉讼的立法实践在近十年来可谓大踏步地向前推进，相关法律规范经历了从无到有、多元并行的过程：《民事诉讼法》2012 年修改时引入公益诉讼条款后，2014 年《环境保护法》又做了专项规定，前后几年的环境公益诉讼制度试点过程中也出台了若干文件，① 直至 2017 年《民事诉讼法》和《行政诉讼法》的修正以及各类司法解释颁行，② 已初步形成了由环保公益组织③、检察机关提起环境民事公益诉讼，检察机关提起环境行政公益诉讼的制度安排。同时，刑事附带民事公益诉讼作为一种节约司法资源的诉讼制度被司法解释确立，④ 因此环境刑事附带民事公益诉讼和环境民事公益诉讼产生了同一案由的诉讼类型竞合。此外，2015 年《生态环境损害赔偿制度改革试点方案》的推出，将政府作为原告的生态环境损害赔偿诉讼推向了实践层面，随着 2017 年中共中央办公厅、国务院办公厅印发《生态环境损害赔偿制度改革方案》，以及相应配套法规政策的相继施行，⑤ 生态环境损害赔偿诉讼制度亦初步成型，生态环境损害赔偿诉讼也被认为是与环境民事公益诉讼某种程度存在同质化的诉讼。2020 年《民法典》第七编第七章对环境污染和生态破坏责任进行了规定，生态环境损害的民事责任得以确定，被认

---

① 如《人民检察院提起公益诉讼试点工作实施办法》（已废止）、《人民法院审理人民检察院提起公益诉讼案件试点工作实施办法》和最高人民法院《关于审理环境公益诉讼案件的工作规范（试行）》等。

② 如最高人民法院《关于适用中华人民共和国民事诉讼法的解释》，最高人民法院、最高人民检察院《关于检察公益诉讼案件适用法律若干问题的解释》，《人民检察院公益诉讼办案规则》等。

③ 综合现行规定的含义，本书将有权提起环境公益诉讼的社会组织称为“环保公益组织”，以区别于其他公益诉讼的法定原告主体。

④ 2018 年 3 月，最高人民法院、最高人民检察院《关于检察公益诉讼案件适用法律若干问题的解释》第 20 条规定：“检察机关对破坏生态环境和资源保护，食品药品安全领域侵害众多消费者合法权益，侵害英雄烈士等的姓名、肖像、名誉、荣誉等损害社会公共利益的犯罪行为提起刑事公诉时，可以向人民法院一并提起附带民事公益诉讼，由人民法院同一审判组织审理。”

⑤ 如最高人民法院《关于审理生态环境损害赔偿案件的若干规定（试行）》，生态环境部、司法部、财政部等《关于推进生态环境损害赔偿制度改革若干具体问题的意见》等。

为是环境民事公益诉讼和生态环境损害赔偿诉讼的法律依据。至此，我国环境公益诉讼法律制度体系形成了环境民事公益诉讼、环境刑事附带民事公益诉讼、生态环境损害赔偿诉讼、环境行政公益诉讼等几种环境公益诉讼并行的局面。

2. 司法背景：自上而下的先行先试实践

我国环境公益诉讼的司法实践近十年来也可谓“摸着石头过河”，司法机关随着制度相继出台不断调整司法实践的口径，上述多元并行制度的局面给司法实践带来了一定的困惑。我国环境公益诉讼制度建立以来，2015 年至 2017 年，每年的收案和审结数量均维持在百余件，当检察机关被允许作为环境公益诉讼的原告后，2018 年的收案和审结数量猛增至千余件，① 2020 年最高人民法院工作报告显示环境公益诉讼案件审结数量已达到 1953 件。② 同时，经过两年试点、三年运行，生态环境损害赔偿制度积累了大量的司法案例，从试点期间的 27 件到截至 2020 年 11 月，全国共办理生态环境损害赔偿案件 2700 余件，涉及赔偿金额超过 53 亿元，可谓飞跃式发展。③ 2022 年，根据最高人民法院发布的《中国环境资源审判（2022）》及典型案例，全国法院受理一审环境公益诉讼案件 5885 件、审结 4582 件。④ 实践效果是检验立法质量的重要指标，虽然案件数量激增，但由于环境公益诉讼与传统诉讼在法理上有所不同，且多种环境公益诉讼在优先级、诉讼衔接等制度安排上存在模糊地带，各地处理环境公益诉讼的实践呈现两类特点：一是司法实务处理多样，存在案由类似但各地操作不一的情况；二是检察机关作为环境公益诉讼原告，起到了之前环保公益组织作为原告无法达到的积极能动的作用，但与此同时，与环境行政执法的潜在冲突问题以及对生态环境损害的救济效

① 参见吕忠梅等：《中国环境司法发展报告（2017—2018）》，人民法院出版社 2019 年版，第 7 页。

② 参见周强：《最高人民法院工作报告》，载《中华人民共和国全国人民代表大会常务委员会公报》2020 年第 2 号。

③ 参见季林云、孙倩、齐霁：《刍议生态环境损害赔偿制度的建立——生态环境损害赔偿制度改革 5 年回顾与展望》，载《环境保护》2020 年第 24 期。

④ 参见《关注环境日：2022 年全国法院审结一审环境资源案件 246104 件、环境公益诉讼案件 4582 件、生态环境损害赔偿案件 153 件》，载最高人民法院网 2023 年 6 月 5 日，https：//www. court. gov. cn/zixun/xiangqing/402392. html。

率问题时有显露。如今，面对环境公益诉讼立法框架已经基本完成、司法实践案例也积累了相当数量的局面，亟须在理论上将研究视角拉回环境公益诉讼的基础法理，正本清源，建立共识，将立法论与解释论相结合，不仅要从环境保护的现实需要出发，更要从法理上建立统一的体系，方能将实践中出现的问题用理论工具从源头澄清，避免“头疼医头脚疼医脚”的制度改良。

3. 理论背景：尚未达成共识的理论基础

法学理论为立法、司法实践提供理论遵循和完善指导。近十年来，我国环境公益诉讼的法律制度供给不可谓不充裕，尽管如此，环境公益诉讼在我国依然处于“制度实践先行、理论研究随行”的状态。从研究对象上看，由于环境公益诉讼是不同于刑事、民事、行政三大传统诉讼的新型诉讼，长期以来学界在三大传统诉讼的研究颇有泾渭分明之感，彼此交叉甚少，而环境公益诉讼是融通三大诉讼却又与其不同的新型诉讼，往往偏重于由环境法学者研究，缺乏其他领域的学者共同参与，这就造成了学术话语体系的不匹配，环境公益诉讼的法理体系长时间处于缺乏共识的状态，阻碍其对立法、司法实践的进一步指导完善。从研究内容上看，环境公益诉讼的基础理论铺垫欠佳，目前学界和司法实务界对环境公益诉讼的基础理论认识尚有分歧，对环境公益和环境公益诉讼的概念、环境公益诉讼的诉权来源长期认识不清、观点各异，导致应用这些各异的基础理论解释、完善制度时——如各类环境公益诉讼原告起诉顺位、诉讼衔接、因果关系证明、惩罚性赔偿等方面——往往得出不同的结论而彼此无法说服对方，究其根源，正是这些制度设计依据的基础理论不同导致的。这可能导致制度设计缺乏整体性，制度各局部边界不清，立法和司法实践无法形成合力，因此我国环境公益诉讼的基础法理亟待达成共识。

综上所述，基于立法、司法实践与理论研究的三个维度背景，本书长期对我国环境公益诉讼的制度与理论保持相当程度的关注和兴趣，促成了该项研究的开始。虽然其涉及民法、行政法、诉讼法等多个法律部门，环境法学、法理学、证据法学等多个法学领域，但笔者希望能尽力汲取既有研究成果的养分，以中国问题和中国经验为基础，遵循基本法理，面向实务，对我国环境公益诉讼的法理难点问题做多维度、多层次、创新性的研究，以期补齐环境公益诉讼理论研究的短板，为环境公益诉讼理论框架的建立、环境公益诉讼法律制度的完善以及环境公益诉讼司法实践的统一进行有益的探索，提供可参考的思路。

（二）研究意义

1. 夯实环境公益诉讼理论根基

鉴于环境公益诉讼的法理研究尚有认识模糊乃至错误的情况，针对有待完善之处，本书试图通过回归基本法理的途径对环境公益诉讼的基础理论进行梳理与澄清，起到纠偏勘误的作用。具体来说，本书以环境公益——环境权作为理论线索构建环境公益诉讼的基础理论框架，尝试提炼出环境公益诉讼的法理来源和运行机理，并以这些基础理论为起点和根基解释环境公益诉讼中诸如原告主体资格、起诉顺位、诉讼衔接、证明责任等具体制度问题，反思现有环境公益诉讼的制度安排，并提出合乎法理和实际的改善建议，以系统论的观点重塑环境公益诉讼的制度和体系，加强环境立法在公私法交织背景下的系统性和融通性。

2. 回应环境公益诉讼实践困惑

环境公益诉讼由于制度的先行先试及快速发展，在不同地方遇到形态不同的诸多问题，如受案范围的不统一、类似案由却得到不同处理、同一案由不同原告起诉主体间的博弈、同一案由不同类诉讼间的优先级与衔接不明、因果关系举证责任分配规则和证明标准不清等。本书试图通过对环境公益诉讼基本理论的研究，对我国环境公益诉讼实践运行情况的深入了解，来发现两者间认识的不对称性，并挖掘其中的深层原因，从而为切实回应实践中因为基础理论含混不清而造成的困惑和争议寻求答案。

3. 优化环境公益诉讼制度安排

2012 年《民事诉讼法》修正以来，我国环境公益诉讼的法律法规供给逐年增加，虽然目前环境公益诉讼的法律制度初步体系化，但不免有响应政策为先的政治运动化、行政主导化倾向以及“头疼医头脚疼医脚”的零敲碎打之感，这也让基层司法实务部门难以适从，始终处于“摸着石头过河”的阶段。立法观念和体例的局限、基础理论研究的孱弱和实践经验的不充分使环境公益诉讼法律制度的系统性、整体性不强，甚至有些部分有自相矛盾之嫌，对于司法实务的开展不利。本书试图借助对环境公益诉讼基础研究的深入开展，对环境公益诉讼的法律法规做整体的梳理，指出现行法律规范中不合理之处，并为环境公益诉讼的立法意图、制度原理、制度安排提供新的解释思路，以使法律制度的制定最大程度上贴近制度设计的初衷和目标。

二、研究问题概述

问题意识是指引进行研究的罗盘和路标，应当贯穿研究的始终，这体现了研究的理论价值和实践价值。本书面向环境公益诉讼的法理难点问题，将在如下分论题上展开分析阐述。

（一）环境公益及环境公益诉讼的界定

对环境公益的界定实际上是对环境公益诉讼受案范围的界定，这是研究环境公益诉讼的起点和先决问题。目前在该问题上学术界和实务界虽有一定认识，但依然存在困惑：如何正确认识环境、生态的科学概念和法学概念？两者是否处于同一语境，是否应当被同等对待？环境公益如何脱胎于环境、生态等概念而产生？环境公益与环境私益、环境国益、环境众益之间的关系如何？环境公益作为新型利益在法律中被保护的价值与可能性如何，其内涵和外延是否会因时代变迁而变化，与资源性利益、人格性利益等其他利益相比有何特殊性？为回应上述问题，本书将从资源、环境和生态的自然科学、社会学、法学意义着手，从事理到法理进行辨析，对环境公益从自然科学、逻辑、历史、法学四个层面锚定其坐标，从而确定环境公益的概念，同时根据环境公益诉讼制度设计的初衷和立法目标，确定环境公益诉讼边界、类型和受案范围。

（二）环境公益诉讼的诉权理论

在明晰环境公益的概念后，必须明确环境公益诉讼作为一种新型诉讼，其诉权来源为何，对诉权的正当性进行证成。目前在该问题上学术界和实务界远未达成共识，各类学说纷杂，亟待梳理和澄清，具体问题包括：环境公益诉讼救济的权利或利益究竟为何？何种权利能作为环境公益诉讼的诉权基础？该种权利如何被定义构造，如果是一种新型权利的话在权利图谱中如何定位？该种权利或法益在环境民事公益诉讼、环境行政公益诉讼、生态环境损害赔偿诉讼等各类环境公益诉讼中如何得以救济？为回应上述问题，本书将从描绘环境权作为新型权利在传统权利图谱中的应然构造、诉讼法诉权理论角度出发，全面论述环境权作为各类环境公益诉讼诉权基础的必要性和正当性。

（三）环境公益诉讼的当事人适格

目前，我国法律对各类环境公益诉讼中原告的主体设定各有不同，主要有环保公益组织、检察机关、行政机关①三类，然而目前对这三类原告主体的适格理论研究不够充分，导致在立法、司法实务中对各类原告主体的设定不尽合理，具体问题包括：环保公益组织、检察机关、行政机关提起各类环境公益诉讼的正当性的理论依据为何？为何是这三类原告主体而不是其他？公民是否应当并有可能成为环境公益诉讼的原告？如何防范滥诉？检察机关提起的环境公益诉讼对于环境行政执法、环境司法行为来说还存在隐性的法律监督意味，其作为原告和法律监督机关的定位似有冲突，如何在法理上把握检察机关法律监督的本质并消解冲突？为回应上述问题，本书将从诉讼法当事人适格理论出发，逐一检视各类环境公益诉讼的原告当事人资格，对公民是否应当获得原告资格提出自己的观点。

（四）环境公益诉讼制度难点的法理探索

如前文所述，我国环境公益诉讼法律制度体系形成了环境民事公益诉讼、生态环境损害赔偿诉讼、环境行政公益诉讼等几种环境公益诉讼多元并行的局面。然而在立法和司法实践中，由于分布在公法、私法各个法律部门中交织错杂的法律规范不够详尽统一，以及对环境公益诉讼的基本法理认识模糊，导致各类环境公益诉讼，环境公益诉讼与其他传统诉讼，以及环境公益诉讼与其他生态环境损害救济手段的衔接存在模糊地带，具体表现为：环境公益诉讼与环境私益诉讼如何衔接？环境民事公益诉讼与生态环境损害赔偿诉讼之间存在界限不清、制度目的雷同的问题，如何协调两种同质化的诉讼？各类环境公益诉讼和环境执法之间存在司法权与行政执法权的竞合，如何理解和妥善处置？此外，还有环境民事公益诉讼中的因果关系证明和惩罚性赔偿

① 为便于表述，本书将现行相关规定中的“省级、市地级人民政府及其指定的相关部门、机构，或者受国务院委托行使全民所有自然资源资产所有权的部门”等类似表述的主体统称为行政机关。

的适用等认识混乱问题。为回应上述问题，本书将针对环境侵害行为的公益诉讼、私益诉讼与各类环境公益诉讼衔接的理论基础、诉的合并在各类环境公益诉讼以及相关传统诉讼中的应用、环境民事公益诉讼与生态环境损害赔偿诉讼的制度选择和具体制度完善上展开讨论，以构建较完善的环境公益诉讼制度体系。

三、研究现状综述

确定研究选题和对研究对象后，需要对现有的研究状况进行全面摸排，在提炼既有核心研究成果、发现现有研究不足和漏洞的基础上，确定本书的入手点和研究方向，以期在汲取已有研究成果的基础上补充拓展新认知。

（一）既有研究内容概览

从既有研究成果的体裁上看，主要包括期刊论文和学位论文、学术专著、教材、调研报告等；从数量上看，与各类环境公益诉讼有关的期刊论文和学位论文逾6000篇，学术著作逾百部；从研究人员构成上看，除了学者外，也有不少法院、检察机关等司法实务部门的人士参与了相关问题的研究，前者偏重于研究宏观理论问题或制度体系问题，后者则偏重于从实务出发，从微观角度出发，以工作中的难点或实务经验为出发点，探索微观制度设计；从研究趋势上看，21世纪之前，国内对此研究寥寥无几，21世纪前十年，呈现逐渐升温的态势，2010年后至今随着我国环境公益诉讼法律法规陆续颁布施行，该领域研究呈现十分活跃的状态。

从20世纪80年代至90年代由马骧聪先生（1981）、陶红英先生（1991）、王曦先生（1991）等资深学者将美国公民诉讼的经验引入我国，[①] 21世纪以来逐渐成为理论热点。环境公益诉讼研究根据研究范围、角度以及对象的不同，可将研究内容大致分为基础法理研究和制度设计研究两类，由于环境公益诉讼是“舶来品”，域外比较研究也是研究的重要面向。

---

① 参见马骧聪、程正康：《违反环境保护法规的法律责任》，载《法学研究》1981年第5期；陶红英：《美国环境法中的公民诉讼制度》，载《法学评论》1990年第6期；王曦：《美国〈清洁空气法〉的公民执行规定》，载《上海环境科学》1991年第6期；徐祥民、宋福敏：《建立中国环境公益诉讼制度的理论准备》，载《中国人口·资源与环境》2016年第7期。

1. 环境公益诉讼的基础法理研究

基础法理研究的主要研究对象是环境公益诉讼的基础理论，包括环境公益和环境公益诉讼的界定、环境公益诉讼的救济对象、环境公益诉讼的诉权来源等。

(1) 环境公益的界定和环境公益诉讼的界定。环境公益和环境公益诉讼的界定在我国环境公益诉讼研究的早中期讨论较为激烈，且凡有环境公益诉讼研究必言及“环境公益”概念，盖因其为环境公益诉讼的逻辑原点。环境公益的界定主要围绕环境公益享有的主体和环境公益的内容展开。环境公益的主体有若干类学说，一是从主体外延界定的“人类共同享有论”；① 二是从主体性质及享有形式界定的“自然人独立享有论”；② 三是以环境“公益、私益、国益、众益”等相似利益的区分为视角的“不特定多数人论”：③ 有学者将环境利益分为“环境公益”“环境私益”“环境国益”，并把群体诉讼中特定多数人的“环境私益”称为“环境众益”，归为“环境私益”。环境公益的内容学说也分为两类：一是“生态功能客体论”。生态环境利益是一种与环境相关的人格利益和经济性利益相区分的自然人之利益，是蕴含在生态环境多种生态服务功能中的利益，只有对生态环境本身造成损害导致环境生态功能退化或丧失时才构成对生态环境利益的侵害。④ 二是“经济性、生态性混合利益论”。将环境公益分为经济性环境公益和生态性环境公益两大类型，经济性环境公益又分为资源性环境公益和容量性环境公益。⑤ 由环境公益出

---

① 参见徐祥民、凌欣、陈阳：《环境公益诉讼的理论基础探究》，载《中国人口·资源与环境》2010 年第 1 期。

② 参见王小钢：《论环境公益诉讼的利益和权利基础》，载《浙江大学学报（人文社会科学版）》2011 年第 3 期。

③ 参见肖建国：《利益交错中的环境公益诉讼原理》，载《中国人民大学学报》2016 年第 2 期；陈廷辉：《国家利益与社会公共利益的认定——以环境公益诉讼为视角》，载《人民检察》2020 年第 1 期。

④ 参见吕忠梅：《环境公益诉讼辨析》，载《法商研究》2008 年第 6 期；蔡守秋：《从环境权到国家环境保护义务和环境公益诉讼》，载《现代法学》2013 年第 6 期；竺效：《论环境民事公益诉讼救济的实体公益》，载《中国人民大学学报》2016 年第 2 期；刘卫先：《环境法学中的环境利益：识别、本质及其意义》，载《法学评论》2016 年第 3 期；肖建国、宋春龙：《环境民事公益诉讼程序问题研究 以不同环境利益的交织与协调为切入点》，载《法律适用》2016 年第 7 期；张宝、潘鸣航：《环境公益诉讼中“公益”的识别与认定——一种反向排除的视角》，载《中南大学学报（社会科学版）》2018 年第 2 期。

⑤ 参见杨朝霞：《论环境公益诉讼的权利基础和起诉顺位——兼谈自然资源物权和环境权的理论要点》，载《法学论坛》2013 年第 3 期。

发，界定环境公益诉讼的研究角度有：对环境公益诉讼性质、种类、式的讨论，[①] 对环境公益诉讼与类似诉讼（如文物保护类公益诉讼、自然资源损害赔偿诉讼等）的辨析，[②] 对环境公益诉讼具体受案范围的界定（特别是将环境公益损害司法救济的模式扩展至预防性救济的情形）。[③] 此外，生态环境损害赔偿诉讼与环境民事公益诉讼的关系也处于讨论的中心，有关学者围绕诉讼的目的、性质、功能、价值等方面从理论到实践层面比较生态环境损害赔偿诉讼与环境民事公益诉讼之间的异同。[④]

---

① 参见吕霞：《环境公益诉讼的性质和种类——从对“公益”的解剖入手》，载《中国人口·资源与环境》2009 年第 3 期；黄锡生、谢玲：《环境公益诉讼制度的类型界分与功能定位——以对环境公益诉讼“二分法”否定观点的反思为进路》，载《现代法学》2015 年第 6 期；徐以祥：《我国环境公益诉讼的模式选择——兼评环境行政公益诉讼为主模式论》，载《西南民族大学学报（人文社会科学版）》2017 年第 10 期；刘清生：《论环境公益诉讼的非传统性》，载《法律科学》2019 年第 1 期；巩固：《环境民事公益诉讼性质定位省思》，载《法学研究》2019 年第 3 期。

② 参见杨秀清、谢凡：《环境民事公益诉讼法律适用困境及其破解》，载《河北法学》2020 年第 5 期；陈冬：《文物保护公益诉讼与环境公益诉讼之辨析——以公共利益为中心》，载《政法论丛》2021 年第 2 期；杨朝霞：《环境公益诉讼制度的诉因检视：从解释论到立法论——以“生态”与“环境”的辨析为中心》，载《中国政法大学学报》2021 年第 5 期。

③ 参见刘超：《环境行政公益诉讼受案范围之实践考察与体系展开》，载《政法论丛》2017 年第 4 期；唐瑭：《风险社会下环境公益诉讼的价值阐释及实现路径——基于预防性司法救济的视角》，载《上海交通大学学报（哲学社会科学版）》2019 年第 3 期；于文轩、牟桐：《论环境民事诉讼中“重大风险”的司法认定》，载《法律适用》2019 年第 14 期；吴凯杰：《论预防性检察环境公益诉讼的性质定位》，载《中国地质大学学报（社会科学版）》2021 年第 1 期；刘长兴：《超越惩罚：环境法律责任的体系重整》，载《现代法学》2021 年第 2 期；曹明德、马腾：《我国生态环境民事预防性救济体系的建构》，载《政法论丛》2021 年第 2 期；刘梦瑶：《预防性环境公益诉讼的理路与进路——以环境风险的规范阐释为中心》，载《南京工业大学学报（社会科学版）》2021 年第 2 期；张百灵：《预防性环境行政公益诉讼的理论基础与制度展开》，载《行政法学研究》2021 年第 6 期。

④ 参见程多威、王灿发：《生态环境损害赔偿制度的体系定位与完善路径》，载《国家行政学院学报》2016 年第 5 期；彭中遥：《生态环境损害赔偿诉讼的性质认定与制度完善》，载《内蒙古社会科学（汉文版）》2019 年第 1 期；刘莉、胡攀：《生态环境损害赔偿诉讼的公益诉讼解释论》，载《西安财经学院学报》2019 年第 3 期；李浩：《生态损害赔偿诉讼的本质及相关问题研究——以环境民事公益诉讼为视角的分析》，载《行政法学研究》2019 年第 4 期；林莉红、邓嘉咏：《论生态环境损害赔偿诉讼与环境民事公益诉讼之关系定位》，载《南京工业大学学报（社会科学版）》2020 年第 1 期；秦天宝、吴良志：《海洋生态环境损害赔偿诉讼的性质刍议——结合相邻诉讼类型关系的考察》，载《西部法学评论》2020 年第 2 期；邓少旭：《生态环境损害赔偿诉讼：定义与定位矫正》，载《中国环境管理》2020 年第 3 期；浙江省湖州市中级人民法院与中国人民大学法学院联合课题组、李艳芳：《生态环境损害赔偿诉讼的目的、比较优势与立法需求》，载《法律适用》2020 年第 4 期；罗丽：《生态环境损害赔偿诉讼与环境民事公益诉讼关系实证研究》，载《法律适用》2020 年第 4 期；周勇飞：《生态环境损害赔偿诉讼与环境民事公益诉讼的界分——功能主义的视角》，载《湖南师范大学社会科学学报》2020 年第 5 期。

（2）环境公益诉讼的原告资格和诉权理论。环境公益诉讼的原告资格与传统诉讼依据的理论有所不同，突破直接利害相关原则、扩展原告资格几乎已成为共识，研究的焦点在于原告资格扩张或限制的程度范围及其依据。一是原告资格范围的讨论：被讨论到的原告主体一般包含检察机关、行政机关、环保公益组织、公民四类，环境公益诉讼原告资格范围从二元论到四元论不一而足。以二元论为例，有学者认为环保公益组织、检察机关应具有原告资格，环保公益组织优先。[①] 以三元论为例，有学者认为检察机关、环保公益组织、公民应具有原告资格，顺位为检察机关、环保公益组织、公民；[②] 有学者认为检察机关、环保公益组织、生态环境行政机关应具有原告资格，以何种顺位还有待观察。[③] 以四元论为例，有学者认为四类主体均可以不同理由获得原告资格，顺位为环保公益组织、行政机关、检察机关、公民。[④] 由于《海洋环境保护法》对海洋环境公益诉讼原告主体资格的特殊限制规定，对海洋环境公益诉讼这一特殊环境公益诉讼的原告资格范围学界也有不少涉猎。[⑤] 二是原告资格获得的依据：现有研究主要将环境公益诉讼（生态环境损害赔偿诉讼作为广义的环境公益诉讼亦在讨论之列）的诉权来源、实体权利基础、理论基础等作为环境公益诉讼原告资格扩张、限制的解释论依据，其主要理论包括但不限于"环境权论""自然资源所有权论""国家环境保护义务论""环境行政执法权论""环境法益救济论""公共信托理论""诉讼

---

① 参见吴应甲：《我国环境公益诉讼主体多元化研究——以民事原告资格为中心》，厦门大学2016年博士学位论文，第32页。

② 参见张锋：《环境公益诉讼起诉主体的顺位设计刍议》，载《法学论坛》2017年第2期。

③ 参见李浩：《民事公益诉讼起诉主体的变迁》，载《江海学刊》2020年第1期。

④ 参见孙海涛、张志祥：《论我国环境公益诉讼原告主体资格的拓展与抑制》，载《河海大学学报（哲学社会科学版）》2020年第4期。

⑤ 参见段厚省：《海洋环境公益诉讼四题初探——从浦东环保局诉密斯姆公司等船舶污染损害赔偿案谈起》，载《东方法学》2016年第5期；陈惠珍、白续辉：《海洋环境民事公益诉讼中的适格原告确定：困境及其解决路径》，载《华南师范大学学报（社会科学版）》2018年第2期；竺效、梁晓敏：《论检察机关在涉海"公益维护"诉讼中的主体地位》，载《浙江工商大学学报》2018年第5期；张文松：《海洋生态环境损害：政府索赔权的法理审视与规范构造》，载《中国地质大学学报（社会科学版）》2020年第2期；王秀卫：《海洋生态环境损害赔偿制度立法进路研究——以〈海洋环境保护法〉修改为背景》，载《华东政法大学学报》2021年第1期；杨华：《海洋环境公益诉讼原告主体论》，载《法商研究》2021年第3期。

担当理论”等。[①]

2. 环境公益诉讼的制度设计研究

制度设计研究的主要研究对象是环境公益诉讼（含生态环境损害赔偿诉讼）的具体司法制度，包括环境公益诉讼、生态环境损害赔偿诉讼具体环节的特殊制度和各类环境公益诉讼之间的制度衔接。

（1）环境公益诉讼、生态环境损害赔偿诉讼具体诉讼环节的特殊制度及司法适用，如诉前程序、[②] 磋商制度、[③] 司法审查标准、[④] 责任承担方式与执行、[⑤] 惩罚性赔偿责任、[⑥] 举证责任[⑦]等。

---

① 参见徐祥民、胡中华、梅宏：《环境公益诉讼研究：以制度建设为中心》，中国法制出版社2009年版，第12页；蔡维力：《环境诉权初探》，中国政法大学出版社2010年版，第73页；徐祥民、张明君：《建立我国环境公益诉讼制度的便捷路径》，载《河北法学》2014年第6期；黄忠顺：《环境公益诉讼制度扩张解释论》，载《中国人民大学学报》2016年第2期；谢伟：《环境公益诉权研究》，中国政法大学出版社2016年版，第46页；张祥伟：《环境公益诉讼司法运行理论与实践研究》，中国政法大学出版社2018年版，第5页；刘汉天、刘俊：《公民环境公益诉讼主体资格的法理基础及路径选择》，载《江海学刊》2018年第3期；唐瑭：《环境损害救济的逻辑重构——从“权利救济”到“法益救济”的嬗变》，载《法学评论》2018年第5期；曾哲、梭娅：《环境行政公益诉讼原告主体多元化路径探究——基于诉讼客观化视角》，载《学习与实践》2018年第10期；李亚菲：《环境公益诉讼中的诉权分析》，载《西南民族大学学报（人文社会科学版）》2019年第3期；刘艺：《检察公益诉讼的诉权迷思与理论重构》，载《当代法学》2021年第1期。

② 参见刘超：《环境行政公益诉讼诉前程序省思》，载《法学》2018年第1期；张锋：《检察环境公益诉讼之诉前程序研究》，载《政治与法律》2018年第11期；李俊：《检察机关在环境公益诉讼中法律监督权的完善——以诉前阶段为视角》，载《广西大学学报（哲学社会科学版）》2020年第1期。

③ 参见黄锡生、韩英夫：《生态损害赔偿磋商制度的解释论分析》，载《政法论丛》2017年第1期；刘莉、胡攀：《生态环境损害赔偿磋商制度的双阶构造解释论》，载《甘肃政法学院学报》2019年第1期；别涛、刘倩、季林云：《生态环境损害赔偿磋商与司法衔接关键问题探析》，载《法律适用》2020年第7期。

④ 参见王清军：《环境行政公益诉讼中行政不作为的审查基准》，载《清华法学》2020年第2期；吕忠梅、黄凯：《探索“行政不作为”公益诉讼新规则——“睢宁油泥案”评析》，载《中国法律评论》2020年第5期；李瑰华：《行政公益诉讼中行政机关“依法履职”的认定》，载《行政法学研究》2021年第5期。

⑤ 参见刘超：《环境行政公益诉讼判决形式的疏失及其完善——从试点期间典型案例切入》，载《浙江工商大学学报》2018年第5期；龚学德：《论公法制裁后环境民事公益诉讼中的重复责任》，载《行政法学研究》2019年第5期；董斌：《环境民事公益诉讼中预防性责任适用规则的优化路径》，载《中国环境管理》2019年第5期；王利明：《〈民法典〉中环境污染和生态破坏责任的亮点》，载《广东社会科学》2021年第1期。

⑥ 参见李华琪、潘云志：《环境民事公益诉讼中惩罚性赔偿的适用问题研究》，载《法律适用》2020年第23期；吴卫星、何钰琳：《论惩罚性赔偿在生态环境损害赔偿诉讼中的审慎适用》，载《南京社会科学》2021年第9期。

⑦ 参见王秀卫：《我国环境民事公益诉讼举证责任分配的反思与重构》，载《法学评论》2019年第2期；吴一冉：《生态环境损害赔偿诉讼举证责任相关问题探析》，载《法律适用》2020年第7期。

（2）环境公益诉讼制度设计与内外衔接。包括环境公益诉讼与生态环境行政执法之间的衔接，环境民事公益诉讼、生态环境损害赔偿诉讼、环境行政公益诉讼之间的制度安排以及诉讼衔接，还包括环境公益诉讼和环境私益诉讼之间的衔接。[①] 一是各类环境公益诉讼与生态环境行政执法的衔接，即各种原告主体借助环境公益诉讼的司法救济方式与生态环境行政机关使用自身行政职权救济生态环境损害之间的衔接，其关键在于如何平衡生态环境损害救济中行政权与司法权的运行。有学者认为，行政机关应在穷尽行政手段之后方能提起生态环境损害赔偿诉讼。行政手段失效时，应首先以环境行政公益诉讼对行政机关的生态环境行政行为进行监督，环境民事公益诉讼或生态环境损害赔偿诉讼仅在行政手段无法救济生态环境损害时发挥补充作用；[②] 有学者认为应根据生态环境损害的可修复性来构建衔接机制，对于可修复的生态环境损害，应先通过行政手段进行救济，对于不具有可修复性的生态环境损害，应由行政机关直接提起生态环境损害赔偿诉讼。[③] 二是环境民事公益诉讼与生态环境损害赔偿诉讼的衔接。多数学者认为，由于当下两种同质性诉讼并行，应通过立法对环境民事公益诉讼和生态环境损害赔偿诉讼进行制度整合。目前最直接简便的方式是对两种诉讼的运行顺位和检察机关、行政机关、环保公益组织等原告主体的起诉顺位做出制度安排，从而理顺环境民事公益诉讼和生态环境损害赔偿诉讼的制度衔接。学界有

---

① 参见何江：《环境公益诉讼程序协调论》，重庆大学2019年博士学位论文，第13页；周勇飞、高利红：《多元程序进路下环境公共利益司法体系的整合与型构》，载《郑州大学学报（哲学社会科学版）》2020年第5期；向往、秦鹏：《生态环境损害赔偿诉讼与民事公益诉讼衔接规则的检讨与完善》，载《重庆大学学报（社会科学版）》2021年第1期；吕梦醒：《生态环境损害多元救济机制之衔接研究》，载《比较法研究》2021年第1期；王曦：《我国环境公益诉讼制度设计的弊端与改进》，载《昆明理工大学学报（社会科学版）》2021年第1期；张宝：《我国环境公益保护机制的分化与整合》，载《湖南师范大学社会科学学报》2021年第2期；颜运秋：《中国特色公益诉讼制度体系化构建》，载《甘肃社会科学》2021年第3期；彭中遥：《论生态环境损害赔偿诉讼与环境公益诉讼之衔接》，载《重庆大学学报（社会科学版）》2021年第3期；宋歌：《我国环境公益诉讼行刑衔接理论与实践完善研究》，载《法学杂志》2021年第7期；朱谦、于晶晶：《民法典视域下环境民事公私益诉讼衔接之进路研究》，载《中国地质大学学报（社会科学版）》2021年第5期。

② 参见冷罗生、李树训：《生态环境损害赔偿制度与环境民事公益诉讼研究——基于法律权利和义务的衡量》，载《法学杂志》2019年第11期；张宝：《我国环境公益保护机制的分化与整合》，载《湖南师范大学社会科学学报》2021年第2期。

③ 参见吕梦醒：《生态环境损害多元救济机制之衔接研究》，载《比较法研究》2021年第1期。

“环境民事公益诉讼优先说”[①]、“生态环境损害赔偿诉讼优先说”[②]、“依据受理顺序说”[③] 以及“依据具体条件说”。[④] 三是环境民事公益诉讼与私益诉讼的衔接。有学者认为，环境民事公益诉讼应优先审理，在特定情形下可合并审理。[⑤] 有学者认为，两者同时提起或者私益诉讼率先提起时，应以环境民事公益诉讼优先为基本前提，赋予私益诉讼原告诉讼中止权，即可决定私益诉讼是否中止，待公益诉讼的判决作出后，重启私益诉讼并可援引公益诉讼判决的权利。[⑥]

3. 环境公益诉讼的域外比较研究

学界不忘扩展研究视域，借鉴环境公益诉讼域外发源地的理论与实践，针对英美法系、大陆法系国家环境公益诉讼的考证和比较研究也有一定数量。英美法系以美国最为常见，大陆法系主要有德国、法国、日本等国，研究围绕美国环境公民诉讼，美国自然资源损害赔偿制度，德国环境团体诉讼，《法国民法典》中生态损害责任，日本生态环境的民事责任，加拿大、印度、巴西、欧盟等国家和地区的环境公益诉讼制度展开，重点在于各国原告资格

---

① 参见张春莉：《生态环境损害赔偿诉讼的检视与完善》，载《南京社会科学》2019 年第 12 期；邓少旭：《生态环境损害赔偿诉讼：定义与定位矫正》，载《中国环境管理》2020 年第 3 期；朱谦、谌杨：《“生态环境损害赔偿诉讼优先论”之思辨——兼论与环境民事公益诉讼的顺位问题》，载《学术论坛》2020 年第 5 期。

② 参见胡静、崔梦钰：《二元诉讼模式下生态环境修复责任履行的可行性研究》，载《中国地质大学学报（社会科学版）》2019 年第 6 期；史玉成：《生态环境损害赔偿制度的学理反思与法律建构》，载《中州学刊》2019 年第 10 期；冷罗生、李树训：《生态环境损害赔偿制度与环境民事公益诉讼研究——基于法律权利和义务的衡量》，载《法学杂志》2019 年第 11 期。

③ 参见程多威、王灿发：《论生态环境损害赔偿制度与环境公益诉讼的衔接》，载《环境保护》2016 年第 2 期。

④ “依据具体条件说”认为生态环境损害赔偿诉讼与环境民事公益诉讼的顺位关系确定应根据两者的诉权来源、损害严重程度、制度功能逻辑等方面分别确定。参见杨朝霞：《论环境公益诉讼的权利基础和起诉顺位——兼谈自然资源物权和环境权的理论要点》，载《法学论坛》2013 年第 3 期；潘牧天：《生态环境损害赔偿诉讼与环境民事公益诉讼的诉权冲突与有效衔接》，载《法学论坛》2020 年第 6 期。

⑤ 参见肖建国、黄忠顺：《环境公益诉讼基本问题研究》，载《法律适用》2014 年第 4 期。

⑥ 参见吴如巧、雷嘉、郭成：《论环境民事公益诉讼与私益诉讼的共通性——以最高人民法院相关司法解释为视角的分析》，载《重庆大学学报（社会科学版）》2019 年第 5 期；朱谦、谌杨：《“生态环境损害赔偿诉讼优先论”之思辨——兼论与环境民事公益诉讼的顺位问题》，载《学术论坛》2020 年第 5 期。

比较、制度的由来和未来趋势以及对我国环境公益诉讼制度的借鉴意义。① 域外环境公益诉讼部分制度与我国环境公益诉讼的目的功能类似，但有差异。域外主要制度如下：在英美法系，代表国家为美国，主要包括环境公民诉讼和自然资源损害赔偿诉讼两类。前者原告主体范围在宪法、单行法的特别规定、司法惯例等限制下可以扩大至“任何人”，② 以“督促执法”为制度目的，诉讼请求包含了颁布“禁令”和民事罚款两类，并以和解协议结案为多；③ 后者的原告主体限定为公共信托理论下作为“受托人”的美国联邦政府、州政府等政府主体，追究的是前者所不涉及的生态环境损害修复责任，超越了侵权法对于经济性市场价值追偿的限制，④ 大致可等同于我国生态环境损害赔偿诉讼。在大陆法系国家中，主要包括德国、法国、日本。德国秉持环境法主要为公法的理念，建立环境团体诉讼制度，属于利他性团体诉讼，性质为环境行政公益诉讼，原告为环保团体，被告为负有环境管理职责的联邦或州的政府、部门及其他公法组织，诉讼请求包括可以针对联邦政府或州政府对损害环境行为的不作为请求法院确认违法，请求法院撤销违法的行为

---

① 参见汪劲、严厚福、孙晓璞编译：《环境正义：丧钟为谁而鸣——美国联邦法院环境诉讼经典判例选》，北京大学出版社2006年版，第56页；陈冬：《美国环境公民诉讼研究》，中国人民大学出版社2014年版，第89页；李挚萍：《环境公益保护视野下的巴西检察机构之环境司法》，载《法学评论》2010年第3期；吴卫星：《环境公益诉讼原告资格比较研究与借鉴——以美国、印度和欧盟为例》，载《江苏行政学院学报》2011年第3期；王彬辉：《加拿大环境公民诉讼制度及对我国的启示》，载《湖南师范大学社会科学学报》2014年第3期；曹明德：《中美环境公益诉讼比较研究》，载《比较法研究》2015年第4期；侯佳儒：《环境公益诉讼的美国蓝本与中国借鉴》，载《交大法学》2015年第4期；巩固：《大同小异抑或貌合神离？中美环境公益诉讼比较研究》，载《比较法研究》2017年第2期；吴宇：《德国环境团体诉讼的嬗变及对我国的启示》，载《现代法学》2017年第2期；章楚加：《德国环境团体诉讼制度之立法嬗变及动因探析》，载《德国研究》2017年第4期；刘艺：《美国私人检察诉讼演变及其对我国的启示》，载《行政法学研究》2017年第5期；张陈果：《论德国示范确认之诉改革对我国环境公益诉讼的启示与借鉴》，载《法律适用》2019年第3期；王琪：《公私法互融背景下的域外生态环境损害责任制度对我国的启示》，载《环境保护》2019年增刊第1期；梁神宝：《瑞士法上生态损害的预防和救济体系》，载《法治研究》2020年第2期；李琳：《法国生态损害之民法构造及其启示——以损害概念之扩张为进路》，载《法治研究》2020年第2期；张挺：《日本生态环境损害的民事责任：私法的意义与界限》，载《法治研究》2020年第2期；刘晓华：《美国自然资源损害赔偿制度及对我国的启示》，载《法律适用》2020年第7期；王曦：《美国最高法院环境判例起诉资格考》，载《清华法学》2021年第2期。

② 参见巩固：《美国环境公民诉讼之起诉限制及其启示》，载《法商研究》2017年第5期。

③ 参见巩固：《大同小异抑或貌合神离？中美环境公益诉讼比较研究》，载《比较法研究》2017年第2期。

④ 参见刘晓华：《美国自然资源损害赔偿制度及对我国的启示》，载《法律适用》2020年第7期。

或请求法院判决行政机关履行职责。[①] 法国形成了环境民事公益诉讼和环境行政公益诉讼二元并存的协会诉讼模式。原告主体为《法国环境法典》第141－2条规定的符合特定资格条件的环保协会，行政公益诉讼中的被告为政府，民事公益诉讼中的被告为实施污染行为或生态破坏行为的企业或个人。其中，环境行政公益诉讼中原告须先行申请行政救济，穷尽所有行政救济措施后，行政法院方可受理，定位为监督执行之诉。环境民事公益诉讼仅适用于特定的环境犯罪直接或间接侵害了环保协会应保护的集体利益的情形，且是在刑事法院提起的附带环境民事公益诉讼。该诉讼以被告构成犯罪为前提，法国地方政府也有权提起生态环境损害赔偿诉讼，与上述环保协会提起的诉讼无顺位之分，环保协会无须提前通知政府机关，不用和地方政府分享追究生态环境损害责任的执法资格，以污染破坏生态环境者为被告，被视为平行之诉。[②] 另外，《法国民法典》规定了生态环境损害赔偿之诉，原告是所有具有诉讼利益与资格的人，如国家、法国国家生物多样性保护署、地方政府及其辖区内的公共机构，或者满足特定条件的旨在保护环境的组织。[③] 日本生态环境损害在民事法上没有承担民事责任的依据，环境团体诉讼制度也尚未建立，在公法上的行政事件诉讼法层面虽然增加了撤销之诉、原告适格范围扩大、附义务诉讼的灵活运用等生态环境行政诉讼制度供给，但日本最高法院对原告有特殊要求，即要求原告具有“一般公益难以吸收化解的法律利益”。日本主流观点认为在个人原告资格不符合条件的情况下，应当对环境团体诉讼立法并探讨集团利益的救济。另外，在行政诉讼方面，如地方政府怠于行使环境公害防治职权，则居民可以代位行使请求权。[④]

---

① 参见徐以祥：《我国环境公益诉讼的模式选择——兼评环境行政公益诉讼为主模式论》，载《西南民族大学学报（人文社会科学版）》2017年第10期。

② 参见胡静：《环保组织提起的公益诉讼之功能定位——兼评我国环境公益诉讼的司法解释》，载《法学评论》2016年第4期；徐以祥：《我国环境公益诉讼的模式选择——兼评环境行政公益诉讼为主模式论》，载《西南民族大学学报（人文社会科学版）》2017年第10期。

③ 参见李琳：《法国生态损害之民法构造及其启示——以损害概念之扩张为进路》，载《法治研究》2020年第2期。

④ 参见张挺：《日本生态环境损害的民事责任：私法的意义与界限》，载《法治研究》2020年第2期。

（二）既有研究成果评估

对既有文献进行评估的意义在于明确目前环境公益诉讼研究的整体情况，以及未来可能的方向，以期在现有研究的基础上，提炼出有益的成果和经验，掌握既有研究的空白和有待完善之处，进而判断接下来研究的应然起点、可能路径、总体方向。整体来看，环境公益诉讼的研究总体呈现重制度、轻理论，重局部、轻整体，逐渐从立法论走向解释论，在理想与现实之间反复摇摆的情况。

1. 既有研究成果概况

（1）作为环境公益诉讼的逻辑原点，对环境公益与环境私益的区分似乎未有共识：环境公益即不特定多数人共享的生态环境利益。可以看到各界在谈及环境公益诉讼时已经意识到这是对环境生态功能损害的救济，也就是对“环境”本身的救济，将其与传统的经济性利益损害区分开，所以环境公益诉讼仅指预防、修复、救济生态环境自身损害的诉讼。这使学术界和实务界辨析环境公益诉讼的大致边界成为可能，也使环境公益诉讼基础法理其他方面的研究，如对环境公益诉讼的性质定位、受案范围以及环境公益诉讼类型选择上，学术界和实务界有了共同的认识基础。此外，“环境公益”“环境私益”“环境国益”的三分法进一步细化了环境的经济性和生态性利益的界定范式，为国家作为生态环境损害的索赔主体奠定了一定的理论基础。

（2）对于环境公益诉讼的类型，虽然有学者认为公益诉讼的未来趋势应该是独立于传统三大诉讼，但是由于目前立法中的制度安排将环境公益诉讼分为环境民事公益诉讼和环境行政公益诉讼，多数学者还是遵从民行二分法的框架进行解释论范畴的制度研究。同时，生态环境损害赔偿诉讼因其与环境民事公益诉讼救济对象的同一性，也被多数学者认为是特殊的环境民事公益诉讼，至少是和环境民事公益诉讼关系密切，可以作为广义的环境民事公益诉讼。

（3）对于环境公益诉讼基础法理中的重要部分——环境公益诉讼的原告资格和诉权理论的研究中，援引的理论学说较多，其中“公共信托理论”“环境权论”“私人检察长理论”等理论几乎是所有研究言必提及，但既有研究往往是对域外国家环境公益诉权来源的几种学说进行介绍，而后通过解读该国立法现状，作为我国环境公益诉讼原告资格和诉权的理论依据。总体而言，学界对于环境公益诉讼的原告资格的依据和诉权来源呈现认识高度不一致的状况，有关研究尚未充分。

（4）对于环境公益诉讼的制度设计的研究，对各部分微观制度的塑造有着越发精细深入的态势，不少研究以环境公益诉讼与传统三大诉讼以及环境私益诉讼之间的比较研究作为进路，无疑有助于环境公益诉讼的各个单项制度、特殊程序的司法操作，这是环境公益诉讼制度从立法论研究转向解释论研究的趋势。

（5）环境公益诉讼制度的内外衔接问题作为环境公益诉讼制度研究中的重要内容，其实质是针对同一生态环境损害事实，环境公益诉讼的司法救济同其他救济方式之间的衔接，以及在司法救济体系内部不同主体发起的不同类型诉讼之间的衔接。多数研究者均认为应以生态环境执法行政监管为先，各类环境公益诉讼等司法救济作为进阶手段，但在具体方案上各执一词，如何有效衔接则没有定论。

（6）英美法系、大陆法系国家安排生态环境损害司法救济的路径体现共性但又各有不同，共性是均为公私法交融混合，无法单一救济，但绝不忽视公权力规制生态环境损害的作用，个性主要分为以下几类模式：一是以美国为代表的统一环境公益诉讼模式；二是以德国为代表的环境行政公益诉讼为主模式；三是以法国为代表的环境行政、民事公益诉讼并存的二元模式。

2. 既有研究的局限

环境公益诉讼现有研究虽然数量不少，但从对基础法理到制度设计研究均存在一些空白和模糊之处，有待进一步澄清。总体来说，环境公益诉讼既有研究有着追随热点、未能深入的缺陷，尤其在对其基础理论缺乏共识的情况下，学界对于环境公益诉讼的权利基础、运行逻辑、基本准则等核心问题缺乏系统深入的探讨。很多研究往往是对现有制度应景式的解释论研究，局限于微观程序、制度、现象，对域外的经验也未能充分吃透精髓并合理本土化，这导致环境公益诉讼研究的对策法学方法意味浓厚。

（1）基础法理的研究深度不足。我国环境公益诉讼制度的研究过于注重微观司法制度的构建，程序技术性研究以及现有制度的解释说明，在很大程度上忽视了基础理论的构建和法规范性的探索。环境公益诉讼中的环境公益究竟如何认识，在诉讼中其公益属性如何影响诉的运行并未认识清晰，“环境公益”“环境私益”“环境国益”的三分法在现有制度安排中遭遇困境，如将生态环境损害赔偿诉讼划归为环境国益诉讼，那么如何解释其救济的是生态性利益而非经济性利益？究竟是现有制度因理论研究不充分而设计谬误还是现有理论需要适应当前运行制度？这些问题不能悬而不决，应在接下来的立法中以正确的理论认识指导实践。另外，对环境民事公益诉讼、生态环境损害赔偿诉讼的研究多于对环境行政公益诉讼的研究，对几种诉的诉权理论的研究没有形成整体化、系统化的观点，影响对环境公益予以司法救济正当性的认识，因而在制度设计中容易产生应景式立法。

（2）制度设计的研究基础不牢靠。环境公益诉讼的基础理论研究不扎实导致具体制度设计研究层面犹如空中楼阁，地基不稳。制度设计研究虽越发精细化，然而单项制度的内部结构化处理居多，局部着眼居多，从制度外部对整体关系进行的重塑较少，碎片化、单一性的研究有余，整体化、系统性的研究不足。尤其在各个制度衔接的设计安排上，既有研究对环境公益诉讼实体法规范层面的整合完善关注度不足，尤其是对环境法律法规、诉讼法、《民法典》、各类司法解释中的环境公益诉讼法律实体规范存在的规范缺失、冲突、竞合的理论根源重视不够。此外，基于《民法典》颁布前的法律法规和政策文件进行的研究较为充沛，但《民法典》颁布后，生态环境损害被纳入《民法典》侵权责任编，产生了许多新的问题，对生态环境损害如何认识，以及对生态环境损害的司法救济制度如何重新定位的研究尚不充分。归根结底，依然是环境公益诉讼基础理论未能确立，无法紧密结合立法动态，我们需要在《民法典》实施背景下进一步厘清环境公益诉讼体系对生态环境损害的司法救济以及其与传统民事权益损害的救济路径的关系。既有研究基于环境民事公益诉讼、生态环境损害赔偿诉讼现状分别对两者进行研究或分析两种制度的衔接问题的研究较多，突破现有制度格局，将环境行政公益诉讼、环境民事公益诉讼、环境刑事附带民事公益诉讼、生态环境损害赔偿诉讼整合为一体以构建生态环境损害的司法救济制度系统研究较少。

（3）域外比较研究存在路径依赖。正如有学者所言：当下的中国法学研究愈发呈现一种方法论上的自觉。[①] 有必要对环境公益诉讼既有研究的法学研究方法进行梳理，方能洞悉其结论的来龙去脉及证成路径，从而更好地在前人及域外研究的基础上发展创新。总体而言，环境公益诉讼的域外比较研究成果主要运用了比较法学、法解释学、实证分析法学、对策法学等研究方法，但局限于对域外经验进行介绍以期对我国环境公益诉讼带来启示，并未真正从域外的理论与实践中提炼出合理的环境公益诉讼基础理论体系和司法制度框架，洋为中用的转化不足。如有学者认为“诉讼要件”可以统一解释美国公民诉讼原告资格；有学者认为“私人执法理论”对美国公民诉讼起支配作用；有学者认为奠基于“诉权”理论的“诉讼权”是大陆法系环境公益诉讼的权源；等等。这些域外环境公益诉讼的理论和司法实践中的既有研究较少探究背后的实体性权益究竟为何，就诉讼谈诉讼也就失去了借鉴的根本依据。这也导致域外比较研究多局限于表面的原告主体、诉权资格、举证规则等程序性事项，而较少展开实体性环境权益与诉讼之间关系的研究。

综上所述，学界对环境公益诉讼的研究已进行了诸多有益探索，但对环境公益诉讼基础理论的认识还未达成共识，尤其是对其中的环境公益概念、原告资格、诉权理论、权利基础、制度衔接等问题缺乏中国答案。由于缺乏基础理论支撑，学界的诸多努力只能局限于对法律制度规范的探索式讨论，不能真正转化为环境公益诉讼的中国式理论体系贡献。本书基于前述认识，围绕所列研究问题逐一展开讨论。

① 参见雷磊：《法教义学的基本立场》，载《中外法学》2015 年第 1 期。

第一章

环境公益诉讼之诉的利益和诉讼类型

2012 年《民事诉讼法》修改，环境公益诉讼在我国实现了破冰之旅。2014 年《环境保护法》修订，以及 2015 年最高人民法院《关于审理环境民事公益诉讼案件适用法律若干问题的解释》和 2015 年全国人大常委会《关于授权最高人民检察院在部分地区开展环境公益试点工作的决定》等法律文件的出台，为我国环境公益诉讼的提起以及持续开展提供了法治保障。从 2015 年到 2021 年，环境公益诉讼案件数量逐年递增，全国法院 2021 年环境公益诉讼案件已达 5267 件。[①] 与此同时，学界对环境公益诉讼的研究也热情高涨，环境公益诉讼几近成为“显学”。[②] 学界研究的侧重点大多集中于中外环境公益诉讼的比较研究、环境公益诉讼的提起主体、环境公益诉讼的制度类型和功能、环境公益诉讼的制度建构以及诉讼衔接等内容，有关环境公益诉讼的“诉的利益”则较少有学者专门深入探讨。而在司法实践中，法院是否依法[③]受理以公益诉讼为案由提起的诉讼，其实质在于对“诉的利益”所涉的利益主体、利益内容进行审查。诉的利益是一个较为古老的研究领域，环境公益诉讼作为新型的诉讼类型，其“诉的利益”如何精准识别并据其区分诉讼类型？需要对“诉的利益”的内涵解析及其理论演进进行系统梳理，需要厘清环境、环境功能、公共利益等交叉基础性概念，在对环境私益、环境国益、环境众益等相似概念边界厘清的基础上进行系统考察和阐释，进而

① 参见吕忠梅、张忠民：《环境司法 2021：推动中国环境司法体系建设迈向新征程》。

② 参见张忠民：《论环境公益诉讼的审判》，载《法律科学》2015 年第 4 期。

③ 参见最高人民法院《关于审理环境民事公益诉讼案件适用法律若干问题的解释》第 8 条。

基于“诉的利益”之诉讼法原理，全面甄别我国既有法律规范文本中的环境公益诉讼类型。

第一节　诉的利益及其理论演进

诉的利益对于诉讼当事人以及居中裁判的机关具有重要的法律意义，它是沟通实体法与程序法的重要媒介和桥梁，原因在于诉的利益不仅是当事人行使诉权的必要条件，也是法院实体审查以及裁判的依据，明确的诉的利益的界定是当事人诉权行使空间与审判权作用范围有机协调的基础。从某种程度上讲，衡量一国诉讼制度健全与否，一个重要的方面就是看该国全部的诉讼法律及其规则能否将所有具有诉的利益的案件均有效地纳入司法保护的范围。如果审判权的作用范围小于诉的利益的应然范围，当事人的应有权利就无法得到有效的审判保护。同样，如果审判权的作用范围大于诉的利益的应然范围，将可能造成审判权越位甚至是对其他权力的不当侵占，在化解纠纷同时会引起新的矛盾冲突。因此，对于新兴的环境公益诉讼而言，从诉的利益展开研究具有重要的理论以及现实意义。

一、诉的利益的内涵辨析

诉的利益概念主要来自大陆法系国家，并主要在大陆法系国家的立法及诉讼实践中应用。关于诉的利益的称谓，大陆法系各国不尽相同，如日本、葡萄牙等称为“诉的利益”，法国称为“利益”，德国称为“权利保护利益”或“权利保护必要”，奥地利则称为“诉讼前提”。[①] 学界也围绕诉的利益的相关理论问题广泛讨论，形成诉的利益即当事人提起诉讼方式采取公力救济的必要性的基本认知。[②] 但是关于如何解释诉的利益，其更为明确的概念界定是什么，学术界至今并未有统一定论，主要学说包括利益说、必要说、实

① 参见廖永安：《论诉的利益》，载《法学家》2005 年第 6 期。

② 参见孔令章：《诉之利益研究》，西南政法大学 2011 年博士学位论文，第 45 页。

效说、多元说等侧重点各异的不同学说。

一是利益说。该学说是从诉的利益的字面意思进行直接解释，以利益为主要考虑要素，认为诉的利益是当事人通过司法审判程序可以从中获得的利益。日本学者山木户克己认为“诉的利益是原告谋求判决时的利益，也称为诉讼追行利益”[①]。杨军教授认为，“诉的利益是指原告拥有的，在其民事权益受到侵害或者与他人发生民事纠纷时，确有必要且能够实效地运用民事诉讼实现其诉权所体现出来的正当利益。”[②] 法院通过司法审判对于当事人的法律关系产生变更或者对当事人权利归属进行认定，从而给当事人带来一定法律利益。这种法律利益是作为实体性权利利益，属于私权利益。在一定条件下，法律关系由于某些原因对原告产生实际上的不确定，通过司法审判程序可以帮助原告解除此类不确定性可能产生的利益损失。[③] 诉的利益作为法院审判的前提条件，为防止无意义的诉讼，当事人缺少诉的利益则被认为不合法，将会驳回原告诉讼请求。[④] 该“无利益则无诉权”的观点依照其发展脉络，源于德国的理论学说。19 世纪末，德国几乎所有知名民事诉讼法学家，如赫尔维格、瓦赫等，一致认为单纯具有法律关系不能够成功提起诉讼，还需要使法律关系处于对提起诉讼的权利享有充分利益的状态，此种利益是保护权利在诉讼上的基础。德国诉的利益学说对日本的诉的利益理论及实践发展影响深远。

二是必要说。必要说认为，诉的利益是指在当事人与其他人发生法律纠纷后，民事权益或其他权益受到不法侵害时，需要启动司法程序对其受到损害的合法权益予以救济的必要性。因此，很多学者也从这个角度分析并将诉的利益称为“权利保护必要”。比如，陈刚教授认为，诉的利益是民事诉讼

---

① ［日］谷口安平：《程序的正义与诉讼》，王亚新、刘荣军译，中国政法大学出版社 1996 年版，第 159 页。

② 杨军：《论诉的利益之定位 基于大陆法系诉的利益与英美法系救济法的比较视角》，载《社会科学家》2014 年第 7 期。

③ 参见［德］罗森贝克、施瓦布、戈特瓦尔德：《德国民事诉讼法》（下），李大雪译，中国法制出版社 2007 年版，第 660 ~662 页。

④ 参见周翠：《民事诉讼中诉的利益：判例与学说》，载《人民司法》2022 年第 16 期。

之原告请求人民法院保护其私权，并据此予以裁判应当具有的必要性。[①] 江伟教授等认为，诉的利益是指当事人权益受到不法侵害，或与他人发生纠纷时，需要请求人民法院通过诉讼程序予以裁判救济的必要性。[②] 左卫民教授所持观点与江伟教授所持观点大致相同，也强调诉的利益是法院司法裁判之必要性的前提和基础。邵明教授在此基础上，进一步提出狭义的诉的利益应当被包含在广义的诉的利益的范围之内，其中广义的诉的利益包括判决的一般资格（权利保护资格）、当事人适格以及诉的利益（狭义）三层含义，[③] 广义的诉的利益所包含的三层含义具有一定的共同性或共通性，在有的诉讼类型中严格明确三者之间的不同或边界较为困难。例如，在确认之诉中，当事人适格与狭义的诉的利益具有内在的表里一体性。而在其他类型的诉讼中，判决的一般资格（权利保护资格）强调所诉事项是否在私权侵权事项范围之内，该问题关涉司法权的边界，而解决当事人适格问题则需要明确什么样的主体才能作为特定诉讼的适宜原告或被告，现如今其已发展为独立的理论，并通常认为其不属于诉的利益的探讨范围。因此，理论上常常对狭义的诉的利益独立探究，以探讨诉的必要性。

三是实效说。该学说在“必要说”的基础上，认为还应把是否需要通过法院来解决双方当事人的民事纠纷（是否具有实效性）作为考量当事人是否具有诉的利益的重要因素之一。该说认为，诉的利益是指当民事权益受到侵害或者与他人发生民事纠纷时，需要运用民事诉讼予以救济的必要性和实效性。日本学者新堂幸司认为，诉的利益涉及的是有关请求内容自身作出本案判决的必要性及实效性之问题，其中“必要性”指的是是否必须通过司法途径、运用司法程序来解决当事人之间的纠纷。比如，如果当事人之间的纠纷不是有关权利义务的法律纠纷，而是因伦理道德低下或行政指导等引发的不在法律救济范围之内的纠纷类型，就无法院以民事诉讼解决之必要。“实效性”是指“通过法院判决能否使涉案纠纷得以解决，即民事诉讼制度应当在

---

① 参见陈刚：《民事诉讼法制的现代化》，中国检察出版社2003年版，第330页。

② 参见江伟等：《民事诉权研究》，法律出版社2002年版，第216页。

③ 参见邵明：《论诉的利益》载《中国人民大学学报》2000年第4期。

何种范围内受理纠纷、应当受理什么样的纠纷”①。张卫平教授提出诉的利益，“是指当事人诉讼请求是否有进行诉讼或法院裁判的必要性以及实效性”②。靳建丽教授认为，“诉的利益是指根据每个案件中具体诉讼请求的内容，来衡量法院作出司法判决的必要性及司法裁判实际上能达到的效果”③。

四是多元说。该说认为诉的利益具有多重内涵，从不同的角度分析诉的利益，会得出不同的结论，因此主张应当从多元角度界定诉的利益。如有学者提出，诉的利益可以从不同的角度予以把握。一方面，可以从实体法和程序法两个方面分别界定。从实体法的角度来看，诉的利益实质上是一种正当的民事实体权利，拥有该项权利的当事人有权启动诉讼程序请求法院进行司法保护；从程序法的角度来看，诉的利益是人民法院对该当事人提起的诉讼请求依法作出判决的必要性以及实效性，该种必要性和实效性是当事人提起诉讼所应当具有的特性或品格。另一方面，可以通过不同的诉讼主体界定诉的利益。比如，从当事人的角度观察，诉的利益是指当事人请求法院通过诉讼程序予以司法保护的正当权益；从人民法院的角度观察，诉的利益是指人民法院对当事人启动的诉讼依法作出司法裁判的必要性和实效性，此种必要性和实效性有待法院对当事人是否具有诉的利益进行衡量。④

尽管有关诉的利益有利益说、必要说、实效说、多元说等不同观点，从不同的方面提出诉的利益之内涵，但每个观点都有其优点和缺陷。利益说直观地指出诉的利益概念的最初内涵，是为了满足当事人迫切希望寻求司法救济、解决自身所面临纠纷的意愿，但是仅从直观语义判断诉的利益是通过诉讼带给当事人的利益还是好处失之偏颇。一方面，利益说的界定过于笼统，内涵外延不清。利益，就其语义来看指的是好处，⑤ 一般指经济上的好处。但在现实生活中，当事人出于寻求非经济上的、非金钱性的道义支持也可以

---

① ［日］新堂幸司：《新民事诉讼法》，林剑锋译，法律出版社2008年版，第238页。
② 张卫平：《诉的利益：内涵、功用与制度设计》，载《法学评论》2017年第4期。
③ 靳建丽：《论我国诉的利益定位》，载《郑州大学学报（哲学社会科学版）》2020年第6期。
④ 参见王福华：《两大法系中诉之利益理论的程序价值》，载《法律科学》2000年第5期。
⑤ 参见辞海编辑委员会编：《辞海》，上海辞书出版社1989年版，第1955页。

提起诉讼。进一步深究，利益说没有指出诉的利益在实体利益与程序利益上进一步的内涵，显得过于浅显直白，也没有将诉的利益概念与诉权等概念区分开来。另一方面，利益说仅将诉的利益认定为通过诉讼程序带给当事人的利益或者好处，而忽略了通过诉的利益折射出司法机关在诉讼中的重要作用。必要说与实效说两种观点是大陆法系中关于诉的利益之内涵的主流观点。必要说与实效说分别说明了判断诉的利益的两大基准，即必要性与实效性，方便法院进行考量时理解并合理运用诉的利益，使诉的利益在实践中更具有可操作性。但是，这两种学说都是站在法院以及国家利益的立场上来权衡当事人的请求是否具有诉的利益，必要说和实效说并不能反映诉的利益实际上是当事人所拥有的且受到法律所保护的实质内涵。必要说与实效说的提出有违民事诉讼中“当事人本位”的原则，同样不符合司法中保护当事人诉权、扩大司法救济范围的理念与趋势。因此，必要说与实效说同样存在值得商榷的地方。多元说为了规避上述学说的弊端，认识到诉的利益的复杂性，便从实体功能、程序功能、当事人、法院等角度理解诉的利益之内涵。多元说具有视角多重、涵盖全面的优势，但不可避免具有观点分散、定位不清的弊端，不利于对诉的利益作出清楚明了的内涵界定。

结合上述有关诉的利益主要学说及其优劣，笔者认为，诉的利益是指根据法律规定，当事人在与他人发生纠纷或者其合法权益受到侵害时，确有必要且能够运用诉讼制度实现其权益保护的正当利益。该概念强调如下几个方面：第一，诉的利益是一种“具体的”“确实的”利益。这种利益的边界是清晰的，可以是多主体、复合型利益，如集团诉讼中的各主体人身利益和财产利益，但无论如何，利益的主体归属以及利益内容应当是明确的，是客观存在的利益，不能模棱两可，不能存在主体或内容的交叉重叠、含混不清。第二，诉的利益是法律上的正当利益。鉴于诉的利益与当事人诉权密切相关，根据《立法法》的规定，民事基本制度，基本经济制度以及财政、海关、金融和外贸的基本制度，诉讼和仲裁制度等内容只能通过制定法律的方式规定，因此诉的利益本身或者作为利益载体的实体权利应当由法律予以规定，通过法律规定的方式赋予主体利益，使该项利益的享有具有法律上的正当性。第三，诉的利益是“已经产生的”“现时”的利益。[①] 由于诉的利益是原告行使诉权的必要条件，也是法院进行实体审查以及裁判的依据，这就要求原告在行使诉权当时或之前应当对所诉之事项拥有法律上的利益，法院也需要审查原告对诉至法院事项是否具有合法利益，即诉的利益是当事人行使诉权的前提和基础。正如日本学者兼子一、竹下守夫教授认为的，“诉之利益是诉权的要件，判断一个请求是否具有正当的利益必须从两个方面来进行，一是权利保护资格，即请求本身从性质上具有以判决确定的适当性，二是保护权利利益，即原告对请求具有要求判决的现实必要性”[②]。

二、诉的利益的理论演进

诉的利益的理论演进有不同的梳理视角，本书试图基于诉讼类型和诉讼功能两条线路探查“诉的利益”的理论之演进脉络。就诉讼类型而言，“诉的利益”始于民事诉讼，并逐渐拓展至行政诉讼、公益诉讼等其他领域。就诉讼功能而言，“诉的利益”始于重视“消极功能”的发挥，并逐渐拓展为“消极功能”与“积极功能”二元功能的并存并重。

（一）基于诉讼类型的“诉的利益”的演进

在所有存在利益追求的社会中，作为一种客观存在的社会现象，各类纠纷的产生是不可避免的。从人类社会的发展史来看，纠纷解决的主体、依据以及关涉的纠纷解决程序，都随着人类社会知识的积累和理性精神的提升而处于不断变动之中，但从人类将纠纷提交给第三方进行解决的时候开始，就不可避免要思考这样一个问题，即一方当事人强制另一方将纠纷提交给第三方解决的必要性，或者说作为权威第三方对当事人提交的纠纷进行解决的必要性如何衡量？尤其在现代法治社会，当诉讼作为典型的公力救济方式垄断了纠纷裁断权威的时候，就必须建立某种机制，以衡量当事人提出的纠纷是否具有司法救济的必要，或者说评判国家耗费社会资源将某一特定的纠纷纳

---

① 参见张卫平、陈刚：《法国民事诉讼法导论》，中国政法大学出版社 1997 年版，第 70～73 页。

② ［日］兼子一、竹下守夫：《民事诉讼法：新版》，白绿铉译，法律出版社 1995 年版，第 51 页。

入诉讼轨道的国家行为是否具有正当性。诉的利益就是人们借以论证上述问题的解释机制。毫无疑问，诉的利益作为大陆法系国家的学者们抽象思辨的产物，于19世纪才被提出并加以系统讨论，但制度是历史的产物，这一概念所蕴含的观念，究其本源，则可以溯及古罗马时期的诉讼制度。

古罗马时期的民事诉讼是近代民事诉讼制度的根基，虽然罗马法由于受到中世纪日耳曼法律原理的冲击而解体，经教会法洗礼、假以意大利土著法实务与理论之手实现了复兴，但是，近代诉讼制度的前身总能在罗马法中找到原型。从古罗马诉讼制度的历史沿革来看，民事诉讼程序大体上经历了三个主要的发展阶段：法定诉讼（legis actiones）、程式诉讼（processo per formulas）以及非常审判（cognitio extraordinaria）。这三种诉讼形态在一定程度上是社会自发形成的并经由人类理性雕琢而成的结晶，最初的诉讼形态主要是限制随意的、不加约束的私人自力救济行为，较为侧重在公共权力机构直接干预下的程序强制执行效力，而且前期的程序在很大程度上依赖于原告的程序启动，而后期的诉讼制度则比较注重调查、举证、判断和裁断等程序过程，具有了现代审判的特质，程序的展开也较多地基于强制服从的法庭权力。“罗马民事诉讼的历史发展方向，包括在早期法时代，表现为从主要以实际执行为目标的活动向主要以获得司法裁决为目标的活动转变的进程。”①在这一转变过程中，“诉”（actio）始终是罗马法诉讼程序的核心概念，可以说，罗马法的诉讼程序实际上是多种类型的“诉”（actio）构成的集合体，每一种“诉”（actio）就代表着一种类型的案件应该适用的诉讼程序。“诉”（actio）作为一个概括性概念也反映了古罗马时代程序法和实体法合体的混沌状态，是人们基于氏族部落的传统习俗获知的公正，对自己应得之物的一种主观诉求以及实现这种诉求的斗争形式。在这种情形下，“诉之利益”在古罗马法上都还处于自然形成的“公正”观念意义的统摄之下，隐藏在“诉”（actio）华丽的外衣之中。②

虽然古罗马时期的诉讼制度与现代民事诉讼制度差异颇大，但是古罗马

---

① A. Burdese, *Manuale Di Diritto Privato Romano*, Unione Tipografico – Editrice Torinese, 1985, p. 76.

② 参见孔令章：《诉之利益研究》，西南政法大学2011年博士学位论文，第22～25页。

“诉”（actio）制发展过程中所确立的基本观念深刻影响了现代民事诉讼制度。从民事诉讼制度的发展史来看，诉的利益是在实体法与程序法分离的背景下，随着确认之诉制度的确立才被拿出来讨论的一个概念，但是诉的利益作为一种解释机制，其所要解释的“纠纷发生后当事人寻求公力救济的必要性”或者“执法官裁判权限度范围”等问题，在古罗马诉讼法律中已然存在。整体而言，古罗马时期的民事诉讼制度是一种法规出发型的诉讼制度。①规范性文件所设定或认可的“诉”（actio）构成了诉讼的逻辑起点，也是国家诉讼救济限度标准的实定化。古罗马时期的民事诉讼制度的规范渊源主要有两个方面：一方面，“市民法之诉”，即“法律”（lex）“元老院决议”“民众会决议”“君主敕令”等构成了罗马市民的“权利规范”，罗马市民以此提起“权利之诉”向国家寻求救济；另一方面，“裁判官之诉”，即根据裁判官的告示或具体案件中的授权，获得相应的“诉权”对事实上的利益关系进行司法保护。“权利之诉”和“裁判官之诉”塑造了古罗马诉制发展的二元逻辑结构，这种二元逻辑结构经实体权利与诉权理论的抽象，分别发展出了“无权利无诉权”与“无诉无权利”的现代诉讼理论。虽然古罗马诉制存有两种发展的逻辑脉络，但是“权利之诉”与“裁判官之诉”对当事人讼争的“利益关系”的认知共性，使两者在具体的司法实践中具有了内在统一性，即“无权利无诉权”使规范权利成为当事人行使诉权的先存要件，而“无诉无权利”又使诉的创设能够进一步扩展实体权利的内容。“诉权与实体权利”这种看似不稳定的内在统一关系，却成为罗马法得以自我完善和进化的原动力。因此，裁判官在具体个案中面对当事人之间的争议，决定是否给予司法保护，以及决定采用何种诉的类型提供司法保护时，既要维护成文法的“权利”规范所包含的利益关系，又要考量法外的事实利益关系。简言之，决定是否给予司法保护的“诉的利益”的内容要以实体权利规范为基点，以裁判所保护的事实利益关系为辐射半径的统一体。可以说，以诉表达的形式及其内容蕴含的诉的利益的原始观念表明，诉的利益不仅是国家意志

① 参见［日］中村英郎：《民事诉讼制度和理论的法系考察——罗马法系民事诉讼制度和日耳曼法系民事诉讼》，陈刚、林剑锋译，载陈刚主编：《比较民事诉讼法》第1卷，西南政法大学比较民事诉讼法研究所1999年版，第3~37页。

的简单表现，其还蕴含了通过形式以及社会伦理正义对国家裁判权的制约，而且这种内容的伦理性为被告的强制应诉行为提供了正当性的理由。在这种意义上，“诉的利益”实际上是诉讼进行的正当理由的统一性表达。

“诉”（actio）作为古罗马法中的一个概括性概念，从原告立场而言，主要表现为原告所具有的强制性特权，即以自己的利益受到侵害为由强制启动诉讼程序。此种强制性，既表现为对城邦纠纷事务裁决权的行使者——执法官的约束，执法官不得许可原告指控，并接受原告对纠纷进行裁判的要求，也表现为对被告必须应诉的强制性约束。换言之，诉的中心特征有两个：一是特定原告与特定被告的直接联系，通过法院的诉讼和裁决过程，原告直接对被告证明一种权利要求；二是特定的原告和被告与法官直接联系。[①]“诉”（actio）所表现出来的诉讼程序的严格的形式主义特征为城邦干预所赋予，这种形式主义的特征本质上源自群体间暴力斗争过程，以及原始民族在祭祀中所采用的具有宗教色彩的特定程式。无疑“诉”（actio）是达致这种正义的形式与手段。如果从词源学的意义理解“司法”的话，那么执法官的“司法”行为就是对“jus 的宣告”。古罗马的“诉”（actio）也就具有对社会人之间的司法关系进行表述的含义，这种司法关系不是一种实在法的构造，而是美国当代著名的法学家、哲学家罗伯托·昂格尔所称的具有“内在道德合理性”的关系。[②] 按照法律形式主义的观点，早期罗马法诉制下的司法关系形成了一个规范单元，表达统一原则的每个性状都存在于整个关系中，使之成为一个连贯的司法现象。“诉之利益”使“诉”（actio）成为一个紧密的统一体，内在统一的各元素作为整体的一个组成部分，相互加强了某种整体的观念，而该种观念为“诉”（actio）提供了一个整体运作的正当理由。

近代审判制度是在推翻封建社会权力的基础上形成的，其发展的基础是近代市民社会权利的发展，裁判权的独立化是其典型的特征。“裁判权的近代化形态，是旨在规范产生于商品交换过程中的人际关系这一目的下作为统一国家权力的分支，是在具备应普遍适用于这种人际关系实体法的基础上形

---

① 参见廖永安：《论诉的利益》，载《法学家》2005 年第 6 期。

② See Unger, Roberto, *The Critical Legal Studies Movement*, Harvard Law Review, Vol. 96, p. 563 –576 (1983).

成的。”①“商品交换过程的普遍形成和以此为媒介而形成的社会关系成为社会的基本关系是近代诉讼制度形成的关键因素。换言之，裁判权独立化的近代诉讼的制度设计是对以商品交换关系为基础而构建起来的市民社会基本社会关系秩序的保障。以‘商品流通和商品交换过程’作为媒介的市民社会关系，不同于封建社会或之前古代社会建立在身份等级以及共同体上的社会关系，是一种依据抽象性、普遍性价值法则而形成的社会关系。在这一社会关系中所有人都被看作平等的商品交换主体。以商品交换为基础的社会关系具有天生的平等性，这种平等性要求裁判机构与裁判权的行使方法必须具备统一性与普遍性。进一步而言，这种商品交换及流通过程在全国范围和社会各行业的展开，使裁判权必须突破基于封建地域分割而形成的分散性、地域性，以商品交换中的价值规律为统一的尺度，构建一个能在全国范围内得以统一行使的独立的裁判权，而这个统一裁判权行使的机构就是作为权力统一象征的国家。近代西方15～17世纪的商业革命以及18世纪的工业革命，使社会的经济制度发生了历史性变革，并引发了以‘功能分化’为主要形式的社会结构的分化。”这种结构的分化为近代“法治”型诉讼体系的构建提供了政治空间，法律体系开始摆脱国家官僚政治权力的直接控制，裁判权也开始了向作为全国统一国家权力之分支的集中化进程。②

19世纪以后，随着确认之诉这种新的诉讼类型的出现，诉的利益逐渐作为一个显性问题被学者广泛讨论研究，向法院提起的诉讼是否存在被侵害的权利，逐渐被是否具有诉的利益所取代，诉的利益的有无日益成为法院判断原告是否具有诉讼主体资格的新型标准。根据这种新型的诉讼理论，具有诉讼利益的当事人可以基于其拥有的诉的利益请求法院实施司法救济，当事人请求司法裁判的实体利益和与该实体利益直接相关的诉的利益之间的关系分属实体法与诉讼法两个不同的法域。诉的利益被法院认可，间接表明实体利益成为法律所保护的合法利益，进而当事人因其实体利益而拥有一定的法律

① 参见［日］染野义信：《转变时期的民事裁判制度》，林剑锋译，中国政法大学出版社2005年版，第215页。

② 参见杨军：《论诉的利益之定位——基于大陆法系诉的利益与英美法系救济法的比较视角》，载《社会科学家》2014年第7期。

权利,[①] 在传统理论下不被法院认为是适格当事人的主体，因其诉讼利益引致的法律权利获取也理所当然成为了符合条件的原告。从诉的利益的来源考察，诉的利益这一概念及其理论内涵的形成发展与确认诉讼作为诉讼类型之一种被立法及法院确认这一事实直接关联。[②] 诉的利益萌发于民事诉讼，在民事诉讼早期的审判实践中，法院严格遵循“无利益即无诉权”的基本原则，即当事人诉至法院，法院是否予以裁判需要严格审查当事人是否有诉权。大陆法系国家的立法要求每一项民事诉讼案件都须满足“必要性司法救济”的要求或条件。传统民事诉讼基本理论认为，民事诉讼的当事人是指因民事权利或权益被侵害，以自己的名义启动诉讼并接受法院裁判约束的民事主体。[③] 从法院的立场来说，只有那些以保护现实存在的、不以诉讼程序为转移的实体权利或实体利益为己任的审判权，才有可能真正实现法院对案件裁判的公平公正。[④] 基于此种传统的民事诉讼观念，在民事法律关系中，有权起诉的主体应当是法定权益受到侵害的人；反之，没有法定权益被侵害的主体，或者其被侵害的利益尚不是被法律确定的利益的主体，其通过启动诉讼程序、成为诉讼原告并最终成为适格原告的情形，几乎没有可能发生。对于这样的启动诉讼的“必要性”，法国称为“利益”（interest）、德国称为“权利保护必要”（Rechtsschutzbedurfnis）或者“权利保护利益”（Rechtsschutzinteresse），日本、葡萄牙等则称为“诉的利益”。[⑤]

继民事诉讼之后的公法诉讼也将诉的利益这一概念引至诉讼程序之中，要求法院据此审查原告诉讼资格，并将其作为是否受理该项诉讼的重要指标予以严格考察。在公法诉讼的早期，关于原告资格的审查，遵循与传统民事诉讼相同的理念，即认为只有在当事人权利被侵害的情形下才有资格启动诉

---

① 参见［日］谷口安平：《程序的正义与诉讼》，王亚新、刘荣军译，中国政法大学出版社1996年版，第162页。

② 参见［日］高桥宏志：《民事诉讼法制度与理论的深层分析》，法律出版社2003年版，第272页。

③ 参见柴发邦：《民事诉讼法学新篇》，法律出版社1992年版，第142页。

④ 参见［苏］顾尔维奇：《诉权》，康宝田、沈其昌译，中国人民大学出版社1958年版，第25页。

⑤ 参见廖永安：《论诉的利益》，载《法学家》2005年第6期。

讼。如果不是当事人法定权利被侵犯，即使因为行政部门作为或不作为遭受损害，此种损害也是不被法律苛责的损害，此种情况下当事人便无起诉资格。第二次世界大战之后，很多西方国家先后进入产业或行业高度垄断阶段，日益高度社会化的生产模式以及集中化的经济发展模式加剧了社会各层面基本矛盾的产生，自由资本主义时期人们所普遍推崇的自由市场开始出现“市场规制失灵”，市场普遍性规制失灵之下，单纯依靠市场自发秩序维持不能避免经营者权利滥用导致公众权益遭受侵害的事件发生。[①] 在这种状况下，政府必须采取措施对经营者的市场行为予以积极干预，才能更好地保障市场经济的良性有序运行。政府对市场行为的介入主要有两个方面的表现：一方面，市场运行或分配财富需要适度的政府行政规制；另一方面，各类主体在社会生活领域和经济发展领域的公平平等也需要政府适度实施行政规制。[②] 在这种情形下，国家及其政府职能部门开始需要越来越多地进入平等主体的私法法律关系之中，他们与公司、自然人等私法主体之间的联系日益紧密。上述国家行为或管理模式的变化，必然会对诉讼当事人的起诉资格产生实质性影响，原因在于自由竞争资本主义时期的政府行政建立在“夜警国家”理论的基础上，政府对社会事务的管辖范围及管理强度有限。随着政府职能的全面转向，如果仍然严格秉持传统的行政诉讼理论，将行政诉讼起诉人的资格严格限定为合法权利受到行政主体不法侵害的自然人或单位，势必导致大量行政主体的行政行为无法进入法院进行司法裁判，尤其是社会行政和福利行政等行政行为，这对于处于诉讼弱势地位的自然人或单位来说，实际上丧失了寻求人民法院裁判救济的可能性。此外，随着当代独占经济的发展，政府通常会设立很多控制独占行业的管理机构，通过对具有独占地位的商业经营者进行制衡以达到保护公众的公共利益的目的。然而，在当代，这些控制机构越来越多地受到各种因素（诸如经济因素）的干扰甚至控制，以致很多时候一般公众的利益也得不到充分保障。因此，受到损害的公众不得不求助于法院，希望通过公正的司法裁判保护其合法权益。然而，受到这些控制机构损

① See J. Deniel, *Gifford*, *Administrative Law*, Anderson Publishing Company, 1992, p. 5.

② See J. Richard, *Pierce*, *Sidney A. Shapiro & Paul R. Verkuil*, *Administrative Law and Process*, The Foundation Press, INC. 1985, p. 11 – 17.

害的公众，却往往不是控制机关权力行使所直接侵害的对象，如果严格遵循传统行政诉讼理论关于起诉资格的判断标准，这些公众就不具备申请法院司法审查的诉讼资格。法律理论及其规范应当服务于社会需求，面对上述亟待破解的诉讼难题，传统的行政诉讼当事人资格标准需要被调适并且必须被调适，成为新时代行政诉讼制度发展进程中不可回避的理论问题。在此情况下，原本仅在民事诉讼中存在的“诉的利益”标准就被引入行政诉讼中，并作为当事人起诉资格的判定准则，并日益成为被世界各国广为采用的一个行政诉讼基本准则。[①] 诉的利益在公益诉讼中的引入，其社会现实需求和法律规则调整与前述行政诉讼大体一致，在此不再赘述。

（二）基于诉讼功能的“诉的利益”的演进

如前文所述，诉的利益是指根据法律规定，当事人在与他人发生纠纷或者其合法权益受到侵害时，确有必要且能够运用诉讼制度实现其权益保护的正当利益。基于诉讼功能的视角，诉的利益还存在从“消极功能”向“积极功能”与“消极功能”二元并重发展的较为清晰的演进脉络。

1. 重视“诉的利益”的“消极功能”的发挥

“诉的利益”的“消极功能”是指在缺乏诉的利益时，司法机关可驳回诉讼请求，禁止当事人滥用诉讼制度，以免浪费司法资源，避免被告不必要的应诉。[②] 消极功能是“诉的利益”理论最原始的功能，基于国家、原告主体、被告主体三者利益的平衡。[③] 因此从不同的主体视角来看，“诉的利益”发挥消极功能的具体方式有所不同。

从司法机关的角度视之，“诉的利益”具有过滤不必要诉讼、抑制司法恣意的作用。常言道，“无救济则无权利”，但诉讼并非解决社会纠纷的唯一途径。由于司法资源具有紧缺性，应当对于纠纷进行筛选和过滤。在这个过程中，“诉的利益”是判断某一争议是否应当进入司法程序、通过诉讼的途径予以解决的最为重要的筛选标准，为诉讼程序的启动提供了正当性依据。

---

① 参见周红：《行政诉讼中的诉之利益理论》，载《行政法学研究》2003 年第 1 期。

② 参见毕潇潇：《实体法请求权视域下的给付之诉》，载《学习与探索》2020 年第 8 期。

③ 参见唐力：《论民事上诉利益》，载《华东政法大学学报》2019 年第 6 期。

例如，19 世纪末德国知名的民事诉讼法学家瓦赫、赫尔维格等人，几乎都认可“诉的利益”是民事诉讼的要件之一，认为“无诉讼利益则无诉讼”，仅具有法律关系是不足以成功提起诉讼的，必须保证当事人对于诉讼权利有着充分利益，只有具备诉的利益，才有提起诉讼的可能。如果在诉讼程序中发现没有这种利益，或这种利益已消失，那么其结果就是驳回诉讼。[①] 部分日本学者也认为“诉的利益”是诉权的要件，主张从“一般适用性”“现实必要性”两个方面判断一个请求是否具有正当利益。[②] 中村英郎提出，诉的利益能够使既有的权利具体化，可以同时防止当事人和法院滥用权力，从而达到两者之间的平衡。[③] 从司法机关的角度来看，以“诉的利益”为判断标准，法院可以行使自由裁量权对具体的案件进行筛选，将符合标准的案件纳入司法诉讼的救济范围，并将不具有“诉的利益”的案件排除在诉讼程序之外，如此方可使有限的司法资源集中用于处理更为迫切、更为合适的纠纷，极大地提高了司法效率。同时应当注意，“诉的利益”理论主张非经过当事人的主动申请，司法机关不得主动干涉、随意启动诉讼程序，故而“诉的利益”理论有助于抑制司法恣意，保障诉讼主体的裁判请求权。

从当事人的角度视之，“诉的利益”具有保障当事人诉权、防止当事人滥用诉权的功能。国家通过“诉的利益”理论界定了公民行使诉权的范围，在范围内可以请求独立的法院予以公正审判；同时，国家禁止当事人滥用诉讼制度从而避免对方当事人不必要的应诉。就原告而言，当原告认为自己对于有关请求内容存在“诉的利益”，并且认为通过诉讼途径解决争议具有必要性及实效性时，可提起诉讼。[④] 只要具有诉的利益，司法机关就应当予以审理并作出裁判，从而实现其诉权。“诉的利益”理论能够保障当事人的裁判请求权得到充分行使。反之，经司法机关审查认为当事人不具有“诉的利益”时，该案件将被排斥在司法救济途径之外，以防止当事人滥用诉权。就

① 参见王福华：《两大法系中诉之利益理论的程序价值》，载《法律科学》2000 年第 5 期。

② 参见［日］兼子一、竹下守夫：《民事诉讼法：新版》，白绿铉译，法律出版社 1995 年版，第 56 页。

③ 参见［日］中村英郎：《新民事诉讼法讲义》，陈刚等译，法律出版社 2001 年版，第 154 页。

④ 参见［日］新堂幸司：《新民事诉讼法》，林剑锋译，法律出版社 2008 年版，第 238 页。

被告而言，司法机关对于原告是否存在争议内容、是否存在“诉的利益”进行审查、判断，可以防止被告人无端涉诉、应诉，避免司法资源的浪费与当事人对诉权的滥用。

综上所述，无论是从当事人的角度还是从司法机关的角度来看，都能看到“诉的利益”消极功能发挥的作用，即“诉的利益”理论既可以保障当事人诉权的行使，又可以防止当事人滥用诉权，抑制司法恣意，减少司法资源的浪费。①

2. “消极功能”与“积极功能”二元并重

“积极功能”是指“诉的利益”可以促进实体法上尚未得到承认与安排的权利和利益的形成，即“权利生成功能”。20 世纪以来，随着社会化进程的不断推进，越来越多的新型矛盾、纠纷涌现了出来，如环境纠纷、消费者保护纠纷，“诉的利益”的传统消极功能无法有效应对，有待将“诉的利益”的功能予以扩张。另外，随着权利意识的增强，人们的目光不再局限于法律规定的既定权利，对于尚未确定为法律权利的相关利益给予了越来越多的关注。基于人们与日俱增的权利救济需求以及“法院不得拒绝裁判”这一常理，“不管法官愿不愿意都不得不肩负起通过审判创制法和权利的这一重任”。如此一来，“诉的利益”的功能不再拘泥于消极功能，而是由“消极功能”向“积极功能”进行扩张，且“积极功能”日益受到了越来越多的重视和青睐。② 大陆法系与英美法系虽依据的理论基础不同，但都承认“诉的利益”的权利生成功能。

先有诉讼法，后有实体法，诉讼法是新的实体法、新的权利形成和发展的母体，能够生成新的权利，并给新权利提供保护。③“诉的利益”这一概念可以充分发挥诉讼法的创造性功能，弥补实体法规范的不足，是经过诉讼审判后而创设实体法规范这一过程的重要开端。社会高速发展催生了更多的利

① 参见王太高：《诉的利益与行政公益诉讼》，载《甘肃政法学院学报》2007 年第 6 期。

② 参见董妍、张又文：《信息公开行政诉讼中“对合法权益不产生实际影响”的认定——基于诉的利益要素的视角》，载《齐鲁学刊》2022 年第 3 期。

③ 参见［日］谷口安平：《程序的正义与诉讼》，王亚新、刘荣军译，中国政法大学出版社 1996 年版，第 69 页。

益需求，基于法律的安定性与滞后性，部分新生的正当利益尚未被纳入实体法规范。如果按照传统诉讼理论，将受损权益纳入诉讼救济途径的前提是认定为该利益在实体法上已形成权利，墨守“权利既成”之规，那么将不可避免地忽视救济保护新兴正当利益的合理性，这些“尚未具有实体法依据的利益”将完全丧失诉讼救济的机会。“诉的利益”理论补足了“形成中的权利”诉讼救济方式的缺失。在正当利益尚未被确定为法律上的权利但确有“诉的利益”时，可以将相关纠纷纳入诉讼程序，通过程序实现实体法的合理解释，明确新的权利规范。

基于对“诉的利益”积极功能的发挥，一方面，“形成中的权利”会因为被赋予“诉的利益”而获得诉讼救济的机会，利益主体获得当事人资格，扩大了司法解决纠纷的范围；另一方面，相关利益主体可以通过诉讼的方式判断自己是否享有该利益。① 更为重要的是，一旦此类新型利益相关案件进入了诉讼的实质性审理环节，无论最终判决结果如何，新的权利就开始了生成的进程，这种“形成中的权利”便将成为新的法律权利。无论是英美法系国家还是大陆法系国家，都可以通过判例来明确、细化权利义务的具体内容，如日本的“日照权”就是通过判例予以确认的。② 在当今司法能动主义运动的推动下，“诉的利益”所具备的这种积极功能的发挥日益成为推动法律发展、保障公民权益的一种重要方式，这一功能的发挥在今后也将更加活跃。

三、“诉的利益”理论在环境公益诉讼中拓展

如前所述，“诉的利益”是指根据法律规定，当事人在与他人发生纠纷或者其合法权益受到侵害时，确有必要且能够运用诉讼制度实现其权益保护的正当利益。根据传统“诉的利益”理论的要求，原告必须与案件事实之间有直接利害关系。③ 虽然“直接利害关系”原则在避免原告诉权滥用、司法资源浪费等方面效果甚巨，但该原则主要关注对于私主体利益的救济，而忽

① 参见梁慧星：《民法解释学》，中国政法大学出版社 1995 年版，第 151 页。

② 参见张卫平：《诉的利益：内涵、功用与制度设计》，载《法学评论》2017 年第 4 期。

③ 参见［日］三月章：《日本民事诉讼法》，汪一凡译，台北，五南图书出版股份有限公司 1997 年版，第 225 页。

视了随着经济社会发展日益增多的公共利益，使公共利益陷入了缺乏司法裁判救济的危机之中，包含在公共利益之中的环境公共利益也不例外。在以维护环境公益为诉讼目标的环境公益诉讼中，“直接利害关系”标准严重制约了环境公益诉讼原告主体资格，使大量的环境公益诉讼无法及时得到法院的司法裁判救济，这不仅制约了环境公益诉讼制度的发展，也使人们无法应对实践中不断发生的环境污染和生态破坏行为，扩大环境公益诉讼原告主体资格迫在眉睫。“诉的利益”理论的变革扩大了当事人适格的基础，也为环境公益诉讼原告资格放宽奠定了理论基础，《民事诉讼法》《行政诉讼法》《民法典》《环境保护法》《海洋环境保护法》《人民检察院组织法》中均规定了有权提起公益诉讼的主体，而这些主体均与诉讼结果之间不存在固有的直接利害关系，实际上突破了“直接利害关系原则”的束缚。可见，诉的利益理论需要根据环境公益诉讼的实际需求进行下列适度拓展。

第一，从直接利益向间接利益拓展。早期的“诉的利益”理论认为只有自身权利或者利益受到侵害的主体，才有资格向法院申请启动司法救济，即提起民事诉讼的原告需要与诉讼标的存在法律上的直接利害关系。随着经济社会的发展，尤其是随着大规模消费侵权、环境污染事故等新情况、新问题不断出现，原有的诉讼面临挑战亟待系统性突破。例如，美国《清洁空气法》等环境资源领域的法律基于环境的公共利益属性，规定任何公民均可对违反环境资源法规、造成生态环境损害的自然人或单位提起诉讼，并不局限于违法行为直接侵害的对象。我国《民法典》《环境保护法》及有关公益诉讼的司法解释也没有将原告起诉资格与受侵害人的直接利益相关联。可见，通过扩张原告的诉讼主体资格来扩大环境公益诉讼的司法裁判范围是新时代公益诉讼理论发展的必然趋势。

第二，从主观利益向客观利益拓展。通常认为，主观利益是与利益主体自身直接相关、无法分割的利益，客观利益则是利益主体自身利益之外，客观存在的社会大众共有共享的公共利益。传统诉讼理论认为当事人提起诉讼的目的也仅在于保护起诉者本人的个人利益。目前这种传统诉讼理论难以适应社会的发展，无法解决发展过程中出现的特殊问题，如环境污染和资源破坏等问题。英国布莱克本诉检察总长案开启了诉的利益由主观利益扩张至客观利益的司法裁判先河，为团体利益、民众利益提起的诉讼逐渐得到法院的支持和裁判。[①] 意大利诉讼法也逐渐强化对不特定主体享有的、不属于主观利益范畴的环境公共利益的司法保护。[②] 可见，在环境公益诉讼的司法实践中，诉的利益逐渐呈现从主观利益向客观利益拓展之趋势。

第三，从现时利益向未来利益拓展。按照诉讼理论的传统观点，原告主张的利益是其提起诉讼时已经产生的既得利益或者现实利益。然而，法院有时也会针对法律中有关现时利益的规定，做出例外的、一定限度内宽松的诉权资格审查，在特定情况下准许诉讼当事人在其利益受到现实侵害之前，为保护未来利益提起预防性诉讼。在此类诉讼中，原告据以提起诉讼的诉的利益就不仅限于现实的既有利益，而是涵盖了未来的利益，现实既有利益在诉讼当时可能并没有遭受损害。目前，利益主体拥有的将来利益已经在国内外立法及司法判例中被规定和确认。如《伊朗伊斯兰共和国宪法》第 50 条明确规定："在伊斯兰共和国里，保护当代人和我们子孙后代在其中生活的环境是公民的义务。"美国《国家环境政策法》第 101 条（b）款规定，国家"作为当代人的环境受托人要为下代人履行责任"。《匈牙利人类环境保护法》第 1 条也规定："本法的目的是保护人的身体健康，不断改善这一代人和后代人的生活条件"。[③] 在我国，最高人民法院《关于审理环境民事公益诉讼案件适用法律若干问题的解释》（法释〔2020〕20 号）也规定，可以对有损害社会公共利益重大风险的污染环境、破坏生态的行为提起诉讼。上述对后代人环境利益以及重大风险行为下可能产生的损害的救济，表明在环境公益诉讼中诉的利益正在从传统的现时利益拓展至预期的将来利益。正如"北京市朝阳区自然之友环境研究所诉中国水电顾问集团新平开发有限公司、中国电建集团昆明勘测设计研究院有限公司生态环境保护民事公益诉讼案"（最高人民法院指导案例 173 号）的判决裁判理由部分所言，预防性环境公益诉讼突

① 参见［英］丹宁勋爵：《法律的训诫》，刘庸安等译，法律出版社 1999 年版，第 129～140 页。

② 参见［日］小岛武司：《司法制度的历史与未来》，汪祖兴译，法律出版社 2000 年版，第 114～117 页。

③ 以上法律规范的中文条文来自商务部网，http：//policy. mofcom. gov. cn/page/nation/Iran. html#constitution，2023 年 4 月 5 日访问。

破了“无损害即无救济”的诉讼救济理念。[①]

第二节 环境公益诉讼之诉的利益是环境公益[②]

2012年修正、2013年1月1日起施行的《民事诉讼法》第55条，首次从法律层面，尤其是诉讼法层面确立了我国环境公益诉讼制度。自此以来，我国环境公益诉讼制度不断完善，形成了以《民法典》《民事诉讼法》《行政诉讼法》《环境保护法》等实体和程序法为基本法律依据，以有关环境民事公益诉讼、生态环境损害赔偿诉讼、检察公益诉讼、海洋自然资源和生态损害公益诉讼的司法解释为细化补充，包含环境民事公益诉讼、环境行政公益诉讼、生态环境损害赔偿诉讼、刑事附带民事公益诉讼等多诉讼种类的环境公益保护规则体系。概念分析通过区分观念和范畴的逻辑结构，或者通过分析其必然的、本质的属性，来探求我们所处的世界中某些方面的真。[③] 环境公益作为环境公益诉讼中的基本概念，其内涵如何界定、性质如何定位对我国环境公益诉讼的基本理论及规则安排均具有重要影响。对于《环境保护法》第58条“对污染环境、破坏生态，损害社会公共利益的行为”的规定，目前没有法律或司法解释明确其中“社会公共利益”的内涵。理论界也尚未真正解决何为环境公益这一基本认识问题，以至于有学者质疑我国是否建立了真正的环境公益诉讼制度。[④] 因此，环境公益仍是环境公益诉讼中绕不开的法理难点，需要对其内涵予以明确界定，并在此基础上厘清其基本属性，

① 参见北京市朝阳区自然之友环境研究所诉中国水电顾问集团新平开发有限公司、中国电建集团昆明勘测设计研究院有限公司生态环境保护民事公益诉讼案，云南省昆明市中级人民法院民事判决书，(2017)云01民初2299号。

② 根据后文的论证，“环境公益”更为贴切的表达应当是“环境生态公益”，但鉴于“环境公益”已经是约定俗成的概念，本书仍然保留“环境公益”的称谓。

③ 参见[美]布赖恩·比克斯：《法理学：理论与语境》(第4版)，邱昭继译，法律出版社2008年版，第15~29页。比克斯的观点被国内很多学术文献引用，可作为法律概念解析的基本遵循。参见邱昭继：《法学研究中的概念分析方法》，载《法律科学》2008年第6期；雷磊：《法律概念是重要的吗》，载《法学研究》2017年第4期。

④ 参见徐祥民、宋福敏：《建立中国环境公益诉讼制度的理论准备》，载《中国人口·资源与环境》2016年第7期。

进而对相关概念进行区分，以便夯实我国环境公益诉讼的理论基础。

一、环境公益的内涵及性质

（一）环境的内涵及其功能的类型化

1. 环境的内涵界定

“环境”一词在不同的语境下所表达的内容不同。环境科学中的环境，是指人类周围的境况及其中可以直接、间接影响人类生活和发展的各种自然因素和社会因素的总和。[①] 环境生态学者以环境要素的差异、环境的功能、空间范围大小等不同的标准，从环境科学的意义上对环境进行了划分。例如，根据环境所涉要素的不同，可分为自然环境、工程环境和社会环境。其中，自然环境所指向的是对人类的生存和发展产生直接或间接影响的各种天然形成的物质或能量；工程环境按照功能又可以划分为城市环境、村落环境、生产环境、交通环境等；社会环境按照其组成要素又可以划分为经济环境、政治环境、文化环境等。以空间范围为标准，环境又能被划分为区域环境、全球环境等。[②]

作为一个法律概念，环境公益中所指的“环境”是具有法律意义的环境。《环境保护法》将“环境”定义为“影响人类生存和发展的各种天然的和经过人工改造的自然因素的总体”并进行了开放式列举。本书认为，我国《环境保护法》关于环境的立法概念赋予了环境以下三层含义。第一，立法通过“影响人类生存和发展的”这一表述对环境科学意义上的环境范围予以立法限制，排除了对人类生存和发展无影响的环境。第二，通过“自然因素的总体”这一表述表明了环境是一个整体意义上的概念，是由一定数量、结构、层次的自然因素所组成的具有一定生态功能的统一体，具有系统性、整体性的特征。第三，“各种天然的和经过人工改造的”这一表述则表明环境法保护的环境范围不仅包括各种天然的环境，还包括经过人工改造、与人类

① 参见《中国大百科全书·环境科学》编委会：《中国大百科全书·环境科学》，中国大百科全书出版社2002年版，第134页。

② 参见周训芳：《环境权论》，法律出版社2003年版，第141页。

活动密切相关的生活环境，比如城市和乡村。① 因此，环境公益中的“环境”是指纳入环境法调整范围之内的“环境”，涵盖各类自然要素、各种天然的和经过人工改造的自然生态系统，不仅包括各类环境要素本身，还包括环境要素所承载的各类价值或功能。

2. 环境功能的类型化

作为各种自然因素之总和的环境承载着一定的价值或者功能。有国外学者认为，自然的价值包括了经济价值、生命支撑价值、科学价值、审美价值、宗教象征价值等。② 国内学者关于自然因素的价值或功能，有不同的归纳总结。例如，有学者认为，环境功能主要包括物质循环、能量流动、价值增值以及信息传递的功能。③ 有学者认为，环境所承载的功能包括以下几种：一是环境的基本功能，即环境所具有的维持生命以及生态平衡的价值；二是环境的经济功能，即环境作为原材料或财富成为社会生产或生活的物质源泉的价值；三是环境的环境价值，即自然环境的纳垢与自净功能；四是环境的美学功能，即环境作为自然美、艺术美等美的源泉的价值；五是环境的科学文化功能，即推动科学、文明和艺术发展并形成不同区域、不同特色的文化遗产或者文明现象的价值。④ 也有学者认为，环境承载的功能可以归结为生存功能、经济功能、生态功能、美学功能。⑤ 还有学者指出，环境资源所具有的生态与经济的双重属性导致了其对于人类具有生态与经济的双重价值。⑥ 上述观点虽然在环境所承载的具体功能类型上存在差异，但不难看出，学者们普遍认为，环境的功能除了经济性功能之外，还有一系列与经济功能相对应的非经济功能，比如生态功能、文化功能等。⑦ 综合以上观点，可将环境功能类型化为环境经济功能、环境生态功能与环境文化功能。

---

① 参见邹雄等：《环境侵权法疑难问题》，厦门大学出版社2010年版，第2~3页。

② 参见［美］霍尔姆斯·罗尔斯顿：《哲学走向荒野》，刘耳、叶平译，吉林人民出版社2000年版，第119~150页。

③ 参见梅林海：《环境与资源经济学的理论与实践》，暨南大学出版社2016年版，第2~10页。

④ 参见吴贤静：《“生态人”：环境法上的人之形象》，中国人民大学出版社2014年版，第119页。

⑤ 参见张宝：《环境规制的法律构造》，北京大学出版社2018年版，第213页。

⑥ 参见吕忠梅：《关于物权法的“绿色”思考》，载《中国法学》2000年第5期。

⑦ 参见李淑芹、孟宪林：《环境影响评价》（第2版），化学工业出版社2018年版，第231页。

首先，环境具有经济功能。环境所具有的经济功能是指环境能够为经济价值的增值提供物质与能量的功能。环境所具有的这种经济功能不同于环境生态功能，其指向的主要是环境的供给性服务。这里的供给性服务有别于环境生态功能所包含的供给服务，其主要是指由环境向人类提供的环境要素、生物要素产生的资源性产品。从环境经济功能的特点来看，环境经济功能的享有者包括个人以及特定的多数人，并且能够被特定主体排他性地享有。环境的经济功能首先体现为一种自然资源的使用功能，即环境可以产出能够被特定主体占有并处分的产品，进而使特定主体获取一定的经济利益。此处的产品既包括了有形产品，如渔民可以获取从河流中产出的鱼类资源，进而享有相应的所有权，有权对其所获取的鱼类资源进行处分并由此获得利益，也包括了无形产品，如有关主体所享有的排污权。排污权是指权利人可以在行政机关确定的排污的额度内排放特定污染物的权利，其客体是排污许可额度，其本质是一种无形财产权。①

其次，环境具有生态功能。环境生态功能主要体现为环境为保证人类生活安全安定而提供的环境支持（清洁饮水、呼吸洁净空气等）和保证人类舒适宜居所提供的环境支持（享受美丽自然、人文遗迹等）。② 从环境生态功能的特点来看，其具有显著的公共性特征，具体表现为环境生态功能的均享性与普惠性。均享性是指部分个体享受环境所提供的生态功能不会造成环境生态功能的减损，不影响其他主体对环境生态功能的享有。普惠性是指环境生态功能由不特定的多数人共同享有，而不能由特定的主体排他地享有。从环境生态功能的内容来看，其具有整体性与不确定性的特征。整体性是指环境所提供的生态功能是作为一个整体而存在的，不具有被分割的可能。不确定性则是指环境所具有的生态功能并非一成不变的。由于环境处于不断发展和变化之中，因此其所提供的生态功能会随着环境的改变而改变。③ 但当环境

① 参见邹雄、安启航：《排污权性质的法理辨析》，载《福州大学学报（哲学社会科学版）》2020 年第 6 期。

② 参见邹雄、陈山：《我国生态环境损害赔偿权利人权源的法理透视》，载《福建师范大学学报（哲学社会科学版）》2021 年第 4 期。

③ 参见杨春桃：《环境公益损害的法律救济现状及对策研究》，载《环境保护》2014 年第 9 期。

得到改善时，其所提供的生态功能将会增强甚至增加；反之，则可能会减少或者减损。

最后，环境还具有文化功能。①《环境保护法》第2条所列举的环境要素中的人文遗迹、自然遗迹等部分环境要素承载着文化价值，人类在其中创造了丰富多彩的文化，而这些文化也不能脱离作为其载体的环境而存在。② 文化功能不仅体现在与环境要素具有密切联系的人文遗迹、自然遗迹之上，还体现在生态环境所产出的能够对人类在环境审美价值、娱乐价值、历史、文化、宗教等方面的精神需求进行满足的产品之上。人文遗迹和自然遗迹等文化遗产作为人为环境的产物，③ 作为文化功能的环境载体，能够满足人们对于多元文化价值的需求。

需要说明的是，在我国现行立法中，环境生态功能尚不是立法术语，立法中出现了与此相似的“生态环境服务功能”概念。例如，《民法典》第1235条和《生态环境损害赔偿管理规定》中规定的生态环境损害赔偿范围包括了生态环境受到损害至修复完成期间服务功能丧失导致的损失，以及生态环境服务功能永久性损害造成的损失等；再如，最高人民法院《关于审理环境民事公益诉讼案件适用法律若干问题的解释》规定生态环境受到损害至恢复原状期间服务功能损失应当得到救济。而何为生态环境服务功能？生态环境部2020年发布的《生态环境损害鉴定评估技术指南　总纲和关键环节　第一部分：总纲》对此进行了解释，即生态环境服务功能是指生态系统在维持生命的物质循环和能量转换过程中，为人类与生物提供的各种惠益，具体包括供给服务、调节服务、文化服务和支持功能。④ 此外，《生态环境损害鉴定

① 在此需要说明的是，《环境保护法》第2条所列举的环境要素并非均具有文化功能，只有特殊的环境要素即人文遗迹和自然遗迹，才具有文化功能。自然遗迹具有文化功能参见《环境保护法》第29条第2款的表述。人文遗迹具有文化内涵也是共识，如有学者认为，人文遗迹应是指人类社会长期发展中形成的具有历史、科学、文化价值的遗迹。参见岳小花：《中国自然与人文遗迹保护立法的现状、反思与完善路径》，载《河北法学》2020年第1期。

② 参见方印等：《环境法律前沿问题研究》，知识产权出版社2018年版，第11~15页。

③ 参见李伟芳：《基于环境立法价值理念下的文化遗产保护研究》，载《武汉大学学报（哲学社会科学版）》2015年第6期。

④ 参见生态环境部、国家市场监督管理总局《生态环境损害鉴定评估技术指南　总纲和关键环节　第1部分：总纲》（GB/T 39791.1—2020）。

评估技术指南 总纲和关键环节 第一部分：总纲》中所规定的期间损害以及永久性损失都涉及生态环境服务功能。环境的生态功能与生态环境服务功能之间关系如何？为了明确这个问题，需要对生态环境服务功能进行系统解析。事实上，生态环境服务功能是贴近于环境生态学领域中“生态系统服务”的一个概念。① 有关生态系统服务的研究最早出现在美国。在19世纪60年代，有美国学者提出，环境具有为人类生产生活提供服务的功能。从20世纪70年代开始，环境的服务功能开始得到生态学家、经济学家等的认可。② 环境的服务功能主要是指各种环境要素作为生态系统在整体上表现出的一种为人类生活提供必需生活产品并保证人类相应生活品质得以维持的生态功能。③ 生态系统在维持生命的物质循环和能量转换过程中为人类与生物提供的各种惠益，通常包括供给服务、调节服务、文化服务和支持功能。其中，供给服务包括食物生产、原材料生产和水资源供给；调节服务包括气体调节、气候调节、净化环境、水文调节；支持服务包括土壤保持、维持养分循环、维持生物多样性；文化服务则主要为提供美学景观服务。④ 根据环境生态学对于生态环境服务功能的这种定义，生态环境服务功能不仅包含了环境的生态功能，还包含了环境的经济功能与文化功能等具有服务特征的诸多功能。综合上述分析，我国生态环境保护有关立法中使用的生态环境服务功能的概念，其内涵实质上与前文所述环境功能的内涵是一致的，即生态环境服务功能并不等同于环境生态功能。这就在客观上造成了环境生态功能与生态环境服务功能的概念混同，亦会影响现有立法将生态环境服务功能这一内涵外延宏大的利益群作为环境公益诉讼或生态环境损害赔偿诉讼救济法益的妥当性。⑤

---

① 参见王树义、李华琪：《论我国生态环境损害赔偿诉讼》，载《学习与实践》2018年第11期。

② 易丽昆：《基于人文关怀的生态补偿研究》，新华出版社2014年版，第113页。

③ 参见程玉：《生态损害法律责任实施机制的选择》，中国社会科学出版社2021年版，第3页。

④ 参见张彪等：《基于人类需求的生态系统服务分类》，载《中国人口·资源与环境》2010年第6期。

⑤ 基于上述环境生态功能与生态环境服务功能之间关系的厘清，现行《民法典》第1235条、《生态环境损害赔偿管理规定》、最高人民法院《关于审理环境民事公益诉讼案件适用法律若干问题的解释》等法律规范中的生态环境服务功能的损害赔偿范围部分游离了环境公益诉讼应当救济的损害范围，后续立法应当予以矫正。

（二）公益的内涵及环境生态功能的公益属性

公共利益，又称公益，是在我国法律中被广泛使用的概念。在我国现行立法中，宪法、法律、行政法规以及司法解释等都使用了公共利益这一概念。关于“公共利益”的用法以及类似的表述有近 20 种之多。① 例如，作为国家根本大法的宪法，在第 10 条第 3 款规定：“国家为了公共利益的需要，可以依照法律规定对土地实行征收或者征用并给予补偿。”第 13 条规定“国家为了公共利益的需要，可以依照法律规定对公民的私有财产实行征收或者征用并给予补偿。”我国《民法典》也在第 117 条、第 132 条、第 185 条、第 243 条、第 534 条、第 999 条、第 1009 条、第 1020 条、第 1025 条以及第 1036 条使用了公共利益这一概念。然而，在大部分的法律规范中，公共利益只是在描述立法宗旨与立法目的时被提到，但却并未得到具体的展开。② 即使部分法律涉及公共利益的内容，如《信托法》等，但这些法律对公共利益的描述显然不具备广泛的适用性，不能作为一般意义上的公共利益概念进行适用，这使公共利益的概念在法律上仍然处于模糊不清的状态。而当公共利益处于这种模糊不清的状态时，就可能使公权力或其他个体以公共利益之名侵犯私人权益。因此，学界对于环境公益到底是什么产生了激烈的讨论，也形成了诸多的观点。有的学者试图从公共利益的享有者的角度出发，认为公共利益与私人利益的划分标准是依据所涉及的利益是否关乎不特定多数人的利益，③ 这正是公共利益的享有者体现了公共利益的“公共性”。而对于公共利益的内容究竟为何，学界的争议较大。有学者从个体主义的角度出发，认为“公共利益”就是全部私人利益之和。④ 但也有学者持相反的观点，这些学者认为，公共利益不是个人利益的简单集合，而是社会共同的、整体的、综合性

---

① 参见郑永流：《中国公法中公共利益条款的文本描述和解释》，载《浙江社会科学》2013 年第 10 期。

② 参见郑永流、朱庆育等：《中国法律中的公共利益》，北京大学出版社 2014 年版，第 139 页。

③ 参见吴怡：《浅析环境公益司法救济路径之选择》，载《中国人口·资源与环境》2017 年第 2 期。

④ 参见徐祥民：《从利益主体看环境法与财产法的区别》，载《公民与法（法学版）》2012 年第 1 期。

和理性的利益。[①] 对于如何识别公共利益，有学者有指出，判断一种利益是否属于公共利益本质上是一种价值判断，[②] 即使部分利益并非多数人的利益，但基于其所蕴含的重要价值，也应当被认定为公共利益。还有学者认为，可以通过对貌似“公共利益”的非公共利益，如商业利益、政府利益等进行排除，从而反向地廓清公共利益的边界。[③] 上述学者对公共利益的界定反映了公共利益的不同侧面，对于探明公共利益的内涵具有重要的意义。然而，由于公共利益本身属于高度抽象的概念，且公共利益的内容会随着主体的价值判断而不断发生变化。鉴于此，应当返回到具体的法律部门中对公共利益的内涵进行揭示。此外，公共利益的特征作为辨识公共利益的重要标准，对于理解公共利益的内涵也具有重要的作用。从环境公益的特点来看，有学者从公益的构成要素着手，认为环境公益在主体上具有数量的不特定多数性；从环境公益的客体要素来看，其客体具有非排他性（整体联系性、不可分割性）的特征；而从两者之间的联系来看，利益主体对利益客体具有共同享用性的特征（或共同受益性、共同需要性）。[④] 也有学者认为，公共利益除了上述特征之外，还具有基本性的特征。认为公共利益是关系社会共同体中每个成员生存和发展的基本利益。[⑤]也有学者指出，公共利益的内容还具有发展性与开放性的特点。[⑥]

本书认为，公共利益作为一种由不特定多数人所享有的利益，无论是公共利益的主体，还是公共利益的内容，都具有明显的公共性的特征。在“公共”一词中，“公”与“私”对应，指向的是一种全体性与非封闭性的状态，而“共”则强调了非排他的共同享有。因此，公共利益的公共性表现为公共利益享有者与私人相对应，既不为个人也不为特定的多数人，而是不特定的

---

① 参见韩大元：《宪法文本中“公共利益”的规范分析》，载《法学论坛》2005 年第 1 期。

② 参见汪骏良：《论行政公益诉讼中的“公益”识别标准》，载《河南财经政法大学学报》2022 年第 1 期。

③ 参见刘连泰：《“公共利益”的解释困境及其突围》，载《文史哲》2006 年第 2 期。

④ 参见蔡守秋：《环境公益是环境公益诉讼发展的核心》，载《环境法评论》2018 年第 1 期。

⑤ 参见丁国民、郭仕捷：《环境侵权诉讼中公益私益界定难题及策略选择》，载《社会科学战线》2020 年第 11 期。

⑥ 参见王轶：《论〈物权法〉中的“公共利益”》，载《北京规划建设》2008 年第 1 期。

多数人。此外，公共利益的公共性还表现为一种非排他性，即公共利益作为一种无法分割的整体性利益，不能由特定的主体排除他人而独自享有。公共利益的公共性也体现为一种非竞争性，这意味着一些个体享用公共利益不会影响其他个体同等程度地享用这种利益。这也是公共利益的公共性所必备的内涵。此外，公共利益除了具有“公共性”的特点，还具有外延不确定性的特点，这种不确定是指对某项利益是否属于公共利益的判断往往存在不确定性。一种利益是否能够被判定为公共利益受到价值判断的影响，而价值判断具有很强的主观性，不同的主体对于公共利益的判断也各有不同，如对英雄烈士等的姓名、肖像、名誉、荣誉等是否属于公共利益的判断即如此。此外，在不同的时代，随着人们认识的发展以及法律规范的日益健全，对于哪些利益属于公共利益会有新的判断，立法也会填补新的公共利益事项，① 环境公共利益便是如此，直至2012年《民事诉讼法》的修正才将环境污染行为确定为损害社会公共利益的行为，至此环境利益作为公共利益的属性才得以明确。这就使对于公共利益的识别存在阶段性判断有别的可能性。当然，并非所有的公共利益均存在不确定的判断，部分利益属于公共利益则自始没有争议，比如一个国家的国防和外交利益等。

从上述对于公共利益的界定来看，由于环境的生态功能属于脱离其实物载体的一种相对独立的功能，具有显著的无形性、公益性、整体性、长远性等特点，② 与公共利益的特点相契合。从环境生态功能的享有主体来看，生态环境功能不归属于任何一个特定的个体，而是由不特定的多数人共同所享有。甚至有学者在此基础上进一步指出，环境的生态功能受益者为人类整体，环境的生态功能所带来的利益不能被人类个体各自享有。③ 从内容上来看，环境所提供的调节气候、防风固沙、涵养水土等生态功能所具有的普惠性、均享性的特点，亦对应了公共利益的非排他性与非竞争性的特征，即环境生

① 参见胡建淼主编、浙江大学公法与比较法研究所编：《公法研究》（第9辑），浙江大学出版社2011年版，第35~39页。

② 参见邹雄：《论环境权的概念》，载《现代法学》2008年第5期。

③ 参见徐祥民：《从利益主体看环境法与财产法的区别》，载《公民与法（法学版）》2012年第1期。

态功能是一种无法分割的整体性利益，任何个体享用环境生态功能不能排除和也不会影响其他个体同等程度地享用该项利益。此外，随着2012年《民事诉讼法》第55条对环境公益诉讼规则的增设，以及2014年《环境保护法》第55条对社会组织提起环境公益诉讼的规则衔接，环境公益作为公共利益的一种，不再受到因价值判断差异以及法律规范遗漏等因素导致的不确定问题。

环境的经济功能不能作为环境公益的组成部分。从主体来看，环境经济功能的享有者不具有公共性的特点。环境经济功能的享有者是特定的，其中既包括个体，也包括特定的多数人。此外，也并非任何社会主体均能够成为环境经济功能的享有者。只有国家法律规定或经过法定程序取得自然资源的开发利用权利，进而获取享有环境经济功能资格的主体，才能够成为环境经济功能的享有者。从内容上来看，环境经济功能不具有整体性与不可分割性的特点。这一特点具体表现为，环境经济功能可以为私主体独自享有，并具有排他性的特点。环境经济功能的受益主体还有权排除其他个体对其经济功能享有的损害，也有权将其受益权转让。此外，环境的经济功能的享有不具有相互联系性，不同主体各自享有的环境经济功能是相互独立的。

环境的文化功能亦不能作为环境公益的组成部分。原因主要有以下两点：其一，前述已经援引的《环境保护法》中的“环境”有其清晰的法律保护边界，即“影响人类生存发展的自然因素的总体”才是环境法所保护的“环境”边界。只有那些“影响人类生存发展”的环境因素才是需要环境法保护的对象，环境生态功能会影响人类的生存和发展是毋庸置疑的，但是环境文化功能能否“影响人类生存和发展”却不是毋庸置疑的结论，因为文化的功能主要在于引领风尚、教育人民、治理国家，[①] 环境文化也不例外。其二，尽管《环境保护法》第2条所列举的自然因素中包括人文遗迹、自然遗迹等文化内涵厚重的自然因素，但是从《环境保护法》的立法精神和立法目的审视，《环境保护法》保护此类自然因素的主要原因是人文遗迹、自然遗迹等这些特殊的自然因素具有多种价值，也是生态环境中若干自然因素的组成部

① 参见李银兵：《民族传统节日社会功能研究：文化创新的视角》，人民出版社2020年版，第2~23页。

分，比如作为世界性自然遗迹的九寨沟、人文遗迹秦始皇陵等便是如此。在承认环境多元功能的前提下，不同领域的法律规范协同共治才能实现自然因素多元功能保护之目的。[①] 以人文遗迹、自然遗迹保护为例，主要保护路径有以下两条：一是环境保护领域的法律如《环境保护法》保护其生态功能；二是人文遗迹、自然遗迹等自然因素的文化功能保护，则由《文物保护法》等行政法提供妥当的途径和措施。在此需要说明的是，本书认为环境公益不是附加在自然因素之上全部的公共利益，环境公益不应包含自然因素的文化功能，但并不是否认自然因素文化价值的公益属性。基于此，对具有浓厚文化价值的人文遗迹、自然遗迹等自然因素的保护，应当基于环境公共利益和文化公共利益的不同属性，建立环境公益诉讼和文物公益诉讼分置的双轨救济途径，以便全面关照特殊环境要素兼具的环境功能和文化功能。目前，由于文物和文化遗产保护尚没有作为法定的公益诉讼专门领域，[②] 司法实践中，兼具环境公益、文化公益等双重环境公益受损的案件，如人文遗迹、自然遗迹毁损破坏案件，往往环境保护法成了“救命稻草”，[③] 包括人文遗迹、自然遗迹在内的文物保护公益诉讼往往需要借道环境公益诉讼。[④] 比如，国内首例人文遗迹（文物）保护公益诉讼郑州马固案[⑤]（2015 年）就是以环境公益诉讼之名提起。[⑥] 2023 年 4 月，最高人民检察院和国家文物局联合发布了 5 起长城保护检察公益诉讼典型案例，其中唯一的一例民事公益诉讼案件，即“河北省保定市人民检察院诉某石料加工有限公司侵害长城历史风貌及生态环境民事公益诉讼案”。[⑦] 该案标题将长城历史风貌与长城生态环境并列提

① 参见孟春阳、王世进：《生态多元共治模式的法治依赖及其法律表达》，载《重庆大学学报（社会科学版）》2019 年第 6 期。

② 以检察机关为例，根据现有的立法，检察机关可以提起的公益诉讼为 4 +9 类，其中“4 类”为诉讼法明确列举的领域，“9 类”是陆续通过单行法形式授权的领域。

③ 参见许辉：《环保法怎么成了文物保护的救命稻草》，载《京华时报》2015 年 10 月 20 日第 3 版。

④ 参见陈冬：《文物保护公益诉讼与环境公益诉讼之辨析——以公共利益为中心》，载《政法论丛》2021 年第 2 期。

⑤ 参见扈孝勇、赵小玉：《不可移动文物的现状及司法保护——反思我国文物公益诉讼第一案》，载《法律适用（司法案例）》2017 年第 20 期。

⑥ 参见何勇海：《文物保护公益诉讼的破冰意义》，载《人民法院报》2015 年 10 月 21 日，第 2 版。

⑦《最高人民检察院、国家文物局长城保护检察公益诉讼典型案例》，载中华人民共和国最高人民检察院网，https：//www. spp. gov. cn/xwfbh/dxal/202304/t20230421_612001. shtml。

及，反映了检察机关可能试图将保护长城文化价值和保护长城生态价值的两类公益诉讼合并诉讼，但是，本案的判决部分仅涉及受损生态环境修复以及赔偿林地生态环境功能损失费用等生态价值部分的损害，未见关于长城文化价值损害的救济项目。

（三）环境公益的内涵界定

对于环境公益的内涵，学界争议颇多。第一种观点为环境生态功能说。持有该说的学者认为，环境公益就是指自然环境的生态功能。① 第二种观点为环境本身利益说。持有该说的学者认为，环境公益是作为公共产品的环境所产生的利益。② 这种利益不是个人利益，也不是众人私益，而是能够维持人与自然之间良好的“共生关系”的自然环境本身的利益，③ 即不是与环境密切相关的属于人的“人身”和“财产”利益，如环境人格利益，自然资源占有、使用、收益等利益。④ 第三种观点则是人类需求满足说。持有该观点的学者认为，环境公益就是各种天然的和经过人工改造的自然因素能够满足人类生存和发展需要的生态利益。⑤ 它与人类需求密切相关，是环境因具有生态服务功能而能满足人的多种需要所承载的公共性利益。⑥

上述对于环境公共利益的界定，反映了学者对环境公共利益的不同认识。但总的来说，大部分学者都认同，环境公共利益作为公共利益的一种，其客体所指向的是环境的生态功能，而非经济功能等其他功能。它要求排除环境要素的经济价值，而强调对其生态价值的保护，以生态环境要素的生态价值即生态功能作为环境公共利益的内容。⑦ 因此，有学者认为，为保护生态环

① 参见颜运秋：《生态文明背景下环境司法的几个根本转变》，载《求索》2020 年第 2 期。

② 参见吕忠梅：《环境公益诉讼辨析》，载《法商研究》2008 年第 6 期。

③ 参见陈晓景：《检察环境公益诉讼的理论优化与制度完善》，载《中国法学》2022 年第 4 期。

④ 环境公共利益是一种与人身利益和财产利益相并列的人之利益。从损害的角度看，当造成“对环境本身的损害”之时，即当导致“对环境功能的损害”之时，环境公共利益亦遭受了损害。参见王小钢：《论环境公益诉讼的利益和权利基础》，载《浙江大学学报（人文社会科学版）》2011 年第 3 期。

⑤ 参见朱谦：《环境公共利益的法律属性》，载《学习与探索》2016 年第 2 期。

⑥ 参见罗明玥：《论自然资源民事公益诉讼的合理性》，载《东南大学学报（哲学社会科学版）》2019 年第 2 期。

⑦ 参见刘卫先：《论我国生态环境损害索赔主体的整合》，载《中州学刊》2020 年第 8 期。

境而提起的诉讼是真正的环境公益诉讼，为保护因环境污染、生态破坏而受损的多数人的人身、财产利益而提起的诉讼则是环境众益诉讼。[①] 此外，环境生态功能的多样性使其能够对人类的多种需求予以满足，因此，环境公益所承载的不是单个或一定量个体的环境生态利益，而是不特定多数个体的环境非经济性利益，而且环境生态功能通过诸多的子功能来保证人类生活的安全安定并为人类提供舒适宜居的环境，是一种环境利益群。因此，环境公益并非某种单一的利益，而是一种利益群。通过上述分析，本书将环境公益界定为“基于环境生态功能的利益群”。

环境生态功能是环境公共利益各项利益存在的客观基础。环境生态功能主要体现为环境为保证人类生活安全安定而提供的环境支持（如清洁饮水、呼吸洁净空气等）和保证人类舒适宜居所提供的环境支持（如享受美丽自然）。[②] 环境生态功能不同于传统的自然资源所有权利益及相邻关系利益，其利益载体虽是以物质形态存在的大气、水等环境要素及其整体，但利益内容却是从物质载体中呈现出来的生态利益，即基于环境生态功能而产生的保证人类生存和发展的生态利益群。基于目前人类对自然界的认知水平，人们知道：森林有防风固沙、保持水土、涵养水分、净化空气、隔音降噪、为动植物提供栖息场所等生态功能；土地有提供动植物繁衍生息的场所、容纳降解废弃物等生态功能；草原有防风固土、调节气候、为动植物的生长提供繁衍生息的场所等生态功能；水体有调节气候、净化空气、容纳废弃物等生态功能；空气有提供生命所需要的气体成分、净化废气等生态功能；矿藏作为生态系统中岩石圈的组成部分，有物质和能量的储存库的生态功能；臭氧层有保护到达地球阳光的健康、防止温室效应等生态功能。本书认为，这些生态功能既是客观存在的，又是不以任何个人的意志为转移的社会条件决定的利益群，而且，随着科技和社会的发展，利益群的内容也将不断扩展。[③]

---

① 持此观点的论著较多。参见刘卫先：《论我国生态环境损害索赔主体的整合》，载《中州学刊》2020 年第 8 期；杨朝霞：《论环境公益诉讼的权利基础和起诉顺位——兼谈自然资源物权和环境权的理论要点》，载《法学论坛》2013 年第 3 期。

② 参见邹雄、陈山：《我国生态环境损害赔偿权利人权源的法理透视》，载《福建师范大学学报（哲学社会科学版）》2021 年第 4 期。

③ 参见邹雄：《论环境权的概念》，载《现代法学》2008 年第 5 期。

基于环境生态功能的利益群又可具体表现为对清洁空气的保有、享受利益，对清洁水的保有、享受利益，对清洁土壤的保有、享受利益，免受核辐射侵害利益等。[①] 需要特别强调的是，此处的清洁空气、清洁水等中的“空气”和“水”是指作为生态系统组成部分的，具有非常明显的整体性特征的空气、水等对象，而非单个、孤立的环境要素，比如室内的空气、地下室的空气、商场的空气、庭院中水池的水、工厂蓄水设施中的水、小区内部的景观小河等。也就是说，环境公益的保有和享受是为了更好地协调人与自然的关系这一宏大的价值目标，挽救人类于生态环境危机之中，而不仅是为了保障特定个体的私有利益。[②] 另外，此处强调利益主体对空气、水等生态功能的保有和享受宜以“清洁”为标准，即达到清洁标准的大气、水等组成的生态系统。何为“清洁”？可以从如下两个途径予以判断。其一，各类环境质量标准，比如《环境空气质量标准》《地表水环境质量标准》等，如果行为人的污染物质排放或自然资源利用行为造成环境介质中有害物质容许含量超过标准阈值，则可认定行为人对环境公共利益造成损害。其二，生态环境损害鉴定评估。有资格开展生态环境损害鉴定评估的机构出具鉴定评估报告，根据报告对致害因子、损害空间区域、污染或破坏行为对生态系统功能影响的程度、行为与损害结果之间的因果关系、生态环境损害恢复或价值量化等方面的鉴定结论，判定环境生态功能是否受损，如果受损则涉及环境公共利益损害。

二、环境公益相关模糊认识之澄清

对于环境利益的划分，不同学者依据不同的标准，将环境利益划分为不同的类型。有学者以环境对人的生态服务功能为依据将与环境相关的人类利

① 此处的对清洁空气的保有、享受利益，对清洁水的保有、享受利益，对清洁土壤的保有、享受利益，免受核辐射利益等与日照利益、眺望利益、亲水利益、通风利益、采光利益、景观利益、宁静利益、嫌烟利益等不同，对后者的侵害往往造成对特定私主体的侵害，为典型的环境私益侵害，而对前者的侵害，则是对不特定主体的侵害，属于环境公益侵害。

② 持此观点的学者及论著较多。参见徐祥民、张锋：《质疑公民环境权》，载《法学》2004 年第 2 期；秦天宝：《环境公益与经济私益相协调：保护地居民权利保障的基本原则》，载《世界环境》2008 年第 6 期；邹雄：《论环境权的概念》，载《现代法学》2008 年第 5 期。

益区分为人格利益（环境因与人类的生命和健康等人格利益息息相关而蕴含的利益）、财产利益（环境因充当许多财产获取和实现条件而蕴含的利益）以及环境利益（环境因具有多种生态服务功能而蕴含的利益）三种。① 也有学者认为，社会生活本身是由私人领域、国家领域、公共领域所构成，而且不同领域内的主体享有不同的利益，因此主张以环境利益的主体为标准，将环境利益划分为环境私益、环境公益和环境国益。② 也有学者以环境利益享有主体的多寡为标准，将环境利益划分为个人利益与多数人利益，其中多数人利益则又包括环境众益与环境公益。③ 鉴于环境利益种类繁多，有必要对环境利益与相关概念之间的差异性进行对比分析，以便澄清相似概念的边界。

（一）环境公益与环境私益

区分环境私益与环境公益是正确发挥环境公益诉讼功能，实现环境公益诉讼制度目的的关键。在司法实践中，由于环境私益与环境公益的混用，造成了在有些环境公益诉讼案件中当事人以公益之名行救济私益之实。例如，在左某、徐某污染环境刑事附带民事公益诉讼案（最高人民法院指导性案例203号）中，二被告人左某、徐某安排人员将非法生产过程中产生的废铝灰100吨倾倒在某村开挖的坑塘内，法院判决认为，附带民事公益诉讼中涉及三项公私财产损失，其中包括财产损害费用3400元：污染清理过程中造成农户的小麦、油菜等的财产损失；应急监测费用、清理费用、处置费用等应急处置费用共计156489元；生态环境损害费用18000元，系因坑塘经过应急清理后已基本消除污染，但需要进行回填恢复，生态环境损害费用实质是填土费用18000元。④ 事实上，上述生态环境损害费用从本质上来说是对私人利益损害的弥补，因为本案中在农村一个坑塘中的倾倒行为是否损害了作为环境公益内容的生态环境功能，法院裁判部分并未给出清晰的结论，但从其列

---

① 参见肖建国、黄忠顺：《环境公益诉讼基本问题研究》，载《法律适用》2014年第4期。

② 参见肖建国：《利益交错中的环境公益诉讼原理》，载《中国人民大学学报》2016年第2期。

③ 参见张忠民：《气候变化诉讼的中国范式——兼谈与生态环境损害赔偿制度的关系》，载《政治与法律》2022年第7期。

④ 参见左某、徐某污染环境刑事附带民事公益诉讼案，江苏省盱眙县人民法院刑事判决书，（2019）苏0830刑初534号。

出的将坑塘填土费用作为生态环境损害费用来看，该项费用用以救济的是被挖坑塘土地所有者的私人利益损害，即土地所有者或使用者的土地上附着的土层减少的财产利益减损，并不是以环境生态功能为内容的环境公共利益损害。

上述环境公益诉讼和环境私益诉讼之间的含混不清主要源于对环境公益和环境私益的认识还未完全统一。事实上，环境公益与环境私益在主体以及内容上都有很大的区别。从主体上来看，环境私益的主体具有特定性。如有些学者认为，环境公益的划分标准是依据所涉及的利益是否关乎不特定多数人的利益，反之即为私益。[①] 而环境公益则与之相反，环境公益的主体具有不特定性，甚至有学者认为，环境利益只属于人类整体，而不能被人类个体各自享有。[②] 在内容上，环境私益主要包括环境人格利益与环境财产利益等可以独占、排他享有的利益。与自然人人格完整性有关的环境利益可以被表述为新型的人格利益，即环境人格利益。作为私人利益的环境人格利益又可以包含不同类型的利益，主要有免受噪光污染利益、宁静环境利益等，其中免受噪光污染利益是指利益享有者拥有免受不适宜光线侵害的利益，宁静环境利益是指利益享有者拥有在适宜、安宁的环境中生活而免受噪声侵害的利益。这些新型的环境利益具有人格利益的特征，人格利益属于私人利益的范畴，以此类推，该种新型的环境人格利益也具有私益性的特征。[③] 此外，环境财产利益也属于环境私益的范畴。环境财产利益主要是环境因充当许多财产获取和实现条件而蕴含的利益。这种利益包括了自然资源使用利益、相邻关系利益等，而自然资源的使用利益表现为环境可以产出能够被特定主体占有并处分的产品，进而使特定主体获取一定的经济利益。此外，环境相邻关系利益，是指在相互毗邻的不动产的所有人或使用人之间，在通风、采光、

---

① 参见吴怡：《浅析环境公益司法救济路径之选择》，载《中国人口·资源与环境》2017 年第 11 期。

② 参见徐祥民：《从利益主体看环境法与财产法的区别》，载《公民与法（法学版）》2012 年第 1 期。

③ 前已阐述，环境公益仅指基于环境生态功能的利益群，从享有主体角度来说不特定，但是从内容角度来说也是人格利益。侵害环境人格私益还是环境人格公益取决于侵害程度，即没有破坏环境生态功能的程度仅侵害环境人格私益，破坏了环境生态功能的程度则既侵害环境人格私益也侵害环境人格公益。因此，环境公益和环境私益的内容均包含自然人的人格利益。

通行等方面，任何一方为了合理行使其所有权或使用权，享有由法律直接赋予的要求其他相邻方提供便利或接受一定限制的权利。[①] 这种环境相邻权的实质是对作为财产利益的不动产所有权或使用权的延伸。因此，环境相邻关系利益即属于环境财产利益的一种。基于前文对环境公益和环境私益的阐述，可将环境利益谱系图示如下（见图 1－1）。

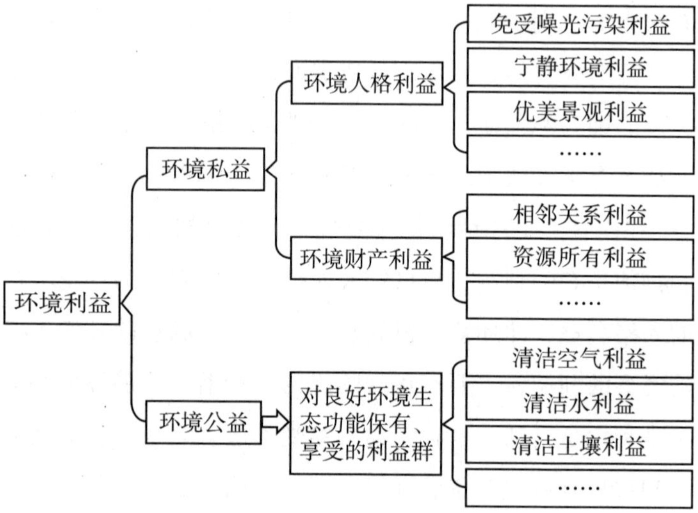

图 1－1　环境利益谱系

（二）环境公益与环境国益

环境公益与环境国益是以主体为标准对环境利益进行划分而得来的。其中，环境国益是以国家为利益主体的一种利益，是国家基于自然资源所有权而享有的利益。而环境公益则是以不特定的多数人为主体，以环境生态功能为客体的一种利益群。两者之间的区别似乎十分明显。然而，环境国益和环境公益之间还存在一定的重合。有些环境资源除作为国有资产存在之外，其生态功能还具有全民共享性、为不特定主体所享有等特点。[②] 因此，有学者不将环境公益的归属与自然资源国家所有权的归属进行区分，认为公共利益

---

① 参见杨朝霞：《论环境公益诉讼的权利基础和起诉顺位——兼谈自然资源物权和环境权的理论要点》，载《法学论坛》2013 年第 3 期。

② 参见解永照、余晓龙：《海洋环境公益诉讼的制度定位及体系完善》，载《中国人口·资源与环境》2022 年第 1 期。

的主体就等同于自然资源所有权的主体。[1] 此外，在立法上，社会公共利益、公共利益、国家利益也经常被混用，这使公共利益与国家利益两者之间的界限更加不明。因此，对两者进行区分就显得十分必要。

2015 年的《生态环境损害赔偿制度改革试点方案》印发之后，环境保护部有关负责人对该试点方案进行了解读，认为我国《宪法》《物权法》等相关法律规定了国家所有的矿藏、水流、森林、山岭等自然资源为国有财产，由国务院代表国家行使自然资源的财产所有权，因此，试点方案规定了国务院授权省级人民政府作为生态环境损害的赔偿权利人进行索赔。[2] 随后最高人民法院《关于充分发挥审判职能作用为推进生态文明建设与绿色发展提供司法服务和保障的意见》（法发〔2016〕12 号）中也提出生态环境损害赔偿诉讼是赔偿权利人基于国家自然资源所有权而提起的诉讼。2018 年 1 月 1 日开始在全国推行的《生态环境损害赔偿制度改革方案》尽管扩大了赔偿权利人的范围，将市地级人民政府和省级人民政府共同作为赔偿权利人，但在随后进行的方案解读中，省级人民政府、市地级人民政府作为赔偿权利人的权源为国家自然资源所有权的解释并未改变。而且最高人民法院《关于审理生态环境损害赔偿案件的若干规定（试行）》，生态环境部、司法部、财政部等《关于推进生态环境损害赔偿制度改革若干具体问题的意见》等文件均赞同这一立场。[3] 而对于自然资源国家所有权的性质，学界也持有不同的观点，包括自然资源国家所有权“公权说”、自然资源国家所有权“私权说”以及国益、公益耦合说。自然资源国家所有权“公权说”认为，将自然资源国家所有权界定为一种“公权”显然更具有理论解释力和良好实效性，更契合国有资源及相关事务的公共本质。[4] 而在“自然资源国家所有权私权说”看来，

---

① 参见徐海燕：《论实现共同富裕的法律途径——以国家所有权制度为视角》，载《北京理工大学学报（社会科学版）》2022 年第 2 期。

② 参见《让损害生态环境者承担赔偿责任——〈生态环境损害赔偿制度改革试点方案〉解读》，载生态环境部网，https：//www. mee. gov. cn/ywdt/hjywnews/201512/t20151204_318434. shtml。

③ 参见邹雄、陈山：《我国生态环境损害赔偿权利人权源的法理透视》，载《福建师范大学学报（哲学社会科学版）》2021 年第 4 期。

④ 参见巩固：《自然资源国家所有权公私属性辨疑——以“敦煌毁林事件”为切入点》，载《湖南师范大学社会科学学报》2023 年第 1 期。

自然资源国家所有权不仅其本身为一种私权，对相关资源物的使用权也属于私权的一种，[①] 并且为了促进自然资源经济价值的市场化利用，以及对权利行使课以公益约束，国家所有权在性质上也应被界定为民事权利。[②] 持有国益、公益耦合说这一观点的学者认为，由于我国环境立法对生态环境损害中的两种利益——国家利益（资源性利益）和社会公共利益（生态服务功能利益）未准确区分，目前的条件不宜对两种利益作过细规定，而应在生态环境损害赔偿制度中全面保护国益和公益。[③]

从自然资源国家所有权的起源来看，自然资源国家所有权源于自然资源国家主权。[④] 第二次世界大战以后，一批国家纷纷独立或成立，这些国家为保护自己的经济利益，提出自然资源尤其是价值较大的石油等矿产资源为该国主权和该国所有，进而逐渐延伸出了自然资源的国家所有权。可见，首先，自然资源国家所有权天然指向一种自然资源的经济价值，其客体是作为有形物的自然资源。其次，国家所享有的自然资源国家所有权在私法层面的属性是国家作为特殊私主体享有的物权，是国家对其领土上自然资源的支配权和对世权，具有排他性。在立法上，我国《宪法》第 9 条和第 10 条、《民法典》第 247 ~ 254 条、《煤炭法》第 3 条、《草原法》第 9 条、《香港特别行政区基本法》第 7 条、《澳门特别行政区基本法》第 7 条等都规定，包括土地、森林、山岭、草原、荒地、滩涂、矿藏、水流、海域、野生动植物资源等在内的非生物环境资源以及野生动植物资源（含野生微生物资源）原则上都属于国家所有。污染环境或者破坏生态的行为通常会对生物资源或者非生物资源（以下合称为“自然资源”）造成直接损害，故环境诉讼中的国家利益通常表征为政府以国家名义要求恢复所有权至被侵害之前的状态。[⑤] 此时的政

---

① 参见崔建远主编：《自然资源物权法律制度研究》，法律出版社 2012 年版，第 46 ~ 47 页。

② 参见李兴宇、吴昭军：《全民所有自然资源损害救济的权利基础与实现路径——以国家所有权的私权定位为逻辑起点》，载《华中科技大学学报（社会科学版）》2021 年第 4 期。

③ 参见吴惟予：《生态环境损害赔偿中的利益代表机制研究——以社会公共利益与国家利益为分析工具》，载《河北法学》2019 年第 3 期。

④ 参见童光法：《自然资源国家所有权的另一种视角》，载《江苏大学学报（社会科学版）》2016 年第 5 期。

⑤ 参见肖建国：《利益交错中的环境公益诉讼原理》，载《中国人民大学学报》2016 年第 2 期。

府作为特殊的私主体，而环境公益则因“公共性”而不能归为特定的某个人或某些人。[①] 因此，国家所有的利益不等同于环境公益。[②]

(三) 环境公益与环境众益

对于环境众益的界定，目前学界仍然存在争议。有学者认为，环境众益是不确定多数人所享有的私人人格利益和财产利益。持有该观点的学者认为，环境众益的主体可以具有不确定性，但该不确定性主体的利益须为私人利益的集合，包括私人的人格利益和财产利益。[③] 从内容上来说，环境众益中的人格利益、财产利益和环境息息相关，环境众益的损害是经过环境要素这一中间媒介而产生公众人身、财产利益的损害结果，但与传统侵权行为人直接造成对方人身、财产利益的损害在本质上并没有区别。[④] 还有一部分学者认为，“环境众益”是指社会成员全体、集体或数量众多的主体等的环境利益，“众”是从利益主体的角度对环境利益进行类型化的一种结果，既包括人数确定的多数主体，也包括人数不确定的多数主体，而环境公共利益与环境私益是一对范畴，该范畴是从利益性质角度进行类型化的结果。[⑤] 通过以上论述可以看出，学者对环境众益和环境公益的区分标准不甚明了，仍然存在利益主体和利益内容两个层面的争议有待厘清。

环境公益与环境众益的不同主要表现为利益主体有区别。首先，环境公益与环境众益利益主体的特定性不同。尽管环境公益与环境众益的受益主体都具有多数性的特点，但环境公益的主体具有不特定性，环境众益则与之相反。这种不特定性从环境公益的受益主体本身来看，体现为环境公益主体具

---

① 参见王小钢：《论环境公益诉讼的利益和权利基础》，载《浙江大学学报（人文社会科学版）》2011 年第 3 期。

② 当然，国家利益与社会公共利益常常呈现交织状态，难以清晰地区分，生态环境和资源保护领域实际上存在国家利益与社会公共利益两种不同的利益类型。一方面，国家环境利益主要体现为国家所有的自然资源的利益；另一方面，环境公共利益实质上是自然人享有良好环境生态功能的环境中生存的共同利益。

③ 参见杨朝霞：《论环境公益诉讼的权利基础和起诉顺位　兼谈自然资源物权和环境权的理论要点》，载《法学论坛》2013 年第 3 期。

④ 参见刘卫先：《环境公益诉讼制度独立性的基础及其目的》，载《四川行政学院学报》2009 年第 3 期。

⑤ 参见刘佳奇：《论环境公共利益的识别》，载《中南大学学报（社会科学版）》2021 年第 6 期。

有的广泛性与模糊性的特点。① 当环境公益受到损害时，要界定具体的受害主体是困难的。而环境众益的主体虽然也具有多数性，但其主体是特定的。例如，在包头市九原区麻池镇沃土壕村村委会诉内蒙古蒙电华能热电股份有限公司包头第二热电厂环境污染损害赔偿纠纷案中，热电厂所排放的废弃物对该村土地、农作物造成了严重污染，进而侵害了多数村民的利益。② 但该诉讼从本质上来说救济的是特定村民的利益，因此这种诉讼实际上属于人数众多但能够确认各自损害数量的集团诉讼。其次，环境公益与环境众益在主体范围上也具有显著的区别。环境公益的利益主体相较于一般社会公益来说，其所涉及的利益主体、范围更大；而环境众益的主体相对于环境公益来说较小。③ 这主要体现为环境众益的受益主体范围较为封闭，是面临某种共同问题、共同利益的社会群体，而与环境众益的主体的范围不同，环境公益的享有主体存在于一个开放的、数量不明的范围之内。甚至有学者指出，只有最大的集体——人类的共同环境利益才是环境公益。④

环境公益与环境众益的不同还表现为利益的内容不同。首先，环境众益之利益内容是具有私益特征的人身利益和财产利益，这些利益具有排他性、可分性、归属主体的确定性等特征，不包含不具有排他性、可分性、利益归属主体不明确的基于环境生态功能的利益。其次，环境公益与环境众益的利益内容与主体之间的联系度不同。环境公益主体与公益之间的关联是一种抽象而非具体的利益关联，⑤ 这种关联的抽象不具体的主要原因在于环境生态功能的高度抽象性和不具体性。与环境公益相反，环境众益主体与私人利益之间的关联是一种具体而不抽象的利益关联，例如在前述案件中，包头市九原区麻池镇沃土壕村的村民与其土地利益有着直接具体的联系。

---

① 参见康京涛：《生态修复责任的法律构造》，中国社会科学出版社2021年版，第3~4页。

② 参见内蒙古自治区包头市中级人民法院民事判决书，(2006) 包民三初字第13号。

③ 参见范战平：《环境公益诉讼中“公益”的再审视》，载《郑州大学学报（哲学社会科学版)》2020年第6期。

④ 参见刘惠荣、苑银和：《环境利益分配论批判》，载《山东社会科学》2013年第4期。

⑤ 参见张卫平：《民事公益诉讼原则的制度化及实施研究》，载《清华法学》2013年第4期。

第三节 我国环境公益诉讼的立法种类及法理分类

如前所述，“诉的利益”是指根据法律规定，当事人在与他人发生纠纷或者其合法权益受到侵害时，确有必要且能够运用诉讼制度实现其权益保护的正当利益。“诉的利益”始于民事诉讼，并逐渐拓展至行政诉讼、公益诉讼等其他领域，作为原告起诉正当性之必要条件。环境公益诉讼的诉的利益是环境公益，环境公益区别于环境私益、环境国益和环境众益等相关利益。目前，我国《民事诉讼法》《行政诉讼法》《环境保护法》《海洋环境保护法》《生态环境损害赔偿管理规定》以及相关司法解释等均规定了不同类型的环境公益诉讼，本书认为，有必要基于前述“诉的利益”“环境公益”“环境公益诉讼中诉的利益是环境公益”等基本法理，对散见在我国现有立法中的环境公益诉讼规范进行系统梳理和分析，以厘清我国典型的环境公益诉讼类型体系。

一、我国目前环境公益诉讼的立法种类

（一）环境民事公益诉讼

我国环境民事公益诉讼制度在立法上正式确立始于2012年《民事诉讼法》的修正，《民事诉讼法》第55条规定，对污染环境、侵害众多消费者合法权益等损害社会公共利益的行为，法律规定的机关和有关组织可以向人民法院提起诉讼。该条第一次以立法方式在我国确立了民事公益诉讼制度。2014年《环境保护法》第58条进一步扩大了环境民事公益诉讼的适用范围，并且细化规定了提起环境民事公益诉讼的社会组织的资格，即规定对污染环境、破坏生态、损害社会公共利益的行为，符合条件的社会组织可以向人民法院提起诉讼。2015年，最高人民法院制定了《关于审理环境民事公益诉讼案件适用法律若干问题的解释》，规定法律规定的机关和有关组织对已经损害社会公共利益或者具有损害社会公共利益重大风险的污染环境、破坏生态

的行为提起环境民事公益诉讼符合有关规定的，人民法院应予受理，并且设置了较为系统的民事公益诉讼的司法审判规则。2015 年，最高人民法院颁布了《关于适用〈中华人民共和国民事诉讼法〉的解释》，该司法解释第十三部分是有关公益诉讼的专门规定，对《民事诉讼法》第 55 条有关民事公益诉讼的相关规则进行了细化规定。虽然这些规则中均规定了有资格提起民事公益诉讼的主体是法律规定的机关和有关组织，但是当时比较明确的主体是符合法定条件的社会组织。

为了充分发挥检察机关的法律监督职能，维护国家利益和社会公共利益，2014 年中共中央《关于全面推进依法治国若干重大问题的决定》提出探索建立检察机关提起公益诉讼制度。随后 2015 年全国人大常委会《关于授权最高人民检察院在部分地区开展公益诉讼试点工作的决定》，授权最高人民检察院在 13 个省、自治区、直辖市开展为期两年的检察机关提起公益诉讼的试点工作。为了落实此项工作，最高人民检察院于 2015 年先后出台了《检察机关提起公益诉讼改革试点方案》《人民检察院提起公益诉讼试点工作实施办法》（已废止），以构建检察机关提起公益诉讼制度，并指导人民检察院提起公益诉讼的实践活动。2017 年 6 月 27 日，全国人大常委会通过《关于修改〈中华人民共和国民事诉讼法〉和〈中华人民共和国行政诉讼法〉的决定》，此次修改法律主要包括两大内容，其中之一就是对《民事诉讼法》作出修改，即在第 55 条增加一款作为第 2 款，确立了人民检察院提起环境民事公益诉讼的制度。2018 年最高人民法院、最高人民检察院《关于检察公益诉讼案件适用法律若干问题的解释》（2020 年修订，以下简称《两高检察公益诉讼司法解释》）专门规定了检察机关提起民事公益诉讼的具体规则。

综合上述《民事诉讼法》《环境保护法》《两高检察公益诉讼司法解释》以及其他相关司法解释的规定，以及法律规范中的“破坏生态环境和资源保护等损害社会公共利益行为”“已经损害社会公共利益或者具有损害社会公共利益重大风险的污染环境、破坏生态的行为”等表述，其中作为诉讼利益的“社会公共利益”，具体表现为“环境公共利益”，环境公共利益的公益属性决定了环境民事公益诉讼属于典型的环境公益诉讼种类之一。

（二）刑事附带环境民事公益诉讼中的环境民事公益诉讼

刑事附带环境民事公益诉讼属于检察公益诉讼的范畴，由办理刑事案件的人民检察院立案管辖。[①] 相较于社会组织提起的环境公益诉讼，检察机关公益诉讼启动较晚。2018 年《两高检察公益诉讼司法解释》（2021 年修订）在对民事公益诉讼和行政公益诉讼规范的基础上，增设了刑事附带民事公益诉讼这一新的案件类型。根据规定，在生态环境和资源保护领域的刑事案件中，需要追究被告人侵害社会公共利益的民事责任的，检察机关可以一并提起附带环境民事公益诉讼，由同一审判组织一并审理，以节约司法资源。2021 年 7 月 1 日施行的《人民检察院公益诉讼办案规则》的第三章和第四章分别规定了检察机关提起的行政公益诉讼、民事公益诉讼和刑事附带民事公益诉讼，第 67 条和第 85 条则详细规定了立案条件，其中"社会公共利益受到侵害"是两类诉讼的共性条件。[②] 这里的社会公共利益，具体到破坏生态环境和资源保护案件，则是前述的环境公益。2022 年最高人民法院、最高人民检察院《关于办理海洋自然资源与生态环境公益诉讼案件若干问题的规定》也规定了海洋保护的刑事附带民事公益诉讼。刑事附带环境民事公益诉讼与其他类型的环境民事公益诉讼实质是相同的，除了管辖有所不同之外，其他立案条件和诉讼规则等内容并无实质性差异，现有规范增设刑事附带环境民事公益诉讼的主要目的是控制诉讼成本、提高诉讼效益。

（三）海洋自然资源与生态环境公益诉讼中的生态环境公益诉讼

相较于其他自然资源，海洋自然资源与生态环境公益诉讼在我国立法较早。早在 1999 年，当时修订的《海洋环境保护法》第 90 条第 2 款就规定，对破坏海洋生态海洋水产资源海洋保护区，给国家造成重大损失的，由依照本法规定行使海洋环境监督管理权的部门，代表国家对责任者提出损害赔偿的要求。之后《海洋环境保护法》历次修改都保留了这条规定。2012 年最高人民法院《关于适用〈中华人民共和国民事诉讼法〉的解释》第 285 条第 2 款也规定，因污染海洋环境提起公益诉讼，有污染发生地损害结果地，或者

① 参见《人民检察院公益诉讼办案规则》第 14 条第 2 款。

② 参见《人民检察院公益诉讼办案规则》第 67 条、第 85 条。

采取预防污染措施地的海事法院管辖。2017 年最高人民法院《关于审理海洋自然资源与生态环境损害赔偿纠纷案件若干问题的规定》，对《海洋环境保护法》第 89 条第 2 款进行了细化，设计了针对海洋自然资源和海洋生态损害提起索赔的司法诉讼规则，但该司法解释并未明确海洋自然资源和海洋环境损害赔偿诉讼的性质以及诉讼类型。为进一步明确海洋自然资源与生态环境公益诉讼案件的司法适用规则，2022 年 5 月施行的最高人民法院、最高人民检察院《关于办理海洋自然资源与生态环境公益诉讼案件若干问题的规定》专门规定了海洋自然资源与生态环境公益诉讼的实体以及程序规则。该解释的第 2 条和第 3 条是关于适用范围的规定，即本规定适用于“因破坏海洋生态、海洋水产资源、海洋保护区而提起的民事公益诉讼、刑事附带民事公益诉讼和行政公益诉讼”以及“对侵权人提起海洋自然资源与生态环境损害赔偿诉讼”。

（四）生态环境损害赔偿诉讼

2013 年党的十八届三中全会明确提出，建设生态文明，必须建立系统完整的生态文明制度体系，用制度保护生态环境。要健全自然资源资产产权制度和用途管制制度，划定生态保护红线，实行资源有偿使用制度和生态补偿制度，改革生态环境保护管理体制。① 生态环境损害赔偿制度是 2015 年《生态文明体制改革总体方案》中规定应当严格实行的制度之一。② 2015 年中共中央办公厅、国务院办公厅印发了《生态环境损害赔偿制度改革试点方案》，在吉林、江苏、山东、湖南、重庆、贵州、云南七个地区进行试点。七个试点地区针对当地的实际情况和工作要求，制定了当地的试点工作实施方案。2017 年 12 月，两年试点期结束以后，在总结试点地区实践经验的基础上，中共中央办公厅、国务院办公厅印发了《生态环境损害赔偿制度改革方案》，要求全国将从 2018 年 1 月 1 日起试行生态环境损害赔偿制度。2019 年最高人民法院颁布了《关于审理生态环境损害赔偿案件的若干规定（试行）》，进一

① 参见《中国共产党第十八届中央委员会第三次全体会议公报》，载共产党员网，https://news.12371.cn/2013/11/12/ARTI1384256994216543.shtml。

② 参见《生态文明体制改革总体方案》(2015 年) 第 7 条第 39 项。

步细化生态环境损害赔偿案件的司法审理程序。2020 年 5 月 28 日通过的《民法典》的侵权责任编吸纳了生态文明改革的实践成果，在第 1234 条和第 1235 条分别规定了生态环境损害修复和赔偿制度。2022 年 4 月 26 日，生态环境部等十四个部门联合出台的《生态环境损害赔偿管理规定》，进一步总结了之前国家立法及国家政策的规定，并对部分内容做了进一步具体规定。

生态环境损害赔偿诉讼救济的对象是生态环境损害，根据《生态环境损害赔偿管理规定》，生态环境损害是指因污染环境、破坏生态造成大气、地表水、地下水、土壤等环境要素和植物、动物、微生物等生物要素的不利改变，及由上述要素构成的生态系统功能的退化。根据该概念，所谓生态环境损害包括自然要素本身的损害，即自然要素的财产功能损害，也可将其称为自然资源损害；也包括自然要素生态系统功能损害，即自然要素生态功能的损害。基于此，生态环境损害赔偿诉讼自然包括相互关联但保护法益完全不同的两类诉讼，予以分化处理更为妥当。[①] 一类是私益诉讼。根据《宪法》的规定，自然资源所有权采取国家所有和集体所有的二元配置模式。就国家所有自然资源本身的财产性损害提起诉讼，原告为省级人民政府、地市级人民政府及其指定的相关部门机构，或受国务院委托行使全民所有自然资源所有权的部门，但是该类诉讼属于私益诉讼之一种的国益诉讼，是国家作为所有人的一种私益诉讼。另一类是公益诉讼，即就自然要素生态功能损害，省级人民政府、地市级人民政府及其指定的相关部门机构，或受国务院委托行使全民所有自然资源资产所有权部门可以提起生态环境损害诉讼。[②] 这一类生态环境损害赔偿诉讼中诉的利益是环境公益，属于典型的环境公益诉讼种类之一。

---

① 参见郭武：《论中国环境诉讼类型的整合策略》，载《东方法学》2022 年第 6 期。

② 生态环境损害赔偿诉讼是否是与环境民事公益诉讼并行的一种新的公益诉讼类型，学者一直存有疑问。原因在于，生态环境损害赔偿诉讼的原告是省级人民政府、地市级人民政府及其指定部门或机构，被告是违反国家规定、造成环境污染或生态破坏的自然人或单位等民事主体，诉的利益是环境公共利益，该种诉讼符合民事公益诉讼的一般特征。也就是说，"在生态损害赔偿诉讼中，行政机关是针对生态损害诉请义务人赔偿，义务人所应当赔偿的，是污染环境、破坏生态行为造成的生态环境利益的损害，此类诉讼具有明显的公益属性，其本质仍然是民事公益诉讼"。参见李浩：《生态损害赔偿诉讼的本质及相关问题研究——以环境民事公益诉讼为视角的分析》，载《行政法学研究》2019 年第 4 期。

（五）环境行政公益诉讼

与环境民事公益诉讼不同，环境行政公益诉讼是从规范性文件中的试点制度上升为法律制度的。2014 年中共中央《关于全面推进依法治国若干重大问题的决定》提出，探索建立检察机关提起公益诉讼制度。随后 2015 年《全国人民代表大会常务委员会授权最高人民检察院在部分地区开展公益诉讼试点工作的决定》，开展了为期两年的检察机关提起公益诉讼的试点工作。随后，最高人民检察院于 2015 年先后出台了《检察机关提起公益诉讼改革试点方案》和《人民检察院提起公益诉讼试点工作实施办法》（已废止），构建了检察机关提起公益诉讼制度，指导人民检察院提起公益诉讼的实践活动。2017 年 6 月《行政诉讼法》修正，第 25 条增加了一款作为第 4 款，规定了检察机关可以提起环境行政公益诉讼，即人民检察院在履行职责中发现生态环境和资源保护等领域负有监督管理职责的行政机关违法行使职权或者不作为，致使国家利益或者社会公共利益受到侵害的，人民检察院可以依法向人民法院提起诉讼。为了细化上位法的规定，总结试点工作经验，2018 年 3 月 1 日，《两高检察公益诉讼司法解释》发布，该司法解释专门规定了行政公益诉讼，其中的第 21 条规定了检察机关提起环境行政公益诉讼的基本条件。至此，检察机关提起环境行政公益诉讼具备了相对完备的法律基础和实体程序规则。

依据《行政诉讼法》及司法解释的规定，环境行政公益诉讼是指人民检察院在履行职责过程中发现，生态环境和资源保护领域负有监督管理职责的行政机关违法行使职权或者不作为，致使国家利益或者社会公共利益受到侵害，人民检察院依法向人民法院提起的公益诉讼。据此，我国检察机关提起环境行政公益诉讼具有三个特点：一是原告法定性，依据《行政诉讼法》第 25 条第 4 款的规定，检察机关具有向行政机关提起环境行政公益诉讼的诉讼主体资格。二是保护法益的特殊性，这种诉讼保护的是行政机关违法行使职权或者不作为侵害的环境公共利益。三是环境行政公益诉讼必须于诉前前置提出检察建议程序，即人民检察院应当先行向被诉行政机关发出检察建议，督促行政机关依法履行职责，只有行政机关不依法履行职责的，人民检察院才有权向法院提起环境公益诉讼。根据《行政诉讼法》《两高检察公益诉讼司法解释》等规范性文件的规定，法律规范中的“致使国家利益或者社会公共利益受到侵害”的表述，其中作为诉讼利益的“社会公共利益”，具体表现为“环境公共利益”，环境公共利益的公益属性决定了环境行政公益诉讼应当属于典型的环境公益诉讼种类之一。

综上所述，本书认为，根据现有立法，目前环境公益诉讼的立法种类共有五种，即环境民事公益诉讼、刑事附带环境民事公益诉讼中的环境民事公益诉讼、海洋自然资源与生态环境公益诉讼中的生态环境公益诉讼、生态环境损害赔偿诉讼、环境行政公益诉讼。基于以上认识，环境公益诉讼是指民事主体违反国家规定作为或不作为，或者负有监督管理职责的行政机关违法行使职权或不作为，造成生态环境损害或者存在生态环境损害重大危险时，由公民、法律规定的国家机关或环保公益组织向人民法院提起的旨在维护环境公益的诉讼。

二、我国环境公益诉讼的法理分类

前述环境民事公益诉讼、刑事附带环境民事公益诉讼中的环境民事公益诉讼、海洋自然资源与生态环境公益诉讼中的生态环境公益诉讼、生态环境损害赔偿诉讼、环境行政公益诉讼等五种环境公益诉讼的立法种类，前四种在诉讼本质上具有一致性，均可归属于环境民事公益诉讼，因此，我国现有的五种环境公益诉讼的立法种类实质上可分为环境民事公益诉讼和环境行政公益诉讼两种类型。进而，就环境民事公益诉讼而言，因行为人的行为造成损害的程度不同，又可区分为预防性环境民事公益诉讼和救济性环境民事公益诉讼，其中对已经造成环境生态功能实际损害提起的诉讼为救济性环境公益诉讼；对尚未造成环境生态功能实际损害，只是对损害环境公益的重大风险提起的诉讼为预防性环境民事公益诉讼。总之，在法理上，我国环境公益诉讼应分为预防性环境民事公益诉讼、救济性环境民事公益诉讼以及环境行政公益诉讼三类。①

① 关于预防性环境民事公益诉讼、救济性环境民事公益诉讼的划分详见第五章第二节论述。

第二章

基于环境权的环境公益诉讼原告诉权基础

第一节　诉权理论的演进

诉权理论被称为诉讼法学研究中的“哥德巴赫猜想”，其诉权作为诉讼法学的一个基础概念，在整个诉讼法学体系中始终占据着举足轻重的地位。它是大陆法系民事诉讼法学的基础理论，也是大陆法系国家建构民事诉讼法律的逻辑起点。[①] 长期以来，人们给诉权下过多种多样的定义，从而形成了诸多的诉权学说。诉权学说与诉讼目的论、诉讼标的论、当事人适格、证明对象、既判力论等诉讼主要理论之间具有较强的逻辑关联性。诉权的概念是大陆法系国家民事诉讼理论中特有的概念，关于诉权的各种认识构成了诉权的各种学说。由于诉权这一概念在民事诉讼理论中的基础性，所以诉权理论也成为民事诉讼理论中重要的组成部分。又由于诉权概念的抽象性，也使诉权理论成为民事诉讼理论中最为复杂和最有争议的理论。[②] 在学术史上，诉权理论对于现代诉讼法学在理论体系的形成和建构方面贡献颇大。学界在对诉权理论的研究中开创了诉讼法学独立的基础理论。诉的利益（权利保护利益必要）、诉讼要件和诉讼行为等理论，便是诉权理论的成果。民事诉权是民事诉讼现代化的关键之问，是协同融合实体法与程序法的枢纽，其对民事

---

① 参见蔡肖文：《诉权理论的中国阐释》，中国政法大学出版社2016年版，第3页。

② 参见张卫平主编：《民事诉讼法》，法律出版社2016年版，第182页。

诉讼的中国式现代化具有提纲挈领的作用[①]。对诉权理论的探讨，有助于促进诉权理论自身的发展以及建构比较完善的诉讼基本理论体系；推动实体法与诉讼法之间的磨合，进而促成实体法和诉讼法目的协同的实现。[②]

司法权自身并不能主动实现权利保护的目标，其与权益之间存在些许距离，需要中介桥梁来连接，而诉权便是连接司法权与实体权益的桥梁。诉权，这一个看似简单的概念，在诉讼法学界却是争议不断的概念。[③] 如苏联学者顾尔维奇所言："诉权这一概念的多义性，给研究者布下了一个真正的迷宫，这座迷宫里道路交错杂乱，很容易使研究者脱离正道，误入迷途，或者有时他贪便宜走近路，但是实际却没能真正解决问题。"[④] 厘清诉权的含义及内容的清晰认知是实现诉权保障的第一步。学界对诉权的认识并未达成统一意见，甚至陷入一些认知误区。如果要对诉权学说的选取作出合理解释并澄清一些认知误区，首先需清晰地梳理诉权学说的发展进程。

一、诉权学说的取舍

（一）诉权学说之考察

1. 私法诉权说

历史上最早兴起的诉权学说是私法诉权说，又称为"实体诉权说"。这一学说认为诉权是实体请求权在诉讼程序中的适用、过程及表现，是当事人在审判程序中主张的实体请求权。该学说发展于公法学说理论并不发达的德国普通法时代，代表人物为萨维尼及温德雪德。该学说的理论基础在于，受制于当时实体法与诉讼法并未实现实体与程序的二分，学者主张诉讼法隶属于实体法，诉权仅是实体法上权利的衍生物而已。并且，当时只发展了给付之诉这一种传统的诉讼类型，有学者认为诉权是原告据实体法权利向被告主张的权利，被告并无诉权。

---

① 参见任重：《中国式现代化视域下民事诉权的反思与重塑》，载《中国法学》2024 年第 4 期。

② 参见江伟等：《民事诉权研究》，法律出版社 2002 年版，第 3 ~ 4 页。

③ 参见刘敏：《诉权保障研究——宪法与民事诉讼法视角的考察》，中国人民公安大学出版社 2014 年版，第 8 页。

④ ［苏联］顾尔维奇：《诉权》，康宝田、沈其昌译，中国人民大学出版社 1958 年版，第 3 页。

然而，私法诉权说存在较大的缺陷而遭受质疑：第一，忽略了诉讼法的独立价值，未能揭示诉权是当事人对司法机关享有的权利。[①] 诉权并非原告对被告的享有权利，其本质上是当事人对审判机关享有的权利，实体性权利与诉权应当有所区别。特别是诉讼法与实体法正式分离之后，诉权与实体法上的请求权之间的界限应更加明晰。第二，私法诉权说无法解释消极确认之诉中，原告对被告并未主张实体法层面的权利，而是要求法院对存在争议的法律关系或法律事实予以确认的情形。第三，法院在受理案件之前就需确认原告是否具有实体权利，但这正是审理之后才能确定的事项，实体权利先于诉讼程序的设定存在明显的逻辑悖论。[②] 由于存在明显的缺陷，该学说在学界几乎被束之高阁。

2. 公法诉权说

随着经济的发展、文化的进步，法治国家的理念逐步铺陈开来，人们对国家机关享有公法层面权利的思想逐步兴起。由于原告起诉指向的是国家审判机关，学者逐渐意识到诉权并非实体法上请求权所衍生的权利，而应属于公法层面的权利，继而公法诉权说由此诞生。该学说认为诉权和罗马法的诉权已全然不同，不具备私权的内涵，只保留了公法的躯壳。[③] 该学说认为，诉权并非当事人在审判程序中主张的实体请求权，而是对国家所享有的公法层面的请求权。根据学说的实质内容及发展时期的不同，公法诉权说有不同的分类。具体而言，公法诉权说经历了从“抽象的公法诉权说”向“具体的公法诉权说”发展的过程。此外，本案判决请求权说和司法行为请求权说也可以归属到公法诉权说的范畴。

（1）抽象诉权说

该学说以德国学者伯洛兹、德根科贝为代表，他们认为诉权是指当事人向审判机关起诉请求获得依法裁判的权利。[④] 诉权的作用仅在于启动诉讼程

---

① 参见李浩：《民事诉讼法学》（第3版），法律出版社2016年版，第129页。

② 参见戴锐：《民事诉权学说探析》，载《国家检察官学院学报》2008年第2期；李龙：《民事诉权论纲》，载《现代法学》2003年第2期。

③ 参见段厚省、郭宗才：《民法请求权与民事诉权之关系考察》，载《河北法学》2009年第10期。

④ 参见杨建华：《民事诉讼法要论》（增订版），郑杰夫增订，北京大学出版社2013年版，第195页。

序。公民不管实体性权利是否受损，都具有诉权，只有当法院非法拒绝原告起诉时，诉权才受到侵犯。[①] 因为诉权的实质内容是要求法院依法裁判，得到诉讼判决本身，而不是请求法院就具体的权利内容依法裁判，继而被称为抽象诉权说抑或形式诉权说。

然而，该学说使诉权的内容过于空洞抽象。由于不需要法院就具体权利内容作出判决，所以当法院作出驳回起诉的裁定时，当事人的权利也被视为获得满足，即诉权已无实质意义。如果诉权只是指公民均有权起诉要求法院作出判决，则只是视为享有起诉的“自由”，而非“权利”。抽象诉权说本质上指的就是诉讼权利能力，其独立存在的价值微乎其微。[②] 从历史维度来看，公法诉权说是私法诉权说向权利保护请求权说发展的中间过渡理论。[③]

（2）具体诉权说

为了弥补抽象诉权说空洞化的弊端，诉讼法学界又兴起了具体诉权说。该学说主张诉权是具体案件中原告向法院起诉请求作出具有具体、特定内容的判决之权利。其将原告的具体权利主张作为诉权的内核，进而和抽象诉权说区分开来。然而，由于未明确被告是否拥有诉权，此学说很快被权利保护请求权说所吸纳。该学说源自德国宪法学者拉邦德和诉讼法学者瓦哈的倡导，曾一度被视为大陆法系国家通说。[④] 权利保护请求权说主张诉权在当事人起诉之前便为原告、被告双方所拥有，是当事人要求法院作出“有利于自身权益”（胜诉判决）的权利。原告起诉只是要求法院判定请求权在自己这方，但法院需根据具体的诉讼要件来综合认定请求权的归属。该学说在诉的利益方面开启了诉讼法学特有的理论，将常规的诉讼要件与权利保护要件合理区分，建立了实体法与诉讼法分立的理论基础。在德国和日本，具体诉权说一度成为通说。[⑤]

该学说的缺陷在于，由于“法院是在程序结束时才根据当时存在的实体

---

① 参见沈达明编著：《比较民事诉讼法初论》（上），中信出版社 1991 年版，第 214 页。

② 参见江伟等：《民事诉权研究》，法律出版社 2002 年版，第 16 页。

③ 参见李龙：《民事诉权论纲》，载《现代法学》2003 年第 2 期。

④ 参见段厚省、郭宗才：《民法请求权与民事诉权之关系考察》，载《河北法学》2009 年第 10 期。

⑤ 参见李浩：《民事诉讼法学》（第 3 版），法律出版社 2016 年版，第 130 页。

和诉讼状态作出裁判的，与此相应，只在此时才可能产生原告或者被告要求作出利己裁判的请求权”。① 公民对于对方当事人并无强制行使权利的权力，因而需要向法院起诉请求国家司法保护。但具体诉权说却认为原告享有请求法院根据自己主张的内容作出判决之权利，即“将原告之主观希望作为权利之内容”，② 这难以说通。此外，法院作为中立裁判的国家机关，应当根据当事人双方在攻击防御过程中提出的证据，审查判断是否满足具体的权利保护要件，依托于实体法来作出最终判决，而非必须依据当事人的主张作出胜诉判决。依法公正判决是法院的职责所在，但并不是对特定公民所具有的义务，继而不能将之称为当事人的诉权。

（3）本案判决请求权说

本案判决请求权说是在两次世界大战的间隔期间由布拉伊（Bley）提出的。此说是以对具体诉权说（权利保护请求权说）理论疑点的批判为契机而产生的。事实上，布拉伊的理论在德国几乎无任何赞同者，日本而将其视为克服具体诉权说缺陷的关键。一时间日本学术界掀起了一场布拉伊理论的浪潮，尤其是经兼子一的提倡，本案判决请求权说取代具体诉权说而成为通说。③ 本案判决请求权说是对抽象诉权说与具体诉权说的折衷，其认为诉讼制度的目的是解决纠纷，诉权是原告请求法院就自身的主张是否正当而进行裁判的权利。本案判决包含了认可诉讼请求与驳回诉讼请求的两种判决。此学说由德国学者提出，在德国属于少数派学说，但在日本受兼子一的传播而产生很大影响。④ 该诉权不限制原告权利主张的正当性，尽管当事人主张的权利是正当的，但是若无正当利益或必要性依然不会被认可。继而，该诉权的要件等同于从权利保护请求权说的权利保护要件中抽离实体性要件之后的诉讼要件。⑤

---

① ［德］罗森贝克、施瓦布、戈特瓦尔德：《德国民事诉讼法》（上），李大雪译，中国法制出版社2007年版，第17页。

② 参见杨建华原著：《民事诉讼法要论》（增订版），郑杰夫增订，北京大学出版社2013年版，第196页。

③ 参见江伟等：《民事诉权研究》，法律出版社2002年版，第23页。

④ 参见李龙：《民事诉权论纲》，载《现代法学》2003年第2期。

⑤ 参见［日］兼子一、竹下守夫：《民事诉讼法》，白绿铉译，法律出版社1995年版，第4页。

虽然其消解了抽象诉权说与具体诉权说的某些不足，但也受到学界的批判与质疑。依照该学说，在诉讼过程中并不知晓当事人诉权是否存在，仅在裁判之后才可获知当事人有无诉权。令人疑惑的是，在当事人已经起诉的情形下，如果不认可诉权的存在，那当事人起诉的正当性依据又何在?[①] 本案判决请求权对于诉权与本案判决之间何以有其必然存在的关系，无从说明理由，因而无法在德国成为通说。[②]

（4）司法行为请求权说

该学说由德国学者罗森贝克、萨伊尔等所提倡，在日本被著名的诉讼法学者三月章所推崇。这种学说认为，抽象诉权说、具体诉权说和本案判决请求权说等将诉权与现实的诉讼程序分离，并认为诉权系存在于诉讼外的权利，这并不合理。[③] 司法行为请求权说主张，诉权是诉讼开始后实施诉讼的权能，是公民对国家机关公法层面的请求权，并不附属于实体权利。该学说本质上是在程序法的区间内将诉权概念具体化为当事人的诉讼权利，进而远离了与实体权利的关系。[④] 原告依法起诉后，法院应依据实体法及程序法作出有利于原告或被告的判决，国家机关不是对当事人的诉权履行义务，而是开启司法权、实施司法行为。原告在请求司法保护行为时所拥有的权利仅为公法上衍生的“第三人利益”，诉权不属于个人的权利，当事人是受益者而非权利主体。[⑤] 司法请求权说当下在德国居通说地位，在日本由于多数日本学者认为这一学说同抽象诉权说一样，内容过于空洞，所以未成为日本的通说。[⑥]

该学说的缺点在于，其未指明诉权行使的基本要件，继而使其与抽象诉权说十分近似。我国有学者认可此学说。其认为，诉权的实质就是启动司法程序以解决民事纠纷，是一种寻求司法裁判的基本权利。从法治国家的理念

① 参见李龙：《民事诉讼标的理论研究》，法律出版社2003年版，第132页。

② 参见陈荣宗、林庆苗：《民事诉讼法》（第6版），台北，三民书局2009年版，第81页。

③ 参见江伟等：《民事诉权研究》，法律出版社2002年版，第27页。

④ 参见段厚省、郭宗才：《民法请求权与民事诉权之关系考察》，载《河北法学》2009年第10期。

⑤ 参见潘剑锋：《民事诉讼原理》，北京大学出版社2001年版，第56页。

⑥ 参见李浩：《民事诉讼法学》（第3版），法律出版社2016年版，第131页。

而言，这是每一个公民所具有的基本权利。① 此外，有学者根据是否有诉权附加要件，将既有的诉权学说划分为附条件诉权说和无条件诉权说，其主张司法行为请求权说是一种不附要件的抽象诉权说，作为修正型的抽象诉权说，司法行为请求权说能够弥补抽象诉权说的缺陷，敦促立法者和司法者提高审理过程和审理结果的公正性。②

3. 二元诉权说

苏联学者试图说明和证实：资产阶级法学家竭力想在自己的各种诉权学说中从理论上把“公平审判”的思想同实现审判的资产阶级方法之间的资本主义所固有的矛盾抹杀，这是徒劳无益而且注定要失败的。苏联学者认为，苏维埃立法虽然还沿用诉权这一术语，但却是结合社会主义的社会关系给予这一术语以新的内容和意义。因此，苏联学者在力图说明资本主义法学理论以及诉权理论所存在的矛盾的基础上，根据苏维埃法律的性质和要求，建立起自己的诉权理论，即二元诉权说。③ 受苏联法的强烈影响，20 世纪 80 年代初，我国学者根据苏联的二元诉权说并对之加以改造从而形成了自己的二元诉权说，至今仍处于通说地位，④ 早期的诸多诉讼法教材中都采用该学说。⑤该学说主张诉权具有两层内涵：一是程序性诉权，是指公民提起诉讼的权利，即起诉权。二是实体性诉权，是指原告向法院主张实体层面的请求从而获得支持的权利，即胜诉权。两者相辅相成，如果没有起诉的权利就难以实现实体权利，如果没有实体性的权利，程序性权利也丧失了实际的意义。

随着研究的深入，学界对二元诉权说批判的声音也逐步出现。有学者主张，二元诉权说仅将私法诉权说与公法诉权说进行了简单综合，程序性诉权

---

① 应当注意的是，抽象地讲每一个权利人也都享有诉权，但是诉权的具体行使或实现是有条件的。从这个意义上说，诉权又是具体的。同时，因为诉权是每一个公民所享有的基本权利，所以在具体制度的设计上就应当尽可能考虑对这一基本权利的维护，而非尽可能限制这种基本权利。参见张卫平主编：《民事诉讼法》，法律出版社 2016 年版，第 183 ~ 184 页。

② 参见严仁群：《回到抽象的诉权说》，载《法学研究》2011 年第 1 期。

③ 参见江伟等：《民事诉权研究》，法律出版社 2002 年版，第 33 页。

④ 参见邵明：《民事诉讼法理研究》，中国人民大学出版社 2004 年版，第 116 页。

⑤ 参见常怡主编：《民事诉讼法新论》，中国政法大学出版社 1989 年版，第 105 页；谭兵主编：《民事诉讼法学》，法律出版社 1997 年版，第 66 页；田平安主编：《民事诉讼法学》，中国政法大学出版社 1999 年版，第 133 页。

类似于抽象诉权的内涵；实体性诉权与私法诉权说、具体诉权说具有众多共同特质。这种粗糙的杂糅将使其承继着私法诉权说与公法诉权说本有的内在瑕疵。① 有的学者认为，二元诉权说并未跳出具体诉权说的框架，其只是将具体诉权说中的实体性保护要件与程序性保护要件予以分立。② 还有学者认为，两种意义的诉权在时间及空间上有可能会分离，继而难以实现统一性；实体性诉权本质上与实体请求权并无区别，所以，实体性诉权并无多大的独立价值；实体性诉权和诉权的基本含义无实质性关联，诉权是诉讼权能启动诉讼程序的根据。③ 苏联的这种二元诉权说，其程序性诉权与实体请求权完全割裂，而实体性诉权就是胜诉权的主张，更是经不起推敲。如果当事人享有诉权，则认可当事人有诉权，法院必须判决原告胜诉，这明显不合理。因为胜诉并非一项确定、既定的权利，任何当事人都不存在所谓胜诉的权利。

对此，我国有学者对传统二元诉权说提出了修缮思路，其认为诉权是公民请求司法救济的权利。"如果当事人没有程序意义上的诉权，实体意义上的诉权就无法实现。如果当事人没有实体意义上的诉权，程序意义上的诉权也就没有行使的必要。"④ 司法救济既要遵循一定程序，也要考量实体性因素，继而诉讼应当具备双重含义。程序性诉权即起诉权，而实体性诉权则是请求法院实现其实体权益的权利。⑤ 不同于苏联二元诉权说的是，该观点主张实体性诉权仅是期待的胜诉权，而非实质的胜诉权。

（二）本书观点：修正的二元诉权说

尽管二元诉权说存在较多的不足之处，但其凸显了诉权理论中程序要素与实体要素并重的核心理念。在修缮传统二元诉权说的基础上，本书认为修正的二元诉权说更具有合理性与可适用性。

---

① 参见戴锐：《民事诉权学说探析》，载《国家检察官学院学报》2008 年第 2 期。

② 常怡主编：《比较民事诉讼法》，中国政法大学出版社 2002 年版，第 148 页；李龙：《民事诉权论纲》，载《现代法学》2003 年第 2 期。

③ 参见张卫平主编：《民事诉讼法》，法律出版社 2016 年版，第 32 页。

④ 江伟主编：《民事诉讼法》（第 3 版），高等教育出版社 2007 年版，第 47 页。

⑤ 参见江伟、单国军：《关于诉权的若干问题的研究》，载陈光中、江伟主编：《诉讼法论丛》第 1 卷，法律出版社 1998 年版。

1. 修正的二元诉权说的基本内涵

修正的二元诉权说，是指纠纷发生后当事人享有诉诸法院并请求法院依法裁判的权利。该说包含了程序方面与实体方面的两层含义。该说与传统的二元诉权说的不同之处在于，修正的二元诉权说中的程序性诉权除了包含起诉权之内涵，还包含某些当前未上升为实体权利、但是具有实体性法益、权利义务关系人拥有诉的利益而需要通过程序性诉权来使当事人接近司法的情形，[①] 继而通过诉讼（当事人攻击防御中）来展开实体形成。[②] 实体性诉权，是指实体法上的请求权，但不要求胜诉判决，仅为一种期待胜诉权。同时，其并非要求当事人需要同时满足两种意义的诉权，当事人仅需符合程序性诉权或实体性诉权其一要求便满足诉权的成立要件。

2. 修正的二元诉权说的正当性阐释

（1）程序性诉权存在的正当性

诉讼程序是诉讼法与实体法共同作用的“场”。程序性诉权的法律依据源于宪法与诉讼法，实体性诉权的法律依据源于宪法与实体法。诉权通过启动审判权的运行来确保实体法的实施与完善，促使实体法律规范成为裁判规范。大部分案件中，原告依据实体法上的请求权诉诸法院而直接享有诉权，而有些案件中，受制于当时立法的滞后及限制，原告主张的内容并未被实体法纳入权利体系。值得深思的是，如果实体法上并未规定相关权利，但只是一个“法益或权益”的雏形，而该“法益或权益”又具有司法保护的“必要性”（诉的利益），该如何处理？权益的范围比权利的范围更宽，权利通常是指已经被法律确定的，但权益则是指根据法律而享有的所有权利与利益，其中包含还未上升为法定权利的合法权益，其内容宽泛，且具有不稳定性。[③]

---

① 诉的利益有助于通过审判程序针对具体情形落实实体法的抽象规定，以弥补司法解释抽象规定的不足。在我国，隐私权、肖像权、名誉权实际上也是通过诉讼实践逐步被认知并得到承认的。权利义务的认定也往往需要针对具体争议情形才能加以确定。作为抽象规范的司法解释虽然相比法律已经有所细化，但依然具有抽象性。诉的利益的概念恰恰能够使法院在审判程序中针对具体案例予以解释和裁量，使其正当利益转化为明确的权利。参见张卫平：《诉的利益：内涵、功用与制度设计》，载《法学评论》2017 年第 4 期。

② 参见王亚新：《诉讼程序中的实体形成》，载《当代法学》2014 年第 6 期。

③ 参见相庆梅：《民事纠纷可诉性问题研究》，载《河北法学》2009 年第 3 期。

法益与利益属于广义的诉的利益，其决定着纠纷是否具有“法律争讼性”或具有可诉性。权利在被实体法确认之前仅为一种“应然权利”，而从“应然权利”到“实然权利”是一项动态的、发展的过程。

由于成文法具有现实的滞后性，其不可能事先穷尽各种权利，无法将所有“应然权利”都规定为法定权利。并且，实体法自身具有相应的开放性，并不是机械的法定主义，不需要将所有的合法权益均设定为实体法上的权利。[①] 根据《民法典》第1条的规定，立法目的之一是保护民事主体的合法权益；根据第2条的规定，民事主体的人身权利、财产权利以及其他合法权益受法律保护，任何组织或者个人不得侵犯。从文义解释及合目的性解释的角度来看，这其中的“合法权益”囊括了实体权利之外的其他实质性法益及潜在利益。特别是对于一些现代型诉讼，其涉及社会化的权益及扩散性的利益（如生态环境公共利益、消费者群体利益、证券群体利益），[②] 出于保护公共利益、关照特殊法益的考量，程序性诉权登场正当其时。通过程序性诉权来开启诉讼，在诉讼中展开实体法律关系的确认与形成，拓宽诉的利益范围并生成新型的社会权利。[③]

（2）实体性诉权设定的价值

有学者认为诉权与实体权益具有密切联系，但是却主张诉权仅是程序性权利。[④] 实质上，实体性要素也是诉权不可或缺的核心内容。诉权的基本功能是启动和展开诉讼，其本身蕴含了程序权益。但是，启动诉讼的目标是通过发动审判权要求法院依法裁判以保障当事人的实体权益，实体权益紧密地跟随着诉权的运行。[⑤] 如果没有需要保护的实体权益，程序性诉权的运行也就丧失了意义。保障当事人实体权益的目标决定了诉权的构成要件中应当含

① 参见刘敏：《论纠纷的可诉性》，载《法律科学》2003年第1期。

② 这类诉讼中经常出现一些并没有得到实体法规范及其传统理论体系承认的利益或法律地位，也被作为法律上的权利要求法院承认的情况。参见［日］谷口安平：《程序的正义与诉讼》（增补本），王亚新、刘荣军译，中国政法大学出版社2002年版，第178页。

③ 参见肖建华：《现代型诉讼之程序保障——以2012年〈民事诉讼法〉修改为背景》，载《比较法研究》2012年第5期。

④ 参见王晓：《民事诉权保障论纲》，载《法学论坛》2016年第6期。

⑤ 参见田平安、柯阳友：《民事诉权新论》，载《甘肃政法学院学报》2011年第5期。

有实体性诉权要素。之所以实体性诉权具有独立存在的价值，主要是因为以下几点：其一，实体性诉权的存在有利于保障实体权利与诉讼程序的亲和性，防止较为抽象的诉权理论与实体法脱节，弥补具体诉权说、抽象诉权说等学说忽略实体要素的弊端。其二，实体性诉权（实体法层面的请求权）的重申与强调，有助于实现《民法典》时代的权利保障目标，促进诉讼法与《民法典》的有效协调与妥善对接。“民事诉讼法的一个最基本的工具性价值就在于实现民事实体法对权利义务的规定。一部民事领域的基础性、综合性大法的实施也必然要求民事诉讼法尽快实现与《民法典》的协调与对接，推动《民法典》的有效实施和落实。”① “实施好《民法典》必然要求回归民事诉讼的起点，重塑以权利保护说为内核的民事诉讼目的论，将民事实体权利能否顺利认定和实现作为民事诉讼法典化和民事司法科学化的重要衡量标准。”② 其三，将实体性诉权纳入诉权框架中，能够有效防止当事人滥诉，过滤掉一部分诉讼请求“明显无理由”的非正当起诉，③ 即诉讼请求无实体法请求权且无实质法益的情形。同时，法院判定当事人的诉讼请求是否具有实体性要件作为支撑，如果具有实体法上的请求权，则直接认可当事人享有诉权；如果不具有实体法上的请求权，则分流到程序性诉权部分进行分析。而实践中，大部分案件的当事人都是以实体请求权为依据来起诉，实体性诉权的纳入有助于促进诉讼效率，利于当事人接近司法，确保法院依法裁判，继而最大程度、高效率地保障当事人的实体权益。

（3）修正的二元诉权说中程序性诉权与实体性诉权的兼容性

在实体法所确定的权利缺乏诉讼法上的规范程序作为指引时，只能是停留在“理想的权利”层面。当程序性诉权受到限制时，相应的实体权益将难以实现。缺乏程序性诉权辅佐的实体权益，将无法实现保障实体权益的目标。程序性诉权与实体性诉权相辅相成，相互兼容，共同推进诉讼程序的良性运

---

① 张卫平：《民法典的实施与民事诉讼法的协调和对接》，载《中外法学》2020 年第 4 期。

② 任重：《民法典的实施与民事诉讼目的之重塑》，载《河北法学》2021 年第 10 期。

③ 有学者从主张责任的视角审视，发现大量实务案件中原告的事实主张都存在不恰当或者不充分的问题，并主张设立诉的正当性审查制度作为司法应对。参见袁中华：《民事诉讼中诉之正当性审查》，载《中外法学》2021 年第 2 期。

转。同时，程序性诉权和实体性诉权具有相对独立性与可分割性，可最大限度地实现实体权益保障的目标。修正的二元诉权说不要求两种意义上的诉权在时间及空间上高度统一、密切同步，不要求当事人同时具备，只要满足其一便符合诉权成立要件。两种意义上的诉权并非完全统一而并存的，是可分割的两个事物，由此便解决了在解释层面及适用层面两种意义上的诉权相分离的困境。

二、私益诉权向公益诉权的转向

（一）私益诉权到公益诉权的发展脉络

1. 私益诉权遭遇的现实困境

传统诉权理论的发展使私益诉讼程序逐渐成熟，能有效解决实务中的大部分私人争议纠纷。但是从私益诉讼的纠纷解决能力与司法的公共性功能两个方面来看，私益诉权无法完成程序法所赋予的所有任务。

一方面，由于受到现代型诉讼[①]的强烈冲击，私益诉讼的纠纷解决能力遭受质疑。20 世纪中叶以来，现代化的工业生产牵动着经济的飞速发展以及社会利益的不断变迁，涌现了诸多传统诉讼难以包含的新型诉讼类型，如公害诉讼、消费者诉讼、环境权诉讼、证券诉讼等，这些新型的诉讼类型就是现代型诉讼。由于这类诉讼具有当事人武器不对等、讼争利益集合化或扩散化、争点社会化等特征，[②] 由此需要特殊的诉讼程序予以规范调整。与传统一对一的私益诉讼相比，现代型诉讼由于涉及不特定多数人群的利益，其在当事人适格、证明责任分配、法院裁判的既判力等方面与传统诉讼具有较大差异。[③] 针对实践中出现的诸多现代型纠纷，由于涉及群体利益及公共利益，私益诉权理论无法在当事人适格、诉的利益等方面寻求到突破口，私益诉讼

① “现代型诉讼”一词已被学界广泛使用，但含义尚不明确，也不存在确切的界定。日本学界将这类新型的民事诉讼称作“现代型诉讼”，也称“政策形成型诉讼”“政策指向诉讼”，在美国则称为“公共诉讼”或“公益诉讼”。参见陈贤贵：《现代型诉讼与当事人适格理论的新发展》，载《河北法学》2012 年第 9 期。

② 参见陈贤贵：《现代型诉讼与当事人适格理论的新发展》，载《河北法学》2012 年第 9 期。

③ 肖建华：《现代型诉讼之程序保障——以 2012 年〈民事诉讼法〉修改为背景》，载《比较法研究》2012 年第 5 期。

化解纠纷的能力遭受质疑，传统诉权理论的现实困境逐步凸显。传统的私益诉讼以保护私人利益为诉讼目的，具有显著的事后性与被动性。其主要针对当事人之间产生的纠纷进行事后救济，严格贯彻“不告不理”原则来布置权利义务关系及分配法律责任。相对而言，以保障公共利益、维护社会秩序为诉讼目的的现代型诉讼除了具备事后救济的基本功能外，还具备预防性作用。这类诉讼的启动并非都要求以权利遭受实质损害为前提，在公共利益具有遭受损害的“重大风险”时也能提起诉讼。现代型诉讼所救济的不只包括已造成损害的情形，还包括受害者的潜在利益。当事人在主张损害赔偿请求权之时，也能提出禁止性诉讼请求。[①] 从这个层面来看，现代型诉讼除了可以提供事后性救济措施外，还能及时遏制可能严重侵害公益的行为，适时扩大化解纠纷的范围。此外，与传统私益诉讼相比，现代型诉讼呈现为一种积极性的司法救济模式，这种诉讼模式常常用于处理并未获得实体法及传统理论框架所认可的特殊利益，但这些特殊利益依然被当事人所主张而要求法院予以认可。这些特定利益难以从现行实体法中去寻找明确的保护方式，而法官则需要依靠司法能动性来解释法律并作出判决。

另一方面，私益诉讼难以有效发挥司法的公共性功能。无论是立法机关的公民代表的意见，还是国家机关的行政官员，其在行使立法权与行政权的过程中都可能夹杂着自身的私利，行政机关也不再是天然的公共利益保卫者。这便是西方经济学中指出的“政府失灵”现象。立法权“失灵”体现的是市民社会的“底层民意”无法有效地流通到立法机关，转化为“国家意志”，表现为“自下而上”的信息传递困境。行政权“失灵”体现的是“国家意识”难以传递到市民社会进而得以高效贯彻实施，表现为“自上而下”的信息传递困境。这两种困境的核心问题在于，国家与市民社会之间的公共信息无法有效传递，国家机关与公民之间的信息交流出现障碍，公共政策难以正常运行与贯彻执行。[②] 对此，要化解这一难点的核心在于妥当修缮市民社会

---

① 参见肖建华：《现代型诉讼之程序保障——以 2012 年〈民事诉讼法〉修改为背景》，载《比较法研究》2012 年第 5 期。

② 参见华小鹏：《论公益诉讼制度的本质与我国民事公益诉权的完善》，载《河南师范大学学报（哲学社会科学版）》2014 年第 6 期。

和政治国家之间的公共信息传递与交流机制。为化解此问题有许多措施可采取。例如，在立法中充分关照社会弱势群体的需求，在司法中通过传统私益诉讼来传递个人诉求，优化行政运行的监管机制。但是，以上方法都具有现实的弊端：其一，以上方法本质上依然遵循的是“自下而上”抑或“自上而下”单向式的权力配置逻辑，无法指引权利和权力的良性互动与妥善耦合。其依然缺乏公民或社会组织的全过程参与，公民或社会组织无法对公共政策的形成与实施陈述意见或产生实质性影响。其二，以上举措中要么是缺失了司法机关的介入，要么是司法机关仅以当事人私益诉权为关注点，继而导致理性、公平、自由的程序机制缺失，无法保障针对公共利益保护的诉讼论辩有效开展。公民的真实意见不能得以传递，最终产出的公共政策的可接受性较低，其权威性及公正性也将备受质疑。

传统私益诉权的功能主要聚焦于纠纷解决及权利保护，作为公力救济方式的诉权本质上是一种权利，是实体权利受到侵害之时请求审判机关予以保护的权利。该权利得以生成的前提是必须有实体权利作为基本支撑。继而，在此类诉权实现的过程中，诉权的基本目标被界定为确认及修复实体权利。然而，如有的学者所言，不能认为诉讼只是一种解决关于单纯的私人之间的权利纷争的手段，它逐步也会作为一种客观公共规范制度的手段得以利用，会在司法裁判的性质和功能转变上产生重要的影响。[①] 现代型诉讼作为维护不特定群体利益的程序装置，给予了司法机关管理社会及政策制定的新功能，这便修缮了传统诉讼解决纠纷的方式，拓宽了诉的利益的范围，促进某些新型社会权利的诞生。公益诉讼是现代型诉讼的代表类型，其不但具有权益保护功能，而且在群体利益保护运动及司法能动主义的影响下，更具有执行法律、适用与解释法律、生成新的权利、形成公共政策、促成社会变革、促进对话的多元功能。[②] 为了化解“公民失声”“政府失灵”的危机，充分调动公民参与社会公共治理的积极性，将损害社会公共利益的行为放置于社会大众及国家机关的统一监管之下，为“社会公众发声”的公益诉讼制度正在迈出

① 参见［意］莫诺·卡佩莱蒂编：《福利国家与接近正义》，刘俊详主译，法律出版社2000年版，第97页。

② 参见李华琪：《环境公益诉权理论及其实践展开》，中国社会科学出版社2022年版，第41页。

传统诉讼的限制。

2. 古罗马时代公益诉权的雏形

在遭遇现代型纠纷危机之前，古罗马时代便发展出了公益诉讼的雏形。古罗马时代的公益诉讼主要表现为民众诉权、民众令状、人民控告这三种形式，其目标是通过由民众开启诉讼程序来弥补政府机关保护公共利益的罅隙之处。这个时期，由于缺乏系统化、精细化的科层式官僚体制，公民与国家的职权界限并不明晰，继而出现了以上几种诉权类型。通过三种诉权开启诉讼程序使公众参与公共事务，弥补了国家机关忽视或未及时完成的公益性事务。首先，对于民众诉权，周枏先生将其翻译为“公益诉讼”，其他学者多将其翻译为“民众诉讼”。民众诉权属于私法范畴，相当于民事诉讼。意大利学者对其作的定义为：“民众诉权是每个公民尽管带来公共利益，但为了他自己的好处并作为他自己的诉讼提起的诉讼。”[①] 民众诉权中，原告提起的损害赔偿请求仅限于人身损害而非财产损害，如追究破坏告示牌者之诉、[②]悬挂物致人损害之诉等。作为保护公益的奖励，原告最终可以获得相应的罚金。[③] 从现代民法的角度来看，在众有利益事项的司法程序对公众的开放度的设计上，立法者有检举、替代诉讼、民众诉权三个选择项。前者对公众的开放度最小，不承认民众的诉讼发动权；中者在则是一种小型的民众诉权对公众开放度增加，但以法律明定者为限；后者因不以法律明定者为限对公众的开放度最大。其次，民众令状属于行政法范畴，近似于行政程序。令状是一种临时性的司法处置，是执法官在紧急情况下根据一方当事人的请求而发布的命令，是一种具有即时效力的工具。民众令状是那些适用于公共物的令状，是为保障民众对它们的集体使用或社会使用。它们被认为是“民众性的”（popularis），在于其开放给每个市民，即民众中的每个人，其目的是保

① 徐国栋：《罗马公法要论》，北京大学出版社 2014 年版，第 374 页。

② 追究破坏告示牌者之诉，是指因故意破坏有永久管辖权的长官在告示牌、纸张或其他材料上发布的告示引起的诉讼，任何人皆可提起，以保护长官的尊严，也保护法律的可接近性。参见徐国栋：《罗马公法要论》，北京大学出版社 2014 年版，第 378 页。

③ 参见［意］彼德罗·彭梵得：《罗马法教科书》，黄风译，中国政法大学出版社 2005 年版，第 70 页。

护公共利益和公共秩序。[①] 民众令状适用于利用公用物的诉求。公用物包括：公共的地方；公路；公共河流及其河岸；公共下水道；水渠与水源。继而，民众令状反映了民众人人可得用之并得维护之的观念。[②] 最后，人民控告，又称为公诉，属于刑事诉讼的范畴。针对严重的犯罪行为，任何民众都有权就犯罪提起控告。在控告程序中，控告方是公民共同体利益的代表者。

以上三种程序中，民众均是发动者与参与者，罗马法时代公益诉讼的范围不只包含常规的侵权行为，也包括严重的犯罪行为或其他违法行为，在此过程中，公益诉讼的作用主要是对行政机关职责的补充。由此可知，古罗马时代的公益诉讼程序较大程度依托于私人的司法积极性来维护公共利益。虽然具有保护公共利益的间接机制，但公益保护的自发性程序并未生成，更多的是借助公民的个人行为来带动集体利益的保障，体现了人民主权原则。与现代的诉讼制度和司法程序相比，尽管当时的诉讼程序还并不健全，但是以这三种形式为基础所搭建的公共利益保护程序是古罗马时代程序法建构的有机组成部分及创新性做法。当国家机关并未积极履行保护公共利益职责之时，无论是基于纯粹的公益保护的意图抑或是个人利益维护的意图，公民都有权积极行使公益诉权。法官在审判中将公共权力的运行纳入司法审查之列，有效抑制公权力的恣意扩张。[③]

3. 域外国家公益诉权的兴起

继罗马法之后，1806 年法国通过民事诉讼法及法院组织法规定了检察机关提起公益诉讼的制度。美国也较早确立了公益诉讼制度，1863 年《美国反欺骗政府法》、1890 年《谢尔曼法》、1914 年《克莱顿法》中相继规定了个人、社会组织及检察机关有权以保护公共利益为目标提起诉讼。[④] 之后，《错误索赔法》《清洁空气法》《有毒物品控制法》等法律法规先后颁布，公益诉讼的法律制度体系开始搭建起来，其中公民诉讼及集团诉讼（class action）

---

① 参见李飞：《罗马环境法要论》，法律出版社 2022 年版，第 32 页。

② 参见徐国栋：《罗马公法要论》，北京大学出版社 2014 年版，第 380 ~384 页。

③ 参见李华琪：《环境公益诉权理论及其实践展开》，中国社会科学出版社 2022 年版，第 34 ~ 38 页。

④ 参见赵许明：《公益诉讼模式比较与选择》，载《比较法研究》2003 年第 2 期。

最具代表性。1970 年出台的《清洁空气法》中特别增加了公民诉讼条款，赋予公民向法院起诉督促执法的权力。密歇根州环境保护法中允许个人即使没有证据来证明自己受到了环境污染并在某种程度上利益受损，也可以提起诉讼。明尼苏达州、佛罗里达州等也模仿了这一制度。联邦方面于 1970 年至 1972 年修改了《纯净大气法》《水质污染管制法》《噪音管制法》，如违反这一系列法律中的重要规定和基准，个人和政府机关都可能被提起诉讼，原告没有必要证明自己受到违法行为的直接侵害。[①] 法国和德国主要通过团体诉讼来处理这个问题，即赋予事业团体、消费者团体等以团体名称起诉的权利（起诉是为了团体成员的利益，而且是团体成员中多数人的共同利益），但仅限于某些法律领域并且必须有明文规定。[②] 英国则制定了检举人诉讼制度，只有法务长官（Attorney General）能够代表公众提起诉讼以倡导公众权利，阻止公共性不正当行为，私人没有提起诉讼的权利。在此之后，受公益诉讼热潮的影响，其他国家也积极探索与效仿，公益诉讼制度在全球得以兴起及发展。

4. 我国公益诉权的法治图景

1996 年，被称为“中国公益诉讼第一人”的丘建东先生关注到公用电话亭未执行邮电部“夜间、节假日长话收费半价”的规定、多收话费 0.06 元而提起诉讼，此案成为敲开中国公益诉讼大门的第一案。[③] 随后，各地关于公益诉讼的案件逐渐增多。当时国有资产流失严重，日均流失额甚至达到 3 亿元，[④] 为了挽回流失的国有资产，保护公共利益，一些检察机关也率先大胆尝试，提起民事诉讼。但是受制于立法层面对原告资质的限制，法院大多以原告不适格、起诉者与案件没有法律上的利害关系为由驳回原告的起诉。

---

① 参见李艳芳：《美国的公民诉讼制度及其启示——关于建立我国公益诉讼制度的借鉴性思考》，载《中国人民大学学报》2003 年第 2 期。

② 参见苏文卿：《诉讼法发展的新动向——国外公益诉讼制度鸟瞰》，载《探索》2003 年第 5 期。

③ 参见丘建东：《“一块一官司”，打响服务领域反欺诈第一枪》，载《中国律师》1998 年第 6 期。

④ 参见宋安明、郭洪平：《全面打响国有资产“保卫战”》，载《检察日报》2001 年 8 月 29 日，第5 版。

在公益诉讼的启动与审理无法无据的背景下，实践中产生的公益纠纷案件大多是以败诉收场。与此同时，学术界在20多年前就已经开始探讨公益诉讼制度建构的必要性及可行性，并呼吁尽快构建公益诉讼制度。① 最终，2012年《民事诉讼法》修正时对此社会热点问题予以了回应，在《民事诉讼法》中确立了公益诉讼制度的原则性架构。其规定："对污染环境、侵害众多消费者合法权益等损害社会公共利益的行为，法律规定的机关和有关组织可以向人民法院提起诉讼。"到此，公益诉讼制度在我国诉讼法中得以正式确立。随后，《消费者权益保护法》第47条、2014年《环境保护法》第58条相继为社会组织的公益诉权提供了法律依据。2015年全国人民代表大会常务委员会授权最高人民检察院在部分地区开展为期两年的公益诉讼试点工作，继而在实定法层面赋予检察机关民事公益诉权及行政公益诉权。两年试点工作结束后，2017年新修订的《民事诉讼法》增加了检察机关提起公益诉讼的具体条款，检察公益诉权正式被立法所确认。这使公益诉讼的主体资格得以扩容，诉讼实施权的配置也呈现多元化的趋势。此外，公益诉讼所保护的公共利益范围也随着实践探索的深入而得到实质性扩张，国家利益（自然资源、土地出让）、扩散利益（空气、气候）、分散利益（消费者群体利益、个人信息群体利益）、社会价值（未成年人权益、妇女权益、英雄烈士等名誉权益）等均被纳入公益诉讼制度的保护区间内。

至此，我国迈入了公益诉讼制度的新时代，中国式公益诉讼制度基本建成，公益诉权也完成了从"小范围探索"到"常态化运营"的转变，公益诉权的理论框架与逻辑体系也逐步成熟。尽管公益诉讼依托于传统的诉讼法展开运行，但是以其理论体系及实践逻辑摆脱了对私益诉讼的依附，呈现相对的独立价值。对于私益诉权向公益诉权的转向，应保持一种审慎而开放的态度。正如有的学者所言，公益诉讼条款给公益诉权的未来拓展预留了"想象的空间"。在怀抱对公益诉讼的美好期待时，仍需比较冷静地关注公益诉讼

---

① 比较具有代表性的论文，参见苏家成、明军：《公益诉讼制度初探》，载《法律适用》2000年第10期；王太高：《论行政公益诉讼》，载《法学研究》2002年第5期；解志勇：《论公益诉讼》，载《行政法学研究》2002年第2期。

在未来运行中可能对“国家—社会”关系产生的系列效应。①

（二）诉权理论在公益诉讼中运用的正当性

1. 公益诉权与传统诉权理论对接的兼容性

传统诉权概念的包容性曾受到学界的批判与质疑，有学者便提出应当构建一种独立的“公益经济诉权”，②继而尝试搭建公益经济诉讼的制度体系，其也主张我国应建立作为社会公共利益的保障性权利的公益诉权。③由此产生的重要问题是：公益诉权究竟能否纳入传统诉权理论的庞大体系之中？公益诉权是否应作为独立于传统诉权的新型诉权类型，进而搭建新的诉讼制度体系？要回答这一问题，需结合诉权学理探析公益诉权和传统诉权理论的兼容性。

资格是权利体系中的核心内涵之一。有学者指出，权利概念的内核就是资格。④从诉诸法院之权能来看，诉权具有显著的抽象性，本质是从资格角度对诉权展开的界定。在资格意义层面，诉权和诉讼权利能力存在共通性。有权利能力的主体就有权通过起诉接近司法。根据我国《民事诉讼法》第51条第1款的规定，公民、法人、其他组织均可作为诉讼当事人。作为公益代表人（公民、社会组织、检察机关），都具有提起与参与诉讼的资格。从要求法院公正审判之内涵来看，诉权则拥有具体层面的意义，在符合诉讼要件时就能实现这一权能。诉讼要件是诉权实施的基本前提。综观各国诉讼法，从当事人适格甄别、法院管辖权配置、诉讼标的识别等方面设置诉讼要件是实践的通行做法。⑤如果某诉不满足诉讼要件，诉讼将会被法院驳回。在诉讼要件的框架体系中，当事人适格和诉的利益是最核心的。新堂幸司就曾指出，诉权就是诉讼请求以当事人适格和诉的利益为成立条件的本案判决之权利。⑥

① 参见韩波：《公益诉讼制度的力量组合》，载《当代法学》2013年第1期。

② 参见颜运秋：《公益诉讼理念研究》，中国检察出版社2002年版，第316~367页。

③ 参见颜运秋：《公益诉讼法律制度研究》，法律出版社2008年版，第123~133页。

④ 参见［英］A. J. M. 米尔恩：《人的权利与人的多样性：人权哲学》，夏勇、张志铭译，中国大百科全书出版社1995年版，第89页。

⑤ 参见韩波：《论民事检察公益诉权的本质》，载《国家检察官学院学报》2020年第2期。

⑥ 参见［日］新堂幸司：《新民事诉讼法》，林剑锋译，法律出版社2008年版，第179页。

在实体权益主体和诉讼主体相对应、相统一的情况中，公益诉权与传统诉权理论的兼容性、包容性自不待言。然而，诉权实施主体和实体权益主体相分离是在公益诉讼中比较常见的，这也是困扰公益诉权理论建构而必须审视的真问题。

第一，诉的利益问题。诉的利益是大陆法系诉讼法学体系中重要的概念，是指当事人所提起的诉中应具有的、法院对该诉讼请求作出判决的必要性与实效性。[①] 从保障诉权实施的层面来看，如果满足诉的利益之条件，法院应依法审判，以实现当事人的诉权。诉的利益通常需从三个方面进行把控：其一，应针对已成熟的具体法律关系，即通常指向的是法律关系中的具体权利或利益。其二，不应具备启动诉讼的障碍事由。其三，不应具有滥用诉权的情况。[②] 公共利益是一种群体性、扩散性、分散性利益，关涉不特定多数主体的生存健康、经济发展和社会幸福安全感。迈出"公地悲剧"，维护公共利益已是当今社会的共识。我国《民事诉讼法》《行政诉讼法》《环境保护法》《消费者权益保护法》《个人信息保护法》《英雄烈士保护法》等立法已明确规定了应受法定保护的公共利益。公益代表主体提起的公益诉讼应满足针对已成熟的公益保护法律关系之要求；在诉讼障碍事由方面，公益代表主体提起诉讼应当遵循《民事诉讼法》《行政诉讼法》的规定，只要符合诉讼法关于主管及管辖的要求、不存在重复起诉等消极起诉条件，则具备诉的利益进而有权行使诉权；就不应具有滥用诉权的情况而言，如果公益代表人起诉所保护的客体是法定的公共利益，其提起公益诉讼就具备诉的利益，能够正常行使诉权。

第二，当事人适格问题。诉的利益主要考量的是针对诉讼请求作出裁判的必要性和实效性，而当事人适格主要考量的是对当事人作出本案裁判的必要性和实效性。[③] 通常情况下，实体权利义务关系的相关主体满足当事人适格的要求。然而也有作为例外的情形，例如诉讼担当，其是指由非实体法律

① 参见张卫平主编：《民事诉讼法》，法律出版社2016年版，第189页。

② 参见张卫平：《诉的利益：内涵、功用与制度设计》，载《法学评论》2017年第4期。

③ 参见黄忠顺：《论诉的利益理论在公益诉讼制度中的运用——兼评〈关于检察公益诉讼案件适用法律若干问题的解释〉第19、21、24条》，载《浙江工商大学学报》2018年第4期。

关系中的权利义务主体以自己名义起诉或应诉的诉讼制度。[①] 诉讼担当是当事人适格的特殊情形，我国《民事诉讼法》已规定了诉讼担当制度。尽管检察机关作为法律监督机关，在担任公益代表人参加诉讼时存在法律监督者与原告身份相冲突的困境，[②] 但公益代表人的身份有助于检察机关更为多元化地对加害公共利益的行为进行监督，这与法律监督的基本原则及检察权规范运行的原理是相通的。[③]《民事诉讼法》第58条更是明确了检察机关也有权作为适格当事人提起公益诉讼的资格，这实际上新设了一类新型的法定诉讼担当，检察机关由此获得诉讼实施权。所以，公益代表权是公益诉讼起诉主体在公益诉讼中符合当事人适格的基本依据。公益诉权就是以公益代表人的身份实施诉权。公益诉权与传统诉权的基础理论是相通的，二者的运作机理和操作模式可以兼容和对接。

尽管公益纠纷有其独特性，但根植于权利保护与纠纷解决理念的传统诉权理论能够涵盖公益诉权的要求。“诉权”是一个包容性、延展性很强的概念，其内涵体系十分丰富。即使传统民事诉讼解决的是私益纠纷，但依然涵盖部分涉及身份关系等具有公益性质的纠纷。公益诉讼的程序法理要求诉讼程序以化解公益纠纷及保护公共利益为基本目标，等同于将传统诉权理论包含的诉讼客体范围扩张至“公益”范围，这在解释论层面并不存在天然的隔阂。这样的“扩张解释”既有法文化的根基，又符合诉讼程序保障公共利益的实质要求。[④] 另一个关键问题则是如何实现有效“扩张”？这就需要通过规范公益诉讼程序规则来解决。具体而言，在设置公益诉讼规则的过程中，以公共利益维护为主旨，充分关照公益代表人的诉权保障，并谨慎确保审判权的有序运行。总之，从传统诉权与公益诉权的含义解析、诉的利益、当事人适格等方面综合来看，传统诉权的理论架构和运行机理是能够与公益诉权合理对接和有效协调的。虽然公益诉权理论体系的搭建具有独特性，但实无必要完全摒弃传统诉权的理论体系及价值内核而另起炉灶。

---

① 参见李晓：《论诉讼担当的制度缘由》，载《法学杂志》2016年第3期。
② 参见李浩：《论检察机关在民事公益诉讼中的地位》，载《法学》2017年第11期。
③ 参见韩波：《论民事检察公益诉权的本质》，载《国家检察官学院学报》2020年第2期。
④ 参见韩波：《论民事检察公益诉权的本质》，载《国家检察官学院学报》2020年第2期。

2. 诉权理论的运用能有效制约公益诉讼中强势的审判权

公益诉讼诞生的一个重要原因是，传统私益诉讼无法涵盖与公共利益相关的纠纷范围，这使公益诉讼并非趋于个人化，而是趋于社会化。传统诉讼中，法院判决的效力仅约束双方当事人，但公益诉讼不是针对私人纠纷，其由于牵涉公共政策而在判决效力层面具有扩张性。① 因为利益的社会化，法院必须认真考量和甄别诉讼请求对公共事业及社会政策的实际影响。从域外的司法实践来看，在司法能动主义和公民运动的干预下，公益诉讼具有形成公共政策、执行特殊法律、促进社会发展及推动政治革新的多层次功能。② 与私益诉讼相同，公益诉讼也是在诉权与审判权的交互作用下进行的。不同于私益诉讼的是，由于涉及社会公共利益，公益诉讼程序采用职权主义已成各国诉讼法的通例。③ 法院在诉讼中具有较大职权，行使司法权的积极性更强，在诉讼原理方面不受制于辩论主义的约束。例如，当事人自认的事实并不必然成为法院裁判的基础，法院仍有权对其审查；当事人未主张的事实，若涉及公益保护，法院也可以审理；当事人未申请调查的证据，法院可依职权主动调查收集。然而，公益诉讼中的职权主义模式却诱发了侵蚀当事人诉权的风险。公益诉讼的制度建构必须对公权力与私权利进行妥善协调与理性衡平。④ 诉权本质上属于基本权利，其具有丰富且饱满的价值功能，可对法官的裁判权形成有效约束，继而避免审判权的恣意及法官滥用职权等情形。故而，有必要借助诉权理论的精神内核，协助公益诉权制衡强大的审判权，促进公益诉权与审判权理性协调与科学共生。

3. 诉权理论的运用能科学解释公益诉权的运作机理

传统诉权理论的丰富内涵与多样价值为公益诉权的阐释提供了指导方向，对公益诉讼制度的建构及完善提供了理论支撑。

---

① 参见［意］莫诺·卡佩莱蒂：《福利国家与接近正义》，刘俊详主译，法律出版社2000年版，第60页。

② 参见陈虹：《环境公益诉讼功能研究》，载《法商研究》2009年第1期。

③ 参见肖建国：《民事公益诉讼的基本模式研究——以中、美、德三国为中心的比较法考察》，载《中国法学》2007年第5期。

④ 参见李亚菲：《环境公益诉讼中的诉权分析》，载《西南民族大学学报（人文社科版）》2019年第3期。

第一，将诉权的人权属性注入公益诉讼制度建构中，有利于丰富公益诉权的理论体系。诉权是救济权的一种，是一种基于公力的救济权，但同时更是一种积极的参与权，这种参与权的性质使诉权成为一项积极的基本人权。[①]人权研究中有关基本权利可诉性的研究成果，不断扩充着诉权的范围，丰富着诉权理论的内容。从早期的只有民事权利才具有可诉性，拓宽到行政诉权、宪法诉权，诉权的范围在持续发展扩充。特别是20世纪90年代以后，更多的国家支持社会、经济、文化权利的可诉性。[②] 公益诉讼作为一种新型的现代诉讼，牵涉众多公民的群体性权益。由于不特定多数公民无法全部参与到公益诉讼之中，但法院最终裁判的既判力却对所有受害者产生效力。为有效确保法院审理的正当性及裁判结果的可接受性，公益诉讼程序的设置就更应当注重当事人的程序保障。对此，贯彻人权保障的基本理念，更能充分实现公益诉讼中当事人的程序保障目标。如学者所言，以诉权人权论为基础构建的司法结构，是一个要求充分尊重诉权的主体地位、包含诉权与审判权商谈机制的结构。在公益诉讼和群体性诉讼问题上，充分尊重当事人的参与及其意见。这种司法正义观是一种“目中有人”的正义观，是一种要求把诉权作为人权来看待的正义观。[③] 具有人权属性的诉权作为指导公益诉讼制度建构的有效工具，为公益诉权理论的“自我再生产”提供了强大的理论根基。

第二，诉权理论的运用能有效发挥公益诉权启动程序的基本功能。诉权是诉讼活动得以启动和运行的前提，公益诉权也应具有启动程序这一基本功能。[④] 正如有的学者所言，诉权处于诉讼之外，是诉讼程序得以启动和进行的根源性动力，因此诉权之有无是诉讼能否成立的首要条件，没有诉权理论，就无从讨论诉讼如何成立，无从讨论诉讼要件如何构成。因此诉权概念以及诉权理论，为判断民事诉讼如何启动与终结，提供了基本的概念工具和分析框架。[⑤] 20世纪之后，诉权的发展呈现出几个明显特征：其一，诉权的社会

---

① 参见单锋：《公益诉权论》，载《河北法学》2007年第3期。

② 参见吴英姿：《论诉权的人权属性——以历史演进为视角》，载《中国社会科学》2015年第6期。

③ 参见吴英姿：《论诉权的人权属性——以历史演进为视角》，载《中国社会科学》2015年第6期。

④ 参见蔡虹：《检察机关的公益诉权及其行使》，载《山东社会科学》2019年第7期。

⑤ 参见段厚省、高鹏：《环境民事公益诉讼基本理论研究》，复旦大学出版社2020年版，第86页。

化。一些社会团体组织被法律赋予帮助弱势群体通过司法获得保护的权利。一些国家规定，检察机关在公益保护层面可以获得特殊的诉权，同时公民出于公益保护的考量，也能有限地诉诸法院。其二，诉权的范围持续扩张。现代诉讼不只包括司法性诉权（刑事诉权、民事诉权、行政诉权），也涵盖了立法性诉权（违宪诉讼）与行政性诉权（行政复议、行政裁决等中的程序权）。其三，以1964年《人权宣言》为出发点的诉权保护国际化趋势。[①] 传统诉权的发展趋势对于公益诉权的解释与建构具有较强的启发性。诉权本质上属于救济权，是所有公民所平等享有的基本权利，其赋予公民在制度层面上表达自己意愿的渠道与路径。[②] 公益诉权的启动也是如此，需要遵循诉权启动的相关要件与限制规则，考量审判权的国家化和司法权的作用方式——遵循“不告不理”之基本原则。审判权不能主动开启公益诉讼程序，将公益代表人吸入司法程序中，这时就需要公益诉权这个桥梁。公益诉权是联通审判权和公共利益的中介，其将公益性纠纷引入司法通道中，使公益诉讼程序得以启动。由此可知，公益诉权的程序启动功能与传统诉权理论一脉相承。

（三）修正的二元诉权说应用于公益诉讼的优势

前文已述，与传统二元诉权说不同，修正的二元诉权说中的程序性诉权除了包含起诉权的内涵外，还包含有当前未上升为实体权利但是具有实质性法益、权利义务关系人拥有诉的利益而需要通过程序性诉权来使当事人接近司法的情形，[③] 继而通过诉讼（当事人攻击防御中）来展开实体形成。[④] 实体性诉权则是指实体法上的请求权，但不要求胜诉判决，仅为一种期待胜诉权。

---

① 参见王福华：《民事诉讼基本结构：诉权与审判权的对峙与调和》，中国检察出版社2002年版，第16页。

② 参见莫纪宏：《论人权的司法救济》，载《法商研究》2000年第5期。

③ 诉的利益有助于通过审判程序针对具体情形落实实体法的抽象规定，以弥补司法解释抽象规定的不足。在我国，隐私权、肖像权、名誉权实际上也是通过诉讼实践逐步获得认知和承认的。权利义务的认定也往往需要针对具体争议情形才能加以确定。作为抽象规范的司法解释虽然相比法律已经有所细化，但依然具有抽象性。诉的利益的概念恰恰能够使法院在审判程序中针对具体案例予以解释和裁量，使其正当利益转化为明确的权利。参见张卫平：《诉的利益：内涵、功用与制度设计》，载《法学评论》2017年第4期。

④ 参见王亚新：《诉讼程序中的实体形成》，载《当代法学》2014年第6期。

同时，其并非要求当事人需要同时满足两种意义上的诉权，当事人仅需符合程序性诉权或实体性诉权中的一项要求，便满足诉权的成立要件。在此，就修正的二元诉权说在公益诉讼诉中运用的优势展开论述。

1. 程序性公益诉权有助于实现公共利益的最大化保护

诸多案件中，原告根据实体法上确定的请求权作为诉权的源泉而启动诉讼。权利在经由实体法确定之前属于“应然权利”，但“应然权利”和“实然权利”之间并非静止和无法流通的，两者之间的关系是动态的。不同于英美法系的事实出发型诉讼传统，我国属于以成文法为根基的规范出发型诉讼，以实体法律规范的完备及健全为裁判的前提。① 然而，受制于成文法的滞后性，某些特定法益尽管未上升为实定法层面的权利，其仍然具有司法保护的必要性，如果完全将这些情况排除在法院门外，则无法理性诠释实体法自身的开放性和可解释性。并且，实体法并非必须坚持机械的法定主义，实体法本身也具有相对的开放性，其权益保护的范围并非一成不变，立法过程中不需要也不可能将所有的合法权益均规定为实体法上的权利。②

同时，完全排除特定法益的纠纷，可诉讼也有违“法官不得拒绝裁判”原则。特别是对于不断涌现的现代型诉讼，其涉及社会化的权益及扩散性的利益（生态环境公共利益、消费者群体利益、证券群体利益、个人信息群体利益），③ 尽管某些特定利益并未被实定法上升为法定权利，但出于保护公共利益、关照特殊法益的考量，程序性诉权理应有所作为。即通过程序性诉权来开启公益诉讼，在公益诉讼中展开实体法律关系的确认与形成，拓宽诉的利益的

---

① 根据不同的诉讼文化，诉讼传统可以区分为大陆法系的规范出发型诉讼传统和英美法系的事实出发型诉讼传统。大陆法系规范出发型诉讼传统中，原告起诉须有实体法律规范上的依据，法院的判决也须依据实体法律规范作出。大陆法系的规范出发型诉讼传统，要求以实体法律规范的发达与完备为裁判前提。这使大陆法系实体法远较程序法发达，也形成了大陆法系成文法的传统。而英美法系形成了事实出发型的诉讼传统。因为成文法的不发达，其裁判不是依据成文的实体法律规范，而是依据判例中形成和发现的规则与理念作出，从而其正当性也难以诉诸实体法律规范来评价，只能从程序的正当性中获得依据。参见段厚省、郭宗才：《规范出发型的民事案件裁判方法与民事抗诉案件审查方法》，载《法学》2008 年第 8 期。

② 参见刘敏：《论纠纷的可诉性》，载《法律科学》2003 年第 1 期。

③ 这类诉讼中经常出现一些并没有得到实体法规范及其传统理论体系承认的利益或法律地位，也被作为法律上的权利要求法院承认的情况。参见［日］谷口安平：《程序的正义与诉讼》（增补本），王亚新、刘荣军译，中国政法大学出版社 2002 年版，第 178 页。

范围并生成新型的社会权利,[①] 继而推动国家政策的形成与社会治理的实施。[②]

2. 实体性公益诉权有利于过滤诉讼及规避滥诉

如果没有需要保护的实体性公共利益，实体性诉权的存在将毫无意义。最大限度地维护社会公共利益的目的决定了公益诉权要件中应当包含实体性诉权要素。如果公共利益所指向的“应然权利”最终转化为“法定权利”或“实然权利”（环境公共利益背后的“环境权”上升为“实然权利”），实体性诉权将更为明显地发挥其程序分流的功效。即实体性公益诉权能合理地提升当事人的起诉门槛，杜绝以“公益保护之名”而恣意滥诉。实体性公益诉权通过为法院提供实质性的诉权启动标准，来有效过滤公益诉讼中某些明显无理由、明显不正当的诉求。例如，受损的环境公共利益无法直接恢复原状，起诉人仅主张要求恢复原状而不主张损害赔偿的情形，对此法官应当依法释明当事人变更诉讼请求，如果当事人仍不变更诉讼请求，法院应及时判决驳回诉讼请求。从当前的公益诉讼立法层面来看，大部分类型的公益诉讼案件均有实定法上的实体权益作为支撑。又如，《环境保护法》对环境权益的规定、《消费者保护法》对消费者群体权益的规定、《英雄烈士保护法》对英烈人格利益的规定、《个人信息保护法》对个人信息群体权益的规定。借助于实体性公益诉权的过滤功能，法院在判断公益代表人的诉讼请求是否满足实体性权利保护要件之时，若断定公益代表人的主张有实体性公益请求权，则直接认定其公益诉权要件成立；若不具有实体性公益请求权，则将其分流到程序性公益诉权部分，由法官判定特定的公共性法益是否具有司法保护的必要性及实效性。此外，实体性公益诉权也有助于指引法官努力追寻公益诉讼程序中的实质正义。如果公益诉讼代表人的诉讼请求表现为无法全面、彻底地保护公共利益时（如损害赔偿额明显较低），法院也应积极行使释明权，要求当事人变更诉讼请求，确保受损的公益能够得到有效、全面的司法救济。

---

① 肖建华：《现代型诉讼之程序保障——以 2012 年〈民事诉讼法〉修改为背景》，载《比较法研究》2012 年第 5 期。

② 参见肖建国：《现代型民事诉讼的结构和功能》，载《政法论坛》2008 年第 1 期。

三、公益诉讼诉权的主体要件：当事人适格与起诉条件

（一）当事人适格内涵探析

当事人适格属于大陆法系民事诉讼的概念，又称为正当当事人，是指特定的主体以自己的名义担任当事人的资格。在具体的诉讼之中，适格当事人有权以自己的名义作为原告或被告参与诉讼并受裁判约束。德国、日本及我国学者对其已有较多定义，这些定义主要从实体权利义务关系方面来判定当事人适格的问题，但并不完全排除非实体权利义务关系主体能够依法获得当事人资格。① 英美法系中则并无当事人适格的提法，美国民事诉讼法采用"实质利益当事人"的概念，其通常遵循"实质利益当事人原则"，例外情况由法律另行规定。然而，由于例外情形的不断扩张，使"实质利益当事人"标准受到强烈冲击，并据此将当事人适格的基础扩大，最终拓宽了司法救济的范围。②此外，美国《联邦民事诉讼规则》中集团诉讼制度充分认可扩散性利益，也使当事人适格的范围再次得以扩大。

我国《民事诉讼法》关于当事人资格或能力的主要规定有两条：第一，《民事诉讼法》第 51 条第 1 款规定的"公民、法人和其他组织可以作为民事诉讼的当事人"。第二，《民事诉讼法》第 122 条规定"原告是与本案有直接利害关系的公民、法人和其他组织"。然而，这两处关于当事人资格或能力的规定在性质上有着本质差异：第一处指的是当事人能力或诉讼权利能力。当事人能力是指脱离具体诉讼案件，在抽象层面就一般民事诉讼而言，是否具有作为原告的能力。具备当事人能力的主体，在具体诉讼中是否可以作为正当当事人而接受法院的审判，还要考量其是否为适格的当事人。第二处指

---

① 参见陈贤贵：《当事人适格问题研究》，厦门大学出版社 2013 年版，第 18 页。

② 美国《联邦地区民事诉讼规则》第 17 条第 a 款规定："所有诉讼应以实质的利益当事人之名义提起。遗嘱执行人、遗产管理人、监护人、受托人、明示信托的受托人、为他人利益订立契约或以自己名义为他人利益订立契约的当事人，或者依制定法授权的当事人，可为未参加诉讼的他人的利益以自己的名义提起诉讼。合众国法律有规定者，为他人行使权利或为他人利益，可以合众国的名义提起诉讼。在实质的利益当事人要求追认诉讼的开始阶段，或者提出合并或变更的异议之后，任何诉讼在容许的合理期间内，不得以未由实质的利益当事人的名义进行诉讼为理由，驳回该诉讼。此项追认、合并或变更，与由实质的利益当事人提起的诉讼具有同等效力。"这种规定为美国多数州所遵从。

的则是当事人适格。拥有当事人能力的主体并非在每个案件中都担任适格当事人，但是适格当事人必定具有当事人能力。具体案件中，当事人是否适格需要根据原告所主张的诉讼标的是否妥当且具有实际意义来确定。当事人适格和法院审判的结果、原告和被告所争执的诉讼标的（民事权利或法律关系）是否真实存在并无必然联系。换言之，当事人是否适格取决于原告所主张的诉讼标的。原告所主张的实体权利或法律关系到底存在与否，需要由法院审判之后才能确定，但是当事人适格之要件需在当事人起诉阶段便明确下来。继而，不可以法院最终裁判的结果来判定当事人是否适格。① 为了实现对当事人适格概念的体系性探知及系统性观察，对当事人适格之内涵的探析需从实体和程序两个维度来展开。

1. 实体维度的当事人适格

这一维度的当事人适格的内涵是依托于实体法而对当事人适格的含义展开解构。其根植于实体法与程序法分离时期的初步含义，理论依据是传统的私法诉权说。② 据此学说，实体权利主体、诉权主体及当事人适格呈现三位一体的关系，三者的内涵在本质上并无差异。据此，实体法上的权利或法律关系是当事人适格的先决条件，实体法上的权利或法律关系（也即“直接利害关系”标准）决定着当事人适格的存在与否。当事人适格仅是对实体性要素的程序性表达，当事人适格的含义需要与实体权利或法律关系保持一致。该标准产生于实体法与程序法分别立法、程序法逐渐走向独立的时候。实体层面的直接利害关系标准本质上是实体法的规定在诉讼法层面的投影及反射，③ 彰显了程序法对于实体法的工具性价值。

2. 程序维度的当事人适格

程序维度的当事人适格理论，主张不只是实体法能够为当事人适格提供合法性依据，诉讼法在某些时候也能够补充性地丰富当事人理论，为当事人适格提供正当性依据。该层面的当事人适格之内涵主要分为两个方面。

---

① 参见李龙：《民事诉讼当事人适格刍论》，载《现代法学》2000 年第 4 期。

② 参见张卫平：《民事诉讼法》，法律出版社 2004 年版，第 33 页。

③ 参见汤维建：《当事人适格的现代化转型》，载《法治现代化研究》2022 年第 3 期。

一方面，实体法对当事人适格的规定存在缺位，实体法的缺位无法解决特定纠纷中当事人适格的问题，继而由程序法来补充规定。例如，在人数众多的群体性诉讼中，如何确定具体案件的诉讼当事人，实体法难以对此作出回应，仅能一般性地指出所有直接利害关系人都有权提起诉讼，但这一规定可操作性较弱而难以应对复杂化的司法实践问题。对此，诉讼法为了有效化解群体性纠纷而开创性地引入了“诉讼代表人制度”，赋予特定主体以适格的当事人身份，实现了当事人适格含义的现实升级与有效扩充。

另一方面，出于彰显司法权威性及促进权利救济、纠纷解决等诉讼目的的有效实现，诉讼法尝试着从程序自身出发“再生产”而对当事人适格进行有效扩容。诉讼法中规定的再审制度、执行异议之诉制度、第三人撤销之诉制度等便是典型代表。这些制度赋予了未参与诉讼或执行程序主体适格当事人的地位，这些当事人为了维护自身合法权益而提起撤销生效判决的诉讼，开启特殊的救济程序。这些特殊的诉讼程序并非由实体法确立，其制度设立的直接目标并不是保护实体权益，而是填补诉讼程序运行过程中存在的漏洞，救济司法程序运行本身为当事人带来的损害。这些制度是诉讼法专门规定当事人适格的特殊情形，实体法并没有实质的参与，因而这个层面的当事人适格属于诉讼法层面专属的当事人适格。① 据此可知，程序层面的当事人适格不仅具有填补实体法缺位的基本功能，而且具有促进程序法自身规则更新与完善的特殊功能。

当事人适格不只是程序或实体单一法律层面的概念，其兼具了程序法与实体法的双重意蕴。从历史的维度来看，当事人适格的内涵随着当事人制度及诉权理论的发展而逐渐丰富、完善。如有的学者所言，正当当事人性质的演变和诉讼功能的演变息息相关。只不过在程序法依附于实体法的时期，这种关系被诉权和实体权利的关系所遮蔽，而在诉权与实体权利分离之后，这种关系又呈现“显性化”趋势。② 在古罗马时代，实体法与程序法并未实现二元分离，当事人适格的功能依托于传统诉权体系，其内涵既有实体法要素，

① 参见汤维建：《当事人适格的现代化转型》，载《法治现代化研究》2022 年第 3 期。

② 参见曹云吉：《程序/实体：民事诉讼正当当事人性质分析》，载《甘肃政法学院学报》2020 年第 2 期。

也有诉讼法要素，当事人与当事人适格的概念含混不清，呈现出当事人适格概念的实体与程序杂糅的一元论标准。[①] 之后，在德国普通法时期，实体法与程序法呈现分离的态势，实体法在此过程中不断发展壮大继而取得显著优势地位。当事人适格被实体法所“充分关照”而无法在程序维度实现独立，其顺理成章地跟随实体法的立场，以私权诉权说为理论蓝本，发展出了当事人适格的实体法一元论。在此过程中，当事人概念被吸收到当事人适格的概念之中，当事人适格的含义逐渐替代了当事人概念的含义。[②] 在现代社会阶段，随着诉权理论的深入探究与不断发展，当事人概念又被拉回到现实之中，当事人与当事人适格两个概念实现了“杂糅—分离—衔接”的螺旋式上升。受二元诉权说的深远影响，当事人适格的含义也呈现实体与程序并重的趋势。

（二）当事人的起诉条件

1. 我国对起诉条件的规范表达

起诉作为一种诉讼行为，其实施必须符合法律规定的条件，如果不符合一定的条件，就不会产生相应的法律效果。这些条件包括积极条件和消极条件两个方面。起诉的积极条件指的是起诉须具备的条件。根据我国《民事诉讼法》第120条的规定，起诉必须符合以下几个条件：第一，原告是与本案有直接利害关系的公民、法人或其他组织。所谓“直接利害关系”，一般是指原告与被告之间的争议直接涉及自己的民事权益。第二，有明确的被告。“有明确的被告”，是指原告在起诉中已经使被告特定化、具体化。明确被告的目的是能够将起诉状送达被告。第三，有具体的诉讼请求和事实、理由。《民事诉讼法》规定“有具体的诉讼请求和事实、理由”，主要便于法院审理以及被告进行答辩。这里的“事实和理由”是原告所认为的事实与理由，是一种形式上的要求，法院在审查受理时并不确认其真实性。[③] 第四，属于人民法院受理民事诉讼的范围和受诉人民法院管辖。此外，起诉被法院受理，还须符合一些消极条件，即不得具有法律规定的禁止起诉的情形，这主要包

① 参见［古罗马］优士丁尼：《法学阶梯》（第2版），徐国栋译，中国政法大学出版社2005年版，第455页。

② 参见张卫平：《民事诉讼法》，法律出版社2004年版，第33页。

③ 参见张卫平：《民事诉讼法》，法律出版社2004年版，第292～293页。

括以下三种情形：第一，同一案件法院已经立案，正在审理之中；第二，同一案件法院已处理完毕，裁判已经发生法律效力；第三，法院规定不得在一定条件、一定期间内起诉的离婚案件。[①] 作为诉的启动者，原告应该满足起诉之合法性要件，即原告应当与本案有直接利害关系（当事人适格要件）。在诉讼程序的起点，当事人适格是起诉条件的重要内容，属于诉的合法性要件，应由立案庭予以形式审查。

2. 起诉条件的基本功能

起诉条件是对当事人处分起诉权的基本要求，属于程序性要件。从民事审判权的界限、诉权的历史演进及学说发展的角度来看，起诉条件经历了从诉权成立条件向诉权行使条件的转变过程。诉权的主流学说认为，诉权是公民享有的一种普遍资格，但诉权的形式应当是有条件的。起诉条件是当事人行使诉权的前提条件，其具有很强的公益属性，核心功能是开启诉讼程序大门，让案件进入受理法院的诉讼系属，使当事人能够理性地接近司法，同时，起诉条件发挥着案件分流、防止滥诉、排除无益诉讼的重要功能。[②]

3. 当事人适格与起诉条件的关系

从比较法的角度来看，由于当事人适格涉及实体性判断，大陆法系国家通常将当事人适格纳入诉讼要件之中，[③] 而仅将诉状的受理、送达及缴纳诉讼费用作为民事诉讼起诉条件，并不会在起诉阶段就审查当事人适格等诉讼

---

① 参见李浩：《民事诉讼法学》（第3版），法律出版社2016年版，第201~202页。

② 参见段文波：《起诉条件前置审理论》，载《法学研究》2016年第6期。

③ 按照大陆法系国家的民事诉讼基本理论，从起诉到诉讼终结这一诉讼过程分别由起诉要件、诉讼要件和权利保护要件所构成。所谓起诉要件，又称起诉条件，是指发生起诉效果的必要前提。与起诉要件所不同的是，诉讼要件并不是发生该诉讼的要件或者构成该诉讼成立的要件，而是作出本案判决的前提条件。如果欠缺诉讼要件而不及时予以补正就会遭遇被裁定驳回起诉的后果。诉讼要件的内容可以分为三大类：一是关于法院主管及管辖权限的；二是关于当事人的；三是关于诉和请求的。关于法院主管及管辖权，主要包括法院对该争议有裁判权，属于法律上的争议；在有裁判权的前提下属于具体的受诉法院管辖。关于当事人方面，包括当事人实际存在、具有当事人能力、当事人适格、原告不需要对诉讼费用提供担保或已经提供诉讼费用担保等内容。关于诉以及请求方面主要有：(1) 当事人实施了起诉行为，且对被告进行了有效的送达；(2) 当事人的请求具有诉的利益；(3) 诉的合并或追加具备法律规定的要件；(4) 不属于重复诉讼；(5) 当事人之间没有仲裁契约、不起诉契约排斥诉的提起。参见张卫平：《民事案件受理制度的反思与重构》，载《法商研究》2015年第3期。

要件。从诉讼系属及诉讼开启的角度来看，大陆法系的起诉条件是比较宽松的。[①] 近些年，学界对我国民事诉讼起诉条件和审理模式的批判声音不断，诸多学者认为，我国的起诉条件等同于德日的诉讼要件。我国《民事诉讼法》将当事人适格作为起诉要件，这将导致起诉要件的设置呈现高级化趋势。在此模式下，实体事项的审理将被迫前移，程序构造功能会发生重叠，[②] 这将不合理地提高起诉的门槛，降低对当事人的程序保障，进而妨碍当事人诉权的行使及司法公正价值的实现。为了促进当事人诉权的行使及司法公正价值的妥善实现，立法应当将当事人适格界定为诉讼要件。[③]

但值得注意的是，当事人适格概念在现代诉讼中具有复杂、多元的内涵，需要清醒地认识到当事人适格概念可以发挥作用的领域。当事人适格的判断不但与诉权保障有关，而且和法院作为中立裁判者、政策制定者地位的正当性存在直接联系。如果将当事人适格纳入诉讼要件的范畴之中，由于起诉条件变得宽松，启动诉讼的门槛降得极低，原告好讼的心理将容易膨胀，而无辜的公民也极其容易被迫拖入诉讼程序之中，[④] 这样的起诉构造模式对被告及诸多潜在利害关系人的程序保护的程度明显不够。在当前立法难以立即修改的情形下，将当事人适格作为起诉要件并不是难以接受的。从司法资源合理配置、法院对程序的妥善管理及当事人利益一体化保护等角度综合考虑来看，我国《民事诉讼法》对将当事人适格纳入起诉条件之中的做法具有本土化的特色及优越性，不应当受到过多的批评和苛责。

（三）当事人适格的功能阐释

1. 当事人适格的基本功能

（1）适度过滤不当诉讼的功能

当事人适格侧重于对当事人所主张的实体权利义务关系或诉的利益的关

① 参见段文波：《起诉条件前置审理论》，载《法学研究》2016 年第 6 期。

② 参见陈元庆：《立案登记制下诉讼要件审理模式的本土化重构》，载《山东社会科学》2019 年第 10 期。

③ 参见张卫平：《起诉条件与实体判决要件》，载《法学研究》2004 年第 6 期。

④ 参见张洪新：《当事人适格的概念重构——美国联邦法院的经验与启示》，载《甘肃政法学院学报》2018 年第 3 期。

联性及合法性进行刻画，通过它能够对起诉者中的不正当主体予以辨认及排除。当事人适格作为一项程序过滤装置，能够有效地将不适格的原告或被告隔绝到审判程序之外。此种程序过滤机制具有保障程序顺畅运行的功能，即保障原告顺畅地提起诉讼、参与程序，并适当扩张适格原告的范围；保障被告的程序利益，将不适格的原告拦截在诉讼之外，减少给当事人带来的无端诉累。①

诉讼化解纠纷的过程需要充分尊重当事人的主体性，关照当事人的程序主体地位能够促进纠纷的彻底化解，让当事人发自内心地接受裁判结果。然而，立法技术层面，除了重视当事人程序保障之外，也应防止当事人滥用诉权进而导致与争议案件无关的主体深陷诉累，② 并将诉讼程序拖入“无用”的境地。当事人适格概念的引入能有效避免无意义的诉讼的开启，降低司法运行的非实体性审理负担，防止当事人滥用诉权，遏制虚假诉讼，实现当事人诉诸司法及司法资源的合理配置。例如，当前我国立法中并未认可公民个人提起公益诉讼的原告资格，其原因主要是防止公民滥用公益诉权，③ 因此，我们通过设置当事人适格的制度来一定程度上限制公民个人的起诉行为。

（2）有效扩张化解纠纷的功能

当事人适格的内涵和外延并非一成不变的，借助理论更新将当事人适格的适用范围拓宽之后，可以扩大司法化解纠纷的功效，能够将诸多争议的法律纠纷纳入审判程序之中。④ 特别是在程序当事人理念引入之后，当事人适格扩张司法纠纷化解的功能更是表现明显。群体诉讼作为当事人适格扩张的典型制度，群体成员选定的代表人成为适格原告，其余成员退出诉讼。由于判决的效力要扩张至所有成员，因此代表人是否适格牵涉所有成员的利益。通过一个诉讼化解具有共同争点的众多诉讼请求，以寻求诸多权利的高效实现，是群体诉讼的重要价值及核心功能。如果众多的利害关系主体都直接投

---

① 参见汤维建：《当事人适格的现代化转型》，载《法治现代化研究》2022 年第 3 期。

② 参见肖建华：《正当当事人理论的现代阐释》，载《比较法研究》2000 年第 4 期。

③ 参见刘汉天、刘俊：《公民环境公益诉讼主体资格的法理基础及路径选择》，载《江海学刊》2018 年第 3 期。

④ 参见单锋：《公益诉权论》，载《河北法学》2007 年第 3 期。

身到诉讼之中，司法审判将难承其重，其化解纠纷的功能反而会因繁杂的群体性沟通与商谈而遭受不当减损。对司法灵活解纷及诉讼经济的追寻使法院尝试着将事实上或法律上有共通性的诉讼合并为一个诉讼，提升司法的纠纷化解能力，促进诉讼公正和法律适用的统一。较为典型的是以美国为代表的集团诉讼和以德国为代表的团体诉讼，其诉讼效果明显，通过一个诉讼能够化解与之相关的所有纠纷问题。[①] 这类诉讼制度将以相同或同类事实为基础的众多诉讼请求统合到一个诉讼之中，让审判者避免了和众多当事人一一面对，进而使其从审理众多的类似性、重复性诉讼的压力中解放出来。

2. 当事人适格的功能扩张

（1）实质当事人适格的现实局限

根据我国《民事诉讼法》第122条的规定，原告是与本案有直接利害关系的公民、法人和其他组织，由此可知，针对当事人适格的判断标准，我国立法采取的是传统的“直接利害关系人”标准。诉讼主体不能对与自身无直接利害关系的纠纷主张权利，只能在自身的合法权益遭受侵害时，才可拥有起诉主体资格。许多国家的诉讼法也对当事人主体资格进行明确限定，要求只有在法律层面具有直接利害关系的主体才能作为适格当事人。“直接利害关系人”标准对当事人主体资格进行了严格限制，究其原因，司法救济和实体权利直接挂钩，只有自身权利受到侵害的主体才能提起诉讼，其他主体都没有资格诉诸司法。[②] 私益诉讼中对当事人资格的甄选及判定和私有制经济制度是紧密相关的。传统的民事案件（合同纠纷、侵权纠纷）内在的纠纷解决特征及私权诉讼的制度体系，决定了原告的资格必然需要与本案有直接利害关系的主体进行勾连。

众多资源所有人及权利拥有者为维护自身合法权益而诉诸司法，体现了直接利害关系主体对相关利益的价值判断及自由选择。[③] 虽然“直接利害关系”标准在传统诉讼中具有举足轻重的意义，但此标准与公共利益保护的理

① 参见章武生、杨严炎：《群体诉讼的价值与功能》，载《法学评论》2007年第5期。

② 参见单锋：《公益诉权论》，载《河北法学》2007年第3期。

③ 参见张梓太主编：《环境纠纷处理前沿问题研究：中日韩学者谈》，清华大学出版社2007年版，第56页。

念存在巨大的张力。公共利益具有扩散性、群体性等特征，突破了传统诉讼中自由处分财产权而搭建的损害救济的框架体系。损害赔偿之诉求不再是当事人最渴望及最适合保护合法权益的救济方式，而新型的救济模式表现为：预防将要发生的损害、制止正在发生的持续性侵害，实现有效的风险防控及最大限度地减小损失。继而，传统当事人适格理论及立法难以有效应对牵涉群体利益、扩散性的“现代型诉讼”之实践需求。[①] 以环境诉讼为例，环境权益作为一项特殊的利益，环境纠纷中不单单涉及私人利益，更涵盖了社会公共利益。污染环境、破坏生态之行为会直接或间接侵犯各个社会公民的利益。社会成员是环境纠纷的第一感知者及见证者，其作为环境司法中的中坚力量已成为诸多国家保护环境措施中的共识，[②] 出于对生态环境充分保护的考量，有必要对当事人适格理论进行扩张解释。

（2）形式当事人适格的补强功能

现代意义上的当事人适格应当具备肯定性、包容性、回应性的特征，使诉讼程序散发出更多元的综合性制度功效。[③] 传统的当事人适格制度的主要功能是过滤诉讼、减轻司法负担，这一功能呈现消极性、适应性的特征，与现代诉讼机制的目标追求难以契合。实体意义的当事人适格在理论界及实务界遭遇到越来越多的批判和挑战。对此，探索程序意义上的当事人适格能够弥补实质当事人的系列功能缺陷，实现当事人适格理论的多元化、体系化、系统化构建，促进“应然权利”的积极实现及公共利益的全面保护。形式当事人适格对实质当事人适格的补强功能主要体现在以下两个方面：

第一，形式当事人适格概念的引入，有助于缓解法律规范与生活实践之间的张力。实践中存在诸多不具有实体权利但需参与诉讼成为当事人的情形，例如遗嘱执行人、遗产管理人、破产管理人。尽管这些主体并非财产纠纷的实质争议主体，其充当着程序当事人的角色，保护着相关人的合法权益，有

---

① 参见王明远：《论环境权诉讼——通过私人诉讼维护环境公益》，载《比较法研究》2008年第3期。

② 参见齐树洁、郑贤宇：《环境诉讼的当事人适格问题》，载《南京师大学报（社会科学版）》2009年第3期。

③ 参见汤维建：《当事人适格的现代化转型》，载《法治现代化研究》2022年第3期。

必要将其纳入当事人的范围之内。以遗产管理人制度为例，该制度的功能不是要求遗产管理人为特定财产履行职责，而是为了妥当处理死者遗产方面的诸多事务。遗产管理人履行职责的方式也包含参与诉讼，为了促进其充分有效地履行职责，诉讼法应当赋予遗产管理人完全的当事人地位，① 让其参与诉讼时具有的资格强度及自由度和诉讼当事人等同。

第二，形式当事人适格理论的适用，有利于促进实体权利的生成功能的实现。形式当事人理念的产生，可以为起诉主体提供独立的程序性地位。在此过程中，拓宽权利保障的范围，经由诉讼程序来生成实体权利及法律关系。不能由于起诉者并非直接利害关系人就彻底忽视利益主体寻求司法救济的可能性及正当性，否则将会制造恣意限制公民行使诉权的自由，继而妨碍诉权作为基本人权生成其他权利的功能。② 形式当事人适格自身具有生成实体权利的程序性目标及实践性功能。当事人适格在程序运行的过程中，具有的功能不只是通过攻击防御促使法院作出对自己有利的判决，而且其更重视经由司法判决将“诉的利益”转换为“实体权益”。即通过理性扩张当事人适格的范围，促进具有诉的利益的主体有机会充分参与诉讼，在当事人具体主张及充分论辩的前提下，促使新型实体权利的积极生成。

此外，当某一问题缺乏法律的直接规定，由此将导致法官遭遇难以下达裁判的难题，但是法治原则又要求法官不得拒绝裁判。③ 即法官对实在法具有解释阐明、发展规则的义务，当实在法产生漏洞时有填补漏洞的职责。并且，在具备非常重要的理由时，法官甚至可以对法律进行创设性的解释及补充。这为当事人适格的有效扩张提供了理论资源。若采取“直接利害关系”的标准，诉讼程序永远只能在法定权利的圈子中打转，通过司法程序生成实

① 参见马丁：《遗产管理人的地位与功能阐释——实体与程序规制互济的视角》，载《交大法学》2022 年第 3 期。

② 参见单锋：《现代型民事诉讼中的原告资格和当事人适格》，载《南京社会科学》2005 年第 11 期。

③ 有学者将其称为“禁止拒绝裁判式的漏洞”。法官填补禁止拒绝裁判式漏洞时，相当于创制新的法律规范，如同立法活动，从而法政策上的各种方法，法官都可以采用，如类推、利益衡量、后果导向思维、经济分析等。参见纪海龙：《法律漏洞类型化及其补充——以物权相邻关系为例》，载《法律科学》2014 年第 4 期。

体权利的机会几乎是无稽之谈。例如，1970年日本国会修订的《建筑标准法》和《城市规划法》中的“日照权”，便是经由当事人适格的扩大而生成的新型实体权利。在此之前，谁也没有想到沐浴阳光的权利会值得法律保护。可是，由于高楼林立以及追求健康的生活之要求的高涨等主客观因素，在某一件根据这种要求的诉讼中，法官作了给予原告救济的决断。之后，由于不断出现同样的案件，就使人们逐渐普遍地接受了日照权的概念，通过判例法的机制，日照权就作为新的实体权利从诉讼中诞生了。而且，这种权利所获得救济的形态或方法就从传统的损害赔偿等发展到了建筑工事的中止令状、恢复原状的令状等。实体法学者欲搬出实体法体系中已有的人格权等概念来说明日照权的发生根据。可是，无论怎样说明，实际上一种新的权利还是被加进了实体法体系关于权利的目录之中。① 美国法层面，《联邦民事诉讼规则》第17条第1款规定：“每一诉讼应以真正有利害关系的当事人的名义提起。”需要特别强调的是，在英美法上，“真正有利害关系”并不是以实体法明文规定的权利根据为前提，而是指客观上存在法律应当予以救济的某种权益。并且，“真正有利害关系”也不是指实质上的利害关系，只是要求形式意义上的利害关系。原告只要声称其起诉是为了保护自身合法权益即可。随着美国环境诉讼、人种差别诉讼以及集团诉讼等现代型诉讼的涌现，当事人适格的范围大为拓宽。② 现在，提起诉讼的人不一定受法律上权利义务关系的影响，只要是对案件具有事实上的利害关系的人，就构成当事人适格。认可“可能的权利人”作为当事人成为判例法的生命之源。

总之，形式当事人理论的兴起与发展为诉讼法中原告资格的扩大提供了丰富的理论资源和有力的实践指南。在当下利益不断扩张、权利持续生成的阶段，传统的实质当事人标准在面临以群体诉讼与公益诉讼为典型代表的现代型诉讼时，遭受着巨大冲击及功能消解。“直接利害关系”标准的最大劣势是忽视了为公共利益及扩散性利益提供司法救济，而私主体为了保护公共利益、救济分散性利益而诉诸司法正是构建法治社会、法治国家的必经之路、

① 参见［日］谷口安平：《程序的正义与诉讼》（增补本），王亚新、刘荣军译，中国政法大学出版社2002年版，第70页。

② 参见汤维建主编：《美国民事诉讼规则》，中国检察出版社2003年版，第79~80页。

应有之义，继而公益诉讼也会对传统的实质当事人理论予以突破及更新。① 诚如有的学者所言，当事人适格的法益基础正在从一元的私益诉讼形态转向私益诉讼与公益诉讼并存的二元形态、从实定法的明文性标准转向诉讼上的裁量性标准，当事人适格制度的司法功能实现了彻底性转变。当事人适格传统的过滤不正当当事人等传统功能不再占据主导性与绝对性，其核心功能在于适度降低公民进入司法的“门槛”，② 将受到司法裁判拘束的利害关系及非利害关系人合理纳入诉讼中，全力实现诉讼民主、程序公正的目标，使生成的实体权利和判决扩张的效力具备充分的正当性基础。

3. 公益诉讼与适格当事人的扩张

（1）公益诉讼中适格当事人扩张的意义

第一，弥补“直接利害关系”标准在公益诉讼程序中的功能短板。直接利害关系标准意味着在起诉阶段就需对当事人的资格展开实体性审查。如张卫平教授所言：“这种诉讼程序结构的建构实际上把诉讼程序开始的要件与法院作出实体判决的要件混淆起来了，这就导致了起诉条件的‘高阶化’和诉讼程序开始的‘高阶化’。实体审理程序的前移，导致了审理程序在观念上与实践的悖论。”③ 若按照传统的适格当事人识别标准来受理，这种起诉“高阶化”的做法将会把公益诉权主体的诉求挡在法院之外。这无疑对当事人资格形成了较为苛刻的限制，忽略了公共利益保护的特殊性及现实性。在作为现代型诉讼的公益诉讼、群体诉讼案件中，由于个人受损利益的微弱性、单一主体起诉的消极性及诉讼的不便利性，众多的受害者一同走进法庭去参与诉讼论辩几乎不可能实现。受制于实质受害者缺位的困境，诉讼程序难以有效运行，现代型诉讼所追求的保护新型权利的目标也难以企及。④ 然而，受损的权益是否能获得及时救济，不只依赖于审判程序设置本身是否妥善与公正，更依赖于当事人接近司法的方法及途径是否多元且适

① 参见单锋：《现代型民事诉讼中的原告资格和当事人适格》，载《南京社会科学》2005 年第 11 期。

② 参见汤维建：《当事人适格的现代化转型》，载《法治现代化研究》2022 年第 3 期。

③ 参见张卫平：《起诉条件与实体判决要件》，载《法学研究》2004 年第 6 期。

④ 参见齐树洁、苏婷婷：《公益诉讼与当事人适格之扩张》，载《现代法学》2005 年第 5 期。

用。[①] 伴随诉讼程序独立价值的日渐彰显，与实体正义相对的程序正义正在迅速崛起。新型诉讼案件涌现之时，滞后的实体法难以有效应对“法定权利”之外的情形。此时通过理性扩张适格当事人的范围，从程序维度保障当事人诉的利益，能够确保受害者接受法院公正审判的基本权利，同时可经由诉讼推进来填补实体法的漏洞，充实实体法的权利体系，充分保障社会公共利益。

第二，促发诉讼观念的转变。传统民事诉讼以维护私人利益为根基搭建起了“当事人主义”的诉讼模式，该模式下的民事诉讼的制度框架及理论核心是围绕私人权利保护展开的。然而，随着20世纪中后期公民权运动的兴起与发展，众多公民关注的重心不仅是私人利益，公共利益的内在性质及司法救济途径也逐渐进入大家的视野。公益诉讼的司法理念是对传统私益诉讼模式的突破与创新。不同于传统私益诉讼，公益诉讼的诉讼目的在于保护公共利益，其原告不只是向法院主张自身的权益，还尝试着对与原告具有相同立场的遭遇侵害之扩散性利益展开协同救济。分散性群体利益受损的主体难以全体参与诉讼（诉讼的不便利性及受害者起诉的消极性），挑选“适合的”“胜任的”的公益诉讼代表人，以全体利益受损者的名义参与诉讼便成为现实中的可行之举。通过理性扩张适格当事人的范围，让更多公民参与到维护公共利益、修正社会中普遍的不正义行为的诉讼中，促使立法者、司法者、公民从保护私益的单一化观念中转向公益与私益并重的观念。

第三，推进诉讼政策的形成。现代的诉讼政策不应将司法的目标局限于纠纷的个别性化解，而应兼顾纠纷的整体性化解。个别性化解只能做到将纠纷“相对性”化解，但纠纷在整体性及彻底性层面并未得到解决，继而导致诉讼不经济，徒增司法成本。[②] 对于“不满”的消解，公益诉讼中当事人适格问题的界定便是起点。公益性群体纠纷的加害者通常是资金雄厚、势力强大的企业或组织，与之相对，受害者群体则往往是分散且弱势的，其个人利

① 参见李祖军：《民事诉讼目的论》，法律出版社2000年版，第194页。

② 参见张卫平：《程序公正实现中的冲突与衡平：外国民事诉讼研究引论》，成都出版社1993年版，第136页。

益相对较为微小。尽管受害者群体的整体性损害巨大而严重，但高昂的司法成本（时间成本、金钱成本）和“搭便车”的心理暗示将阻碍受害者们的团结，通过司法影响公共政策的形成及群体劣势的改变。[①] 众多的消费者不加入消费者组织，大量的纳税人不加入纳税人组织，众多的低收入公民不加入穷人组织，甚至诸多失业者也并未组织起来拥有一定发言权。[②] 因此，将当事人适格的范围拓展到更多的利害关系人便具有了现实性及必要性。这是立法对受害群体缺乏公正代表者救济其利益而作出的回应，更是法院通过司法程序将发言权给予受害者群体的现实需要。从这个层面来看，公益诉讼的本质不是化解个人之间的私权纠纷，而是不满于公共政策实施而对其予以的回应。

通过适度扩张当事人适格的范围及运用标准，有利于推进诉讼政策的形成，促使裁判效力有效扩张。诉讼政策形成的优势在于：第一，当实定法的滞后性难以满足实践中新型法律关系或权利义务分配时，公益诉讼的裁判结果会对某些普适性的价值理念予以判定。当正当性的公共利益通过司法程序得到认可之后，社会公众的价值判断将会受到深刻影响，也将促使立法机关、行政机关及时调整公共政策。第二，现代型诉讼能够通过既判力的扩张效力对同类案件形成拘束，即个案会成为同类案件中的裁判先例，扩大化地保护未参与诉讼的受害者的权益。在一个诉讼中将“潜在当事人”也考虑到其中，使未来的纠纷事项也在考量范围之内，最终作出兼顾潜在纠纷的判决，[③] 还可以节省司法成本。第三，公民诉讼作为域外发展较为成熟的环境公益诉讼制度，正如该制度的功能所显示的，国会已经将公民诉讼制度视为一个有效的政策工具，作为一个民主参与机制，该制度向“担忧的公民”提供了一个修正环境污染的手段。由此可知，公益诉讼属于规制公共性行为、矫正政策实施的司法制度。公益诉讼当事人适格为受害者群体的诉讼参与提供了一种正当化的途径，弱势的受害者群体能够通过公益诉讼装置主张自身被忽视

① 参见陈承堂：《公益诉讼起诉资格研究》，载《当代法学》2015年第2期。

② 参见［美］曼瑟·奥尔森：《国家的兴衰：经济增长、滞涨和社会僵化》，李增刚译，上海人民出版社2007年版，第32页。

③ 参见邱联恭：《司法之现代化与程序法》，台北，三民书局1992年版，第16页。

的利益，有效保护自身应有的权利。

（2）公益诉讼中适格当事人扩张的表现

公益诉讼纠纷所牵涉的利益纠葛及权利义务关系表现为扩散性、集团性、分散性等特征，起诉者在诉讼中通常需要主张新的权利内容或尝试调整当前的利益分配方式。[①] 如在生态环境纠纷、消费者群体纠纷、证券群体纠纷等案件中都存在受害者主体多样而致使当事人实质缺位的问题。在这些案件中，如果采用传统的“直接利害关系人”标准能够寻找到相应的适格当事人，但这些人通常会基于诉讼不便、诉讼不能等原因而放弃诉诸司法。在诸多群体性纠纷中尽管众多主体的权益受到侵害，但对于个体而言，这种侵害并不是太严重。势单力薄的个体会认为，“个体化、私人化”地启动司法救济程序并无太大意义。如果群体侵权中涉及事实问题或法律关系较为复杂，受害者们为了获取少量的利益却要耗费大量的诉讼成本，考量到司法成本投入与获得的收益不相称的现实窘境，众多潜在的当事人会由此丧失参与诉讼的兴趣与动力，[②] 从而弃用诉讼手段，继续成为沉默的大多数。

同时，针对公民长期处于群体性侵害的情形，某些公益性组织或以保护公益为目的尝试向法院主张超出自身利益的请求。这些起诉者并非以个人利益的满足为目的，其诉讼目的是修复遭受违法行为侵害的公共秩序与保护集团性的公共利益。针对这些主体，司法机关通常会根据“直接利害关系”标准而否定起诉者的诉讼主体地位，以原告不适格的理由不予受理或驳回起诉。但是，值得注意的是，在群体性纠纷中，当事人适格的功能不局限于过滤不当当事人等传统功能，还包括积极发挥起促进诉讼政策实施、促进实体形成、预防或遏制集体性侵害等功能。所以，在公益诉讼领域，若能够对当事人适格的范围予以适当拓宽，不但能够充分保障潜在的弱小受害者的群体性利益，而且能够协同性地维护公共利益。与私益纠纷相比，公益纠纷之中更有必要对原告适格的标准作进一步的扩大解释。如果出于公益保护的目的，应当有

① 参见王亚新：《社会变革中的民事诉讼》，中国法制出版社2001年版，第263页。

② 参见［意］莫诺·卡佩莱蒂编：《福利国家与接近正义》，刘俊详主译，法律出版社2000年版，第67页。

条件地准许个人、公益组织或有关机关诉诸司法以保护公共利益，即使这些主体自身的权利并未受到侵害。①

事实上，在诸多情形下，群体性纠纷的受害者出于诉讼能力、司法成本等原因的考量，不能或不愿开启诉讼。在此困境下，基于传统的当事人适格理论而垄断起诉权是不恰当的，正因如此，应当尝试着有条件地赋予其他合适主体以公益诉权。据此，若能确保实质受害者们的权益得到真正救济，那采用这样的诉权配置模式是正当且有效的。具体而言，可以以“诉的利益”为解释工具，将诉讼程序救济的内容定位为诉的利益，出于保护具有潜在危险或已受侵害的公共利益，赋予其他主体（公民个人、公益组织、国家机关）以“诉的利益”，继而使合适的主体取得适格当事人的地位。当然，由于各类诉讼之间在法律性质层面存在显著差异，由此需要根据其自身的特征来设定当事人适格的标准。② 起诉者主张的诉的利益是否会得到法院判决的认可，取决于原告和被告双方在诉讼中攻击防御的情况，取决于法院对双方所争议的群体利益纠葛、公益性价值理念的冲突及重新配置等问题进行衡量。③ 通过引入诉的利益，潜在的实体性利益也会成为司法保护的客体，受传统当事人适格理论束缚不能成为“正当”当事人的主体，也能通过参与诉讼程序而实现其所渴望的救济目的。

公益诉讼通过当事人适格的扩张来化解公益性纠纷是国内外均认可的做法，在扩张公益诉权主体的范围层面主要有以下几类主体：第一，公民个人。为了权利的创造，在立法者的程序改革、法官的审判改善、行政权利保护之努力等方面都必须采取积极的措施。然而，对权利创造起根本作用的还是市民本身，驱使市民活动的动力在于他们的觉悟程度。④ 赋予公民公益诉权已成为域外许多国家的主流做法，例如美国的公民诉讼制度放宽对原告资格的

① 参见孔祥俊：《公益诉讼与诉讼扩张》，载《人民法院报》2005 年 5 月 9 日，第 5 版。

② 参见江伟等：《民事诉权研究》，法律出版社 2002 年版，第 191 页。

③ 参见齐树洁：《诉权保障与当事人适格之扩张》，载《西南民族大学学报（人文社科版）》2006 年第 12 期。

④ 参见陈刚主编：《自律型社会与正义的综合体系：小岛武司先生七十华诞纪念文集》，陈刚、林剑锋、段文波等译，中国法制出版社 2006 年版，第 10 页。

限制，使公民更容易参与公益诉讼。[①] 其对“实质性损害”的认定不只包括经济利益，还包含环境保护、资源利用、文化娱乐等利益。这无疑减轻了起诉者对损害因果关系的证明负担，扩宽了认可原告资格的可能性。[②] 第二，社会公益组织。公民个人身处于社会熔炉之中，毕竟是势单力薄的主体，其在涉及公益诉讼损害的复杂技术使用等方面不占优势。与之相对，社会公益组织由于具有非政府性、非营利性、专业性、合法性等优势,[③] 能够替代公民汇聚分散的、潜在的、不确定的中小个人利益，借助自身的核心影响力及团体势力来与加害者抗争。例如，我国《环境保护法》第 58 条规定的从事环保公益活动的社会组织、《消费者权益保护法》第 47 条规定的消费者保护协会均有权提起公益诉讼。第三，国家机关。域外诸多国家（德国、日本、英国等）均规定了检察机关有权针对公益侵害的情形而提起诉讼。该制度是权力制衡体系下检察机关对其他机关的监督机制，其提升了公益诉讼的效率与权威，同时弥补了公民个人及公益组织起诉的资源有限性等困境。[④] 我国当前的立法也直接在规范层面确定了国家机关作为适格主体的合法性，如我国《民事诉讼法》第 58 条规定的检察机关有权作为当事人提起公益诉讼；根据《海洋环境保护法》第 89 条的规定，对于破坏海洋生态、海洋水产资源、海洋保护区，给国家造成重大损失的，海洋环境监督管理权的部门有权提起公益诉讼。

（四）当事人适格二元划分的法理释析

基于当事人适格的产生依据的不同，当事人适格可以分为两种：第一，实质的当事人适格（实体的诉讼权能），是指争讼的实体权利义务主体担任

---

① 参见张艳蕊：《民事公益诉讼制度研究：兼论民事诉讼机能的扩大》，北京大学出版社 2007 年版，第 110～111 页。

② 参见刘汉天、刘俊：《公民环境公益诉讼主体资格的法理基础及路径选择》，载《江海学刊》2018 年第 3 期。

③ 社会组织具有四个突出特征：一是非政府性，这使它区别于各种政府组织或者官办团体，因而表现出社会性；二是非营利性，这使它区别于营利性组织，因而表现出公益性；三是专业性，这使它得以集聚一定数量的专业人才，因而具有较强的活动能力；四是合法性，这使它区别于各种非法组织，因而具有合法开展活动的主体身份。参见别涛：《环境公益诉讼立法的新起点——〈民诉法〉修改之评析与〈环保法〉修改之建议》，载《法学评论》2013 年第 1 期。

④ 参见单锋：《公益诉权论》，载《河北法学》2007 年第 3 期。

诉讼当事人，即对诉讼标的有直接利害关系的人。直接利害关系人，是指对诉讼标的具有法律上权利义务的人。只要是直接利害关系人，都是实质的适格当事人。[①] 第二，形式的当事人适格（程序的诉讼权能），是指非争讼实体权利义务主体担任诉讼当事人。[②] 两种类型的当事人适格的法理基础有所差异，需根据各自的特征予以解构阐释。

1. 实质当事人适格的法理基础

什么样的主体能够成为实质当事人，在不同的诉的类型中表现不同。根据诉讼请求的不同，可将民事诉讼分为给付之诉、确认之诉与形成之诉，三类诉讼中当事人适格的法理基础也存在显著差异。

（1）给付之诉中当事人适格的基础

给付之诉作为民事诉讼中最常见及最传统的诉讼形式，其侧重于以实体法为根基来考量当事人适格的法理基础，即将当事人适格的基础归因于实体法层面的管理权或处分权，[③] 而管理权或处分权源自实体法的规定。[④] 此处的"管理权或处分权"实质上指的就是实体权利，只不过是根据实体权利的性质对其作了种类上的重新划分。[⑤] 通常认为，管理权或处分权便是给付之诉中当事人适格的基础。

（2）确认之诉中当事人适格的基础

确认之诉的启动并不是通过实体法的规定，该诉讼是程序法基于化解纠纷的独立立场而开辟的诉讼类型。[⑥] 确认之诉的功能在于，经由法院确认某

---

① 参见刘敏：《诉权保障研究：宪法与民事诉讼法视角的考察》，中国人民公安大学出版社2014年版，第103页。

② 参见邵明：《民事诉讼法理研究》，中国人民大学出版社2004年版，第164~165页。

③ 学界对于管理权和处分权的含义及其关系有着不同的理解：其一，狭义的管理权，不包括处分权，仅指对于某项财产或者实体权利义务可为保管行为的权利。而处分权，则指对于某项财产或者实体权利可为处分的权利。其二，广义的管理权，包括处分权。其三，管理权与处分权同义。本书认为，管理权和处分权各有独自的含义，从狭义上来理解，有助于管理权概念的明确化，从而减少不必要的歧义。参见江伟等：《民事诉权研究》，法律出版社2002年版，第192~195页。

④ 参见［日］三月章：《日本民事诉讼法》，汪一凡译，台北，五南图书出版股份有限公司1997年版，第225页。

⑤ 参见江伟等：《民事诉权研究》，法律出版社2002年版，第192页。

⑥ 参见吕太郎：《民事诉讼之基本理论》（二），台北，元照出版有限公司2009年版，第132~135页。

种法律关系存在或不存在，消解当事人之间不确定的法律关系，保障当事人之间的法律关系的确定性与安定性。[①] 在此过程中，为不确定的法律关系带来确定性利益，这种利益实际上就是诉的利益，即原告启动确认之诉所具备的法律上的利益。因此，具有法律上确认利益的主体，就是适格当事人。确认之诉的当事人适格基础与确认判决是否具有法律上的确认利益相关，而不要求起诉者具有实体法层面的管理权、处分权。[②] 较为典型的是在消极确认之诉中，当事人并无实体法层面的请求权基础，因此实体法层面的管理权或处分权无法作为支撑消极确认之诉中当事人适格的法理基础。

（3）形成之诉中当事人适格的基础

形成之诉可分为实体法上的形成之诉和诉讼法上的形成之诉。通说认为，实体法上的形成之诉中当事人是否适格，应当由法律明确规定或立法的功能价值来判定；当法律并未规定时，则须根据管理权来判定是否满足适格当事人的要求。有形成权的主体或对形成权具有管理权的主体就是适格原告，被诉的与原告有利害关系的主体则为适格被告。[③] 由法律明文规定的适格当事人的形成之诉，通常是指"具有广泛效力的形成之诉"。例如，离婚诉讼、撤销公司决议诉讼、分割共有物诉讼等。这类诉讼的形成效果是实体法上的内容，其判决效力具有对世性和绝对性，除了约束当事人还会对案外第三人形成约束。对此类诉讼的启动，立法者时常保持较为谨慎的态度。由于形成之诉强大的对世性，其通常被用于解决涉及社会公共利益的情形。[④] 因此，形成之诉中当事人适格的基础源自"法律的规定"。

与之相对，诉讼法上的形成之诉属于排除诉讼法上效果的类型，如第三人撤销之诉、再审之诉、债务人异议之诉等。这类诉讼的当事人适格标准需要适当规范，如果范围太小，需通过该诉讼变更法律关系的主体难以实现权利；如果范围过大，有可能致使该制度被随意滥用（如恶意诉讼）。通常而言，诉讼法上的形成之诉应当以第三人是否拥有形成判决的利益为识别标准

---

① 参见熊则凯：《民事诉讼当事人适格问题研究》，武汉大学出版社2018年版，第61页。

② 参见江伟等：《民事诉权研究》，法律出版社2002年版，第197~198页。

③ 参见江伟：《民事诉讼学原理》，中国人民大学出版社1999年版，第402页。

④ 参见江伟等：《民事诉权研究》，法律出版社2002年版，第195~197页。

进行规制。[①]

（4）实质当事人适格的现实困境

采用实质当事人适格标准，在理论和实践之中存在诸多问题：第一，实体法缺位之时，当事人适格的判定依据怎样找寻？第二，实体法的规定不适当时，不当实体法指引所产生的当事人适格怎样修正？第三，涉及人数众多的群体纠纷中，是否应当将所有的直接利害关系主体都确定为适格当事人？若这样操作，诉讼程序将耗费巨大的司法资源。[②] 第四，公益诉讼中的起诉主体通常与诉讼标的并无直接利害关系，其当事人的适格性如何解释？

2. 形式当事人适格的法理基础

如有的学者所言，现代意义上的当事人适格的概念，是在对形式意义上当事人的概念加以反思和探究的基础上形成的。[③]“形式当事人”是由学者奥特卡（Oetker）等首先提出的概念，意在将诉讼当事人的含义和实体层面的争讼的实体权利义务主体相分离，突破实体法的标准来判定诉讼中的当事人。即在诉讼中，所有以自己的名义起诉或应诉，要求法院依法判决的主体，不管其是否与所主张的利益有无关联，也不管其所主张的利益最终能否得到法院的认可。[④]

形式当事人适格由于其内在的开放性、包容性及实体生成特征，使实体当事人适格的含义被囊括到其中，并将实体当事人适格概念放置于诉讼程序中进行检验与补充。[⑤] 相对于实体当事人适格，形式当事人适格更为契合当事人适格理论的演进趋势。根源在于，实体法为当事人适格供给的规则体系已经发生变化，传统的直接利害关系标准从刚性规则变为柔性规则，从一元模式变为多元模式。随着现代社会的发展进步，实体法规范中确立的权利和规则也不再故步自封，其通过弹性化的立法模式为程序法的新型实体权利生成功能开辟了新路径。特别是在当前新型权利不断增加的趋势下，实体法自

① 参见熊则凯：《民事诉讼当事人适格问题研究》，武汉大学出版社2018年版，第69页。

② 参见汤维建：《当事人适格的现代化转型》，载《法治现代化研究》2022年第3期。

③ 参见熊则凯：《民事诉讼当事人适格问题研究》，武汉大学出版社2018年版，第10页。

④ 参见齐树洁：《我国公益诉讼主体之界定——兼论公益诉讼当事人适格之扩张》，载《河南财经政法大学学报》2013年第1期。

⑤ 参见熊则凯：《民事诉讼当事人适格问题研究》，武汉大学出版社2018年版，第10页。

身的统摄性应相对缩减，无法穷尽的法律漏洞使当事人适格理论不得不将抽象化的“诉的利益”的标准再次适用到实践中。

非实体权利义务关系主体取得形式当事人地位的模式有两种：实体赋权和程序赋权。实体赋权，是指通过实体权利义务关系的赋予或转移来间接完成诉讼实施权的配置。其主要包括两种类型：第一，另赋实体权。通过立法创设独立的实体权利，使非实体权利义务关系主体获得诉讼实施权，例如德国的撤去不法收益之诉便是采用这种方法。[①] 第二，诉讼信托模式，即为了转移诉讼实施权而转让实体权利的类型，如日本的选定当事人诉讼制度。[②] 程序赋权，是指在保留实体权利义务关系主体对诉讼标的拥有的实体权利义务的基础上，赋予其他有利于化解纠纷的主体以诉讼实施权，该方式被称为“诉讼担当”。由此可知，形式当事人（非实体权利义务关系主体）取得诉讼实施权的方式分为三种：另赋实体权、诉讼信托及诉讼担当。

（1）另赋实体权

另赋实体权，是指通过立法创设独立的实体权利，使非实体权利义务关系主体获得诉讼实施权。另赋实体权可以分为两种类型。[③] 第一，该实体权利义务关系主体和审判结果之间具有直接利害关系，另赋实体权的主体能够获取胜诉的利益并承担败诉的后果，如《民法典》《消费者权益保护法》等法律中规定的惩罚性赔偿请求权；《著作权法》《商标法》《专利法》中规定的“利润剥夺”请求权。[④] 第二，实体权利义务关系主体只是在形式上获得诉讼实施权，不引发直接利害关系人的变动，实质上不获取胜诉的利益，也

① 撤去不法收益之诉，是指2004年《德国反不正当竞争法》第10条规定，就故意从事违反《德国反不正当竞争法》第3条、第7条的商业行为，并且基于大量消费者的负担而获益的行为人，经该法第8条第3款第2~4项授权行使不作为请求权的主体（符合条件的工商业团体、消费者团体、工商业协会和手工业者协会）可以行使请求权，要求其将不法收益上交联邦财政。参见吴泽勇：《论德国〈反不正当竞争法〉上的撤去不法收益之诉》，载《当代法学》2010年第3期。

② 选定当事人制度是日本在大正十五年（1926年）的法律修改之际，利用英国法的代表诉讼（Representative Action），依据信托法原理而制定的制度。选定当事人制度是针对涉及多数人共同利益的诉讼而确立的一项制度。多数有共同利益之人，得由其中选定一人或数人为全体起诉或被诉，其他当事人脱离诉讼。参见章武生：《论群体诉讼的表现形式》，载《中外法学》2007年第4期。

③ 参见黄忠顺：《诉讼实施权配置的模式构建》，载《比较法研究》2016年第4期。

④ 参见朱岩：《“利润剥夺”的请求权基础——兼评〈中华人民共和国侵权责任法〉第20条》，载《法商研究》2011年第3期。

不承担败诉的后果，例如《德国反不正当竞争法》中规定的撤去不法收益请求权。[①]

（2）诉讼信托

委托人将实体权利及相关诉讼权利转让给受托人，受托人作为当事人参与诉讼以保障实体利益的实现，这就是诉讼信托。诉讼信托不但属于信托制度的一种，而且具有程序法层面的意义，诉讼信托中的委托人属于重要的当事人形式，有利于有效化解诉讼中当事人适格的系列难题。[②] 诉讼信托可分为法定诉讼信托和意定诉讼信托，[③] 法定诉讼信托，是指根据法律明文规定而成立的诉讼信托关系。该模式将实体权利义务关系主体的实体权利转让给非直接利害关系主体，由此能够有效规避众多当事人授权的繁杂流程，回避众多实体权利主体参与诉讼从而发挥着简化程序的功效。然而，诉讼信托理论却遭遇着忽略直接利害关系人自身行使实体权而直接剥夺直接利害关系主体实体权利的正当性危机。意定诉讼信托，是指由委托人和受托人之间通过协定的意思表示成立的诉讼信托关系。虽然我国《信托法》第 11 条明确规定“专以诉讼或者讨债为目的设立信托”的行为无效，但根据《信托法》第 61 条“国家鼓励发展公益信托”的立法精神，以保护公共利益为目的而成立的诉讼信托属于公益信托，因而具有实施的正当性与合法性。[④]

诉讼信托是以公共信托理论为基础发展而来的，当公民交给国家信托管理的权益受到侵害时，国家有责任保护被托管的合法权益不遭受侵害。因此，公民将自身保护公共利益的诉权委托给国家，由此产生诉讼信托关系。然而，国家作为一个群体性的共同体，不便直接参与诉讼，因此又将公益诉权交由国家机关（如检察机关）或社会组织行使。具体而言，诉讼信托制度以“专门维护公共利益的社会组织”和“该社会组织有其自身的法益”这两个概念为基础来运行。即由法律规定某些公益性社会组织对公共利益具有诉的利益，

① 参见吴泽勇：《论德国〈反不正当竞争法〉上的撇去不法收益之诉》，载《当代法学》2010 年第 3 期。

② 参见徐卫：《论诉讼信托》，载《河北法学》2006 年第 9 期。

③ 参见赵磊：《信托受托人的角色定位及其制度实现》，载《中国法学》2013 年第 4 期。

④ 参见黄忠顺：《论公益诉讼与私益诉讼的融合——兼论中国特色团体诉讼制度的构建》，载《法学家》2015 年第 1 期。

当公共利益遭受侵害或即将遭受侵害时，这些公益性社会组织有权作为当事人提起诉讼。[①] 诉讼信托与私益诉讼的公益化存在紧密联系。在现代型纠纷大量涌出之前，公益诉讼通常是由公民个人的私益诉讼附带提起的，通常表现在涉及人事关系、身份关系的纠纷中。尽管身份关系诉讼属于私权纠纷问题，但由于涉及身份性、伦理性、家庭秩序、社会公序良俗而具有强烈的公益性。一些国家的诉讼法则通过赋予检察机关当事人的身份来参与涉及人事关系与身份关系的诉讼。[②] 之后，随着现代型纠纷的涌现、公民权利意识的觉醒和法律保障制度的健全，社会团体利益及行业利益的主张也逐步凸显，在财产纠纷领域则涌现了较多诉讼标的相同或同种类的群体性私益纠纷。

诉讼信托是基于诉讼目的而转移实体权益和诉讼权利的信托行为，具体投射到公益诉讼领域，诉讼信托中的实体利益就是公共利益。诉讼权利则交由法律规定的社会组织来履行，如消费者保护协会、证券群体利益保护机构等。诉讼信托作为"诉权保全"的程序性措施，有利于充分保障受损害的实体权益，同时能够减少诉讼投入、减少程序利益的浪费，[③] 进而确保合法利益的整体性保护与纠纷的彻底性化解。[④] 正如有的学者所提及的："援用诉讼信托制度是为实现当事人适格扩张后的当事人职业化，而要做到职业化，需要一种统一且专门的选择。为此，应当赋予（国家特设机关如行政机关与检察机关）和一定范围的社会团体以诉讼信托主体的资格。这是因为，依据系统科学的等级层次原理，具有一定共同性的社会个体成员的利益经一定的利益集团进行初次整合再经各种利益集团的再次整合，从而形成社会整体利益，这种机制是最为合理的。"[⑤]

（3）诉讼担当

诉讼担当，是指由法律对特定情况予以规定或经由实体权利人授权，将

---

① 参见齐树洁、苏婷婷：《公益诉讼与当事人适格之扩张》，载《现代法学》2005 年第 5 期。

② 参见陈爱武：《检察机关参与人事诉讼研究》，载《政治与法律》2010 年第 4 期。

③ 参见邱联恭：《程序制度机能论》，台北，三民书局 1996 年版，第 157 页。

④ 参见齐树洁、苏婷婷：《公益诉讼与当事人适格之扩张》，载《现代法学》2005 年第 5 期。

⑤ 参见齐树洁、郑贤宇：《环境诉讼的当事人适格问题》，载《南京师大学报（社会科学版）》2009 年第 3 期。

诉讼实施权转让给与案件无直接利害关系的第三人，由其获得诉讼实施权而起诉或应诉，并且最终的判决效力及于直接利害关系人。[①] 无直接利害关系的第三人代替直接利害关系人享有或与其共享诉讼实施权，获得作为原告或被告的资格，继而造就了实体与程序主体相分离的状态。[②] 诉讼担当是大陆法系中重要的基础理论，其为适格当事人理论的丰富及实践的发展打开了另一扇门，使传统诉讼主体封闭性的局面得以改观。[③] 有观点认为诉讼担当就是诉讼信托，[④] 但诉讼担当和诉讼信托的目的和属性并不相同，两者的本质差异为诉讼信托中委托人需要将诉讼实施权与实体权利都转移给受托人，但诉讼担当中被担当主体无须将实体权利转移给担当主体，只要转让诉讼实施权即可。

诉讼担当可以分为法定的诉讼担当和任意的诉讼担当。前者指的是实体法层面法律明确规定的诉讼担当；后者则是基于实体权利义务主体授权而取得的诉讼担当。[⑤] 两者在本质内涵、权利来源、制度功能、适用范围等方面存在明显不同。法定诉讼担当不但包含诉讼实施权的法定转移，也包含诉讼实施权的法定授予。因此，法定诉讼实施权的本质应理解为基于价值判断、利益衡量的考虑，立法者在特定情况下赋予非直接利害关系主体以诉讼实施权，在此基础上转移、保留或限制直接利害关系主体的诉讼实施权，最终实现担当人、被担当人以及其他利害关系主体实体权益与程序利益的综合保障。[⑥] 法定诉讼担当的功能在于：一方面，其能够有效化解实体权利义务主体司法积极性低、诉讼能力不足等问题，防止实体权利义务主体怠于诉讼而损害利害关系主体的利益。另一方面，通过立法层面事先的筛选与判定，促进从诉讼标的同一或同种类的案件中挑选出最有助于化解纠纷的当事人，继

---

① 参见［日］新堂幸司：《新民事诉讼法》，林剑锋译，法律出版社2008年版，第179页。

② 参见［日］三月章：《日本民事诉讼法》，汪一凡译，台北，五南图书出版股份有限公司1997年版，第226页。

③ 参见李晓：《论诉讼担当的制度缘由》，载《法学杂志》2016年第3期。

④ 参见江伟主编：《民事诉讼法专论》，中国人民大学出版社1998年版，第355页。

⑤ 参见高桥宏志：《民事诉讼法：制度与理论的深层分析》，林剑锋译，法律出版社2003年版，第258页。

⑥ 参见黄忠顺：《法定诉讼担当的基本范畴研究》，载《法治研究》2012年第2期。

而成为公益诉讼、群体诉讼运行的理论基石。[①] 法定诉讼担当的具体形态可分为三种：第一，基于财产管理权或处分权而产生的诉讼担当，如债权人代位诉讼、遗产管理人、股东代表诉讼、破产管理人。第二，基于身份权而产生的诉讼担当，如胎儿的法定代理人或继承人作为当事人提起诉讼。第三，基于公共利益保护或法律技术的需要而产生的诉讼担当，如《日本人事诉讼程序法》规定，夫妻一方提出婚姻无效或撤销婚姻的案件中，一方当事人死亡的，检察机关可以担任对方当事人。[②]

任意诉讼担当发源于德国，早期学界并不认可任意的诉讼担当，主张诉讼实施权不得因当事人的法律行为而随意转让。[③] 对此，罗森贝克等学者则主张应无条件适用诉讼担当，其认为如果实体权利主体授权就可以构成诉讼担当。[④] 然而，如果认可这一主张，就代表当事人适格的范围将会被无限扩张，甚至会失去过滤诉讼、保障程序顺利运行等功能。据此，德国当前的主流观点主张应适度对任意诉讼担当的标准进行限缩，担当人应当具备“法律利益”与“获得实体权利主体授权”这两个条件。[⑤] 从已有的研究来看，传统功能层面，任意诉讼担当具有方便纠纷解决、简化诉讼程序、提升司法效率及助推实体权利实现的功效。[⑥] 同时，任意诉讼担当的核心功能在现代社会中的运用集中体现在公益诉讼方面。具有不作为请求权、撤销请求权等公益性实体请求权的社会团体组织，经由任意诉讼担当承受实体权利人的损害赔偿请求权。任意诉讼担当的具体形态表现为：合伙人、业主委员会、普通使用许可合同的被许可人、著作权集体管理组织被授权作为当事人参

---

① 参见黄忠顺：《法定诉讼担当的基本范畴研究》，载《法治研究》2012 年第 2 期。

② 参见张晓茹：《再论诉讼担当——以担当人和被担当人在实体法和程序法上的关系为视角》，载《法学杂志》2012 年第 2 期。

③ 以赫尔维格为代表的学者反对任意诉讼担当的主要理由可以概括如下：第一，契约自由原则不能适用于具有作为公法的诉讼法领域；第二，诉讼实施权不得依据私人的意思赋予；第三，承认任意诉讼担当会因为产生与形式当事人概念相关的各种机能（如诉讼费用承担义务或证人地位等）而面临遭受损害的危险。参见陈贤贵：《当事人适格问题研究》，厦门大学出版社 2013 年版，第 71 页。

④ 参见肖建华：《诉权与实体权利主体相分离的类型化分析》，载《法学评论》2002 年第 1 期。

⑤ 参见［德］罗森贝克、［德］施瓦布、［德］戈特瓦尔德：《德国民事诉讼法》，李大雪译，中国法制出版社 2007 年版，第 290 页。

⑥ 参见江伟教授执教五十周年庆典活动筹备组：《民事诉讼法学前沿问题研究》，北京大学出版社 2006 年版，第 261～263 页。

与诉讼；[①] 代表人诉讼中，被代表人将实施诉讼的权能转让给代表人，由其以当事人的名义提起诉讼等。

3. 公益诉讼中的形式当事人适格

大陆法系国家在不断修正当事人适格理论的基础上，适当扩张当事人适格的范围，让某些新型或特殊的纷争可以进入诉讼之中。当前，形式当事人适格范围的扩张很大程度上是为了强化公益保护和提高法益保护的可能性。当公共利益与私人利益并存时，法律需要兼顾对两者的保护，不能顾此失彼。在实体权利义务关系主体具有诉权时，也应赋予“公益保卫者”适格当事人的身份。[②] 在私益诉讼中，实体权利义务关系主体担任原告，考量到平衡司法成本和败诉风险之间的关系，常常会推定原告提出的诉讼请求具有作出本案判决的必要性与实效性（有诉的利益）。然而，公益诉讼中具有公益诉讼实施权的原告作为形式当事人，和诉讼结果并无直接利害关系，进而缺失了推定原告提出的诉讼请求具有诉的利益的前提基础。因此，在私益诉讼中法院不需要主动审查诉的利益这一诉讼要件，但是在公益诉讼中，为了合理把控诉讼启动的大门，充分保障公共利益的实现，法院必须依职权审查形式当事人主张的诉讼请求是否具有诉的利益。[③]

在当前“侵权救济论”的规范体系之下，民事公益诉讼被界定为追究加害者侵害责任而实现公共利益救济的制度。[④] 然而，在公益纠纷之中，作为直接利害关系主体的被害者常常难以特定化、具体化，而个人起诉或部分受害者起诉，无法对整体性、纯粹性的公共利益展开有效救济。据此，根据《民事诉讼法》第58条的规定，对污染环境、侵害众多消费者合法权益等损害社会公共利益的行为，法律规定的机关和有关组织可以向人民法院提起诉讼。法律规定的机关和有关组织不起诉时，检察机关可以向法院提起诉讼。该条中涉及的法律规定的机关、有关组织、检察机关可依据本条，以保护公

① 参见张晓茹：《再论诉讼担当——以担当人和被担当人在实体法和程序法上的关系为视角》，载《法学杂志》2012年第2期。

② 参见邵明：《民事诉讼法理研究》，中国人民大学出版社2004年版，第170页。

③ 参见黄忠顺：《论诉的利益理论在公益诉讼制度中的运用——兼评〈关于检察公益诉讼案件适用法律若干问题的解释〉第19、21、24条》，载《浙江工商大学学报》2018年第4期。

④ 参见巩固：《环境民事公益诉讼性质定位省思》，载《法学研究》2019年第3期。

共利益为目的而成为公益诉讼的适格当事人。这是立法者赋予公益性社会组织、法律规定的机关及检察机关的权利。然而，环境公益纠纷中受侵害的是生态环境权益，实体权利主体是全体公民，消费者公益纠纷中实体权利主体是所有遭受侵权损害的消费者，即法律规定的机关、有关组织、检察机关都不是公益纠纷中的实体权利义务关系主体，尽管当前的立法并未指明其基于何种名义而起诉以及诉讼结果如何处理，但从本质上来看，这些主体提起公益诉讼和诉讼担当的价值目标及制度机能相契合。[①] 通过法律规定或授权的诉讼担当，这些主体能够根据法律的规定成为诉讼当事人，参与公益诉讼。形式当事人理论的纵深发展为我国公益诉讼的当事人适格问题的化解提供了新思路，[②] 这些主体作为形式当事人，担任公益诉讼的起诉者便具备了理论层面的可行性。

第二节　唯环境权堪当环境公益诉讼原告的诉权基础

一、环境权的法学构造

“环境权”缘起于20世纪60年代的“环境危机时代”。彼时，环境公害的频发对公众的生命健康造成了极大的威胁，公众渴望健康、清洁的环境，于是提出“环境权”，旨在呼吁保护环境。而后，“环境权”这一议题在国外引起热议。1982年，蔡守秋教授所作的《环境权初探》一文，正式将“环境权”理论引入我国，引发国内学者极大的研究兴趣。时至今日，环境权理论在我国历经了“热议—认可/质疑—冷却—重燃”等阶段，累积了丰硕的理论成果，形成了“百家争鸣”的局面，但却因争议过大，至今仍未被法律所承认。环境权在环境权利体系中占据着重要地位，对厘清环境人格权、自然资源权、排污权等权利的范围有着积极的意义，因此确定环境权的权利范围

① 参见李晓：《论诉讼担当的制度缘由》，载《法学杂志》2016年第3期。

② 参见张锋：《检察机关环境公益诉讼起诉资格的法律制度建构》，载《政法论丛》2015年第1期。

便成了关键。而对环境权的证立需要以现有理论为基础，遵循法理学的权利构造框架，反思现有理论的不足，从而界定出内容明确、现实可行的环境权。

环境权是一个重大而庞杂的议题，目前学界对环境权持有“否定”与“肯定”两种态度。在“否定论”中，有从环境权的内容以及环境权利的体系方面分析，认为不需要构建环境权的，也有通过对域外环境权的立法现状进行审视，认为环境权不具有司法可行性的。“肯定论”中，也分别对环境权的权利主体、权利客体、权利内容和权利属性有着不同的见解。下文循序对“否定论”“肯定论”展开讨论。通过梳理，本书将环境权“否定论”的观点分为对“环境权必要性”的否定和对“对环境权可行性”的否定。

（一）环境权“否定论”的评析

1. 否定环境权必要性的反思

顾名思义，否定环境权必要性即认为“环境权”这一权利不应当或者不需要存在，因此，无论是从属性上还是内容上认为环境权实则为他种类型权利的，都可以看作对环境权必要性的否定。基于这一认识，本书认为否定环境权必要性的观点主要有以下三种。

（1）“公众环境保护权说”①。此观点认为，其他国家将环境权写入宪法的真实意义实则并不是为了创设一项新权利，主要目的在于宣示，用以唤醒公众的环保意识，而现有研究意义上的环境权不仅割裂了基本人权与环境保护之间的关系，更无法将宪法、民法等部门法动态地结合起来保护环境。实现环境保护要从公权力与私权利两个方面进行配置，代表公权力的是国家环境管理权，代表私权利的是公众环境保护权。公众环境保护权则是将公众环境知情权、环境行政参与权、环境公益诉权纳入其中。② 此外，公众享受和使用良好环境的权利实则可以为民法中的环境物权以及派生的用益物权所容纳。③ 这里的“环境物权”是指在环境资源体现出的经济性价值与生态性价值的基础上所形成的与环境有关的民法上的物权，环境物权的客体是环境资

---

① 朱谦：《公众环境保护的权利构造》，知识产权出版社2009年版，第50~70页。

② 公众环境知情权、环境行政参与权、环境公益诉权等权利在一些学者的研究中被认为是环境权的程序性权利，用以保障环境权的实现。

③ 参见朱谦：《环境权问题：一种新的探讨路径》，载《法律科学》2004年第5期。

源。其中，经济性价值是指作为客体的环境资源，如土地、矿藏、森林等可以用来交易而产生的价值，生态性价值是指环境作为物与人类通过能量流动、物质循环和信息传递而构成的共生共荣的生态系统，其价值表现为资源对于人类生存和发展而言的效用。而这里提到的“派生出的用益物权”即为采矿权、探矿权、捕猎权等。需要强调的是，生态价值之所以能够成为民法物权的客体，原因在于：生态价值具有客观实在性、有用性、稀缺性、支配性，符合成为民法物权的客体所应当具备的特性。①

由前文可以看出，该学说从以国家环境管理权为代表的公权力和以公众环境保护权为代表的私权利两种路径进行设置以实现环境保护的目标，以公众环境保护权取代了环境权，同时将原有的实体性环境权看作民法上的环境物权以及用益物权，着重强调了公众参与环境保护的一系列程序性权利，实则是对作为独立的权利形态的环境权的一种否定。本书对此观点持有不同认识。首先，该学说否定环境权的态度不符合法学逻辑。对环境权来说，程序性环境权是相对于实体性环境权而言的，没有实体性环境权，就不存在程序性环境权。其次，该学说将原有的实体性环境权容纳进民法中的环境物权以及派生的用益物权实际上混淆了实体性环境权的权利内涵。第一，该学说中以公众享受和使用良好环境的权利中基于环境资源的经济性价值所形成的权利实则可以为民法中的环境物权以及用益物权所容纳的理由来否定环境权的逻辑是不正确的，因为基于环境资源的经济性价值所形成的权利并非环境权的内容，确为独立于环境权之外的自然资源所有权以及自然资源使用权所调整。故而不能以此为由否定环境权。第二，生态价值作为民法物权的客体的理由无法成立：①生态价值虽然具有客观实在性，但权利主体无法特定，物权要求权利主体是特定的，生态价值是不能为特定主体所享有的；②生态价值的有用性应当体现为权利主体消极地享有环境带来的生态价值，是一种消极性的权能，但物权的权能体现为占有、使用、收益和处分，是一种积极性的权能，两者无法等同；③生态价值的计算是其数字化的体现，但并不能说生态价值因为能够被计算所以就能够被支配并进行交易。环境权是以环境生

---

① 参见朱谦：《环境权问题：一种新的探讨路径》，载《法律科学》2004 年第 5 期。

态功能为客体，以基于环境生态功能这一特定客体的利益群为内容的权利，维护的是环境公益，与环境物权及其派生的用益物权是两种完全不同的权利，无法将其包容。①

（2）“环境义务先定论”。此观点认为，在环境的整体利益和综合利益之下发生的与人类个体相关的利益是人身利益和财产利益，相应的权利是人身权和财产权，而非环境权。② 环境权实质上是产生于环境危机时代的一种自得权，是以自负义务的履行为实现手段的保有和维护适宜人类生存繁衍的自然环境的人类权利，而人类则是此项人类权利的权利主体及义务主体。学界研究的所谓“公民环境权”，实际上是公民享受和使用生产生活环境的民事权利和行政权利以及公民所参与的与环境有关的公共事务管理的个人权利，并非环境危机时代产生的属于升华期人权的人类环境权。③ 进而，环境权无法具体化为公民个人的权利，只能是人类整体的权利，而对能够影响到环境的所有主体普遍设定义务并要求履行义务才能够实现环境权，也是实现环境有效保护的唯一出路。④

由前文可知，此种观点提出的人类环境权将“人类”作为环境权的唯一主体，且须通过对影响环境的主体如企业、行政主体、公民个人等设定义务并要求其履行义务的方式才能够实现环境权。对此，本书有不同认识：首先，“人类”是一个集合概念，一般是在国际层面进行探讨，如公海、南极、北极等都属于全人类意义上的环境要素，由国际机构代表人类来进行管理，此时在国际法上，环境权的主体为人类，相对应的义务主体则为国际法上的主体，即国家和地区。其次，在国内法层面上探讨的环境权，要落实于我国国内的实体法律规范中，此时的环境权在国内法中的主体为公民，相对应的义务主体是国内法上的国家。因此，环境权的主体并不是上述观点所说的以“人类”为唯一主体，而是在国际法和国内法不同层面的主体分别为人类和公民，故可统称为自然人。环境权的实现也并非要以对影响环境的主体设定

① 环境物权、用益物权与环境权的关系将在下文环境权内容部分详述。
② 参见徐祥民：《对“公民环境权论”的几点疑问》，载《中国法学》2004年第2期。
③ 参见徐祥民：《环境权论——人权发展历史分期的视角》，载《中国社会科学》2004年第4期。
④ 参见徐祥民：《环境权：环境法学的基础研究》，北京大学出版社2004年版，第213~214页。

义务的方式来实现，无论在国际法层面还是国内法层面，国家都属于义务主体，分别对人类和公民履行义务，环境权自然通过国家履行义务的方式来实现。

（3）“环境公共利益论”。环境公共利益论是从环境义务先定论发展而来的。该观点认为：首先，私权性的环境权是难以成立的。根本原因就在于环境的公共性，整体的环境是无法成为私人的权利的。因此，所谓“公民环境权”不过是一种似是而非的提法罢了，环境权体现了对个人与环境之间存在的正当利益关系的抽象表达，是一种公益性的权利，可以作为一种抽象的理念性的存在，但作为一种私权性的环境权是难以成立的。其次，私权性的环境权不能作为环境法学的核心范畴。从本质上来看，环境法学的核心范畴应为公众环境利益，其在本质上是一种法益并非权利，只有从环境公共利益出发才能证明环境法学的独立性并构建出独特理论体系，但环境权是一种与环境相关的传统的私权，仅着眼于个人利益，将作为私权的环境权作为核心范畴无益于环境问题的解决，因而环境权也不能够成为环境法的核心。最后，公民环境权的救济着眼于个人的人身、财产利益，对受损的环境公共利益于事无补。公民环境权的救济着眼于遭受环境侵害且有形可见的个人人身、财产利益。而人对环境的利益若要由法律给予认可与保护，只能以法益的形式实现，并落脚于公众环境利益，而公众环境利益针对的是整体的环境，是法律所能给予承认的个人对于整体环境的唯一的权益，在主体、客体以及救济三方面都拥有公民环境权所无法达到的“整体性”特质，因而公民环境权对不能归结于个人损害的公众环境利益是于事无补的。①

此种观点认为，公民环境权是着眼于保护因环境损害侵害了公民个人人身、财产利益而设的权利，是一种纯粹的传统私权。作为纯粹传统私权的公民环境权在权利内容上与民法上的公民人身权、财产权具有一致性，可以为私法上的人身权与财产权所包容，并不必要单独设立“公民环境权”。本书

---

① 参见王曦、唐瑭：《对“环境权研究热”的“冷”思考》，载《上海交通大学学报（哲学社会科学版）》2013 年第 2 期；巩固：《私权还是公益？环境法学核心范畴探析》，载《浙江工商大学学报》2009 年第 6 期；巩固：《环境权热的冷思考——对环境权重要性的疑问》，载《华东政法大学学报》2009 年第 4 期。

所探讨的环境权是以环境生态功能为客体的权利，权利内容是基于环境生态功能这一特定客体的利益群。这种以保护环境公益为目的的环境权是一种公法性私权，在性质上属于主观公法权利。① 作为公法性私权的环境权不仅能够成立，也并不妨碍环境权成为以环境公益为核心范畴的环境法学的理论基石。且作为公法性私权的环境权的保护对象就是环境公益，并非传统私权所保护的人身以及财产，环境权的救济也并非遭受环境侵害且有形可见的个人人身、财产利益，而是环境公益。而环境公益若要由法律给予保护，可将其作为法益或者权利的内容，并非只能以法益的形式给予保护。因为法益与权利属于同位阶的概念，都是被法律认可所需要保护的，其不同之处在于是否被法律明确规定。法益是被法律消极认可的利益，是尚未实然化的权利。环境公益则是权利或法益的内容，是不同于法益与权利位阶的概念，因而上述“人对环境的利益若要由法律给予认可与保护，只能以法益的形式实现，并落脚于公众环境利益”的说法是不符合法理的。此外，有学者利用“公共信托原则”和“共同善理论”进行论证，认为环境公共利益虽具有非排他性、不可独占性、难以量化性和动态变化性，但这些都不妨碍它能够成为个体权利的对象，因为决定公共物品能否成为个体权利对象的关键在于个体能否独立享用该种公共物品，而环境公共利益如清洁空气等是可以为自然人个体享用的。②

2. 否定环境权可行性的反思

否定环境权可行性即认为环境权不具有可操作性，此类观点主要是在对环境权的权利内容以及实践现状进行审视之后得出的，如加拿大学者戴维·博伊德将否定环境权的理由基本归纳为模糊、多余、绝对、不具有可司法性、人类中心主义等。③ 有学者将质疑环境权的观点归纳为五类，分别是：环境权模糊论、环境权多余论、环境权绝对论、环境权不可诉论以及环境权人类

① 关于环境权的性质为主观公权利的论证，将在下文“环境权的属性”部分详述。

② 参见王小钢：《以环境公共利益为保护目标的环境权利理论——“从环境损害”到“对环境本身的损害”》，载《法制与社会发展》2011 年第 2 期。

③ David R. Boyd, *The Environmental Rights Revolution*: *A Global Study of Constitutions*, *Human Rights*, *and the Environment*, UBC Press, 2011, p. 33.

中心主义论。[①] 其中，环境权绝对论过于强调保护环境的价值，将环境权绝对化，从而排除了所有利益衡量的观点。[②] 此种观点有些非其所宜，随着环境权理论的不断发展，这种观点早已被抛弃。环境权人类中心主义论认为对于环境问题的产生，人类中心主义也应承担责任，过于“人类中心主义”的环境保护恰恰是造成生态退化的原因，而以人类中心主义为指导思想的环境权对环境问题的解决并无益处。[③] 此种观点是建立在人类中心主义的基础之上的，随着时代的发展，环境和生态对人类的重要性已经毋庸置疑，人类中心主义的思想亦逐渐被改良，取而代之的是人与自然和谐共处的生态文明观。现如今，产生于旧时代背景的环境权绝对论和环境权人类中心主义论都已成为历史话题，于社会发展而言具有明显的滞后性，并不具备探讨的价值。故本书将否定环境权可行性的观点主要归纳为以下三种：

（1）环境权模糊论。持此观点的学者认为，环境权在内涵和外延上难以进行界定，与传统的环境权利有着难以分割的关系。环境权自提出之际就众说纷纭，我国环境权肯定论者从内容、主客体等不同方面进行研究，大致形成的观点有最广义环境权论、广义环境权论、狭义环境权论等。[④] 无论是环境权的权利内容、权利主体、权利属性、权利客体，还是环境权的规则安排、实现方式等，都没有形成共识，学者们试图从多条路径论证环境权的权利范围及实现方式，却越描越黑，环境权反而更加模糊，莫衷一是，故而环境权模糊论成为否定环境权的理由。

环境权的模糊能否成为否定环境权的决定性理由？本书认为，不能。首先，模糊性并不是环境权所独有的。英国学者蒂姆·海沃德认为，模棱两可可能缺乏精确性，通常被认为是典型的宪法表述所呈现出来的一般性质。[⑤] 所谓权利的范畴，并不存在绝对的精确，权利之间的差异并不是是否具有模糊性，而是模糊性的程度高低。例如人格权，就是一个相对精确的概念。人

① 参见吴卫星：《环境权理论的新展开》，北京大学出版社2018年版，第191页。

② 参见［日］大须贺明：《生存权论》，林浩译、吴新平审校，法律出版社2001年版，第203页。

③ See P. E. Taylor, *From Environmental to Ecological Human Rights: A New Dynamic in International Law*, Geo. Int'l EnvtlOct. 10, 1997, p. 309.

④ 参见吴卫星：《环境权理论的新展开》，北京大学出版社2018年版，第192页。

⑤ 转引自吴卫星：《环境权理论的新展开》，北京大学出版社2018年版，第192页。

格权保护的是“人格尊严”，分为具体人格权和一般人格权，具体人格权即法律具体列举的生命权、健康权、姓名权、名誉权等各项人格权，而一般人格权则是关于人的尊严及存在价值的权利。[①] 例如民事主体提出的“安葬权”“被遗忘权”“生育权”等，都涉及人的尊严等人格利益，诸如此类的权利有很多，且随着时代的发展不断充盈扩展，其中也有诸多“权利”诉求存在着是否属于“人的尊严及存在价值”的争议。《民法典》第990条第2款对于一般人格权的规定本身就是人格权权利边界模糊性的一个证据。此外，“财产权”也存在一定的模糊性。随着社会的发展，“财产”一词的范围已经不能局限于权利创设时的金钱、物资、房屋等对象，排污权等以获批配额为权利客体的新型权利，也被认为是一种新型财产权，配额自然也就被容括进“财产”的范围内。此外，如QQ号码、游戏账号等个人的数据信息，在如今的市场中也被赋予了经济价值，能够作为“财产”用以交易。由此可见，即使是已经发展多年理论完备的权利，也并不存在绝对的边界，同样具有一定的“模糊性”。因此，模糊性并不能作为否定环境权的理由。其次，环境权是否真的非常模糊且难以界定。纵观环境权理论的发展，最初的“最广义环境权”“广义环境权”内容丰富，几乎将所有与环境有关的权利都容纳进来，不仅忽略了自然资源使用权等权利已经被法定为民事权利的现实，更混淆了环境权与其他权利的边界。学者们从各个方面对环境权进行研究，导致环境权不仅在内容上包罗万象，在主体等方面也是日渐多元，如有学者认为环境权的主体包括自然人、法人、社会组织、国家、人类，可谓乱花渐欲迷人眼。但是，过于丰富的研究方向带来的并非都是积极影响，反而导致人们可能忽略了环境权本来的样子。“狭义环境权”论者意识到了这个严重的问题，对环境权的权利范围进行限缩，但却过于强调“人对环境的利用”，例如，有学者认为环境权的公共性表现为以下三点：第一，环境权主体是公众，是自然人。第二，环境权是对共用环境资源的一般利用。第三，环境权的目的是增进人们的福祉。环境权的内容包括环境人格权、

① 参见王利明：《论一般人格权——以〈民法典〉第990条第2款为中心》，载《中国法律评论》2023年第1期。

环境公共地役权和环境获益权。[①] 这样的环境权重点在于“人”，关注的是人对环境资源的利用和享用，而忽略了最重要的“享用的基础”——良好的环境，侧重于“个人享用”的环境权实则是对个人环境私益的保护。环境权作为一个新型权利，其所调整的对象和范围与现有权利是不一样的，而它保护的对象应当为环境生态功能，[②] 良好的环境生态功能是人们能够享有和保有环境权最基础的条件。以环境生态功能为客体的环境权不仅能够与以环境私益为保护对象的权利进行区分，从而使环境权的内涵变得清晰，还满足了对环境权可诉性的要求，能够成功甩开“模糊”的质疑。因此，并非环境权是模糊的，而是诸多研究成果模糊了环境权的本质。

（2）环境权多余论。持此观点的学者认为，环境权在现有的权利体系中是多余的，保护环境的确需要法律依据，而目前法律在这方面存在缺陷，但只要扩大对传统的人格权和财产权的保护，并更新侵权理论，就足以弥补传统法律的缺陷，不必要再确立一个概念模糊的环境权。[③] 还有观点认为，尽管现行的权利体系中并不存在环境权，但已经有诸多权利类型及相关制度都在为公民的环境利益而服务，足以对公民的环境利益提供充足的保护。[④]

环境权是否真的是多余的呢？对于该问题，环境权肯定论者已经从不同方面作出了回答：有学者认为采取对已有权利或其他的宪法条款进行扩张解释的办法，在一定程度上能够起到保护环境的作用，但是如果不能够全面、充分地保护环境利益，就必然产生环境利益保护的“真空”或“漏洞”，会造成公民环境利益保护的“碎片化”状态。[⑤] 也有学者认为：首先，传统财产权理论及制度是以所有权为核心的，并不利于对环境的保护，公民也不可能就此提出环境保护的要求；其次，人格权理论及制度中对生命健康权的保

---

① 这里的环境人格权是指以环境资源为媒介、以环境资源的生态价值和美学价值为基础的身心健康权；环境公共地役权是指对环境资源的一种积极的利用行为，包括进入森林、草原、湖泊、公园等场所的权利，是一种休闲、消遣性的权利；环境获益权是指进入某个场所取走某些物品的权利。参见吴卫星：《环境权理论的新展开》，北京大学出版社2018年版，第235～242页。

② 有关环境权的保护对象，将在下文“环境权的客体”部分详述。

③ 此观点是由吕忠梅教授对环境权的理论进行归纳后所提出的环境权“否定论”。参见吕忠梅：《论公民环境权》，载《法学研究》1995年第6期。

④ 参见彭运朋：《环境权辨伪》，载《中国地质大学学报（社会科学版）》2011年第3期。

⑤ 参见吴卫星：《环境权理论的新展开》，北京大学出版社2018年版，第197页。

护于环境保护而言也是不足的，保护公民的生命健康权是以直接侵害人身权为前提条件的，但环境污染和破坏行为并不一定具备这一条件；最后，以所有权和人格权保护为中心的传统侵权理论所确立的一系列保护原则难以适用于对环境的保护。总之，财产权、人格权及其侵权理论尽管也在发展，但是离环境保护的要求仍旧相差甚远。①

本书赞同上述环境权肯定论者的观点。除此之外，环境权对于环境法学理论研究具有重大的意义。首先，以环境权为理论基础利于明晰环境法学的研究对象、环境法的调整对象和环境法律关系。环境法学的研究对象宜是保护“良好生态功能环境”的规律，环境法的调整对象宜是与“良好生态功能环境”紧密相关的行为，而不宜包罗万象，以致迷失自我。以环境权为理论基础利于明晰两类环境法律关系：国家与公民、公民与污染/破坏者之间的以环境权、保障环境权利义务为内容的法律关系，从而凭借法律关系这一基本法理实现环境法的目的。其次，以环境权为理论基础利于厘清环境侵权与侵害环境权、侵害环境人格权以及自然资源权、排污权等相近概念、性质及其适用法律等问题。最后，以环境权为理论基础利于厘清公法与私法在生态法治中应当如何在遵循法理的基础之上有效运行的原理。②

（3）环境权不可诉论。持此观点的学者以域外各国宪法和环境基本法中对环境权的规定为依据，审视了域外环境权的司法实践现状，认为他们所规定的“公民享有良好环境的权利”并非实体性基本人权，而应当被看作一种揭示环境保护政策和理念的宣示性条款，且司法实践过程中，法院对于环境权的援引，多表示出拒绝的态度。③ 此外，环境权的模糊性也成了环境权不可诉的理由，认为环境权过于模糊，无法被法律所认可，因此无法作为司法救济的权利基础。

本书认为，上述两个否定环境权可诉性的理由并不成立。首先，因环境权模糊性的特点而否认可诉性的观点不客观。上述“环境权模糊论”中，已经论述过依靠“模糊性”这一特点并不能够否认环境权，且环境权并非不能

① 参见吕忠梅：《论公民环境权》，载《法学研究》1995 年第 6 期。

② 参见邹雄：《生态法治需以“环境权”为理论基石》，载《中国环境监察》2023 年第 1 期。

③ 参见朱谦：《环境权问题：一种新的探讨路径》，载《法律科学》2004 年第 5 期。

够拥有相对清晰的边界。以上述所举具有一定模糊性的“财产权”和“人格权”为例，这两种权利与环境权同样具有模糊性，只是模糊的程度不同，但已经确定的属于“财产权”和“人格权”范围的权利，完全可以通过司法程序予以救济。环境权虽未被明确确认为法律权利，但已经具有多种被认可为可以由法律所保护的利益，而这些利益同样可以通过司法程序予以救济。此外，以环境生态功能为客体，环境权是否遭到侵害，取决于环境生态功能是否遭到破坏，而这都是可以由一定的科学方式确定的，如生态系统评估、生态系统评价等都是运用一定的科学方法评估生态功能的状态是否良好。我国颁布的各种环境标准是评估某一地区生态功能的重要指标，生态环境部2021年颁布的《全国生态状况调查评估技术规范——生态系统质量评估》规定了评估指标、评估方法以及生态系统质量分级，是能够证明以环境生态功能为客体的环境权能够被清晰界定的重要证据。因此，以“模糊性”为由否认环境权的可诉性的观点是不能成立的。其次，各国宪法和环境基本法中对环境权的规定是否是宣示性条款，司法实践中是否拒绝适用环境权，可以从各国的司法现状中得出结论。有学者通过“四步法则”[①] 对环境权是否可诉进行了判断，同时通过对菲律宾、土耳其、阿根廷、俄罗斯以及非洲国家的环境权的司法实践进行考察，印证了环境权实际上具有可诉性。此外，认为环境权是宪法权利也是否认环境权可诉性的理由之一。2021 年 10 月 8 日，联合国人权理事会通过了第 48/13 号决议，承认享有清洁、健康和可持续的环境的权利是一项具有重要意义的人权。[②] 这表明了环境权具有人权属性在全球范围内已经基本达成了共识，多数国家将环境权写入本国宪法，表明已经确认了环境权作为基本权利的地位，而在传统的理论和实践中，基本权利往往并不具有可诉性，基于此便否认了环境权的可诉性。本书不否认环境权的人

---

① “四步法则”的内容具体如下：（1）观察宪法文本是否有环境权可诉的明文规定；（2）对“沉默的宪法”进行文义解释；（3）考察宪法环境权条款在宪法中的位置，通过宪法的结构、文义等综合判断，即利用体系解释的方法进行判断；（4）分析宪法文本和司法实践是否形成了“互证”和“参证”。

② U. N. Human Rights Council, *The Human Right to a Clean*, Healthy and Sustainable Environment: Res., Adopted by the Human Rights Council on 8 October 2021, U. N. Doc. A/HRC/RES/48/13 (Oct. 8, 2021).

权属性，但囿于时代背景和现实需求，主张将环境权定位为法律权利[①]同样能够满足环境权人权属性功能的发挥，且更有利于环境权的司法性，而环境权的基本权利地位的实现则需要等待更为成熟的时机。

由前文可知，无论是从必要性还是可行性的角度来否定环境权，其理由都是难以站住脚的。否定环境权“必要性”的观点不仅在混淆法理概念的基础上对环境权进行片面的认知与判断，更忽略了环境权自身对于环境公益保护的价值。否定环境权“可行性”的观点则是在混淆各种环境权利的概念与边界的基础上对环境权产生“模糊”、“多余”以及“不可诉”的质疑，然而产生这些质疑的原因皆是对环境权的认识不够清晰。要消除这些质疑，要做好以下两点：首先，就是从法理上对各种基础概念进行厘清，确认环境权是必要且可行的。其次，通过研究环境法基础理论的不足，对现有各种环境权利的边界进行厘清，从而剥离出一项完整而又清晰的环境权。

（二）环境权“肯定论”诸说的法理澄清

环境权首次提出于20世纪90年代，世界各国的学者分别从不同的角度和维度对环境权进行研究，但至今仍处于客体不明、内容不朗、主体不清、属性不楚的阶段。作为一项权利，最重要的四项要件都无法准确界定，又谈何以环境权制度达到保护生态环境的目的呢？从上述四个权利要件对现有环境权理论研究进行归纳，主要可以分为“最广义环境权说”“广义环境权说”“狭义环境权说”三种类型，[②] 本节在前述三种学说类型的基础之上，对环境权的客体、内容、主体以及属性展开讨论，以使环境权概念清晰化。

1. 环境权客体的厘清

权利客体指的是权利行使所指向的对象，它说明：拥有权利的主体在某些方面可以对外在的客体（物质或精神客体）作出或不作出某种行为。从单个权利的角度来看，其客体自然不能完全等同于法律关系客体。然而，一旦权利的行使与特定义务的履行发生联系，此时权利客体不仅是权利所指向的

① 关于环境权的法律定位如何实现的论证，将在下文“环境权作为环境公益诉讼原告权源之正当性”部分详述。

② 参见吴卫星：《环境权理论的新展开》，北京大学出版社2018年版，第8～10页。

对象，也是义务所指向的对象，权利客体也就变成了法律关系的客体。[①] 主张“最广义环境权说”的学者认为，环境权的客体包括环境法规定的各种环境要素、防治对象和行为。其中，环境权所涉及的环境要素大致有自然环境要素、人为环境要素以及整个地球的生物圈三类。[②] 主张“广义环境权说”的学者认为，环境权的对象是人类环境整体，客体则是各种有关环境的权利，这一权利具有概括性，可以通过列举而具体化，如清洁空气权、免受过度噪声干扰权、环境美学权、风景权、眺望权、通风权、日照权、达滨权等。[③]也有学者认为，良好环境权的客体是良好环境，即一个适宜于人类健康的、满足人类生存和发展需要的、令人身心愉悦和满足的、与自然相和谐的、有利于人类各方面发展的、符合人类尊严的自然环境，包括历史文化保护区、自然保护区、清洁的大气、清洁的水等。[④]“狭义环境权说”中有三种观点：第一种观点认为，环境权的直接客体是环境以及各种环境要素，其中包括土地、水、森林、草原等各种自然资源，环境权本质上是对环境资源的质量或品质的享受，不包括自然资源的经济价值。[⑤] 第二种观点认为，环境权的客体为自然要素的人居支持功能（主要取决于环境质量的好坏），换言之，环境权属于以环境为权利对象、以环境利益为权利客体的环境享用权。[⑥] 第三种观点认为，环境权的客体是环境与生态系统的服务功能。其中，环境是指人的行为和活动所能影响、支配和调节各种天然的以及人工改造的自然因素的总体。除此之外，作为无形物的生态系统的服务功能也是环境权的重要客体。[⑦]通过对上述环境权的学说进行归纳，可以发现随着对环境权理论的深入研究，对环境权权利客体的研究由注重环境的经济功能逐渐向注重环境的文化功能和生态价值转移，从上述环境权客体的各种观点中也能得出，环境的经济功

① 参见张文显主编：《法理学》，高等教育出版社1999年版，第116页。
② 参见陈泉生：《环境权之辨析》，载《中国法学》1997年第2期。
③ 参见吕忠梅：《再论公民环境权》，载《法学研究》2000年第6期。
④ 参见周训芳：《环境权论》，法律出版社2003年版，第193页。
⑤ 参见吴卫星：《环境权内容之辨析》，载《法学评论》2005年第2期。
⑥ 参见杨朝霞：《生态文明观的法律表达：第三代环境法的生成》，中国政法大学出版社2019年版，第254～265页。
⑦ 参见史玉成：《环境法的法权结构理论》，商务印书馆2018年版，第174页。

能指向的是自然资源开发利用权，[1] 环境的文化功能指向的是历史文化保护区，[2] 环境的生态价值指向的是对良好环境品质的享受。

从环境权的客体上来讲，环境的经济功能不具备共享性、整体性、不可分割性与相互联系性等特点，与传统私权的客体具有一致性，却与环境公益的共享性、公益性、整体性的特点相悖，因而不能作为环境权的客体。环境的文化功能主要在于引领风尚、教育人民、治理国家等社会功能，能否成为环境法规定的"影响人类生存和发展"的"环境"尚存疑虑，且此类历史文化保护区具有多重价值，《文物保护法》对其文化功能提供了专门的保护，而《环境保护法》则注重保护其生态功能，因而环境的文化功能并不属于环境公益，也不能成为环境权的客体。[3] 本书认为，环境权的权利客体不应当包含环境的经济功能与环境的文化功能。环境权的客体应当是环境的生态功能，环境的生态功能主要体现为环境为保证人类生活安全安定而提供的环境支持（如清洁饮水、呼吸洁净空气）和保证人类舒适宜居所提供的环境支持（如享受自然美景）。[4] 为什么环境生态功能可以作为环境权的客体？原因如下：首先，环境生态功能的特征，决定了它是环境权的客体。环境兼具自然资源的财产价值和生态环境的生态性价值。所谓环境的生态性价值，即通过土地、森林、水、大气等环境要素所组成的有机统一体——生态系统所表现出来的对环境污染、破坏与冲击的容量、环境的舒适性、景观优美性、可观赏性等生态价值。这种生态功能不是通过实体价值与形态为人类服务，而是以脱离其实物载体的一种相对独立的功能形式存在并满足于人类需要的。环境生态功能的无形性、公益性、整体性、长远性等特征，使环境生态功能无

---

① 陈泉生教授认为，环境权的客体所体现出的权利有环境资源权、环境使用权、环境处理权等经济性权利。参见陈泉生：《环境权之辨析》，载《中国法学》1997 年第 2 期。吕忠梅教授认为的环境权客体是与环境相关的各种权利，也包括了环境使用权等经济性权利，由此可以得出环境权的客体注重的环境的经济功能指向的就是自然资源使用权等经济性权利。参见吕忠梅：《再论公民环境权》，载《法学研究》2000 年第 6 期。

② 周训芳教授认为的环境权客体是良好环境，其中就包含了环境的文化功能指向的历史文化保护区。参见周训芳：《环境权论》，法律出版社 2003 年版，第 193 ~ 199 页。

③ 有关环境的经济功能与文化功能不能作为环境公益的论证，详见本书第一章第二节。

④ 参见邹雄、陈山：《我国生态环境损害赔偿权利人权源的法理透视》，载《福建师范大学学报（哲学社会科学版）》2021 年第 4 期。关于环境生态功能的具体内容详见本书第一章第二节论述。

法为传统的权利所保障，需要由全新类型的环境权来保障，因而能够成为环境权的客体。其次，从区分环境权与传统法律权利的角度来看，环境权的客体是环境的生态功能。如前文所述，采光权、通风权、日照权、宁静权等由相邻权所调整，景观权等由环境人格权所调整，采矿权、取水权等由用益物权所调整，而环境权与前述传统权利的不同就在于是否侵犯了环境生态功能，是否影响了环境生态功能的整体性、长远性等特征，而且环境生态功能是否遭受破坏是能够由一定的自然科学技术予以检测的。必须强调的是，以环境生态功能为客体的环境权在权利内容的表现上，与环境人格权可能会存在外观上的重合，但实质上有根本性的不同，且以环境生态功能为客体能够将其准确地予以区分，以景观权和免受热辐射/核辐射权为例：一般的破坏景观的行为可能会侵害自然人的景观权，但只有在景观破坏的程度严重到这一区域的环境生态功能受损的情况下，才有可能侵害到自然人的环境权；同理，热辐射可能会侵害到自然人的健康权等，但却不会造成环境生态功能的损害，因此免受热辐射权属于环境人格权，却并不属于环境权，而核辐射必然会对环境生态功能造成损害，因而免受核辐射权属于环境权的范围。由此得知，环境权与环境人格权的区分标准为环境生态功能是否遭到损害，对于破坏生态、污染环境的行为来说，是行为的后果严重程度的问题，而这一问题都能由自然科学技术检测得出结论。因此，以环境生态功能为客体，能够清楚地划出环境权与传统权利之间的界限。最后，从确立环境权的目的来看，环境权的客体是环境生态功能。本书认为，环境权的设立目的是更好地协调人与自然的关系，保护环境公益，挽救人类于环境危机之中，这与环境权产生的背景是一致的。而面对环境危机，所应关注的权利不应再是环境的经济功能所体现出的自然资源开发利用权等，而应将关注点转移到“具有非常明显的整体性的对象”，即环境生态功能上。在刨除了私益性环境利益之后，能够代表环境公益的具有非常明显的整体性的对象就是环境生态功能，因而环境权的设立目的与环境的生态功能不谋而合。

2. 环境权内容的厘清

我国学者在研究环境权的时候对其内容进行了充分的演绎和泛化，使环境权变为大杂烩类型的权利。[①]“最广义环境权说”中，有学者认为，环境权的内容包括享受适宜的环境条件的权利、合理利用开发资源的权利以及改善和保护环境的义务等。[②] 还有观点认为，环境权的内容不仅包括可具体化为生命权、健康权、通风权、日照权、安宁权、清洁水权、观赏权等一系列环境法的主体所享有的生活于一定质量水平的环境中的生态性权利，还包括了环境法主体对环境与资源的开发与利用所表现出来的环境资源权、环境使用权、环境处理权等经济性权利。[③]“广义环境权说”中，环境权的内容相对有所缩减。其中，有学者认为，环境权是公民享有的在不被污染和破坏的环境中生存及利用环境资源[④]的权利，环境权与其他人权一样，是一个由多项子权利组成的内容丰富的权利系统，它至少包括了：获得满足人类生存需要和经济社会发展的必要条件的环境使用权；[⑤] 知悉本国乃至世界的环境状况、国家的环境管理状况以及自身的环境状况等有关信息的知情权；参与国家环境管理的预测和决策、参与开发利用的环境管理过程以及环境保护制度实施、参与环境科学技术的研究和推广、参与环境纠纷的调解、组成环保团体的参与权；公民的环境权益受到侵害以后向有关部门请求保护的请求权。[⑥] 还有观点认为，环境权的内容有良好环境权和环境资源开发利用权。前者指的是清洁空气权、安宁权、观赏权等生态性、精神性权利，而后者指的是土地资

---

① 参见吴卫星：《环境权法律化实证研究——兼议我国环境权研究的几个误区》，载《青海社会科学》2006 年第 3 期。

② 参见蔡守秋：《环境权初探》，载《中国社会科学》1982 年第 3 期。

③ 参见陈泉生：《环境权之辨析》，载《中国法学》1997 年第 2 期；陈泉生、张梓太：《宪法与行政法的生态化》，法律出版社 2001 年版，第 117 页。

④ 吕忠梅教授认为环境权的对象是人类环境整体，包括天然的环境要素和人为的环境要素，还包括各种要素所构成的环境系统的功能和效应，环境权的子权利为环境使用权，日照权、眺望权、景观权、静稳权、嫌烟权、亲水权、达滨权、清洁空气权、清洁水权、公园利用权、历史环境权、享有自然权等都属于环境使用权的内容。因而可以看出，此处的环境资源并非有形的自然资源。参见吕忠梅：《再论公民环境权》，载《法学研究》2000 年第 6 期。

⑤ 这里的环境使用权是对公共性的环境的使用，对环境的使用会产生污染物的排放和对自然环境的改变，只有在环境使用权的基础上才能成立环境标准、环境许可的各种制度，也才会有以环境容量为核心的“环境使用权交易”制度的形成，具体的环境使用权内容包括日照权、眺望权、景观权、静稳权、嫌烟权、亲水权、达滨权、清洁空气权、清洁水权、公园利用权、历史环境权、享有自然权等。参见吕忠梅：《再论公民环境权》，载《法学研究》2000 年第 6 期。

⑥ 参见吕忠梅：《再论公民环境权》，载《法学研究》2000 年第 6 期。

源利用权、狩猎权、采矿权等基于生存目的对自然资源的财产权利以及从事与自然资源相关的财产性活动的权利。[①]“狭义环境权说”在生态文明的背景下对前述两种学说进行了限缩与发展，更加强调对生态性权利的重视。有学者认为，环境权的内容不包括经济性权利和程序性权利，而是一种对环境品质的享受权，是从物质的客体中呈现出来的生态的、文化的、精神的或审美的利益。[②] 有观点认为，环境权仅指良好环境权，即自然人享用良好环境的权利，具体如清洁空气权、清洁水权、安宁权和景观权等环境享用权。[③] 另有学者认为，环境权是为保护生态利益而提出的权利，是生态利益的权利化，是单一的享有良好生态环境的权利。[④] 还有观点认为，环境权是一项以环境的生态利益为内容的生态性实体权利，不包括环境使用权等经济性权利，也不包括知情权、参与权等程序性权利。[⑤]

本书对上述学说进行归纳，发现既往的环境权理论中存在的影响环境权内容清晰化的问题有三个：（1）环境权是否包含了改善和保护环境的义务？（2）环境权到底是生态性权利还是经济性权利？（3）环境权到底是实体性权利还是程序性权利？

关于问题一：“最广义环境权说”中，环境权的内容不仅有权利，还包括了改善和保护环境的义务，即“环境法律关系主体有合理享用适宜环境的权利，也有合理保护适宜环境的义务”。本书认为，这种将环境权界定为既是权利又是义务的观点是难以理解的，但其紧接着对此观点的解释在某种程度上是可理解的。因为，其解释的内容为环境法律关系主体既享有权利，也承担义务，而不是说环境权本身既是权利又是义务。实际上，这正是权利与义务统一的含义。无论是要求权利还是尊重权利，都必须承认大家都是一样

① 参见周训芳：《环境权论》，法律出版社2003年版，第169页。

② 参见吴卫星：《环境权理论的新展开》，北京大学出版社2018年版，第9页；吴卫星：《环境权内容之辨析》，载《法学评论》2005年第2期。

③ 参见杨朝霞：《环境权的理论辨析》，载《环境保护》2015年第24期。

④ 参见史玉成：《环境法的法权结构理论》，商务印书馆2018年版，第168页。

⑤ 参见王社坤：《环境权理论之反思与方法论重构》，载《山东科技大学学报（社会科学版）》2012年第1期。

地拥有权利，而又有义务彼此尊重对权利的要求。[①] 从法理上来看，权利是主体以相对自由的作为或不作为的方式而获得利益的手段，义务是主体以相对抑制的作为或不作为的方式来保障主体获得利益的约束手段。[②] 权利和义务在结构上具有相对性，权利表征的是利益，而义务表征的是负担，他们是法这一事物中两个分离的、相反的成分和因素，是两个相互排斥的对立面。[③] 由此可以看出，环境权作为一项权利，是权利主体获得利益的手段，并不应当包含改善和保护环境的义务。

关于问题二："最广义环境权说"和"广义环境权说"中，环境权的内容除了包含适宜环境的生态性权利之外，还包含了环境资源开发利用的经济性权利。其中，生态性权利包含了生命权、健康权、采光权、日照权、通风权、安宁权等一系列权利，经济性权利则包含了采矿权、狩猎权、取水权等环境资源利用权。但是，在这些已经具体化的权利中，生命权、健康权都已经存在于既定的法律当中，是归属于私法性人格权的法律权利，采光权、日照权、通风权则是归属于相邻权的既定的法律权利，采矿权、狩猎权、取水权等对环境资源的利用权则是归属于用益物权的既定的法律权利。[④] 因此，"最广义环境权说"和"广义环境权说"中的部分生态性权利和经济性权利在现有的法律体系中都能找到定位，实在无须由环境权进行保护。强行将其纳入环境权的范围中，只会混淆环境权的权利范围，增加环境权的模糊性。此外，环境权并不属于民事权利，而前述权利都属于民事权利，不同的权利适用不同的保护路径，将前述权利纳入环境权，会在救济时发生保护路径上的混乱。"狭义环境权说"中，环境权的内容表现为清洁空气权、清洁水权、宁静权、景观权等对环境品质的享用权。基于对环境权客体的不同认识，本

---

① 范进学：《权利概念论》，载《中国法学》2003 年第 2 期。

② 张文显主编：《法理学》（第 4 版），高等教育出版社、北京大学出版社 2011 年版，第 94 页。

③ 张文显主编：《法理学》（第 4 版），高等教育出版社、北京大学出版社 2011 年版，第 98 页。

④ 我国《民法典》人格权编的第二章已经明确了生命权、身体权、健康权都属于人格权；《民法典》物权编的第七章第 293 条已经明确规定"建造建筑物，不得违反国家有关工程建设标准，不得妨碍相邻建筑物的通风、采光和日照"，此即为保障公民采光权、通风权和日照权的法律依据；《民法典》物权编的第三分编中第 329 条明确规定"依法取得的探矿权、采矿权、取水权和使用水域、滩涂从事养殖、捕捞的权利受法律保护"，此即为保障公民环境资源利用权的法律依据。

书认为，将清洁水权、清洁空气权与宁静权、景观权等权利混同作为环境权的内容是不正确的。因为清洁空气权、清洁水权、免受核辐射权、免受土壤等物传导污染权等权利保护的是一种公益性环境利益，是特指基于环境的良好生态功能给自然人带来的享用清洁空气和清洁水的利益。与生态功能无关的对于空气和水的利益，如企业对于其用于生产的蓄水池中的水、农村集体对于其水塘中的水等利益不在此列。从对生态环境造成损害的程度上来讲，破坏环境、造成污染的行为对环境生态功能造成损害才会侵犯到自然人的清洁水权、清洁空气权等权利，也即侵犯环境权。而宁静权、景观权等权利代表的实际上是一种私益性环境利益。在《民法典》人格权编的一般性规定已经明确，自然人享有基于人身自由、人格尊严产生的其他人格权益，以宁静权、景观权为代表的私益性环境利益是自然人对安宁、美好景观的生态性利益的追求，实质上属于环境人格权的内容，环境人格权可以被纳入自然人基于人格尊严产生的其他人格权益中，是民法上人格权的一项子权利。从对生态环境造成损害的程度上来讲，无须达到损害环境生态功能的程度的行为就可能侵害环境人格权。

关于问题三："环境权是一种实体性权利"的观点是被多数学者所认可的，但对于环境权是否包括程序性权利，不同学者观点不同。首先，程序性环境权是相对于实体性环境权而言的，没有实体性环境权，则不存在程序性环境权，因此，认为环境权仅是程序性权利的观点是不成立的。其次，知情权、参与权、请求权等程序性权利是为了保障实体性环境权而存在的，是环境权的程序性权能，[①] 而非程序性环境权。权能的内涵基本可以理解为实现权利的范围和方式，权能分为实体性权能和程序性权能，[②] 权利的范围为实体性权能，而实现权利的方式则为程序性权能，基于此，知情权、参与权、请求权作为环境权的程序性权能是符合法理的。

关于权利的本质究竟为何，主要有：萨维尼的意志说、耶林的利益说、梅开尔的法力说。作为主流学说的法力说认为法律权利是由特定的利益和法

① 所谓权能，是指由法律强制力所支持的权利人意思支配力选择和决定的行使权利、享受利益的范畴大小程度和方式的多元化程度。

② 参见邹雄：《论环境权的概念》，载《现代法学》2008年第5期。

律上之力两种因素构成的，特定利益为权利的内容，法律上之力为权利的外形。[①] 权利的内容是基于权利客体的利益，于环境权而言，“享受良好生态环境的权利”是其内容的抽象式表达，那么，环境权的内容具体包含了哪些利益呢？由前述已知，环境权的权利客体应为环境生态功能，因而环境权的内容应当是基于环境生态功能这一特定客体的利益群，这些利益群于自然人而言则是公共性的环境利益，包括清洁的空气、清洁的水、阳光[②]等环境利益。

3. 环境权主体的厘清

与上述环境权学说的类型相对应，“最广义环境权说”中，环境权的主体不仅包括国家、法人和公民，还包括全人类以及尚未出生的后代人。目前已经形成了公民环境权、单位法人环境权、国家环境权和人类环境权等概念。[③] “广义环境权说”中，有学者认为环境权主体应当包括当代人和后代人，[④] 也有学者认为环境权包括国际法上的人类环境权以及国内法上的公民环境权，公民环境权主体既包括当代人也包括未来世代的人。[⑤] 而“狭义环境权说”中，学者对环境权的主体进行了大幅度限缩，认为环境权是以对环境的生态效益的享受为实质内容的实体权利，所以主体只能是现代的生物意义上的自然人，不包括国家、法人或其他组织、自然体等法律拟制主体。而这里的自然人应当包括当代人和后代人。因为当代人与后代人并非截然分开的，而是连续不断的统一体，当代人的权利要求实质上也是后代人的要求，即后代人当然应享有与前代人平等地依托自然环境谋求自身发展、增进自身福利的权利。后代人主体资格的缺失，将导致前代人对后代人的应有权利的剥夺，为了保证代际公平，后代人也应当作为环境权的主体，享有同样的权利主体资格。

首先，法人或其他组织能否作为环境权的主体？本书持否定态度。上文

---

① 参见熊谞龙：《权利，抑或法益？——一般人格权本质的再讨论》，载《比较法研究》2005年第2期。

② 健康阳光，是指不因污染导致臭氧层稀薄，臭氧层厚度足以阻挡、吸收紫外线，紫外线强度符合地球生物健康生长所需的阳光，不同于充足阳光之意的“日照权”。

③ 参见吴卫星：《环境权理论的新展开》，高等教育出版社2011年版，第94页。

④ 参见吕忠梅：《再论公民环境权》，载《法学研究》2000年第6期。

⑤ 参见周训芳：《环境权论》，法律出版社2003年版，第169页。

已经论证过环境权注重的是“人与自然”的和谐，保护的是自然人的公益性环境利益，法人或其他组织作为一种拟制的法律主体，在民事法律关系中享有财产权、名誉权等权利，这些权利归属于法人或其他组织本身，但环境权是对良好环境生态功能的享有权和保有权，法人或其他组织作为虚拟主体，是不具备享有良好环境生态功能的能力的。因此，法人或其他组织不能够作为环境权的主体。

其次，国家能否成为环境权的主体？本书持否定态度。本书认为，国家能够成为环境权主体的观点的论证进路为：因环境危机的全球化而提出了国家环境权，认为国家环境权是一种国家环境主权性质的国家基本权利，内容包括环境处理权、环境管理权、环境监督权、保护和改善环境的职责履行环境义务等。[①] 此进路具有明显的逻辑缺陷，混淆了国际层面上“国家主权”与“环境权”的性质，国家对本国内的环境资源享有的环境处理权、环境管理权等权利和义务，都是国家作为国际法上的主体享有的国家主权的体现，而环境权则是一种私权，两者在性质、适用等方面都不可同日而语。因此，国家主权与环境权本质上就是不同质的权利，国家也无法成为环境权的主体。

再次，人类能否成为环境权的主体？本书认为，不能片面地否定人类的环境权权利主体地位。“人类环境权说”认为环境权的主体是全人类，全体人类共同拥有享受和利用环境资源的权利。[②] 但“人类”是一个种概念，自然人个体是一个属概念，这两种概念属于不同层级，不宜放在同一层面上进行探讨。由前文已知，在国际层面上，公海、南极、北极等都是属于全人类上的环境要素，由国际机构代表人类来进行管理，此时在国际法上，人类可以作为环境权的权利主体，由义务主体，即国际法上的主体国家和地区履行义务保障人类环境权的实现。而公民作为环境权的主体则是在国内法层面上予以确认的。因而一味地否定人类的环境权权利主体地位未免失之偏颇，在国际法上，人类享有环境权权利主体地位。

最后，后代人能否成为环境权的主体？本书持肯定态度。后代人环境权，

---

① 参见蔡守秋主编：《环境资源法学教程》，武汉大学出版社 2000 年版，第 252 ~ 255 页；陈泉生、张梓太：《宪法与行政法的生态化》，法律出版社 2001 年版，第 125 ~ 126 页。

② 参见徐祥民：《对“公民环境权论”的几点疑问》，载《中国法学》2004 年第 2 期。

是指尚未出生的后世代的人也应当作为环境权的主体。因为后代人与当代人并不是截然分开、毫无关联的，后代人与当代人共同组成一个连续的统一体，当代人的权利要求实质上也是后代人的要求。即后代人当然应享有与前代人平等地依托自然环境谋求自身发展、增进自身福利的权利。后代人权利主体资格的缺失，将导致前代人对后代人权利的剥夺。因此，凭借理性是不难引申出后代人的权利主体资格与权利内容的。在我国，后代人环境权虽然存在一些质疑的声音，但也得到了更多学者的认可。有学者认为，当代人对后代人的环保义务是源于作为个人、集体、群体意义上的当代人对整体意义上的“人类”的义务，因为任何个体都是人类的前代所赋予的生命，并享有了前代所创造的财富和保存的环境，也应当为后代人承担相应的义务，唯有如此，人类方能世世代代存续。此外，交换正义理论同样能够为后代人权利和代际伦理提供正当性解释，即人类祖先将地球和良好的环境传给当代人，当代人也应将地球和良好环境传给后代人。① 因而，后代人作为环境权主体具有正当性。

除此之外，还有观点认为自然体也可以作为环境权的主体。自然体即动植物和无生命的自然体，不具有人类所具有的自由意志，以自然体为环境权的主体，混淆了道德规范与法律规范各自的功能界限。享有权利的只能是自然人，自然体环境权是一种道德权利或伦理权利，难以为实体法所规范。因此，环境权的主体只能是自然人，包括当代人与后代人，而非自然体。由前述已知，环境权研究存在公民视角、国家视角、法人视角等多种研究视角，从权利主体来看，在符合权利能力与行为能力共存的要求上只有自然人能够作为环境权的权利主体，法人环境权与国家环境权不仅存在逻辑上的悖论，更是对环境权范畴的无限扩大，因而法人视角与国家视角的环境权解读是不合法理的。从公民视角解读环境权，环境权的权利主体仅为自然人，公民环境权能够在保护环境公益的同时确认公民环境公益诉讼实质原告的主体地位，使环境权成为实质性的法律权利。

---

① 参见杨朝霞：《论环境权的主体——对主流学说的检视和修正》，载《吉首大学学报（社会科学版）》2020 年第 6 期。

4. 环境权属性的厘清

“属性”一词即指事物本身所固有的性质，是事物某一个方面的质的表现，而一定的事物如果从不同的角度研究，通常会表现出多重属性。环境权的属性即是如此。关于环境权属性的研究理论，有学者将其梳理为权利论与结合论。[①] 其中，权利论对环境权的定性有：人类权、人权、私权、社会权；结合论对环境权的定性有：权利义务结合、权利权力结合、实体程序混合。

权利论中第一种观点认为环境权是人类权，是基于环境权的主体为人类的观点而提出的。由前述可知，人类是不能作为环境权主体的，因此环境权是人类权的观点不具备科学性。第二种观点认为环境权是人权，本书赞同此种说法。2021 年 10 月 8 日，联合国人权理事会通过了第 48/13 号决议，承认享有清洁、健康和可持续环境的权利是一项具有重要意义的人权。[②] 环境权的人权属性基本已经为学界所公认，环境权属于新兴的第三代人权。也有观点认为人权是一个很广泛很模糊的概念，认为将环境权确立为人权只会增加它的模糊性。[③] 对此，前述已经论证过模糊性特征并非环境权的单一特征，不能因此否定环境权，也不能因为人权范围广而否定环境权的人权属性。人权是作为自然人都应享有的基本权利，是一个非常具有包容性的概念，随着社会发展，人权的内涵也将不断丰富，不能因其内涵广泛而否认其具有明显边界。第一代人权是公民权利和政治权利，第二代人权是经济、社会和文化权利，这些都是作为自然人所必须拥有的权利。也有观点因环境权被确认为人权而质疑环境权的可行性，作为基本权利，人权确实存在此种缺点，本书认为可依此种方法解决：环境权具有人权属性是公认的，可以将环境权上升为法律权利，如此既能够使环境权具有可诉性，还能够满足环境权人权属性

① “权利论”即以独立权利为结论的学说，包括环境权人类权说、环境权人权学说、环境权私权学说、环境权社会权学说；“结合论”是以复合性为特征的，包括环境权权利与义务结合学说、环境权权利权力结合学说、环境权实体程序混合学说。详见刘清生：《作为新型社会权的环境权论——以整体主义为方法论》，中国政法大学出版社 2021 年版，第 15 页。

② 参见吴卫星：《环境人权在联合国系统之演进——联合国人权理事会第 48/13 号决议之评析》，载《人权法学》2022 年第 5 期。

③ 参见刘清生：《作为新型社会权的环境权论：以整体主义为方法论》，中国政法大学出版社 2021 年版，第 32 页。

功能的发挥。[①] 第三种观点认为环境权是私权，此种学说中对“私权”具有多种看法，有的认为环境权是财产权，有的认为环境权是人格权，有的认为环境权是区别于传统的相邻权、人格权、准物权等民事权利的一种新型的民事权利。[②] 前述观点中，认为环境权是财产权、人格权的都是因为环境权的内容没有厘清，认为环境权包含了经济性环境利用权，故认为环境权属于财产权，认为环境权包含了安宁权、景观权等权利，认为环境权属于私法上的人格权。上文已论证环境权的内容不包括这些权利，因此环境权既不是财产权，也不是私法性的人格权，在此不予赘述。认为环境权是新型民事权利的观点认识到了环境权的私权属性，但该观点并没有说明环境权到底属于什么权利，援引权利时应适用何种民事权利的规则，无论是物权规则还是人格权规则，还是财产权规则。新型民事权利的观点类似于准物权的提出，新颖但没有解决本质问题。本书认为，环境权是一种公法性私权，是为了保护环境公益而由公法设置的一种由私人享有并行使的权利，是一种主观公法权利。[③] 格奥格·耶利内克将法律上的利益分为个人利益与公共利益两类，并提出没有与公共利益毫无关系的个人利益，但个人利益与公共利益的紧密程度却千差万别。因此，可将个人利益再进一步细分为主要为了个人目的而存在的个人利益与主要为了共同目的而存在的个人利益两类。公法权利应当以后一种个人利益作为其内容。他将公法权利定义为“被法制承认与保护的针对主要以公共利益为存在目的的个人利益的意志权力”。他还阐述道：“凭借这种意志权力，个人可以通过自己的意思表达行为来要求国家对自己的相关利益提供保护。”[④] 根据前文，可知环境权的客体是具有整体性的环境生态功能，基于前述的环境权概念，显然环境权具有共享性，这正是由其客体的整体性特征所决定的，因此，环境权是共享性权利。那么，这种共享性权利的实现所带来的利益能够惠及不特定多数人，这既体现了环境权的公益性属性，又体

① 关于环境权定位为法律权利的论证，详见下文。

② 参见侯怀霞：《关于私法环境权问题》，载《理论探索》2008 年第 2 期。

③ 关于环境权属于主观公法权利的论证，将在本书第三章第一节展开。

④ 邹雄、庄国敏：《论民法典绿化的边界——以民法典对环境权的承载力为视角》，载《东南学术》2017 年第 6 期。

现了其追求公益的“共同目的”。正如前述，环境权的实现依赖于国家公权保护好环境生态功能，但环境权主体并非只能被动等待，当国家公权不能很好地保护环境生态功能或环境权主体认为需要时，环境权主体可以主动行使权利，“通过自己的意思表达行为来要求国家对自己的相关利益提供保护”①。由此可见，环境权具有“主观公法权利”属性。除“主观公法权利”属性外，环境权因尚未被法律给予明确认可而具有“法益”属性，即环境权目前仍属于法益而非权利，② 受法律的相对弱保护。虽然环境权是一种私人享有的主观公法权利，符合如今公法与私法相互交融的趋势，但公法与私法交融的趋势并不足以使民法能够容纳得了保护环境公益的环境权，《民法典》的“绿化”也应当限于环境权以外的环境权益损害的救济制度，因而环境权应当由公法来调整。③ 第四种观点认为环境权是社会权。社会权体现在宪法层面为劳动权、获得物质帮助权、受教育权等，是一种基本人权。从这个层面来看，社会权与作为人权的环境权是同一层级的权利，是基本人权的子权利，本书肯定了环境权的人权属性，但环境权不可能同时作为两种人权的子权利。且认为环境权是社会权的学者并没有论证何为社会权，仅依靠环境权的公益性、积极权利、实体权与程序权相结合、集体权利、义务性规范等内容就认定环境权是社会权，④ 而社会权的内涵并没有说明白，这样不仅无益于厘清环境权，反而混淆了社会权的边界。

结合论中第一种观点认为环境权是环境方面的权利与义务的集合体。⑤ 实质上，法律关系的主体既享有权利，也应承担义务，这才是权利与义务统一的真正含义，而不能说一项权利既是权利又是义务。上文中提到，权利与义务本就是完全不同的概念，权利与义务是法这一事物中两个分离的、相反

---

① 邹雄、庄国敏：《论民法典绿化的边界——以民法典对环境权的承载力为视角》，载《东南学术》2017 年第 6 期。

② 关于环境权法益属性的论证，详见下文。

③ 参见邹雄、庄国敏：《论民法典绿化的边界——以民法典对环境权的承载力为视角》，载《东南学术》2017 年第 6 期。

④ 参见白平则：《论环境权是一种社会权》，载《法学杂志》2008 年第 6 期。

⑤ 参见蔡守秋：《环境权初探》，载《中国社会科学》1982 年第 3 期；吕忠梅：《再论公民环境权》，载《法学研究》2000 年第 6 期。

的成分和因素，是两个相互排斥的对立面，将环境权视为权利与义务的统一体，无疑是混淆了权利义务的本质内涵。也许正是因为一些学者将“环境资源利用权”纳入环境权的菜单，他们才会想到环境权权利主体在行使“环境资源利用权”时，还要担负不污染环境的义务，故而认为环境权既是权利又是义务。而正如本书所主张，环境权的内容不包括“环境资源利用权”，这种“既是权利又是义务”的困惑就不复存在了。① 第二种观点认为环境权是权力与权利的结合，即国家和公民都享有环境权。前文中提到，国家不能成为环境权的主体，国家环境权对外是国际法上的国家主权，对内则是国家行使的环境管理权力，是公权力在环境事务上的体现。公权力对应的是职责，权利对应的是义务，公权力与私权利遵循的是两种完全不同的法律逻辑，环境权作为私权，是无法容纳国家公权力的。这种结合混淆了权利、义务、权力、职责、主权等概念，将不同类型不同逻辑的概念进行混同，是有违法理的。第三种观点认为环境权是实体权利与程序权利的结合。前文中提到，环境权是一种实体性权利，它拥有实体性权能和程序性权能，而程序性环境权实质上是环境权的程序性权能，环境权的权能既包括对良好生态功能的保有权、享受权等实体性权能，也包括环境参与权、环境知情权、环境请求权等程序性权能，这是符合法理的。于“权能”这一概念而言，霍菲尔德曾从行使权能的效果上对权能进行界定，即如果某个主体通过自己意志支配的事实（行为）改变了法律关系，则此人行使了权能。简言之，“依照意志支配的事实改变法律关系的能力”是霍菲尔德为权能指定的基本含义。② 在我国国内研究中，关于“权能”概念的成果并不多见，通常现于研究某种权利时直接展开该权利的权能包括哪些内容。有学者将权能视为权利的具体内容和作用方式，认为权利的核心是其所指向的利益，而权能则是实现这种利益的手段和途径。③ 也有观点认为，权能具有内在的二元性结构，它既包含权利的具体内容，也包含这些内容所赋予的功能或作用。例如，有学者阐明，权能是

① 参见邹雄：《论环境权的概念》，载《现代法学》2008 年第 5 期。

② 马驰：《普遍法律行为概念的法理学重构——以“权能”概念为基础》，载《法制与社会发展》2019 年第 4 期。

③ 参见覃远春：《债权基本权能略论》，载《河北法学》2006 年第 5 期。

法律赋予权利主体在法定边界内所享有的权利内容及其实际行使效能的高度概括。[①] 实际上，以“内容”来理解权能的概念是不恰当的。权利的内容一般指的是指向权利客体的利益，而对于“权能”，有观点如此界定：权能被理解为权利主体在法律强制力保障之下，对其权利行使的选择范围、决定程度以及方式多样化的一种综合性描述。他们进一步阐述，法律强制力支撑下的权利主体意志决定力，将原本静止的权利状态转变为动态的行使过程，使权利的行使方式呈现多元化的特征，并且权利行使的边界可以根据具体情况动态拓宽。只要权利人的行为不逾越法律设定的义务界限，那么，这种多元化、动态扩展的权利行使方式和范围，就构成了权利本身的权能内涵。[②] 本书认为，这种界定不仅体现了权能的规范性，还体现了权能概念与义务概念之间的界分关系，因此，权能并非权利的内容，而应当是指实现权利的方式和范围。权能可分为程序性权能与实体性权能两类，体现于环境权中则表现为：环境权的实体性权能是指权利主体以消极的不作为的方式实现权利的权能，环境权的程序性权能是指权利主体以积极的作为方式实现环境权的权能。权能作为实现权利的方式，并不是区别不同权利的标志。换言之，不同的权利可以有相同的权能。因此，参与权、知情权等程序性权能往往是政治权、生存权、发展权等共享性权利的相同权能。[③]

前述中将环境权“肯定论”的学说依据权利主体、客体、内容三要件的范围大小分为“最广义环境权说”、“广义环境权说”以及“狭义环境权说”，其中“狭义环境权说”的权利要件相较于前两种学说进行了大幅度限缩，由前文可知，“狭义环境权说”的主体主要是自然人，客体上更倾向环境的生态功能，内容则是生态性环境权利。可见，分类的标准在于权利要件的范围大小。因此，本书所持的环境权的观点也属于“狭义环境权说”，但在权利构造上与该学说的具体观点存在诸多不同。本书的观点是：环境权是自然人享有适宜自身生存和发展的良好生态环境的法律权利，其主体限于自

① 参见徐兴祥：《知识产权权能结构法律分析》，载《法治研究》2014 年第 7 期。

② 参见王启富、马志刚：《权利的法律结构分析》，载《中央政法管理干部学院学报》1999 年第 5 期。

③ 参见邹雄：《论环境权的概念》，载《现代法学》2008 年第 5 期。

然人，包括当代人与后代人；其客体是环境生态功能；其内容则是指向基于环境生态功能这一特定客体的利益群；其属性有：是权利而非义务，主观公法权利，人权，目前在我国尚为法益；其权能包括对良好生态功能的保有权、享受权等实体性权能以及环境参与权、环境知情权、环境请求权等程序性权能，其中核心权能是环境参与权。

二、唯环境权是需要环境公益诉讼救济的环境权益

环境公益诉讼以维护环境公益为目的，这就决定了公益诉权要件中应当包含实体性诉权要素。① 基于这一认识，以及在遵循法理学的基础上对环境权的界定，下面将从环境权与环境公益保护关系的角度对环境权作为环境公益诉讼诉权基础的正当性进行分析。

（一）环境权益及其侵害救济法律体系

在理解环境利益的法律化保护之前，需要厘清“环境”“利益”“环境权益”这几个概念的内涵。

首先，无论是环境利益、环境权益，还是环境权，都逃脱不了“环境”这一限定词，那么“环境”一词应当如何理解呢？“环境”一词的含义非常广泛，从最广义的角度来看，它可以包罗万象，但现行立法对“环境”的界定做了相应的限缩性解释。② 立法上界定的“环境”有三层含义：(1) 通过“影响人类生存和发展的”这一定语，排除了诸如庭院中的盆景植物、房前屋后的零星树木、家养宠物等并无价值的所谓“景观”。即并非所有围绕于人的自然存在均为“环境”。(2) 通过“总体”这一定性词表明环境是由一定数量、结构和层次的自然因素所构成的具有一定生态功能的物流和能流的统一体，而非一定数量的自然因素的简单叠加。即立法上的“环境”是一个整体的概念。(3) 通过“人类”这一限定词表明享受这一特定含义的环境的主体的广泛性。那么，在“环境权益”的概念中，“环境”的含

① 关于公益诉权与实体性诉权的论证，详见本书第二章第一节。

② 《环境保护法》第2条规定：“本法所称环境，是指影响人类生存和发展的各种天然的和经过人工改造的自然因素的总体，包括大气、水、海洋、土地、矿藏、森林、草原、湿地、野生生物、自然遗迹、人文遗迹、自然保护区、风景名胜区、城市和乡村等。”

义是否应与立法中的“环境”同义呢？本书认为，立法上界定的“环境”应是环境权中的环境。因为，“环境权益”显然不是权利概念的范畴，而是较为宽泛的法益概念的范畴。所以，环境权益中的“环境”不限于现行立法中特指的“环境”的含义，而是泛指各种天然的和经过人工改造的自然因素及其总体。

其次，利益是一个复杂的概念。奥塔·锡克在《经济·利益·政治》一书中对利益作出如下定义：“利益是人们满足一定的客观产生的需要的集中的持续较长的目的；或者这种满足是不充分的，以致对其满足的要求不断使人谋虑；或者这种满足（由于所引起的情绪和感情）引起人特别注意和不断重复的、有时是更加增强的要求。”① 这个定义显然将利益视作人们为满足一定需要的“目的”和“要求”，将利益归结为人的主观产物，忽略了利益存在的客观性。现如今，对利益的概念存在主观说、客观说、关系说与折中说等不同的学说之争。主观说认为，利益是人们对于满足一定需要的意志指向，是意识的属性。客观说认为，利益从内容到形式都是纯客观的事物。② 折衷说认为，利益是主观与客观相统一的事物，利益在内容上是客观的，而表现形式却是主观的。③ 关系说认为，利益在本质上是关系范畴，是一种社会关系。所谓利益就是一定的客观需要对象在满足主体需要时，在需要主体之间进行分配时所形成的一定性质的社会关系的形式。④ 在我国，关于利益的概念，“折中说”与“关系说”占据主流地位，基本观点形成共识，区别仅在于侧重有些不同。⑤ 从前述不同的“利益”的定义中可以提取出，构成利益需要满足的基本要素有五个方面：（1）引起利益范畴的需要是形成利益的自然基础；（2）赋予需要及其满足过程的社会关系是形成利益的社会基础；（3）社会实践是形成利益的客观基础；（4）满足需要的客体对象是利益的实际内容；（5）人的主观需求是形成利益

---

① ［捷克］奥塔·锡克：《经济—利益—政治》，王福民、王成稼、沙吉才译，中国社会科学出版社1984年版，第263页。

② 参见王伟光：《利益论》，中国社会科学出版社2010年版，第80页。

③ 参见王伟光：《利益论》，中国社会科学出版社2010年版，第80页。

④ 参见王伟光：《利益论》，人民出版社2001年版，第74页。

⑤ 参见梁上上：《利益衡量论》（第2版），法律出版社2016年版，第120页。

的主观条件。[①] 实质上，利益并非需要本身。利益作为一个社会学的概念，体现了人与人之间、人与社会之间的关系，区别于生物的单纯需求满足。人的需要与生物的需要之间的根本区别并非对象上的差异，而在于需要的满足和发展方式的不同。生物需要的满足是通过生物自身的本能行为直接地占有自然界现存的对象物，而人的需要的满足则与之不同。人类直接通过自己的生产劳动，以满足直接的物质对象为内容的需要，实质上不能构成利益，正如生物直接以自然对象满足自己的生存需要不能构成它们的利益一样。随着需要的多样化和满足需要的劳动分化的进展，每个人的需要都要由他人的劳动来满足，而每个人的劳动也适合于他人的需要，需要和满足需要的劳动在不同的人和不同的人群之间分开了，人类需要的满足必须借助于社会过程才能完成。在这种满足各自需要进行的活动的交换过程中，便形成了不以个人意志为转移的利益关系与规律。[②] 总而言之，人类的本能所需是形成利益的自然前提，而利益的最终是社会的产物，利益是客观存在的，兼具了自然性和社会性两面。[③]

最后，对于环境权益一词又应当作何理解？本书认为，基于对“环境”概念的理解，环境权益的内涵应泛指主体对各种天然的和经过人工改造的自然因素及其总体所应享有的权益。要旨在于：（1）环境权益是主体所享有的权益，不是环境的所谓权益。（2）环境权益既可以表现为特定主体享有的私权益，也可以表现为不特定主体享有的公权益。（3）通过环境对主体造成实际影响，且这种影响被法律确认或基于现代的法观念普遍认为具有可谴责性时，主体所享有的对抗该影响的权益。目前公认的属于环境权益的内容有：采光权、通风权、宁静权、日照权、免受不健康阳光照射权、[④] 免受辐射权、眺望权、亲水权、清洁空气权、优美景观权、享受良好生态环境权等实体性权益，但不包括环境知情权、环境参与权、环境请求权等程序性权益。若要

---

① 上述要素必须通过社会关系进行有机结合，才能够形成利益，社会关系在其中具有承上启下的作用。参见王伟光：《利益论》，人民出版社2001年版，第68～70页。

② 参见邹雄：《论环境权益及其救济》，载《福州大学学报（哲学社会科学版）》2008年第3期。

③ 参见吴文嫔：《论民法法益》，载《国家检察官学院学报》2004年第1期。

④ 免受不健康阳光照射权，是指免受因臭氧层破坏而致过强紫外线阳光照射的权益。

精确地把握环境权益的内涵，仍需要对“法益”以及“法律权利”进行解读。

关于法益，学界对此有不同认识。史尚宽先生认为，法益乃法律间接保护的个人利益。有观点认为，法益概念原为刑法学家宾丁、李斯特提出的刑法学上的概念，指法律所保护的利益。这种利益本质上为生活利益，由于生活利益得到法律的保护，上升为法律所保护的利益，即法益。① 张明楷教授认为，法益是作为个人、社会和国家的具体利益而成为保护对象的。② 有学者从形式和效力两个角度对法益进行研究，认为从形式上看，法益因未在法律中作出明确规定，仅存在于法律理论或人的观念中，是基于社会的法观念或道德认为应予保护的利益，在法律中它常以抽象而含糊的法律原则为表现形式，缺乏明确而具体的法律外观，所以法益往往游离于具体的法律之外，在法典中难以谋求一席之地，可以说是“无法律保护则无法益”，因而可将法益理解为“法律应保护的利益”；从效力上看，法益受法律的保护的程度弱于权利受法律保护的程度，往往依赖法官对法律理念或概括性法律原则的领悟得以实现，同时因“最终司法保护”的不确定性，法益受益人可能会更多地选择行政调处或调解等“非司法”的方式实现法益，基于此可将法益理解为“法律可能保护的利益”。③ 也有学者认为，法益的内涵是需要分层次的。在表层上，法益是一种利益或价值，可将法益直接限定为法所保护的利益；在深层上，法益则是一种秩序或状态，是法所保护的一种秩序。“利益”“价值”“秩序”“状态”四个概念在法益的内涵中是有机融合在一起的。同法的“自然法”和“实在法”两种状态相对应，法益的“应然”状态是指应当为实在法所确认和保护的利益和秩序，而法益的“实然”状态是指实在法已经确认和保护的利益和秩序。④ 由前述可知，利益具有客观性，这导致法律只能被动地对利益进行选择，而无法事先设定利益。此外，利益具有多

---

① 参见宗志翔：《论未上升为民事权利的法益》，载《江西社会科学》2012 年第 6 期。

② 参见张明楷：《法益保护与比例原则》，载《中国社会科学》2017 年第 7 期。

③ 参见张开泽：《法益性权利：权利认识新视域》，载《法制与社会发展》2007 年第 2 期。

④ 参见张梓太、陶蕾：《环境刑法的法益初论——环境刑法究竟保护什么》，载《南京大学法律评论》2001 年第 2 期。

元性，不同的利益追求与不同的利益倾向难免会产生利益冲突，而法律只能在追求秩序的基础上对冲突的利益进行价值判断，从而进行选择性保护。这种经由法律加以选择保护的实然状态的利益便是法益。法益不同于利益和权利，它具有以下特点：（1）它是社会中特定利益在法律上的反映，区别于作为经济基础的利益关系本身；（2）法益区别于一般利益的点在于它是被法律保护的利益；（3）法益是被法律消极承认的利益，并未得到法律的明文认可，法律对其保护程度弱于法律对权利的保护程度。

关于法律权利，对其本质的争论从概念诞生至今也未停止。主要观点有萨维尼的意志说、耶林的利益说、梅开尔的法力说等。事实上，大陆法系的许多国家和地区普遍认可"法力说"为主流学说，我国也是如此。前文已介绍过"法力说"的核心思想，这里不加赘述。"法力说"对权利本质的把握可以将权利与一般利益及法益区别开来：第一，"以特定利益为内容"这一特征与狭义上的法益不同，法益是社会的法观念认为应当给予保护的不确定的、概括的利益，这种利益并不具备权利的形态。第二，"以法律上之力为外形"这一特征是与一般利益的最本质区别，只有受法律明确保护的利益才能称为权利。

从前述对"环境权益"概念的解读以及对"法律权利""法益"之内涵的把握上来看，环境权益中主体拥有对抗被法律确认或基于现代的法观念普遍认为具有可谴责性的影响的权益，而前者是权利的范畴，后者则是法益的范畴。体现在环境权益的具体内容中，采光权、通风权等已为现行法律确认属于法律权利范畴，而免受不健康阳光照射权、优美景观权、享受良好生态环境权等未被法律明确认可，但又被现代法观念普遍认为应当予以保护的则属于法益。因此，环境权益在本质上是法律权利与法益的结合体。随着社会的发展，环境权益所包含的具体权利和法益体系将会不断扩展，其体系构成也将不断发生变化，变化趋势则可以概括为越来越多的法益将上升为法律权利。综合前文所述，可以将环境权益的性质表述为：通过环境对主体造成实际影响，且这种影响被法律确认或被现代社会的法观念普遍认为具有可谴责性时，主体所享有的对抗该影响的法律权利或法益。

1. 环境权益体系

由上述可知，环境权益泛指主体对各种天然的和经过人工改造的自然因素及其总体所应享有的权益，既包括环境权利，还包括环境法益。环境权益的客体是指各种天然的和经过人工改造的自然因素及其总体，体现在环境权益的具体内容中，既包括主体对自然资源开发利用的经济性权利和法益，也包括享用环境的生态性权利和法益，还包括利用环境容量、以行政许可额度为客体的排放权利和法益。关于环境权益的具体内容，前文已列举出部分具体权利，随着社会文明的进步，不仅环境权益所包含的具体权利和法益体系会不断扩展，而且其体系的构成也将不断发生变化，趋势是越来越多的法益将上升为法律权利。就目前而言，环境权益体系以私益、公益为标准可以分为以下几种：（1）以保护环境私益为设置目的的权利。其中包括开发利用自然资源的资源性权利、具有人格权属性的环境人格权利、以行政许可额度为客体的排放性权利等；（2）以保护环境公益为设置目的的权利，表现为以良好生态功能为客体的环境权。

值得注意的是，通过前文对“环境公益”和“环境权”[①]这两个概念的界定可以得出，环境公益的内涵被限定为环境生态功能这一特定客体的利益群，而环境权所应当关注的“具有非常明显的整体性的对象”就是具有无形性、公益性、整体性、长远性等特征的“环境生态功能”。由此可见，环境权的权利内容与环境公益的内涵完全契合，环境权的保护对象就是环境公益，是为保护环境公益而存在的权利。环境权概念诞生至今，在权利内容、主体、客体、属性等方面虽颇具争议，仍旧未能被法律明确认可，但对环境权所保护的利益已经为现代法观念普遍认可应当予以保护。故环境权的本质符合上文中对“法益”的界定，环境权实为一种环境法益，是环境权益的一部分。这两个概念是包括与被包括的关系，而环境公益同属于环境权益体系中的一部分，接下来将用更为直观的环境权益的救济方式来展现如何保护环境公益，同时将明晰环境公益保护与环境权之间的关系。

2. 直接侵害环境私益由一般侵权法救济

对环境权益中某些私权益的侵害具有直接侵害的特征，仅构成一般侵权，适用一般侵权法救济，适用过错责任归责原则。这些私益包括自然资源国家

① 环境权的概念界定详见前文“环境权肯定论”一节。

所有权、自然资源使用权在内的资源权，包括排污权、碳排放权在内的排放权，包括日照权、采光权、通风权、宁静权、免受强光辐射权、免受热辐射权等理论上属于环境人格权①实际归入相邻权保护的权利，包括优美景观权、眺望权、亲水权等具体环境人格法益以及尚未成熟的一般环境人格法益。必须强调的是，侵害环境权益与环境侵权属于完全不同的两种行为。环境侵权是指因产业活动或其他人为原因，致使环境要素受到污染或破坏，进而间接对他人人身权、财产权造成损害或有造成损害之虞，依法应当承担法律责任的行为。两种侵权行为所针对的权益不同，环境侵权侵害的是人身权益和财产权益，侵害的行为与权益损害的结果之间是间接关系，而侵害环境权益体系中的私权益，侵害行为与权益损害的结果之间是直接关系。这一点从各国立法中从不概括性地规定环境权益救济制度，而是将具体权益分别规定在不同制度中予以救济的立法例中即可得到印证。

3. 间接侵害环境私益由环境侵权法救济

对环境权益中某些私权益的侵害具有间接侵害特征，构成环境侵权，适用环境侵权法救济，实行危险责任归责原则以及因果关系低标准证明规则。此处的间接侵害，特指侵害行为先是造成了环境因素的损害（不仅是通过环境因素），继而损害到他人的人格权、财产权的情形。

4. 侵害环境公益由环境权制度救济

对于环境权益中的公权益——享受良好生态环境的权利（环境权）的侵害，适用环境法及其他公法救济。这些公权益具体包括清洁空气权、清洁水权、② 免受核辐射权、免受土壤等物传导污染权等。适用环境法及其他公法救济此类公权益的诉讼制度即为环境公益诉讼制度，而环境公益诉讼制度所救济的权益只能是环境权。③ 有观点认为，环境权无法被救济或无法被有效

---

① 此处所列举的具体环境人格权与环境权的不同之处在于：具体环境人格权中的“强光”“热”“噪声”等环境要素不会危及环境生态功能，而环境权中的“清洁水”“清洁空气”“核辐射”“土壤”等环境要素损害势必破坏环境生态功能。

② 此处的“清洁空气权”与“清洁水权”是特指基于环境的良好生态功能给自然人带来的享用清洁空气和清洁水的利益，如企业对于其用于生产的蓄水池中的水、农村集体对于其水塘中的水等与生态功能无关的对于空气和水的利益不在此列。

③ 关于“环境公益诉讼制度所救济的权益只能是环境权”详见下文论证。

救济是侵权法的固有缺陷。其实，这是对侵权法的奢求。自罗马法以来，侵权法关注的就是对私权益的救济，救济公益既不是它的职责也不是它的长处。正如德国民法学者沃尔夫在言及相邻法与环境保护的关系时所说，由于涉及公共利益，环境污染不能再让个别相邻者来解决，它们往往也无力解决。从侵权法的救济方式和手段来看，它们都是事后救济，它们无力使已经被污染或被破坏的环境的功能和质量恢复到侵权前的状态，即使是“恢复原状”这一责任形式也不例外。因为它们针对的只是受害者的私有财产和人身，而非作为公益载体的自然环境。相反，在维护环境公权益方面，环境法实际上已经建立了蔚为壮观的制度，包括但不限于：环境标准制度、许可证制度、清洁生产制度、环境影响评价制度等。可以说，这些制度设计从不同的角度和层面体现和贯彻了预防原则，使环境法以一种积极干预的姿态防止环境污染和破坏，从而维护了环境公益。从公私法划分的角度来看，公法手段尤其是行政手段是维护环境公益的主要方式，除行政管制外，经济刺激机制、公众参与机制和刑罚制裁等其他公法手段已然成为维护环境公益的重要手段。其中，环境公益诉讼是最典型的公众参与机制的体现。

为了更为直观地表达出环境权益与救济制度的关系，将上述几类情形进行总结并用表格展现出来（见表2－1）。

表2－1　与环境有关的各类侵权行为

侵权类型	侵害权益	侵权特征	救济所适用的制度
一般侵权	私益：人身权、财产权（如资源权、相邻权等）	直接侵害	一般侵权法、私益诉讼制度
环境侵权	私益：人身权、财产权	间接侵害	环境侵权法、私益诉讼制度
侵害环境法益	私益：环境人格权（如优美景观权、眺望权、亲水权等具体环境人格法益以及尚未成熟的一般环境人格法益）	直接或间接侵害	一般侵权法或环境侵权法、私益诉讼制度
	公益：环境权（具体表现为：清洁空气权、清洁水权、免受核辐射权、免受土壤等物传导污染权等）	直接侵害	环境法及其他公法、公益诉讼制度

当然，现实中还有可能出现环境侵权与侵害环境权竞合的情况。从前述对环境侵权和侵害环境权的界定中不难看出，两者的关系表现为：污染环境或破坏生态的行为，可能构成环境侵权却不一定构成侵害环境权，而构成侵害环境权的同时往往构成了环境侵权。环境侵权与侵害环境权之间的区别往往在于侵害行为的“程度”，当侵害行为破坏了环境介质，并未达到破坏环境生态功能的程度时，可能构成的是环境侵权，而当侵害行为对环境生态功能造成破坏时，则可能构成侵害环境权。当污染环境或破坏生态的行为既构成环境侵权又构成侵害环境权时，意味着该行为既侵害了特定当事人私益性的人身权或财产权，也侵害了不特定公民公益性的环境权。此时将依据环境侵权法体系和环境法等公法体系，启动两种程序分别对私益性的人身权或财产权和公益性的环境权进行救济，两种救济程序与内容并行不悖。

对环境权益中的私法益的侵害，由于其动态发展变化的特点，宜创设“一般人格权”制度予以救济，至于救济某项特定环境法益应当适用一般侵权法还是环境侵权法，则依据其侵权的直接性或间接性而定。

由上述可知，环境权概念所保护的权利仅限于自然人享有的“良好环境生态功能”的权利；环境侵权概念所保护的权利包括因污染或破坏环境介质，继而间接造成损害的特定主体的人身权和财产权；环境权益概念则涵盖了所有被侵害的自然人享有的与环境有关的权利或法益。而三者的关系则表现为侵害环境权的行为，一定同时构成侵害环境权益和环境侵权。反之则不然，构成侵害环境权益，却不一定构成侵害环境权或环境侵权；构成环境侵权，一定构成侵害环境权益，却往往不会构成侵害环境权。

（二）唯环境权客体与环境公益诉讼之诉的利益相契合

前文已述，环境公益诉讼，是指民事主体违反国家规定作为或不作为，或者负有监督管理职责的行政机关违法行使职权或不作为，造成生态环境损害或者存在生态环境损害重大危险时，由公民、法律规定的国家机关或组织向人民法院提起的旨在维护环境公益的诉讼。根据我国现行立法，环境公益诉讼包括环境民事公益诉讼、环境行政公益诉讼、生态环境损害赔偿诉讼、刑事附带环境民事公益诉讼中的环境民事公益诉讼、海洋自然资源与生态环境公益诉讼中的生态环境公益诉讼。在这些诉讼中，诉的利益都是环境公益。在与易混淆的“环境私益”“环境众益”“环境国益”等相似概念进行识别后，得出环境公益的内涵是基于环境生态功能的利益群。[①] 故而环境公益诉讼中诉的利益即为基于环境生态功能的利益群。

由前文可知，环境权是以环境生态功能为客体的权利，环境权的内容则是指向环境生态功能这一特定客体的利益群。环境权属于环境权益体系的一部分，是环境权益中环境公益的权利化的体现，救济环境权需要由环境法或其他的公法制度来完成。基于这一界定，可以发现环境权与环境公益诉讼的不解之缘：环境权的内容即为环境公益诉讼之诉的利益，如此一来，环境权作为环境公益诉讼的诉权基础便具备了正当性。对此，不少学者也作出了判断。如有学者指出，环境权是环境立法、执法和诉讼，以及公众参与环境保护和环境公益诉讼的基础。[②] 而环境公益诉讼与环境权都是为了保护环境公益而产生，不仅在产生的背景上具有一致性，在制度目的上也具有高度的契合性，损害发生机理也具有同一性，因而环境公益诉讼中的诉权源于公民对良好生态环境所拥有的基本权利，即环境权，并通过特定的法律途径加以实现。[③] 有学者通过人民法院发布的典型案例中对环境权相关概念的使用情况进行分析，发现在司法实践中公共性环境权益是司法保护环境权的重点，享有良好环境等新的权益内容也被纳入保护范围；从保护机制上来看，公共性环境权益的保护仍应由行政诉讼、环境公益诉讼等公法途径予以实现。[④] 也有学者认为，环境权为环境公益诉讼提供了权利依据，奠定了理论基础，以环境权为权利依据的环境公益诉讼是公益性环境权诉讼，公民和环保公益组织应作为起诉的第一顺位。[⑤] 还有观点认为，环境公共利益与个体环境权是

---

① 关于环境公益诉讼的诉的利益的详细论证详见本书第一章。

② 参见蔡守秋：《规定环境权条款，彰显保护人民切身利益——对修改〈环境保护法〉的思考与建议》，载《绿叶》2011 年第 8 期。

③ 参见陈学敏：《环境公益诉讼视域下环境权的属性及其实现》，载《兰州学刊》2021 年第 7 期。

④ 参见刘长兴：《环境权的内容辨识与实践路径考察——以典型案例为对象》，载《人权法学》2022 年第 3 期。

⑤ 参见杨朝霞：《论环境公益诉讼的权利基础和起诉顺位——兼谈自然资源物权和环境权的理论要点》，载《法学论坛》2013 年第 3 期。

可以并存的，在各种可以特定化为公民的利益诉求和政府的法律义务的环境公共利益中，每个公民个体都能够独立享受的那部分环境公共利益（如公民呼吸清洁的空气不需要其他公民和团体的帮助），在理论上可以制度化为公民的个体环境权利。环境权需要通过公益诉讼制度得到更好的保护，而环境权本身又为环境公益诉讼制度提供了法理基础和权利基础。①

不同观点认为，学者常说的环境公益实际包含了环境公益与环境私益两种利益类型，环境公益诉讼是为环境公益而为的诉讼。而作为个人权利的环境权并非环境公益诉讼的基础，环境公益诉讼既不以个人环境权为理由，也不以实现个人环境权为目的。② 也有学者否定环境权能够作为环境公益诉讼的请求权基础，认为法律规定的原告中无论是行政机关、检察机关还是社会组织都不需要以环境权作为生态环境损害赔偿诉讼以及环境公益诉讼的请求权基础。而环境权是以公民公益成员的身份限制行政机关损害环境公益的可能，只是环境权的主张随着环境保护制度及立法的完善已经逐渐式微，可见环境权并非与环境公益具有天然的伴生关系，它们之间可以因特定的历史需要产生联系也可以因为历史的发展淡化联系。③ 本书认为：首先，认为环境公益包含了环境公益与环境私益两种利益类型的观点显然是混淆了环境公益的应然范围，公益与私益是两个不同的范畴，环境公益的范畴中不可能包含环境私益，环境公益就是基于环境生态功能的利益群。环境私益主要包括环境人格利益与环境财产利益等可以独占、排他享有的利益，④ 作为维护环境公益的环境权恰与环境公益诉讼的制度目的相契合。虽然现阶段环境权实质上仅为法益，但程序性诉权所解决的就是法益的诉求问题，⑤ 因而法益的性质并不影响环境权作为环境公益诉讼诉权基础的合理性。因此，环境权完全

---

① 参见吴卫星：《宪法环境权的可诉性研究——基于宪法文本与司法裁判的实证分析》，载《华东政法大学学报》2019 年第 6 期。

② 参见徐祥民、邓小云：《环境公益诉讼对“环境权”说的拒绝》，载《浙江工商大学学报》2009 年第 6 期。

③ 参见胡静、王欢：《作为请求权基础的环境权批判》，载《南京工业大学学报（社会科学版）》2021 年第 2 期。

④ 关于环境公益与环境私益概念的界定以及两个概念之间的区别，详见本书第一章“环境公益的内涵与性质”部分的论述。

⑤ 详见本书第二章第一节“修正的二元诉权说”部分的论述。

可以成为环境公益诉讼的权利基础。其次，从环境权的权利诞生及发展历史来看，环境权是“环境危机时代”人们对良好环境的渴求，环境权指向的义务对象除了需要积极行使环境管理职责的公权力机关，也包括破坏良好生态环境的行为人。例如，在哥斯达黎加法院于 1999 年判决的 Justicia Para la Naturaleza（JPN）v. Geest Caribbean Ltd. 案中，被告则为一家跨国香蕉公司。[①]现如今，环境保护的制度与立法逐渐完善，但在理论基础的发展上却无法同步。2018 年，习近平总书记在全国生态环境保护大会上强调，“用最严格制度最严密法治保护生态环境”[②]。具体而言，就是要以科学的立法、公正的司法以及严格的执法来保护生态环境，而这些无疑都需要坚实的基础理论予以支撑。理论是实践的基础，没有理论基础的实践就像是无根之木，饱受质疑。多年来，针对生态环境的公共性（公益性）这一焦点问题如何进行法律调整，学者们提出了“公众共用物说”“环境法权说”“环境使用权说”“环境利益说”“准物权说”“准用益物权说”“物格说”等众多学说，然却并未从根本上解决这一问题。首先，当下的生态法治实践亟须基础理论的指导，唯有构建法律共同体普遍接受的环境法学基础理论，才能与其他学科顺畅对话，科学指导环境立法，引领其他部门法绿色化，从而形成诸法共治生态环境的局面。其次，环境法学急需基础理论的武装。我国环境法学肇始于 20 世纪 70 年代，历经数十年发展，但环境法学的研究对象、环境法律关系、环境权利体系等基础问题仍未达成共识，势必不利于学科发展和生态法治。最后，环境法学基础理论的构建需要理论基石。所谓理论基石，即能够融通解析、统领整个理论体系的核心概念或原理。而符合一般法理的“环境权”对于包括前述基础理论问题在内的环境法学理论体系具有很强的解析力，堪当环境法学的理论基石，[③] 可以填补环境公益保护的诉讼制度上的理论空白。

综观环境权益体系，各类环境私益皆已由相应的权利所容纳并给予保护，唯有环境公益缺失以其为保护对象的权利基础。而环境权则是专为保护环境

---

① 参见吴卫星：《环境权理论的新展开》，北京大学出版社 2018 年版，第 125 页。

② 《习近平：推动我国生态文明建设迈上新台阶》，载人民网 2019 年 1 月 31 日，http：//jhsjk. people. cn/article/30603656。

③ 参见邹雄：《生态法治需以“环境权”为理论基石》，载《中国环境监察》2023 年第 1 期。

公益而设置的，环境权的权利客体与权利内容都与环境公益相契合，是保护环境公益最为恰当的制度。故而，无论是从理论上看还是从实践中看，将内容界定为“指向环境生态功能这一特定客体的利益群”的环境权与以保护环境公益为目的的环境公益诉讼制度都具有天然的契合性，且仅有这样的环境权能够成为以环境公益为诉之利益的环境公益诉讼的原告权源。从两者的关系上看，环境权与环境公益诉讼制度相辅相成，环境权不仅能够弥补环境公益诉讼制度上的理论空白。换言之，环境公益诉讼原告权源的探究更印证了环境权的设立是必要和可行的。

三、环境权“入典”利于其作为环境公益诉讼原告诉权基础

（一）环境权“入宪”或“入典”之争

由前文可知，环境权尚处于理论研究阶段，虽多数观点已在学界达成共识，但却并未形成定论，而环境权的“法益”属性也明确了现行法律规范中并未明确认可环境权这一权利。然而，基于前述对环境权的概念、属性、权能等要素的界定，可以观察到，现行法律规范中虽未出现“环境权”字样，但在《宪法》《环境保护法》等法律中却有一些条款体现了环境权的应有之义。例如，《宪法》第 26 条的“国家环境保护义务”条款、《环境保护法》第五章“信息公开和公众参与”的规定等。这些条款的存在实际上为环境权的实现奠定了基础，并在一定程度上为环境权的“入宪”或“入典”之争提供了论证依据。

如前文所述，学界对于环境权的属性有着混乱而复杂的认知，由此引出的问题是，在条件具备后，将目前还是法益的环境权转化为法律权利时，应当转化为何种法律权利，即由何种法律规范来调整。广义环境权论者对环境权的界定除环境公益外，还包括环境私益。因此，他们认为环境权在转化为法律权利时，环境私益的内容就应当转化为民事权利，环境公益的内容应当转化为公法上的权利，由公法与私法两种路径对环境权进行调整。还有观点认为，环境权是一项人人生而享有的权利，具有优先于其他权利的基本权利地位，与人权的基本属性相符，立法实践中作为人权也得到了国际上的普遍

肯定，但仅停留在人权层面并不足够，还应当成为部门法上的具体法律权利，通过民法、环境法等机制予以保护。[①] 更多的观点是认为，环境权应当被确认为一种宪法权利。环境权最初就是作为一项基本人权而提出的，从国际上环境权的立法规范以及实践现状来看，环境权的人权属性已经被大多数国家的宪法所认可。据统计，全球有 90 个国家明确将环境权条款写入宪法中，现有的联合国会员国和观察国中，也有 87 个国家的宪法专门对环境权进行了规定。[②] 针对这一现状，我国学者表现出不同的态度：部分学者支持环境权入宪，认为环境权实质上已经是被宪法所明确承认的一项新的人权。[③] 另有学者在研究域外环境权法律规范与司法实践的基础上提出，各国的宪法中规定的环境权是揭示国家环境保护理念的宣示性条款，具有抽象性，不应被视为实体性人权。[④]

关于环境权在宪法中如何展开的问题，有观点认为，环境权是一种新兴人权，可以通过对我国《宪法》第 33 条第 2 款的概括性人权保障条款进行解释，将环境权纳入其中，此处的环境权属于基本权利体系中的社会权，同时包含了请求国家提供符合人的生存需要的清洁安全的环境和请求共享良好的环境两种请求权内容。[⑤] 有学者从法解释学角度和宪法的基本原理出发，认为宪法环境权应当采取“主观导向型”[⑥] 模式，规定的内容为：主体在良

---

① 参见史玉成：《环境法的法权结构理论》，商务印书馆 2018 年版，第 175～177 页。

② 参见吴卫星：《环境法理论的新展开》，北京大学出版社 2018 年版，第 57 页。

③ 参见吴卫星：《环境权入宪之实证研究》，载《法学评论》2008 年第 1 期；张震：《从民法上的环境权到宪法上的环境权》，载《北方法学》2008 年第 2 期；王斌：《环境权入宪的必要性》，载《山东社会科学》2008 年第 2 期。

④ 参见巩固：《环境权热的冷思考——对环境权重要性的疑问》，载《华东政法大学学报》2009 年第 4 期；朱谦：《环境权问题：一种新的探讨路径》，载《法律科学．西北政法学院学报》2004 年第 5 期。

⑤ 参见王锴：《环境权在基本权利体系中的展开》，载《政治与法律》2019 年第 10 期。

⑥ “主观导向型”模式是指规定为“主体在环境中生活”的权利，即将主体和“环境”视为一个相互包含的总体，可以概括为“主体与环境相互包含”，或者说主体和“环境”互相具有条件性。如此，对主体权利的保护，也就不存在一个绝对的范围，需要根据主体的实际情况来进行具体的界定，因此是一种“主观导向型”的保护模式；与之对应的是规定为“主体享有环境”的权利，即将环境作为外在于主体的、可加以“享有”的对象，可以概括为“主体支配环境”，即界定出一个客观的、保护主体权利所需的“外在空间”，任何对该空间（良好环境）的侵害，都是对主体权利的侵犯，因此是一种“客观导向”型的保护模式。参见陈海嵩：《宪法环境权的规范解释》，载《河南大学学报》2015 年第 3 期。

好的环境中生活的权利。在规范属性上，宪法环境权则表现为一种兼具规则和原则性质的“规则—原则”模型。其中，“原则”是宪法环境权主要的规范形式。一般认为，环境权是由多种性质的法律权利所构成的一个“权利束”或权利体系，[①] 以宪法环境权为核心的环境权规范体系在“权利束”的定位下，环境权同样具有公权与私权的双重属性。借助“公权利/私权利”的框架，可以得出以宪法环境权为核心的环境权在规范意义上的“公法上的环境权”与“私法上的环境权”两种不同面向，其中，公法上的环境权是公民所享有、可以要求国家作为或不作为的“主观公权利”，而私法上的环境权则是根据基本权利的第三人效力，宪法环境权所内含的“客观价值秩序”能够通过一定的方式进入私法体系中，规范平等主体之间因环境侵害而产生的权利义务关系。[②] 有学者通过对世界各国环境权入宪情况的考察，将环境保护进入宪法文本的方式分为三个维度：作为宪法权利之维、作为公民义务之维与作为国家政策、原则与社会目标之维。首先，作为宪法权利之维的环境权，体现在将环境权作为宪法权利的69个国家的立法实践中，不仅包括实体权利，还包括程序权利。其中，实体性环境权的内容基本可归纳为“良好”与“健康”的环境，宪法环境权是所有人或公民享有适于人发展的、良好的、健康的、可持续的、和谐的环境的实体性权利。而程序性环境权则是指及时、全面地获得环境可靠信息、参与制定相关的公共决策的程序性权利，以及权利受到侵害或造成身体、财产上的损失而要求法律救济并给予赔偿的诉讼权利。其次，作为公民义务之维的环境权，体现在国家以在宪法上规定公民义务的方式来确认环境权，具体而言，即在宪法中规定“保护环境是每一个公民的义务，也即每一个公民皆享有健康环境的权利”。最后，作为国家政策原则与社会目标之维的环境权，体现在国家将环境保护作为一国的宪法政策或目标，属于宪法序言或宣告，旨在向世人表明国家环境保护的态度与理念，它的基本功能在于鼓励国家或政府积极采取行动来保护环境。[③]

---

① 参见吕忠梅主持：《超越与保守：可持续发展视野下的环境法创新》，法律出版社2003年版，第252页。转引自陈海嵩：《宪法环境权的规范解释》，载《河南大学学报》2015年第3期。

② 参见陈海嵩：《宪法环境权的规范解释》，载《河南大学学报》2015年第3期。

③ 参见范进学：《宪法上的环境权：基于各国宪法文本的考察与分析》，载《人权》2017年第5期。

对于环境权入宪这一路径，除了支持的观点外，也有质疑的观点。有学者认为，环境权纳入宪法之后，在权利的具体实施与司法救济方面可能面临着理论与实践上的困境。[①] 也有学者通过对世界范围内典型国家宪法环境权条款进行实证分析，认为宪法环境权条款并不具有直接司法适用的效力，而是一种具有“宪法委托”性质的宣示性权利，其实现应建立在具体立法的基础上。[②] 对于宪法环境权不具备“可诉性”，也有质疑的观点认为，环境权的可诉性正在发展，目前已得到许多国家司法实践的认可，于我国而言，继“生态文明入宪”之后在修宪时新增一个独立的环境权条款是很有必要的，且入宪后的环境权可以通过行政诉讼制度获得一定程度的司法救济。[③]

（二）环境权法律定位之争的法理分析

以上关于环境权法律定位的争议观点可以分别用“环境权公法权利与私法权利双重说”“环境权宪法权利与具体法律权利双重说”“环境权宪法权利说”三种学说来进行概括。第一种学说建立在广泛界定环境权范围的基础上，本书已在环境权界定部分否定了环境权内容的广泛性，因此该种学说无须再讨论。在此，本书讨论的重点在于第二种学说与第三种学说，即目前学界存在的对环境权法律定位的争议主要在于环境权是应当作为“宪法权利”还是具体的“法律权利”，也即环境权究竟应当“入宪”还是“入典”的问题。本书以这一争议点为研究对象，从实践层面以及法理层面对环境权“入宪”与“入典”两种路径进行分析，并在考虑环境权可司法性的基础上，论证出何种路径是目前实现环境权的最佳路径。

1. 环境权“入宪”或“入典”的现实分析

（1）在选择环境权的实现路径时，需要对时代背景进行考量。环境权产生于环境危机时代，随着环境的恶化，越来越多的国家开始重视环境权。时至今日，环境权已然上升为人权，受到国际社会的肯定与重视。可见，环境

---

① 参见范进学：《宪法上的环境权：基于各国宪法文本的考察与分析》，载《人权》2017年第5期。

② 参见陈海嵩：《环境权实证效力之考察：以宪法环境权为中心》，载《中国地质大学学报（社会科学版）》2016年第4期。

③ 参见吴卫星：《宪法环境权的可诉性研究——基于宪法文本与司法裁判的实证分析》，载《华东政法大学学报》2019年第6期。

权的产生与发展皆与时代背景、人民需求息息相关。因此，在考虑我国环境权的实现路径时，也应当考量时代因素，环境权的实现必须符合我国的国情。2018年，我国《宪法》修订，将生态文明写入《宪法》，在富强、民主、文明的基础上，增加了和谐与美丽两个词汇。[①] 新增的内容都表达了我国生态文明的价值理念。可见，以2018年为界，我国的环境法律体系和环境权的地位发生了较大变化。基于此，在探讨环境权的实现路径时，可依据2018年前后不同的时代背景，将其分为两部分进行研究。

2018年《宪法》修订前，《宪法》中未规定环境权利，未体现环境保护的价值理念，仅规定了环境保护义务，[②] 我国环境保护基本法中也仅规定了环境保护义务，[③] 我国也尚未认可环境权的人权属性。可见，这一时期环境权在我国尚未得到足够的重视。此种情况下，研究环境权的实现路径应当考虑到以下两点：一是是否能够表现出对环境保护的高度重视；二是是否能够表现出对环境权的重视，使环境权利和义务达到衡平状态。基于这两点考虑，可以发现环境权"入宪"能够最完美地解决这两个问题。因为宪法具有最高的法律效力，在宪法中规定环境权，环境权利与义务相结合，宪法的环境保护体系得到完善，同时表现出对环境保护和环境权的高度重视。2018年《宪法》修订后，在序言中明确了环境保护的价值理念，结合已有的国家环境保护义务等条款，已然从宪法层面体现出对环境保护的高度重视。[④] 此外，2021年4月，全国人大常委会公布立法计划，研究启动环境法典的编纂工作，环境权"入典"为学界众多学者所支持。2021年9月，国务院发布《国家人权行动计划（2021—2025年）》，明确将环境权确定为人权。此时，环境保护在我国已得到高度重视，对环境权的重要性也已达成共识。在此背景下，研究环境权的实现路径不能仅将重点放置于在意识上提高权利重要性，更应考虑到权利的实践性问题，例如立法成本、可司法性等具体性问题。

（2）研究环境权实现路径的问题，不得不考虑的就是不同实现路径下所

① 参见《宪法》序言。
② 参见2014年《宪法》。
③ 参见2014年《环境保护法》第6条第1款。
④ 参见《宪法》序言和第26条。

需的立法成本，因为立法成本不仅与权利的可行性挂钩，还与合理性问题相关。立法成本更低的路径所代表的则是依此路径实现环境权的可行性更高，而当不同路径均可满足环境权的需求时，成本更低的实现路径显然更具合理性。考量立法成本，需要分两步：

第一步，要列举出环境权在不同实现路径下的程序要求。首先，环境权要“入典”成为法律权利。根据《立法法》，由全国人大和全国人大常委会行使国家立法权，程序主要包括提案、审议、讨论、表决、公布几大步骤，其中可以提出法律案的主体包括全国人大主席团、全国人大常委会、一个代表团或三十个以上代表联名等。此外，法律修改的程序比制定更为简便，如全国人大制定法律时，一般需要三次常务委员会会议审议后再交付表决，而部分修改的法律案，可以经一次常务委员会会议审议后就提交表决，同时其表决仅需常务委员会全体组成人员的过半数通过即可。① 其次，环境权要“入宪”成为宪法权利。根据我国《宪法》的相关规定，宪法的修改，由全国人大或者1/5以上的全国人大代表提议，并由全国人大以全体代表的2/3以上的多数通过。② 宪法修改的程序包括提案、审定、起草、议决、公布。最后，环境权成为宪法权利且具体化为法律权利。在此种情况下，需同时启动宪法修改和法律修改两种程序。

第二步，要对列举的各项程序进行分析。通过这个过程，可以发现：第一，普通法律修改的成本比修改宪法的成本更低。主要表现为修改普通法律要求表决通过的人数较少，程序也更为简单。第二，修改普通法律的成本与修改宪法的成本虽然难以进行比较，但从立法的出发点来看，普通法律的修改需考虑多种因素，是基于国情而作出的历史性决定。此时修改普通法律所花费的立法成本是必不可少的。而宪法作为根本大法，它的修改却属于穷尽所有措施后的最后方案。若顺应国情制定普通法能够解决问题，就无须启动修宪程序，因为此时启动修宪程序产生的花费属于额外成本，必须成本与额外成本相较，自是花费必须成本更为合理。第三，仅制定普通法或宪法修改

---

① 参见2015年《立法法》第二章。

② 参见《宪法》第64条第1款。

的程序就需花费大量立法成本，同时启动两种程序花费的立法成本将更多。因此若非必要，不宜为同一事项同时启动两种程序。

(3) 环境权的实现路径需考量法律文本。之所以要考虑立法文本，主要是因为以下两点：

第一，环境权的实现需要满足宪法人权条款的需求。宪法的人权条款是我国人权的概括性条款，具有人权属性的权利要想成为真正的人权，就应当能容纳进宪法人权条款的范畴，不违背宪法人权条款的规定。因而环境权作为具有人权属性的权利，在研究实现路径问题时，必须要考虑到其与宪法人权条款的关联性问题。换言之，环境权的实现需满足宪法人权条款的需求。如何满足呢？可以从两方面进行分析。一方面，先厘清宪法人权条款；另一方面，在厘清的基础上分析何种路径可以满足宪法人权条款的需求。

从宪法人权条款这方面来看。首先，我国《宪法》第33条第2款规定："国家尊重和保障人权。"这一条款被称为我国的宪法人权条款。基于形式和实质两方面的考量，该条款可视为宪法原则条款。形式上，该条款在宪法文本中位于宪法第二章（公民的权利与义务）的第一条，具体的公民权利和义务的条款在其后，人权条款对后续的条款起到统领的作用。此时的人权条款作为其他规则的逻辑起点，将构建出以自身为总括权利、以统领下的规则为子权利的人权保障规范体系。在此体系中，人权条款基于其领导地位，可被视为宪法原则。实质上，人权条款具有宪法原则的客观规律性和主观诉求性。主要体现在：于国家而言，人权条款对国家的政治、经济、文化等起到指引作用，人权理念贯穿于国家的发展进程中；于公民而言，人权条款代表公民对美好生活的追求和自身权益的重视。因而人权条款可被视为宪法原则。作为宪法原则的人权条款具有重大宣示价值，在其指引下，国家机关应把人权设定为价值目标，重视对人权的尊重和保障，同时在法律、制度、机制等方面贯彻落实人权理念。此外，国家今后应当以人权价值理念为指导，在发展中充分保障和实现人权。其次，人权条款满足宪法规范的三个要件，可被视为宪法规范条款：第一个要件是人权条款具有"假定条件"。假定条件由时间、空间、主体条件和客体条件组成。基于我国法律适用的一般规定，分析宪法人权条款可得：时间为人权条款入宪并适用之后，空间是我国领域，主体为国家（具体为国家公权力机关），客体为尊重和保障我国境内所有人的基本权利和合法权利。因而人权条款的假定条件为在人权条款入宪并适用后，国家公权力机关应当尊重和保障我国境内所有人的基本权利和合法权利。第二个要件是人权条款具有“行为模式”。行为模式可分为可为模式、应为模式和禁为模式，分析人权条款可得：可为模式，是指国家公权力机关应当不干涉公民的合法行为。应为模式，是指国家公权力机关应当承担起尊重和保障公民人权的义务。禁为模式，是指国家公权力机关禁止侵犯公民的人权，包含基本权利和合法权利。因而人权条款的行为模式是国家公权力机关在承担尊重和保障人权义务的同时，不应当干涉公民的合法行为，并且禁止侵犯公民的基本权利和合法权利。第三个要件是人权条款具有“法律后果”。根据《宪法》第62条和第67条的规定，全国人大和全国人大常委会可以撤销违宪的法律、法规。① 人权条款属于宪法条款，当立法机关制定的法律、法规或国务院、各省、直辖市、自治区制定的行政法规等与人权条款相冲突时，这些法律法规将被改变或撤销。这就是人权条款包含的法律后果。

关于何种路径能够满足宪法人权条款这一问题，要在厘清人权条款的基础上进行分析。如前所述，宪法人权条款既可以作为宪法原则条款，也可以作为宪法规范条款，而环境权的实现应同时满足这两个条款的需求。首先，环境权“入典”能够满足宪法人权条款的需求。主要体现在：一方面，环境权成为法律权利不偏离宪法人权条款的指引。具有人权属性的环境权从人权道德观念上升为法律权利，这代表对于环境权的保护不再停留于道德层面，而是利用法律的强制效力增强保护性。可见环境权已经得到法律的认可，这一人权的地位越加重要。而宪法人权条款指引国家和社会公众朝着重视和保护人权的方向前进，环境权的发展方向与其不谋而合。另一方面，环境权成为法律权利满足宪法人权条款保护人权的价值需求。由于法律权利具有可诉

① 参见《宪法》第62条规定：“全国人民代表大会行使下列职权：（一）修改宪法；（二）监督宪法的实施；（三）制定和修改刑事、民事、国家机构的和其他的基本法律……”第67条规定：“全国人民代表大会常务委员会行使下列职权：（一）解释宪法，监督宪法的实施；（二）制定和修改除应当由全国人民代表大会制定的法律以外的其他法律；（三）在全国人民代表大会闭会期间，对全国人民代表大会制定的法律进行部分补充和修改，但是不得同该法律的基本原则相抵触；（四）解释法律……”

性，可通过诉讼获得救济。因而当环境权成为法律权利时，就可以依据诉讼得到保障。同时由于具有人权属性的环境权成为法律权利后，就会变成宪法人权集合概念下的子权利，属于人权的一部分。因而环境权作为法律权利得到保障就体现出对人权的重视和保护。这正满足宪法人权条款对于人权保护的价值诉求。其次，环境权“入宪”也能够满足宪法人权条款的需求。主要体现在：一方面，环境权成为宪法权利不偏离宪法人权条款的指引。环境权成为宪法权利意味着环境权不仅得到法律的承认，还得到宪法的重视。同时，由于环境权具有人权属性，当其成为宪法权利时，便成为人权的一部分。可见，此时环境权是作为人权获得宪法这一最高法的重视。由于宪法人权条款指引国家和社会公众朝着重视和保护人权的方向前进，环境权成为宪法权利正顺应这一指引。另一方面，环境权成为宪法权利满足宪法人权条款保护人权的价值需求。环境权成为宪法权利，不仅可以依据合宪性审查获得间接的保障，而且可以通过客观法赋予国家环境保护义务获得间接的保障。由于此时的环境权是人权的一部分，环境权获得保障代表着人权获得保障。这与宪法人权条款保护人权的价值诉求相吻合。

第二，环境权的实现应当考量宪法的环境保护条款。宪法的环境保护条款，是指我国宪法规定的环境保护价值理念条款和国家环境保护义务条款。环境权的实现应当考量该条款的存在及其有效实施，与其相辅相成，满足该条款的目的，推动该条款的实施，从而推动环境保护的进程。要做到这一点可从两方面着手：一方面，厘清宪法的环境保护条款；另一方面，在厘清的基础上分析哪一路径可满足该条款的目的。

从宪法环境保护条款这一方面来看。我国宪法序言规定推动生态文明建设，同时《宪法》第26条第1款规定：“国家保护和改善生活环境和生态环境，防治污染和其他公害。”这是我国宪法中的环境保护条款。其中，序言规定的推动生态文明与其他文明协同发展体现出环境保护的价值理念，《宪法》第26条的规定属于基本国策条款。首先，宪法规定环境保护的价值理念和基本国策，目的在于明确国家今后发展的基本方向，即朝着生态环境保护的方向前进。《宪法》序言增加生态文明，在富强民主文明的基础上增加和谐和美丽，不仅表现出我国宪法对环境保护的重视，更是为我国今后的发展指明方向，即在推动社会和经济发展的同时，不能忽略生态环境的保护。而从《宪法》的文本体例上来看，《宪法》第26条位于宪法总纲部分，而不是在公民的基本权利和义务部分，可见其更重视的是环境保护的国家义务，而非环境保护的权利性质。而基本国策作为国家发展的方针，其指向的是国家权力机关应遵循的义务。《宪法》第26条与基本国策正相符，因而《宪法》第26条应属于基本国策条款。由于基本国策条款是规范国家整体发展的基本方向和原则，《宪法》第26条作为基本国策条款，也可规范和指明国家今后的发展方向。因为《宪法》第26条强调的是环境保护的重要性，所以《宪法》第26条指明我国今后应朝着生态环境保护的目标不断前进。其次，《宪法》规定国家环境保护义务这一基本国策条款，目的在于课以国家在环境领域积极作为与消极不作为的义务。该条款中运用的“国家保护和改善”等表述，正是赋予国家义务的体现。据此分析，一方面，其中的“国家”应当具体化为行使国家管理职能的公权力机关及其公职人员。另一方面，国家公权力机关被赋予的义务主要可体现在三方面：其一，立法机关在生态环境问题上不可任意退却，应及时制定和不断完善相关环境立法。其二，行政机关正视自然生态基础的重要意义，合理衡量环保价值，并采取相应执法措施保护环境。其三，司法机关维护司法正义，合理合法审判环境纠纷案件。①

关于何种路径能够满足宪法环境保护条款目的这一问题，要在厘清该条款的基础上进行分析。由前文可知，在宪法中设置环境保护条款的目的在于：一是明确国家向生态环境保护前进的发展方向；二是课以国家公权力机关保护环境的义务。而环境权的实现必须要满足这两个目的。环境权“入典”抑或是“入宪”皆可满足这一要求。主要表现在：首先，环境权“入典”成为法律权利并不背离宪法环境保护条款指明的国家发展方向。成为法律权利，能够为环境立法、执法、司法活动提供具有法律强制力的权利基础，能够为公民参与环境保护事业提供法律依据，促进生态文明的建设。这不仅不违背宪法环境保护条款指明的前进方向，为国家朝此方向发展更添助益，且成为

① 参见谭倩：《生态环境的宪法保护——以中国宪法第26条为中心》，载《北京理工大学学报（社会科学版）》2017年第4期。

法律权利，与宪法环保条款规定的国家义务相对应，更能够督促国家积极履行义务。环境权指公民享有在良好环境中生活的权利，良好环境的实现需要依靠环境保护措施，与国家环保义务内容正相对应，而公民则可依据环境权这一法律权利，对国家公权力机关履行环境保护义务的行为进行监督。其次，环境权“入宪”成为宪法权利同样可以满足这一要求。作为宪法权利，不仅表示出我国对环境权的重视，同时为环境立法、执法、司法提供权利基础，正满足国家保护生态文明的发展方向。且作为宪法权利，不仅能够与国家环境保护义务在宪法上相对应，形成相互关联、对立统一的关系，基于权利与义务在功能上的互补关系，环境权还能够推动国家环境保护义务的履行。

环境权的实现应当考量环境法律体系。研究环境权实现路径的目的在于使环境权能够落于实处并发挥效用，做到这一步，必须要考虑环境权与既有环境保护规范条款之间的协调问题。就此而言，环境权与其他环境保护相关条款应当是相互独立却又相互配合的关系，故而研究环境权实现路径问题时，应注意不应与其他环境保护相关条款相重复或相冲突。此处的环境保护相关条款实质上即为我国现有的环境法律体系，因而环境权的实现需要对我国环境法律体系进行考量：其一，两者相互独立，环境权的规定不与现有法律规定构成重复，以免造成立法资源的浪费。其二，两者相互配合，环境权能够弥补现有环境法律体系的不足之处，完善和发展环境法律体系。要做到环境权与环境法律体系之间形成相互独立又相互配合的关系，需要分两步走：第一步，需要厘清我国环境法律体系；第二步，在厘清的基础上分析何种路径于环境权实现而言最为合适。

关于厘清环境法律体系这一问题。我国目前的环境法律体系是指以宪法为指引，以《环境保护法》为首的环境保护相关法律所形成的法律体系。其中，环境保护相关法律可以分为环境基本法、[①] 环境污染防治法、自然资源保护法、动物保护法、循环经济法等。其中，基本法起着基础性的作用，地位类似于法典中的总则，环境污染防治法、自然资源保护法等是具体性的法律规则，地位类似于法典中的分则。而宪法和环境保护法以设定国家环境保

① 此处的环境基本法即为2014年修订的《环境保护法》。

护义务的方式强调环境保护的重要性，却忽视了设置相应的环境权利。如此会造成权利与义务的失衡，以及环境执法和司法的依据缺失等问题。我国宪法规定的环境保护条款已充分表达了对环境保护的重视，目前我国正在制定以现有的环境法律体系为基础的环境法典，内容大致包括总则编、污染控制编、自然生态保护编、绿色低碳发展编和生态环境责任编。[①] 完备严谨的环境法典将会成为未来我国环境法律体系的重心。

厘清环境法律体系后，对环境权实现路径的选择能够提供如下帮助：首先，我国目前的环境法律体系缺乏保护环境公益的权利基础，而环境权“入典”抑或“入宪”都能够解决这一问题。其次，环境权可以通过制定于环境保护法或环境法典总则编中的方式从而成为法律权利。环境权可以通过制定于宪法中而成为宪法权利。因为环境权是权利，属于基础理论范畴，是原则性、基础性的概念，能够对整个环境法律体系发挥作用，因而应规定于环境基本法或宪法中。诸如环境污染防治法等具体领域的法律规范应当是与环境权相统一，结合该领域的特点后所形成的具体规则。最后，由于宪法环境保护条款已表达出对环境保护足够的重视，而宪法人权条款是环境权的宪法依据，此时环境权上升为宪法权利仅可发挥宣示性价值，与宪法的环境保护相关条款发挥的作用相差不大。综上所述，在我国既有的环境法律体系下，环境权成为法律权利更合适。由于未来环境法典将成为我国环境法律体系的重心，环境权作为符合环境法典理论基石的基础性权利，将环境权纳入环境法典是当下实现环境权最为合适的路径。

2. 环境权的权利定位需满足人权属性功能的发挥

环境权自提出以来就是作为一项人权而存在的，1972 年联合国召开斯德哥尔摩人类环境会议，环境与人权的关系就备受关注。此后，环境人权被联合国决议、大会宣言等国际上的“软法”所承认。[②] 2021 年 10 月 8 日，联合国人权理事会通过第 48/13 号决议，明确承认享有清洁、健康、可持续环境

---

① 参见吕忠梅：《启动环境法典编撰　提升环境权法治化保障水平》，载《学习时报》2022 年 3 月 7 日，第 2 版。

② 参见吴卫星：《环境权理论的新展开》，北京大学出版社 2018 年版，第 226 页。

的权利是一项具有重要意义的人权。[①] 这是联合国系统第一次承认环境权是一项独立的人权，是具有划时代意义的一项决议。[②] 可见，环境权的人权属性已然得到国际社会的普遍认可。在这样的时代背景下，环境权欲转化为实体性权利，在环境立法、环境执法、环境司法上发挥应有的作用，就应当充分考量环境权的实现路径是否能够确保其人权属性功能的发挥。要了解这个问题，既要厘清环境权的人权属性，又要分析环境权的实现与人权属性功能发挥的关联性。明晰这两点，就能对环境权的实现路径是否能够满足环境权最基本的人权功能属性的发挥有明确的认识。

第一，厘清人权属性是发挥其功能的前提。人权属性是界定人权范围的一项道德评判标准。至于何为人权，我们应当从人权发展的历史维度来探索人权的概念。人权在人类历史上首先是作为进步的思潮和运动出现的，新兴的资产阶级高举人权的旗帜，反对神权政治和封建专制，促进了人类社会的进步。[③] 从制度建设的角度来看，人权的历史是从 18 世纪后半期开始的，[④] 这一阶段是人权历史的初创阶段，与这一时期的自然人特征相联系，此时人权的核心性权利是自由权，尤其是政治上的自由权。彼时人权的有力倡导者西耶斯在《论特权》一书中表达出第三等级的人民对贵族世袭特权的不满和他们自己需要的权利。他认为，特权制度存在种种弊端，最显著者是它对政治的垄断。反特权的武器是平等，平等的结果是自由。特权是“夺去公民们”自由的不公正的制度。[⑤] 这一阶段压迫无处不在，人权几乎成为底层人民反抗封建统治者、追求自由的代名词。人权的发展阶段始于第一次世界大战结束，第二次世界大战后达到高峰期。在这一阶段的人权宣言和人权立法中，核心权利为生存权，即一种以保障“最低限度的健康且文化性的生活”

---

① U. N. Human Rights Council, *The Human Right to a Clean*, Healthy and Sustainable Environment: Res. /Adopted by the Human Rights Council on 8 October 2021, U. N. Doc. A/HRC/RES/48/13 (Oct. 8, 2021).

② 参见吴卫星：《环境人权在联合国系统之演进——联合国人权理事会第 48/13 号决议之评析》，载《人权法学》2022 年第 3 期。

③ 参见孙力：《论西方人权的三次嬗变》，载《政治与法律》2002 年第 3 期。

④ 参见徐祥民：《环境权论——人权发展历史分期的视角》，载《中国社会科学》2004 年第 4 期。

⑤ 转引自徐祥民：《环境权论——人权发展历史分期的视角》，载《中国社会科学》2004 年第 4 期。

为内容的权利。这种生存权意味着国家或社会的积极义务的设立。[①] 然后是人权发展的升华期，有学者认为这一时期的人权主要是环境权。这一时期的环境权在国际宣言和文件中不断出现，世界上越来越多的国家重视环境权并将其写入宪法、环境法等实体法中，作为一项实体权利予以保障。由此可以看出，不同时期不同背景，人权的内涵也在不断发生着变化，但都离不开人类这一主体，而人权的内容就是不同时期的人类生存发展所需要的利益追求。具体而言，人权可以理解为人对于幸福生活的追求在制度上的映射，即身处特定社会场域中的人们对资源掌控者提出的资格、利益要求和主张。[②] 在人权概念提出后，人权属性这一人权独有的属性也被广泛研究。当一项权利被普遍认定为人权时，该项权利就具有了人权属性，能够被纳入人权的范围。简言之，人权属性是一项权利能否被纳入人权范围的界定标准，但该项权利需被公认为是人权后方能产生人权属性。环境权是一项基本人权的观念现已得到世界各国的普遍认可，环境权随之便具有了人权属性。

第二，关于环境权的实现与人权属性功能发挥的关联性的问题。由前文可知，人权随着社会的发展、人类意识的转变而不断变化，其范围随着社会形态的转变而改变。由于人权的范围不断发展，因而要确定哪些权利可以被纳入人权的范围，当一项权利被公认为人权后，就具有特有的属性，即人权属性。该属性也成为界定权利可否进入人权范围的标准，即具有人权属性的权利才是人权，才可被纳入人权的范围。人权属性的出现仅是人权发展的一方面，另一方面是人权的发展推动人权拥有对公权力的评价功能。这一功能就是人权属性功能。人权属性功能，是指具有人权属性的权利对公权力的评价功能。公权力对具有人权属性的权利的制定和实施情况就是评价的内容，因此发挥人权属性功能是通过评判某一具有人权属性的权利的制定和落实情况，对公权力进行评价。目前环境权已被公认为人权，因而具有了人权属性，同时具有对公权的评价功能。这一功能是环境权得以落实和保障的关键所在，在研究环境权的实现路径时，应当将是否能够保证环境权人权属性功能的正

---

① 参见徐祥民：《环境权论——人权发展历史分期的视角》，载《中国社会科学》2004 年第 4 期。

② 参见何志鹏：《人权的历史维度与社会维度》，载《人权研究》2021 年第 1 期。

常发挥归入重点关注之列。在分析环境权的实现与人权属性功能发挥的关联性问题上，应从权利安排和实施情况两方面入手。

从权利安排，即环境权不同路径下的制定情况这一方面来看。首先，环境权“入典”成为法律权利，此时环境权应由普通法来安排，具有法律的明确认可。其次，环境权“入宪”成为宪法权利。此时宪法文本上明确规定环境权，环境权为宪法所制定。

从不同实现路径下环境权的实施情况这一方面来看。首先，环境权“入典”作为法律权利，环境权的相对义务人可能是国家、个人、企业等，环境权受到侵害时，可依据法律权利的救济路径寻求补偿、赔偿，还可以提起环境公益诉讼以维护环境权。同时，依据环境权的程序性权能，还能够向政府请求公开环境信息、参与环境公共事务、监督环境事务管理等。其次，环境权“入宪”作为宪法权利，可以通过国家环境保护义务的履行得到间接的实现，也可以通过合宪性审查得到保障。但是其实现具有间接性，受到国家环境保护义务履行的限制，同时其获得的保障仅针对法律文件，不针对具体行为。

综上所述，只有环境权上升到法律层面，成为法律权利或宪法权利，才可被制定和实施。此外，环境权成为法律权利，其实施时得到的保障多于成为宪法权利。由此可见，环境权实现路径的不同对人权属性功能的发挥有所影响。环境权成为法律权利或宪法权利方可发挥其人权属性功能，此外，环境权成为法律权利相较于宪法权利更能够充分地发挥人权属性功能。

3. 环境权的法律权利定位有利于其司法性

司法性也可称作可诉性，环境权的司法性即将权利运用于司法程序中，能够对权利进行司法救济。正所谓“无权利则无救济”，于权利而言，救济是实现权利的关键，能否得到救济直接关系着权利主体对权利的行使，若权利无法得到救济，权利主体获得的仅是空有“权利”之称。在权利的救济体系中，司法救济是最权威、最有效的救济方式，可以说，司法救济是权利救济的核心。环境权作为权利，自然也应得到司法救济，才能够最有效地保障环境权的内容——环境公益。但是不同的实现路径下的环境权在司法性方面具有一定的差异，需要对环境权的实现路径进行分析，来判断适用何种路径具有司法性，据此可选择环境权最佳的实现路径。

首先，环境权“入宪”作为宪法权利。宪法权利，通常被称为基本权利，目前达成共识的基本权利的功能为防御权功能和受益权功能。其中，防御权功能是指公民有权要求国家不侵犯基本权利所保障的利益，若国家侵犯这一利益，公民可依据有关基本权利的规定请求国家停止侵害。而受益权功能是指公民可以依据基本权利请求国家为一定行为，从而享受一定利益的功能。防御权和受益权功能与基本权利的根本价值相一致，是各基本权利普遍具有的两大功能。① 除此之外，有学者提出，基本权利具有请求权功能，但并未达成共识。主要原因在于请求权是指公民基于维护某一利益的正当诉求，可依据某个权利请求相应的主体予以作为，由此可见请求权具有可诉性。但实质上我国宪法并不具备可诉性，基本权利也不具备可司法性。但宪法规定的基本权利与每个公民的生活息息相关，“齐玉苓案”等典型案例的出现时刻抨击着基本权利不可司法化的界限，在学界也一直存在宪法司法化的争议，但截至目前，此种争议仍旧只停留在学术争议中，并未对宪法产生实质性的改变。基于宪法基本权利的此种特性，环境权“入宪”同样不具备司法性，因此，环境权作为基本权利实现的观点便产生了诸多争议。目前，世界上许多国家和地区都在宪法中确认了作为人权的环境权，有学者在对各国宪法环境权进行研究之后，认为各国宪法中规定的环境权不应被视为实体性基本人权，仅是一种揭示环境保护理念、政策的宣示性条款，且司法实践中对环境权的拒绝也表明了宪法环境权并不具备司法性。② 随着理论的发展，有学者提出，环境权不应仅定位为宪法权利，而应以宪法环境权为基本权利，在具体的普通法中予以展开。应当将环境权的理念、原则体现于环境法整体规范之中，而非仅表现为一个具体的法律条文或是一项制度。③ 本书认为，环境权作为一项人权，“入宪”更能够在最高法的层面上宣示其重要性。但因宪法自身的不可诉性，作为基本权利，环境权将会被束之高阁，失去创设权利本应具有的意义。这并不意味着对环境权“入宪”的否定，原因在于：第

---

① 参见张翔：《论基本权利的防御权功能》，载《法学家》2005 年第 2 期。

② 参见朱谦：《环境权问题：一种新的探讨路径》，载《法律科学》2004 年第 5 期。

③ 参见吕忠梅：《环境权入宪的理路与设想》，载《法学杂志》2018 年第 1 期。

一，宪法对公民基本权利保障的不足产生的矛盾使宪法学者努力探索基本权利司法化的可行路径，实现公民基本权利的宪法诉讼并非完全没有希望。第二，由前文可知，宪法修改的成本较高，程序更为烦琐，且《宪法》于2018年进行修订，短期内修改《宪法》的可能性较小，需等到合适的机遇来实现环境权入宪。

其次，环境权“入典”作为法律权利。于法律权利而言，司法性是法律权利最重要的特性，法律权利主体可以据此特性将侵害权利的行为人诉诸司法，使其承担法律后果，保障自身的合法权益。环境权作为法律权利，若环境公益受到损害，环境权主体便可依据环境权向人民法院提起环境公益诉讼，使侵害环境公益的行为人承担法律后果以维护环境公益。恰逢环境法典编纂之际，环境权进入环境法典既是满足人民优美生态环境需要的立法回应，还彰显了“以人民为中心”的立法宗旨，把以环境权为核心的公众环境权利的保护以及立法确认提高到一种新的境界，也是以立法的方式回应联合国确立环境人权的表现。① 在环境法典中，宜构建一个完整的环境权体系，即在确认一般环境权的基础上，具体规定环境权的实体性权能以及程序性权能。即在环境法典中明确权利主体享有对良好环境的消极的保有权以及享有权等实体性权能，且能够依据环境权而享有环境知情权、环境参与权以及环境请求权等程序性权能。

通过对环境权两种实现路径的分析可以发现，环境权无论是“入宪”还是“入典”都能够实现环境权设立的目的。但就当下的时代背景以及环境权实现的迫切需要而言，从立法成本、可司法性等方面来看，环境权作为法律权利进入环境法典更具有优势，而环境权入宪则需要等待更为合适的时机。将环境权定位为法律权利，迎合了环境法典编纂的时机，更有利于实现环境权的司法性。而作为环境公益诉讼原告的诉权基础，环境权的实现路径必须要考虑环境权的司法性，只有环境权具备了司法性，才能成为环境公益诉讼原告的诉权基础。因而，在现阶段，环境权最为适宜的实现路径即“入典”，作为法律权利发挥制度功能。

① 参见吴卫星：《环境权在我国环境法典中的证成与展开》，载《现代法学》2022年第4期。

第三章

基于环境权的环境公益诉讼实质原告资格的法理透视

第一节　公民：环境公益诉讼的实质原告

学界普遍支持扩张现有环境公益诉讼的原告范围，其中不少学者呼吁赋予公民环境公益诉讼原告资格。起诉主体多元化确实能够有效缓解环境公益诉讼起诉少、启动难的问题。① 但上述观点仍主要以制度倡议作为表现形式，深入的理论剖析较少。之所以如此或在于以下原因：一是由于法律法规的缺失，既有分析多是总结现实需求到要求制度改进的论证结构，如学者从讨论环境公益诉讼原告制度的现实局限到提出主体资格制度的价值补强和制度构想的论证，缺少法学理论的支撑。② 二是典型案例稀少，论者经常不得不借鉴域外案例进行理论分析，与国内实际状况脱节。三是对环境权是否为环境公益诉讼的权利基础尚存疑虑所以止步不前，或者对环境权的相关理论浅尝即止，如有学者仅强调环境权由公民让渡给国家，国家机关可以此提起环境公益诉讼，却没有深入讨论环境权与环境公益诉讼之间内在的理论联系，转

① 参见王丽萍：《突破环境公益诉讼启动的瓶颈：适格原告扩张与激励机制构建》，载《法学论坛》2017 年第 3 期。

② 参见刘汉天、刘俊：《公民环境公益诉讼主体资格的法理基础及路径选择》，载《江海学刊》2018 年第 3 期。

而回到制度层面的建构上。[①] 上述对环境公益诉讼原告制度及环境权的讨论，易使制度缺少理论根基，讨论制度建构时陷入简单搬运和组合域外制度的误区，如此将缺乏制度设计的整体性和连贯性，不利于将环境公益诉讼的原告资格制度建构为严谨的法律体系。当前，随着环境权构造日渐明晰，或可转换思路，结合业已成熟的诉讼法理论和主观公权利理论，对环境公益诉讼中的公民原告资格问题进行更深入的理论研究。

另外，为了论述的便利和体系性，《民法典》第七章所称的“被侵权人”、《民事诉讼法》第55条所称的“权利人”、《两高检察公益诉讼司法解释》和最高人民法院《关于审理环境公益诉讼案件的工作规范（试行）》所称的“起诉人”、《生态环境损害赔偿制度改革方案》所称的“赔偿权利人”、最高人民法院《关于充分发挥审判职能作用为推进生态文明建设与绿色发展提供司法服务和保障的意见》所称的“生态环境损害赔偿权利人”，以下统称为“原告”。

一、环境公益诉讼的双重性质

公益诉讼性质的类型化研究已经逐渐在行政公益诉讼的相关讨论中展开，致力于让行政公益诉讼制度走向成熟。但在环境公益诉讼中，相关的研究还并不深入。制度性质将影响制度建构，因此，有必要对环境公益诉讼的性质展开讨论。

（一）客观诉讼与主观诉讼

客观诉讼与主观诉讼的类型化研究始于法国法学家莱昂·狄骥，他主要是在行政诉讼领域开展有关研究。狄骥认为，行政机关因与公民打交道时违反应遵守的普遍适用的某些规则和法律而涉诉时，该诉讼为客观诉讼；当争论的问题是关于违反了原告独享的某些权利时，则涉及的是主观诉讼。[②] 前者如法国诉讼体系中的越权之诉，法院针对行政行为是否合法展开审理，若

① 参见陈凤、吴迪：《我国环境公益诉讼中原告主体资格制度的完善》，载《湖北经济学院学报》2021年第1期。

② 参见薛刚凌、杨欣：《论我国行政诉讼构造：“主观诉讼”抑或“客观诉讼”?》，载《行政法学研究》2013年第4期。

不合法则可由法院撤销该行政行为，但并不审查行政行为是否导致权利损害。后者如合同之诉，法院的审理重点在于原告的权利损害以及赔偿，由于原告和被告的法律行为主要是基于合同内容，因此其是否符合法律也并不是法院审查的关键所在。可见，狄骥的理论是依据诉讼标的进行分类，客观诉讼审查违法性问题，主观诉讼审查侵权性问题。

除了依据诉讼标的分类外，也有通过诉讼目的辨别客观诉讼与主观诉讼的观点。日本通说认为："主观诉讼是指以保护个人权利和利益为目的的诉讼；而客观诉讼是指以保障法规的客观公正适用或一般公共利益为目的的诉讼。"① 由于越权诉讼是以监督政府依法行政、维护法律权威为目的，因此可以认为越权之诉是保障法律适用客观公正和一般公共利益的客观诉讼，而合同之诉则是旨在维护个人权益的主观诉讼。

初看，上述标准能够相辅相成实现边界分明的诉讼类型化。但是，实践是复杂的，想要在行政诉讼实践中截然分出某类诉讼属于客观诉讼还是主观诉讼也极为困难。如在我国的一般行政诉讼中，法院重点审查行政行为合法性，② 故从诉讼标的来看应属于客观诉讼，但行政诉讼的原告只限于行政行为的利害关系人，在诉讼目的上似乎有主观诉讼的影子，呈现主客观交错的诉讼性质。③ 又如，在行政赔偿诉讼中，诉讼目的主要是对行政相对人因受到行政行为侵害的个人权益进行赔偿，其应属于主观诉讼，但又强调是由行政机关的违法行为引起的权利侵害，④ 势必要对行政行为的合法性问题展开审查，因此也难以截然区分行政赔偿诉讼的主客观性质。

诚如学者所言，"在日趋复杂的现代法律关系中，主观法律状态与客观法律状态会靠近，甚至相互渗透，即便在同一诉讼中，行政法官可能既要处理客观法的问题，也要处理主观权利的问题"，但这种类型化依然是重要的，因为"法学家的使命在于区分判决中的哪些内容是针对客观法，哪些内容是

---

① 参见王贵松：《信息公开行政诉讼的诉的利益》，载《比较法研究》2017 年第 2 期。

② 参见《行政诉讼法》第 6 条。

③ 参见薛刚凌、杨欣：《论我国行政诉讼构造："主观诉讼"抑或"客观诉讼"?》，载《行政法学研究》2013 年第 4 期。

④ 参见《国家赔偿法》第 3 条。

针对主观法律状态”①，进而根据不同的诉讼性质设计不同的制度细节。对于不同性质的诉讼类型，其“受案范围、原告资格、起诉条件、审理规则、法官的审判权限以及行政裁判的效力等都不相同”②。因此，对于环境公益诉讼性质的类型化讨论同样必要。

（二）环境行政公益诉讼的主客观复合性

行政诉讼由于常常牵涉行政相对人的个人权利问题，因此其主客观性质杂糅并不稀奇。而公益诉讼与个人权利问题并不直接相关，那么公益诉讼是否就必然是客观性的诉讼？对于检察公益诉讼而言，这确实是多数学者主张的观点。他们认为，检察公益诉讼是以整合客观秩序、保护公共利益为诉讼目的，属于客观诉讼。③ 甚至有学者认为“公益诉讼”与“客观诉讼”就是等同的。④ 但还有少数观点主张，行政公益诉讼应当是主客观复合性的诉讼，行政公益诉讼所保护的公共利益应当分为秩序公益和特定领域的公共利益，秩序公益着重考察行政行为的合法性问题，对应客观诉讼，特定领域的公共利益是需要行政机关恢复或保障的利益，类似于对个人权利的保护，对应主观诉讼。⑤ 实际上，两种观点的争议就集中在如何解释公益诉讼中的“公共利益”，以及诉讼类型化理论最初的客观性与主观性意指为何。

狄骥是如此定义“客观性”的：“行政机构是否在最一般性的意义上违反了法律。这是一个需要由法官来加以判断的客观性问题。它只可能消除一种法律后果，而不能消除一种事实。客观性行为关系到公共服务的全面运转。”⑥ 在此，狄骥首先将客观性限定在一般性的违反法律，而不是个别的规则违反，因此可以排除个别性的协议或者具有特定性的规范性文件。其次，

---

① 参见成协中：《论我国行政诉讼的客观诉讼定位》，载《当代法学》2020 年第 2 期。

② 参见薛刚凌：《行政诉讼法修订基本问题之思考》载《中国法学》2014 年第 3 期。

③ 参见梁鸿飞：《检察公益诉讼：逻辑、意义、缺漏及改良》，载《安徽师范大学学报（人文社会科学版）》2019 年第 3 期；刘艺：《检察公益诉讼败诉案件中的客观诉讼法理》，载《行政法学研究》2020 年第 6 期；张雪樵：《检察公益诉讼比较研究》，载《国家检察官学院学报》2019 年第 1 期。

④ 参见肖建国：《利益交错中的环境公益诉讼原理》，载《中国人民大学学报》2016 年第 2 期。

⑤ 参见薛刚凌《行政公益诉讼类型化发展研究——以主观诉讼和客观诉讼划分为视角》，载《国家检察官学院学报》2021 年第 2 期。

⑥ 参见［法］狄骥：《公法的变迁》，郑戈译，商务印书馆 2019 年版，第 154～156 页。

这种客观性的法律违反涉及的是公共服务的全面运转，如果只是影响具体情形下的利益损害问题则不应当是客观性的。最后，法院的客观性判断只能消除一种法律后果，而与既定事实无涉。也就是说，违反法律的行为能够被审查和撤销，这是对法律行为本身的处理，但法律行为所造成的具体后果不是客观性的问题，也不在客观诉讼的调整范围内。

在行政公益诉讼中，秩序公益指向行政行为的合法性问题，其客观性并无异议。而特定领域的公共利益损害并不是对一般性法律的违反。如环境行政部门发现企业违法排放危险废物后，不加制止致使环境遭受污染，那么环境公益损害的出现无须环境行政部门负责，因为法律并不要求环境行政部门必须实现全社会环境公益零损害，只是要求环境行政部门在损害发生后依法履职，制止损害行为并要求企业修复受损的环境公益。因此，只有行政机关明知特定领域的公共利益受损而不预防、不阻止和不修复的行为才是对一般性法律的违反，而特定领域的公共利益损害出现与一般性法律的违反无直接关系。并且，一般而言，特定领域的具体公共利益损害也并不影响公共服务的全面运转，其仅为有限空间内的利益损害问题，并不影响公共服务运转，也不会因此而关涉公共服务运转的是违法所带来的法律严肃性危机。既然法律并不绝对禁止特定领域出现公共利益损害，那么对它的修复则是一种事实性的改变，并非消除某种法律后果。如云南剑川县人民检察院诉剑川森林公安局案，法院要求公安局“采取有效措施，督促行政相对人限期恢复被改变林地的原状”,① 在此法院仅明确公安局有监督修复的责任，但并不确定具体的监督方案。之所以如此，是由于公安局若不履行监督责任将导致法律丧失公信力，危及公共服务运转，而林地是否恢复则仅影响当地生态状况，可由公安局自由裁量，两者有着性质上的不同。相较于客观性而言，主观性是“创造出了一种新的法律状态，或者改变或破坏了一种既存的法律状态”②。实际上，对特定领域的公共利益损害进行修复，即是对违法行政行为导致的后果的改变或消除。综上，若从狄骥对客观性和主观性的理解去解读，可知

① 参见云南省剑川县人民检察院诉剑川县森林公安局怠于履行法定职责环境行政公益诉讼案，最高人民法院指导案例137号（2019年）。

② 参见［法］狄骥：《公法的变迁》，郑戈译，商务印书馆2019年版，第154页。

秩序公益确实应是客观性问题，而特定领域的公共利益则属于主观性问题，由此前者对应客观诉讼，具有一般性，后者对应主观诉讼，具有相对性，两者具有完全不同的性质。这也是为何有学者强调，当行政机关穷尽职权范围内的行政监管措施来制止、惩戒违法行为，责令违法相对人采取科学、合理的举措修复生态环境时，作为公共利益的客观法秩序都已得到维护。[①] 只是这个论断还需补充，行政机关有时也负有修复因自然原因导致的环境公益损害的责任，如政府需要依据《黄河保护法》第 11 条第 3 款主动治理黄河流域的生态功能区域的荒漠化问题，[②] 此时行政机关就如同“违法相对人”一般进行生态环境的修复，这里涉及的是主观性问题，修复行为所付出的具体成本和法律规定无关。

在行政诉讼领域，依据目的是保障公共利益还是个人权利将行政诉讼分为客观诉讼与主观诉讼是正确的，但却不应直接适用于公益诉讼领域。行政诉讼的两造是行政机关与行政相对人，分别代表了公共利益与个人权利，但这里的公共利益其实是依法行政的化身，如果行政机关依法行政，则维护了公共利益，如果没有依法行政，则损害公共利益，只考虑是否违法而不考虑是否侵权。行政诉讼的审理规则，就是行政机关依法行政，作出合法的行政处罚和行政强制，则不考虑对个人权利的侵害问题，仅在行政机关没有依法行政时才考虑个人权利的侵害问题。正如学者所说：“我国行政诉讼是一种客观法秩序兼顾主观公权利的模式。”[③] 可见，行政诉讼领域的客观秩序与公共利益直接对应，主观利益与个人权利直接对应，在此，公共利益是客观法律性的表彰，个人权利是主观权益的形式，但这种对应关系仅在行政机关与行政相对人对立的行政诉讼中适用。因此，以维护公共利益的诉讼目的来判定客观诉讼的理由也仅在行政诉讼中适用，在行政机关与检察机关对立的行政公益诉讼中，公共利益超出了抽象的违法性问题，进入了特定领域的主观权益。从划分客观诉讼与主观诉讼的角度出发，将行政公益诉讼所维护的公

---

① 参见林莉红：《检察机关提起民事公益诉讼之制度空间再探——兼与行政公益诉讼范围比较》，载《行政法学研究》2022 年第 2 期。

② 参见《黄河保护法》第 31 条第 3 款。

③ 参见邓刚宏：《论我国行政诉讼功能模式及其理论价值》，载《中国法学》2009 年第 5 期。

共利益分为秩序公益与特定领域的公共利益是合理的，前者对应客观诉讼，后者对应主观诉讼。

判定环境行政公益诉讼的性质时，由于大多数学者直接将维护国家利益与社会公共利益的诉讼视为客观诉讼，而认为保障个人权利的诉讼是主观诉讼，他们继而主张环境行政公益诉讼应是客观诉讼。① 但如前文所述，该诉讼目的是在特定的行政诉讼领域获得的诉讼标的化身，公共利益在行政公益诉讼中并不是单一的客观合法性判断，还涉及特定领域的主观利益修复问题。环境行政公益诉讼中的公共利益也包含客观的秩序公益和主观的环境公益。因此，环境行政公益诉讼具有客观诉讼和主观诉讼的双重性质，明确两者之间的实质区别才能够进行合理的制度安排。

（三）环境民事公益诉讼的主客观复合性

环境民事公益诉讼与环境行政公益诉讼的共通之处在于都审理侵害环境公共利益的行为，区别在于前者的被告为其他公民或组织，后者的被告为行政机关。既然两类诉讼的诉讼标的都包含侵害环境公益的行为，那么环境民事公益诉讼是否也具有主客观复合的双重性质？由于客观诉讼与主观诉讼的类型化分析主要应用在行政诉讼领域，且一般认为民事诉讼均为主观诉讼，缺乏讨论的空间，因此对于与民事诉讼联系紧密的民事公益诉讼的性质的讨论也少得多。但民事公益诉讼与民事诉讼有本质的区别，环境民事公益诉讼因主体获得了国家特别授权具有公权性质而成为的“不平等”诉讼，② 因此对环境民事公益诉讼的性质探究仍有意义。相关研究的稀缺还可能是由于学界在讨论客观秩序问题时，强调的多是国家行为或行政行为的合法性问题，如此就将对诉讼性质的讨论限制在行政法或宪法领域。实际上，公民和组织的行为也涉及客观秩序，客观法将人类的所有意愿、能力和财产从自然的生活领域中提升出来，形成法律上的行为和身份，③ 这种行为与身份的适用对象当然包括公民和组织。

---

① 参见李劲：《行政公益诉讼的价值基础及制度构建》，载《社会科学辑刊》2015 年第 3 期。

② 参见吕忠梅：《环境公益诉讼辨析》，载《法商研究》2008 年第 6 期。

③ 参见［德］格奥格·耶利内克：《主观公法权利体系》，曾韬、赵天书译，中国政法大学出版社 2012 年版，第 10 页。

对于环境民事公益诉讼性质的讨论虽然较少，但也形成了两种对立的观点：第一种观点认为，环境民事公益诉讼是针对污染环境、损害社会公共利益的行为提起的诉讼，将公共利益视为客观利益，确立“环境民事客观诉讼”。[①] 该观点与前述认定环境行政公益诉讼为客观诉讼的思路一致，都是以保障公共利益的诉讼目的为基础提出的，分析并不全面。第二种观点认为，由检察机关提起的环境民事公益诉讼是基于维护国家利益而提起的诉讼，检察机关代表“国家”去维护本国的生态环境等利益，使这些利益不受侵害或脱离受损状态，因此是主观诉讼。[②] 这一观点至少存在两项缺憾：其一，这一观点将检察机关提起的环境民事公益诉讼解释为自益诉讼，因此不能适用于环保公益组织提起的诉讼，环保公益组织并不是国家利益的代表，这将造成环境民事公益诉讼的性质变得更加难以捉摸。其二，环境民事公益诉讼维护的是环境公益，与国家利益并不一致，法条上也清晰地区分了国家利益与社会公共利益，两者不宜混用。以此为前提，在理论无法说明检察机关提起的环境民事公益诉讼只维护国家利益，而不在乎环境公益的情况下，其结论将会落空。因此这一观点的解释力也有限。

依据上文客观性和主观性的释义分析，环境民事公益诉讼也是具有主客观复合性的诉讼。首先，环境民事公益诉讼具有客观性，但之所以如此并非由于它是以保障公共利益为诉讼目的，而是因为法院在审理中必须先考虑被告行为的违法性问题。在中国生物多样性保护与绿色发展基金会诉华北路桥的终审判决书中，法院强调，“侵权人在行政审批范围内排放污染物、实施有损生态的行为，即使造成了社会公共利益损害，也不承担相应的侵权责任，这是因为行政审批时已经考虑到社会公共利益的有限退让”[③]。同时，根据《民法典》第1234条和第1235条的规定，在行为人违反国家规定造成生态环

① 参见梁增然：《我国环境行政公益诉讼制度演变的三条主线》，载《环境保护》2020年第16期。

② 参见林莉红：《检察机关提起民事公益诉讼之制度空间再探——兼与行政公益诉讼范围比较》，载《行政法学研究》2022年第2期。

③ 中国生物多样性保护与绿色发展基金会与华北路桥建设集团有限公司等侵权责任纠纷环境民事公益诉讼案，河南省高级人民法院（2020）豫民终321号民事判决书。

境损害的前提下，才可请求其承担侵权责任。① 也就是说，如果被告违法，才进一步依据违法的范围确定其应当承认的责任，如果被告不违法，则不承担任何环境修复责任。上述被告行为的违法性审查即是针对对法律的一般性违反发起的审查，法院对此只能要求行为人停止违法，如停止侵害和排除妨害等，还尚未审查其所造成的具体损害问题，具有客观性意义。其次，环境民事公益诉讼也具有主观性。因为环境公益的损害具有隐蔽性、滞后性，所以大多数环境民事公益诉讼涉及环境公益的损害修复问题，法院必须审查环境公益损害的情况，以及相关的修复和赔偿费用。这种审查针对个别的权益损害展开，是对违法行为后果的改变或消除，具有主观性。综上，环境民事公益诉讼与环境行政公益诉讼一样，具有主客观双重性质。

（四）生态环境损害赔偿诉讼的主客观复合性

生态环境损害赔偿诉讼与环境民事公益诉讼的关系决定其同样具有主客观复合性。在探究两种诉讼的关系前，有必要先考察生态环境损害赔偿诉讼的本质。对生态环境损害赔偿诉讼本质的讨论，根据学者们所主张的诉讼基础和目的的不同，主要可以分为国益诉讼说、公益诉讼说和混合诉讼说三种观点。对于国益诉讼说，学者是将国家自然资源所有权作为生态环境损害赔偿诉讼的权利基础，且诉讼目的也是保护国家自然资源。认为其是一种新型法律责任制度，与“公益诉讼”并行，是代表国家以所有权人身份提起的国家利益诉讼。② 该观点的直接规范依据为最高人民法院《关于充分发挥审判职能作用为推进生态文明建设与绿色发展提供司法服务和保障的意见》。③ 对于公益诉讼说，学者认为原告是基于环境公益损害提起生态环境损害赔偿诉讼，诉讼目的也在于保护环境公益。④ 并且，《生态环境损害赔偿制度改革方

---

① 参见《民法典》第1234条、第1235条。

② 参见吕忠梅：《建生态环境损害赔偿制度降低公益诉讼门槛》，载百家号“每日经济新闻”2018年3月12日，https：//baijiahao. baidu. com/s? id = 1594745843283362252&wfr = spider&for = pc。

③ 参见最高人民法院《关于充分发挥审判职能作用为推进生态文明建设与绿色发展提供司法服务和保障的意见》第19条。

④ 参见薄晓波：《三元模式归于二元模式——论环境公益救济诉讼体系之重构》，载《中国地质大学学报（社会科学版）》2020年第4期；潘牧天：《生态环境损害赔偿诉讼与环境民事公益诉讼的诉权冲突与有效衔接》，载《法学论坛》2020年第6期。

案》中仅强调了对生态环境公益的修复和赔偿，并不涉及对自然资源的赔偿。[①] 对于混合诉讼说，又可分为两种观点：一是仍以国家自然资源所有权作为诉讼的权利基础，但强调是以此实现保护环境公益的诉讼目的。[②] 二是将国家自然资源所有权和基于环境保护的行政管理权作为诉讼基础，并以保护环境公益为诉讼目的，政府可以选择以何种请求权提起生态环境损害赔偿诉讼。[③] 另有私益诉讼说，实为国益诉讼说，不再赘述。

分析上述观点，国益诉讼说是以最高人民法院《关于充分发挥审判职能作用为推进生态文明建设与绿色发展提供司法服务和保障意见》为直接依据，以《宪法》《民法典》物权编对国家自然资源所有权的规定作为辅助，但强调生态功能价值的《生态环境损害赔偿制度改革方案》并不以资源保护作为诉讼的主要目的，因此纯粹的国益诉讼仍与当前的规范性文件存在出入。混合诉讼说的第二种观点采取折中方案，赋予政府选择起诉基础的裁量权，但环境的经济性和生态性具有完全不同的性质，在赔偿上也存在较大的差异，整合进同一种诉讼中似乎不利于理论和制度的体系化发展，且不必要地扩大了权力"寻租"的空间，所以该观点也有其不足之处。混合诉讼说的第一种观点符合对规范的文义解释，既满足了最高人民法院《关于充分发挥审判职能作用为推进生态文明建设与绿色发展提供司法服务和保障意见》对诉讼基础的规定，也符合《生态环境损害赔偿制度改革方案》对生态环境保护的期待。但是，将国家自然资源所有权作为诉讼的权利基础至少还存在以下问题：第一，环境的经济性赔偿和生态性赔偿存在出入，对国家自然资源的赔偿有时不足以覆盖修复环境生态功能的费用。第二，不属于国家的自然资源，如大气就无法得到生态环境损害赔偿诉讼的救济，但政府对此仍负有治理责任。[④] 第

---

① 参见王旭光：《论生态环境损害赔偿诉讼的若干基本关系》，载《法律适用》2019 年第 21 期。

② 参见曹明德、马腾：《生态环境损害赔偿诉讼和环境公益诉讼的法理关系探微》，载《海南大学学报（人文社会科学版）》2021 年第 2 期；周勇飞：《生态环境损害赔偿诉讼与环境民事公益诉讼的界分——功能主义的视角》，载《湖南师范大学社会科学学报》2020 年第 5 期；罗丽：《生态环境损害赔偿诉讼与环境民事公益诉讼关系实证研究》，载《法律适用》2020 年第 4 期。

③ 参见廖华：《生态环境损害赔偿的实践省思与制度走向》，载《湖南师范大学社会科学学报》2021 年第 1 期。

④ 参见邹雄、陈山：《我国生态环境损害赔偿权利人权源的法理透视》，载《福建师范大学学报（哲学社会科学版）》2021 年第 4 期。

三，若以最高人民法院《关于充分发挥审判职能作用为推进生态文明建设与绿色发展提供司法服务和保障意见》规定的国家自然资源所有权为基础提起诉讼，却在诉讼请求上列出《生态环境损害赔偿制度改革方案》要求的环境生态性损害赔偿，则违法与责任不相对应，不符合传统诉讼理论。因此，该观点虽然符合制度规范，但制度本身存在龃龉，无法克服实践与理论之间的矛盾，故也不可取。唯有诉讼基础与诉讼目的相契合的公益诉讼说能够让实践和理论相适应，实现保护环境公益的目的，而代价仅是对规范略做修改。

实际上，生态环境损害赔偿诉讼是一种特殊的环境民事公益诉讼。两种诉讼在价值目标、制度功能、请求权基础、救济客体、诉讼对象、诉求范围等方面无显著差异。① 具体而言，生态环境损害赔偿诉讼与环境民事公益诉讼系由同样原因引起，诉讼请求相同，所救济的利益同一。② 最高人民法院《关于审理生态环境损害赔偿案件的若干规定（试行）》也强调，生态环境损害赔偿诉讼可以参照适用环境民事公益诉讼的规定。③ 两类诉讼虽然在诉讼范围上存在一定差异，生态环境损害赔偿诉讼更关注严重、突发的环境事件以及生态保护区内发生的环境案件，但这并没有脱离环境民事公益诉讼意图保护的环境公益，而只是说明同类诉讼内部各有分工，就如检察机关更关注环境刑事附带民事公益诉讼案件。④ 若生态环境损害赔偿诉讼是环境民事公益诉讼的子类，那么生态环境损害赔偿诉讼的主客观复合性质也就不必重复证明。

综上所述，三种类型的环境公益诉讼均具有主客观复合性。并且，上文虽然对三种诉讼分别进行论述，但是本质是统一的。环境公益诉讼作为客观诉讼时，其诉讼标的是作为被告的行政机关、组织或公民违反环境法律法规的行为；作为主观诉讼时，法院审查的是行为所造成的环境公益损害的修复

---

① 参见薄晓波：《三元模式归于二元模式——论环境公益救济诉讼体系之重构》，载《中国地质大学学报（社会科学版）》2020年第4期。

② 参见邓少旭：《生态环境损害赔偿诉讼：定义与定位矫正》，载《中国环境管理》2020年第3期。

③ 参见最高人民法院《关于审理生态环境损害赔偿案件的若干规定（试行）》第22条。

④ 参见最高人民法院环境资源司法研究中心、清华大学环境资源与能源法研究中心：《中国环境司法发展报告（2021）》。

或赔偿问题。对于前者，法院能够要求被告撤销或停止侵害环境公益的法律行为；对于后者，法院则可要求被告对行为所造成的环境损害进行修复或赔偿。根据前文所论，以环境公益为内容的权利仅有环境权（尽管当下在我国仍表现为法益），若能够证明环境权具有主观权利的性质，则既可加强前文论断的说服力，还可以进一步确定环境权的主体——公民，就是环境公益诉讼的实质原告。

二、环境权的主观公权利属性

根据环境公益诉讼的主客观复合性质确定权利基础是进一步夯实原告资格制度的理论前提。耶利内克如此界定主观公权利："只有当个人利益也是共同利益的要求时，个人利益才能获得法律的承认，而主要为了共同利益而被承认的个人利益是主观公权利的内容。"① 因此，主观公权利兼具对共同利益和个人利益的保护。将主观公权利作为环境公益诉讼的权利基础，也可更好地还原环境公益诉讼的客观公益性是脱胎于主观私益性，而不会将两者割裂。因此，应当在环境公益诉讼的中找寻主观公权利。

（一）主观公权利的历史渊源

主观公权利体系是由德国法学家格奥格·耶利内克奠基，并由奥特马尔·布勒、奥拓·巴霍夫等学者逐步砌成的理论大厦。主观公权利缘起于主观权利概念，主观权利的内涵肇始于自然法学派的理论，认为主观权利是人的自由权，具有原初性，先于国家存在且仅由国家承认。该观点的目的可能是为权利自治、权利救济等民法理念奠定理论基础。但后续，主观权利在公法领域取得重大发展。主观权利进入公法视野的关键事件是法国《人权宣言》的发布，《人权宣言》以公民权利总清单的形式呈现，而公民权利的保障需要相应的理论支持，主观公权利遂成为彼时可供选择的捍卫公民权利的基础。其中，《人权宣言》第 2 条更是毫不讳言公民权利与国家权力之间所存在的

① 参见［德］格奥格·耶利内克：《主观公法权利体系》，曾韬、赵天书译，中国政法大学出版社 2012 年版，第 62～73 页。

对抗。[①] 这为主观公权利进入公法领域并建构独立的理论体系埋下伏笔。主观公权利理论在德国公法学者的努力下实现了体系化建构。早期的德国学界受法国公法学说影响较深，采取绝对主义国家主权学说，承认君主的绝对权威，将研究重心置于客观法上。1871 年《德意志帝国宪法》颁布以后，公民个人权利在形式上得到认可，主观公权利的研究顺理成章地获得学界关注。此后，君主立宪制的确立与国家法人说的提出将客观法与主观权利的论争推至高潮。

为满足君主立宪政体的要求，结束人民主权与君主主权的争论，阿尔布雷特提出第三条道路——国家法人说。该理论强调国家具有独立人格，肢解国家与君主的同一性，认为君主仅是以国家名义行为，并为国家目的而服务。[②] 在此基础上，国家法人说分为两派，以格贝尔观点为主的国家有机体说认为国家是以统治为目的的有机体，而臣民是国家统治的客体，臣民所获得的私人利益仅为国家行为的反射利益，臣民无法对国家提出要求，仍旧关注客观法的研究。以耶利内克为主的一派则反对国家有机体说，认为国家并非某种有机体，其人格由法律创造，且国家在制定法律时将在统治者与被统治者相互承认的基础上，为公民保留个人领域，并可在该领域证明主观公权利的存在。

可以看出，耶利内克并未全盘否定国家有机体说的观点，至少他承认主权国家是公法制度的唯一缔造者，有权制定法律，将统治关系转变为国家与公民之间的法律关系。两种观点的实际界限在于，国家是否可能通过自我设限赋予公民要求国家承担某种义务的个人权利。国家有机体说通过推演国家意志形成的过程，认为“服从不是权利的减少，而是被感受为一种恩惠”，[③] 以此说明国家权力的绝对性，以及个人权利仅作为反射利益存在，即公民无权要求国家必须维护个人权利。耶利内克在探讨主观公权利时，认为法学家不必回答尖锐的政治问题。无上的国家主权究竟如何形成，进行了何种利益博弈，最后又如何以法律形式固定下来，这并非实证法学的范畴，即不必

① 参见《人权宣言》第 2 条。
② 参见何源：《德国法上的主观公权利理论》，载《国外社会科学前沿》2022 年第 2 期。
③ 参见王天华：《国家法人说的兴衰及其法学遗产》，载《法学研究》2012 年第 5 期。

“解释国家的自然实存”。[①] 耶利内克承认国家可以创设国家意志，安排国家秩序，但是并不代表国家可以任性妄为。相反，从现有的公法素材可以看出，法律为个人公法权利留下了广泛的空间，这是统治者与被统治者相互承认的前提。如果学界的研究在证明国家主权的绝对性，即为客观法的存在找到合理性后戛然而止，那么个人的主观公权利就无法被发现和体系化，公法素材就还未被充分挖掘。此后，以耶利内克为代表的重视个人公法权利的实证法学家以耶利内克的地位理论为基础建构了主观公权利体系。

对主观公权利理论渊源的探究不仅有助于更深入地了解理论本身，而且是观察环境权内涵变迁的参照物。即使法律已就公民个人权利作出规定，主观公权利也并不是一蹴而就地呈现在法学家眼前，而是从客观法中不断萃取后所得到的理论体系。其中既涉及法学研究内容的差异，也包含了原有研究方法的转变，需等待学术争鸣后的蜕变。事实上，法律对环境权的保护也经历了由突出客观法到显现主观权利的变化过程。1979 年《环境保护法》（试行）和 1989 年《环境保护法》都主要规定政府应当采取何种措施保护生态环境、防止污染与其他公害，仅就行政机关职权作出规定，属于客观法的规范路径，公民的环境权利在此仅作为行政机关行为的反射利益存在。但是，2014 年《环境保护法》首次承认社会公益组织对污染环境、破坏生态、损害社会公共利益行为的起诉权，由此，部分有条件的公民亦可通过环保公益组织保障自身环境权利，体现了环境权保护的主观化倾向。这是规范属性由客观法向主观公权利转变的信号，因此也更有必要从该角度出发对环境权进行更深入的考察。

（二）主观公权利的要素

耶利内克如此界定主观公权利：只有当个人利益也是共同利益的要求时，个人利益才能获得法律的承认，而主要为了共同利益而被承认的个人利益是主观公权利的内容。[②] 在此，主观公权利至少包含法定要素、公共利益要素、

① 参见［德］格奥格·耶利内克：《主观公法权利体系》，曾韬、赵天书译，中国政法大学出版社 2012 年版，第 14～38 页。

② 参见［德］格奥格·耶利内克：《主观公法权利体系》，曾韬、赵天书译，中国政法大学出版社 2012 年版，第 62～73 页。

个人利益要素。主观公权利所包含的利益应为法律所承认，并且在对该权利实施保护时，既保护了法律认可的公共利益，也保护了法律认可的个人利益。耶利内克正是从这些要素出发，构建了以地位理论为基础的主观公权利体系。根据国家与公民关系的不同性质，其将公民的公法地位分为被动地位、消极地位、积极地位和主动地位。其中，被动地位是指公民服从于国家；消极地位是指公民可以要求国家不干涉某些私人领域，对应公民的防御权；积极地位是指公民可以要求国家在某些领域主动作为，对应公民的国家行动请求权；主动地位是指公民有权通过选举等方式进入国家机关，对应公民的参政权。只有公民的后三种法律地位存在主观公权利，第一种地位中，公民至多存在反射利益。防御权是最经典的主观公权利类型，是市民社会与国家权力分离的法律保障。国家行动请求权在社会福利国家中具有较重的分量。主动地位对应保障公民政治参与的主观公权利。可以看出，环境权更接近于国家行动请求权，就此后文将详述。

在耶利内克之后，奥特马尔·布勒进一步完善了主观公权利的理论构造。布勒在主观公权利三项要素的基础上又细化了三项基准，作为判定客观法中是否存在主观公权利的要件，又可称为“保护规范基准”：第一，主观公权利必须存在于强制性法律规范中，排除裁量性规范。第二，具备法律权能，后被简化为可诉性问题，即该权利能否得到司法保护。第三，所援引的规范应有保护个人利益的目的。[①] 布勒创设的保护规范基准所确定的主观公权利与耶利内克所提出的主观公法权利体系相比，实际上缩窄了主观公权利的范围，并据此与司法诉权产生关联，使主观公权利更具有实用价值。由于裁量性规范下的行政行为不受司法管辖，因此即使裁量性法律规范中存在保护个人利益的规定也无法由公民提起诉讼。并且，布勒考察法律规范是否保护个人利益时主要采用主观目的解释，强调立法材料的重要性，[②] 解释并不全面。

此后，以施密特·阿斯曼及奥拓·巴霍夫为代表的法学家针对保护规范基准所暴露的缺陷，改进并形成新保护规范理论以确定主观公权利。首先，

① 参见赵宏：《保护规范理论的历史嬗变与司法适用》，载《法学家》2019年第2期。
② 参见哈特穆特·鲍尔、王世杰：《新旧保护规范论》，载《财经法学》2019年第1期。

新保护规范理论仍将主观公权利建立在客观法之上，但由于“无瑕疵裁量请求权”理论对行政机关的执法行为提出更严苛的要求，① 不再将主观公权利的来源限于强制性法律规范，可以扩大至裁量性规范。其次，不再要求具备法律权能，即权利的可诉性问题应按照是否保护个人利益确认，而不必单独设置为一项要素。最后，新保护规范理论扩充了“保护个人利益”的规范解释方法，不仅包括主观目的解释，也强调“考察法规与法秩序整体的意义关联，探究位于法规基础的利益评价”②。因此，在认可公法规范必然保护公共利益的前提下，判断主观公权利的要素就限缩至“公法规范是否保护个人利益”单一要素。不过，由于我国理论界尚未完全接受无瑕疵裁量请求权，在考虑主观公权利时还应关注法律规范的性质，考虑其是否具有触发公民诉权的强制性。

（三）环境权符合主观公权利的要素

环境权的主观公权利属性在过去的研究中并非完全空白。李琴从比较实证的角度，通过2011年法国宪法委员会以《环境宪章》为依据的裁决证明环境权具有主观权利属性。③ 与之相反，陈海嵩认为法国《环境宪章》对环境权“主观权利化”的努力并未具备司法适用效力。④ 吕忠梅等则以环境权的主观权利属性为前提主张环境权入宪，⑤ 并建立以环境权作为基本权利的制度构造。⑥ 李勤和陈海嵩是从司法实践的考察结果出发，推定理论成立与否，而吕忠梅等则是将环境权的主观权利属性作为论证前提，而尚未进行理论证成。上述研究尚未从主观公权利的理论要件层面证明环境权的主观公权利属性，这将使环境权的权利属性定位留下论证缺口。根据前述内容，证成环境权的主观公权利属性即是论证环境权是否符合主观公权利的两项要素：

---

① 参见王贵松：《论无瑕疵裁量请求权》，载《学习与探索》2010年第5期。

② 参见赵宏：《行政法学的主观法体系》，中国法制出版社2021年版，第189页。

③ 参见李琴：《论法国宪法委员会对〈环境宪章〉的进阶应用——兼论宪法环境权的可诉性》，载《交大法学》2020年第1期。

④ 参见陈海嵩：《环境权实证效力之考察：以宪法环境权为中心》，载《中国地质大学学报（社会科学版）》2016年第4期。

⑤ 参见吕忠梅：《环境权入宪的理路与设想》，载《法学杂志》2018年第1期。

⑥ 参见吕忠梅、张宝：《环境人权“入典”的设想》，载《人权》2022年第2期。

规范性与私益保护性。

首先，主观公权利以客观法为前提，因此规范性是证成环境权属于主观公权利的首要要素。但是我国的一般环境法律缺少对公民环境权的规定，仅在少数地方性法规、规章中对环境程序性权利进行零星规定。[①] 根据施密特·阿斯曼的观点，在一般法律规范缺乏权利规定时，可赋予基本权利以补充和明确"一般法中存在主观权利"的功能。[②] 对此，王锴、李泽东强调了《宪法》第33条的重要性，因为《宪法》第33条属于概括性人权条款，国家承诺尊重和保障人权。人权的含义可以随着社会发展不断扩展，而得以扩展的权利就包含环境权。[③] 也就是说，能否推定环境权具有规范性的关键在于是否能够证明环境权足以作为人权。

对于人权的解释，过去常采用自然权利的人权概念，即以基础主义范式建构的人权。但是基础主义范式的人权观强调道德先验性，因此带有明显的形而上意味。进入21世纪，这种人权观念的解释性越发捉襟见肘，既难以充分保障人作为有尊严之人的权益，也难以解释国际法上不断扩充的权利类型。这种人权观甚至让学者不得不承认环境权也是与生俱来的权利。而此类观点使环境权的概念变得更加捉摸不透，模糊了人类利用环境的事实与人类利用环境的权利之间的区别。因此，社会建构范式下的人权理念有了取而代之的势头，即强调只有通过社会决定，人权才能够存在。[④] 这种理念也开始为法学学者所接受。严海良主张在人权概念上应当考虑接受一种国际法的人权观，认为现代人权事业的独特理念是在国际法中为所有国家如何对待其管辖下的那些人创设标准。[⑤] 虽然国际法的人权观在与国内宪法的人权相衔接时，不免有冲击国家主权的顾虑，但随着作为联合国安理会常任理事国之一的中国越来越多地参与国际法筹划和制定的过程，中国也愈加有作为国际法实施表率的意义。因此，接纳国际法的人权观是与当前中国的国际地位相吻合的，

---

① 参见吴卫星：《环境权理论的新展开》，北京大学出版社2018年版，第219~221页。

② 参见哈特穆特·鲍尔、王世杰：《新旧保护规范论》，载《财经法学》2019年第1期。

③ 参见王锴、李泽东：《作为主观权利与客观法的宪法环境权》，载《云南行政学院学报》2011年第4期。

④ 参见常健、殷浩哲：《人权理论研究范式的竞争与转换》，载《人权研究》2020年第1期。

⑤ 参见严海良：《宪法上人权的概念及其功能意义》，载《人权》2023年第1期。

是证明环境权规范性时应予考量的理论视角。

就在2022年7月28日，联合国人权理事会通过历史性决议，明确宣布享有清洁、健康和可持续的环境是一项普遍人权，该项决议以161票赞成和8票弃权高票通过。联合国环境保护署负责人英厄·安诺生骄傲地宣布："从1972年《斯德哥尔摩宣言》的立足点出发，这项权利已被纳入宪法、国家法律和区域协定。今天的决定将这一权利提升到了属于它的位置：普遍承认。"① 环境权无疑已成为一项国际法上的人权。虽然中国选择弃权，但并未反对决议的通过，并且考虑到中国在国际与国内环境保护行动中所发挥的积极作用，仍可看出中国必然不排斥国际环境权的成立，这或许是顾虑国内立法进程的权宜之举。因此，从国际法的人权观的视角出发，环境权的规范性能够在一定程度上得到证明。

除规范性外，还需证成环境权具备主观公权利的私益保护性。诚然，宪法与法律均未明确规定个人可请求国家保障环境的条款，但仍可以客观法的再主观化证明环境权的私益保护性。从宪法规定来看，客观法的再主观化是指公民享有的基本权利除了可以要求国家对其承担消极义务之外，还应使国家对其承担积极的行为义务，同时赋予公民请求国家履行该义务的主观权利。② 因此，宪法中规定了国家保护义务的客观法能够依据该理论再主观化。这种仅规定了国家保护义务的客观法，只有与明确保障公民权利的宪法条款相结合时，才能够实现主观化。它是由宪法所规定的国家义务与基本权利条款共同推定的国家保护请求权，继而存在私益保护性。例如，一项仅以客观法体现的国家义务被违反以至于威胁到公民的生存时，该公民则具备相应的请求权，即为所谓的"最低生存保障"请求权。③ 也就是说，如果国家不能履行宪法规定的积极义务，则公民的基本权利无法得到保障。只有当国家保护环境的义务是公民实现基本权利的必要条件时，客观法的再主观化才能够证成，由此，国家保护义务的私益保护性得以显现，埋藏在国家保护义务背

① 参见联合国：《联合国大会宣布获得清洁健康的环境是一项普遍人权》，载联合国网，https：//news. un. org/zh/story/2022/07/1106802。

② 参见刘馨宇：《宪法社会权性质的教义学探析》，载《中外法学》2022年第3期。

③ 参见哈特穆特·鲍尔、王世杰：《新旧保护规范论》，载《财经法学》2019年第1期。

后的主观权利才浮出水面。

在宪法上，与环境权关联的客观法基础是《宪法》第26条第1款：国家保护和改善生活环境和生态环境，防治污染和其他公害。因此，环境权能否以客观法的再主观化路径证成其私益保护性的关键在于《宪法》第26条第1款所规定的义务被违反时是否将危害到公民的生存权或其他基本权利。21世纪以来，无论是在中国发生的数起著名环境公害事件中，还是知名的“短命村”和“癌症村”的产生，都与国家监督体系的失察有关。在这些环境污染事件中，受害群众不仅失去了难以计数的财产，甚至失去自己的生命，这是对公民的生存权的侵害。可以看出，在公民环境权失去私益保护性仅体现为国家义务，而不具备请求权的情况下，作为公民基本权利的生存权将难以得到保障。综上，公民环境权的私益保护性应当获得认可。

环境权的主观公权利属性虽然还未以法律规范的形式直接得到规定，但结合当前的主观公权利理论和宪法规定，仍可判定环境权符合主观公权利的规范性和私益保护性要素。环境权的主观公权利属性的证成表明，环境权不仅维护公共利益，同时维护私人利益。与此相对，公民拥有依据环境权请求获得适宜自身生存和发展的良好生态环境的权利，而公民所提起的环境权诉讼并非单纯的私益诉讼，也是以保护公益为目的的公益诉讼。仅在公民的主观权利无法行使，进而导致公共利益有被损害之虞，保护公益的目的才以国家机关提起环境公益诉讼的形式展现。

三、公民作为环境公益诉讼实质原告具备法理和现实基础

（一）公民作为环境公益诉讼实质原告具有法理基础

本章第二节已论述，环境权是环境公益诉讼的诉权基础，环境权的主体是公民。因此，从逻辑上即可推断公民应是环境公益诉讼的实质原告。除了从逻辑上推断外，以下两点将进一步揭示公民作为环境公益诉讼实质原告的法理依据。

首先，如前文所述，环境公益诉讼既维护客观的秩序公益，也维护主观

的环境公益，具有客观诉讼与主观诉讼的双重性质，而环境公益诉讼的主观诉讼性质决定了其原告必须具备某项主观权利。此外，环境权具有主观公权利属性，因此，作为环境权主体的公民具有启动环境公益诉讼的主观权利要求。

其次，前文第二章第一节已论述，本书采纳修正的二元诉权说。该学说观点是：诉权包含实体性诉权和程序性诉权。当事人只需要满足其中一种诉权，即有权可提起诉讼。实体性诉权，是指实体法上的请求权，但不要求为胜诉判决，仅为一种期待胜诉权。程序性诉权，是指除了包含起诉权的内涵外，还包含了其诉权基础为尚未上升为权利的实体性法益，即程序性诉权就是用于解决在没有实体权利基础的情况下，拥有诉的利益——实体性法益的当事人需要通过诉讼寻求司法救济的情形。而前文第二章第二节已论述，在我国，环境权目前就是未被法律明确规定、但被现代法观念普遍认可应当予以保护的实体性法益。因此，根据修正的二元诉权说，环境权作为一项实体性法益，能够作为环境公益诉讼的诉权基础，进而作为环境权主体的公民应为环境公益诉讼的实质原告。

（二）公民作为环境公益诉讼实质原告具有现实基础

过去，由于公民并未充分认识到环境保护的重要性，缺乏足够的资金支持和取证能力，也因为生态环境利益的不特定性，导致公民维护自身环境权的动力不足且缺少维权手段。因此，法律赋予相关主体环境公益诉讼的诉讼实施权，即环境公益诉讼的原告资格。但如前文所述，以相关主体为原告的环境公益诉讼的实施情况不容乐观。在环境公益诉讼中，环境刑事附带民事公益诉讼案件占比 89%，其他类型的环境公益诉讼案件占比仅为 11%，这一比例是畸形的。理论上来说，足以触犯刑法的严重生态环境侵害行为背后还有数量更加庞大的一般生态环境侵害行为，但这部分生态环境侵害行为在检察机关提起的环境公益诉讼中仅占极小的数量。同时，环境公益组织所提起的环境民事公益诉讼占总数的比例也极低。[①] 上述情况反映了当前适格的公

---

① 参见王殿禄：《浅析我国环境公益诉讼原告主体资格问题》，载《资源节约与环保》2022 年第 4 期。

益诉讼原告主体对于提起环境公益诉讼案件的积极性不强或者诉讼资源有限。值此之际，作为环境权实质主体的公民的力量不应再被忽视。根据上述论证可以看出，让公民回归环境公益诉讼并成为适格原告的制度安排具备充分的理论基础。不仅如此，这一做法也具有现实可行性。

首先，环境监测技术的进步及其民用化助力公民深度参与环境事务，提高了公民提起环境公益诉讼的能力。2013 年起，国家启动全面深化生态文明体制改革，有序引导社会力量共同参与环境监测，致力于为民众提供更全面、更专业的优质环境监测服务。当前，第三方环境监测机构的业务覆盖面广且专业性强，不仅涉及水、气、声、土、辐射、生物、煤质等环境介质，而且各机构相应设置了专业岗位。[①] 就此，公民对于环境侵害行为的取证能力得到显著提高。2016 年，环境保护部收到环境举报数量为 26.3 万件，[②] 而 2020 年生态环境部的环境信访平台收到的举报数量已达到 44.1 万件。[③] 对于案件数量的成倍增长，除了有公民环保意识提高的因素外，公民取证难度的逐渐降低也功不可没。可见在技术条件上，公民已逐步具备成为环境公益诉讼原告的能力。

其次，环保宣传的积极推进和对某些大型环境事故的反思提升了公民的环境意识，提高了公民参与环境公益诉讼的动力。中央生态文明体制改革以来，生态文明建设的重要性被提高到史无前例的地位，生态文明建设被融入经济建设、政治建设、文化建设、社会建设的各方面和全过程。在此情形之下，政府加大了生态文明建设和体制改革的宣传力度，各地也经常性开展保护生物多样性、绿色低碳、节能环保等理念的宣传活动，倡导人与自然和谐共生。这些政策及配套宣传已经引起公众对生态保护的普遍关注。同时，大型环境事故的相关报道提高了公民的环境保护意识，对于可能侵害生态环境的工业项目引进问题有了更高的警觉。有时，救济无门的民众甚至会采取极

① 参见汤敏等：《第三方环境监测机构能力建设探索》，载《三峡生态环境监测》2021 年第 3 期。

② 参见《关于 2016 年全国"12369"环保举报工作情况的通报》，载生态环境部网，https://www.mee.gov.cn/gkml/hbb/bgth/201705/t20170512_414013.htm。

③ 参见《生态环境部召开 2021 年全国生态环境信访投诉工作会议》，载生态环境部网，https://www.mee.gov.cn/xxgk2018/xxgk/xxgk15/202102/t20210226_822516.html。

端的方式表达自身的环保诉求。[①] 可以预见，只要向公民开放了维护生态环境利益的司法途径，公民环境意识的提升就将反映在公民参与环境公益诉讼的积极性上。

最后，在制度建构方面，有国外成熟的环境诉讼制度作为参照，能够有效控制制度实施风险。美国在1970年《清洁空气法》中就已规定了环境公民诉讼制度，并对法案中的公民诉讼条款进行数次修改以优化制度效果。同时，美国的环境公民诉讼不仅在保护单一环境要素中有丰富的制度经验，而且将环境公民诉讼条款列入了总计22部环境保护法案中，覆盖面极广，包括空气、水体、有毒物质、危险液体、能源、濒危物种等生态环保领域。实际上，对于公民是否适宜作为环境公益诉讼适格原告的主要顾虑在于能否防范滥诉。即如学者指出的，仅让与环境利益有利害关系的公民作为环境公益诉讼的原告，也可能导致滥诉情况发生。[②] 而美国环境公民诉讼在防范滥诉方面具有的某些制度优势值得借鉴。该点还将在后文进一步讨论

总之，环境公益诉讼的实施状况与当前环境事故的频发并不匹配，公民对此甚至会采取极端的维权方式，这是建设和谐社会所应当避免的，因此让公民回归环境公益诉讼具有现实必然性。同时，环境监测技术的发展和普及、中央环境政策的推进、环境保护宣传的加强、重大环境事故对公民环保意识的提升，以及对美国成熟的环境公民诉讼制度的考察和借鉴，都为公民成为环境公益诉讼的适格原告提供了现实基础。

第二节　公民原告资格要件与起诉条件

一、美国环境公民诉讼中的滥诉防范机制

原告资格聚焦于实体性的当事人适格要件，即当事人是否具有“直接利

---

① 参见杨朝飞：《创新应对重大环境事件思维　推动环保战略转型》，载《环境与可持续发展》2014年第3期。

② 参见黄忠顺：《环境公益诉讼制度扩张解释论》，载《中国人民大学学报》2016年第2期。

害关系”的判断，而起诉条件集中讨论原告起诉应当具备的程序性要件，相关理论可参考本书第三章第一节的内容。前文虽然已对公民的环境公益诉讼原告资格进行了理论证成，但如果要让公民的原告资格在司法实践中顺畅运行，滥诉是其必须扫除的障碍，否则公民仍会因为司法资源有限或道德风险等原因而无法真正实现其权利。一般而言，滥诉的形式包括滥用起诉权、反诉权和其他诉讼权利，具体类型包括恶意诉讼、诉讼欺诈、重复性诉讼、琐碎纠纷诉讼、轻率性诉讼。① 起诉权的滥用是以公民为环境公益诉讼的原告时最忌惮的情形。因为公民的数量庞大，若对周围环境生态功能仅有琐碎抱怨的公民都可以提起诉讼，必然导致司法资源浪费，更不必说恶意或轻率使用起诉权的情形了。为了提升诉讼的效率，节约诉讼资源，起诉权的行使必须设置必要的程序性起诉条件，避免条件过于宽宥而滋生滥诉。② 原告资格，是指因个人的利益或与案件的结果利害攸关而享有的法定起诉权利或资格。③ 原告资格与起诉条件不同，起诉条件关注的是起诉的程序性要件，而原告资格是实体性要件，关注原告是否与起诉案件存在实质的利害关系。只有具备了原告资格，才需要进一步考虑是否符合起诉条件。原告资格和起诉条件既是原告顺利实现起诉所要符合的要件，也是防范滥诉的关键，下文将就该两方面考察美国环境公民诉讼的制度创造，并讨论其借鉴意义。

（一）美国环境公民诉讼的实施现状

美国环境公民诉讼制度是通过1970年制定的《清洁水法》首次确立的，以公民为原告的环境公益保护诉讼制度。到今天，环境公民诉讼已经被规定在21部法案中，历经50余年仍在运行。环境公民诉讼制度的实施，不仅对保护美国环境公共利益具有重要意义，也为环境法学理论的发展开辟了全新领域，丰富的司法判例更是在制度演进中发挥了举足轻重的作用。从此看来，观察者能够通过相关规范、理论与司法实践一窥环境公民诉讼的制度实施状况和司法效能。一般认为，赋予公民原告资格可能导致诉累并出现法院不堪

---

① 参见汤维建、沈磊：《论诉权滥用及其法律规制》，载《山东警察学院学报》2007年第2期。

② 参见段文波：《起诉条件前置审理论》，载《法学研究》2016年第6期。

③ 参见李光禄、刘明明：《论我国环境公益诉讼原告资格的确立》，载《重庆工商大学学报（社会科学版）》2006年第5期。

重负的后果。[①] 但与固有印象不同，美国环境公民诉讼制度的运行较为平稳，案件数量仅在特定时期有所起伏，没有出现诉讼爆炸的情形。这得益于环境公民诉讼的整体制度设计，尤其是限制原告起诉的判例法起到很大作用，同时辅以相关制度实现对公民原告的主动与被动筛选过程。

即使在秉持普通法传统的美国，仍有一部分学者对环境公民诉讼保持质疑，列举公民作为原告可能带来的消极后果。他们声称，公民诉讼将破坏联邦机构实施法律的宪法权威，公民可能把法律赋予的权利“武器化”，以此服务于自己的特殊或极端目的，如拖延或阻碍政府行动。[②] 但实际上，环境公民诉讼案件在总量上完全无法撼动联邦机构在环境保护方面的主要地位。根据 2001 年至 2016 年所统计的数据，联邦法院所接收到的环境公民诉讼案件仅有 2002 年超过 400 个，而在其他年份收到的案件均在 400 个以下，并且案件数量在 2012 年以后呈现总体下降的趋势，2014 年更是仅有 200 余个案件。[③] 因此，无论从案件数量还是质量上来看，美国环境公民诉讼都未对政府执行权限形成掣肘。

这种状况显然与美国在各个环境法案中所标榜的“任何人”（any person）都具有起诉资格的“愿景”相去甚远。虽然环境公民诉讼案件的数量并不可观，甚至较之以往还有所下降，但在联邦和州政府缺乏保护环境的激情时，环境公民诉讼仍是帮助环境法案得以落到实处的重要制度工具。[④] 环境公民诉讼制度既保证其不会过分干预政府机关的执法行动，又确保其工具价值得以有效发挥，不至于导致滥诉，避免了环境公民诉讼案件大量涌入法院致使其瘫痪的窘境。环境公民诉讼之所以能够发挥上述制度优势，相当重要的原因是制度本身能够筛选有价值的诉讼案件。相关机制主要包括原告资格制度，以及由诉由消失、主权豁免、诉讼时效、非裁量性义务、诉前

---

① 参见李挚萍：《中国环境公益诉讼原告主体的优劣分析和顺序选择》，载《河北法学》2010 年第 1 期。

② See D. F. Engstrom, *Agencies as Litigation Gatekeepers*, 123 Yale Law Journal 616 (2013).

③ See David Adelman & Jori Reilly & Diakun, *Environmental Citizen Suits and the Inequities of Races to the Top*, 92 University of Colorado Law Review 377 (2021).

④ See C. L. Rechtschaffen, *Enforcing the Clean Water Act in the Twenty – First Century: Harnessing the Power of the Public Spotlight*, 55 Alabama Law Review 775 (2004).

通知、勤勉义务形成的起诉条件屏障。下文将就上述七项内容分别展开讨论。

（二）美国环境公民诉讼制度中原告资格制度对公民起诉的限制

从1970年确立环境公民诉讼制度以来，原告资格的审查是通过判例法解决的，并非均由法律明确规定。[①] 例如，《清洁水法》仅规定"'公民'是指有利益受到或可能受到不利影响的一个人或多个人"[②]。从字义上看，这与普通诉讼中原告资格的规定并无实质差异。但是，联邦最高法院对《美国宪法》中作为司法管辖权条款的第3条第2款加以解释，衍生出一套具体的原告资格制度，即扩张条款中的"案件和争议"（cases and controversies）的释义，要求环境公民诉讼原告应当有适于裁判的争议内容，其审查重点在于原告是否与诉讼结果有充分的利害关系。[③]

联邦最高法院通过对 Sierra Club v. Morton，Lujan v. Defenders of Wildlife，Friends of the Earth，Inc. v. Laidlaw Environmental Services，Inc. 等环境公民诉讼案件的审理，确立了三项原告资格的基本要素及其特征：事实损害（injury in fact）、因果关系（causation）、可救济性（redressability）。[④] 虽然联邦最高法院对这三个要素的适用力度并不总是一致的，经常处于模棱两可的境地，[⑤] 但是根据联邦各级法院引用环境公民诉讼判例频率的不同，可以选取数个应用最广泛的判例为基准，展开对要素内涵的探讨。这些案件为环境公民诉讼原告资格制度的建构提供了重要的框架，多年来对原告资格的司法发展产生了广泛的影响。[⑥]

首先，事实损害是公民具有原告资格的核心要素。该要素具有以下内涵：

---

① See Courtney Chin，*Standing Still：The Implications of Clapper for Environmental Plaintiffs' Constitutional Standing*，40 Columbia Journal of Environmental Law 323（2015）.

② See 33 U. S. Code §1365（g）.

③ See e. g. Warth v. Seldin，422 U. S. 490，498（1975）.

④ See Emily Longfellow，*Friends of the Earth v. Laidlaw Environmental Services：A New Look at Environmental Standing*，24 Environs：Environmental Law and Policy Journal 3（2000）.

⑤ See Gene R. Nichol Jr.，*Standing for Privilege：The Failure of Injury Analysis*，82 Boston University Law Review 301（2002）.

⑥ See Atil Kaya，Ozge，*Why United States Clean Water Act Citizen Suit Provision Is More Difficult to Implement Today*，21 Dokuz Eylul Universitesi Hukuk Fakultesi Dergisi 1645（2019）.

（1）除了经济利益损害属于事实损害以外，还包括审美和环境利益的损害。因为“审美和环境利益与经济利益同样重要，这些利益并不应由许多人享有，而非少数人享有而不值得被通过司法程序获得法律保护”①。（2）事实损害的发生应当实际或迫切（actual or imminent）。“某一天的愿望缺乏任何具体计划的表述”，原告不应以假设性条件所可能导致的损害作为起诉的基础。②（3）事实损害无须真正发生，只要证明损害具有发生的合理可能。只要原告对环境将遭到破坏有合理的忧虑，且原告或原告的成员必须有实际使用环境的计划，而非对环境受损的“一般性断言”（general averments）。③ 可见，环境公民诉讼具有环境损害的预防功能。（4）即使损害实际发生的时间不可预测，只要损害有发生的合理可能，原告仍满足事实损害要素。因此，原告可以据此提起有关气候变化的环境诉讼。④ 另外，需要特别说明的是，事实损害应是原告自身遭受的损害，公民不能代替自然物提起诉讼。⑤ 如果代替自然物提起诉讼是成立的，则与事实损害“实际或迫切”的要求相冲突，无异于宣称这是一起基于“一般性断言”所提起的诉讼。综上，事实损害应当是指原告实际存在且迫切将遭受的已经发生或发生有合理可能性的有关经济、审美或环境利益的损害。

其次，因果关系是联结原告事实损害与被告行为的关键要素。这种因果关系无须基于科学的确定性（scientific certainty）来认定，而只需要确定其实质可能性（substantial possibility）或可追溯性（traceability）。实质可能性至少应满足以下条件：（1）被告的行为应属于违法行为，如违反国家污染物排放许可（NPDES）、超标排放污染物等。（2）原告对于被告所侵害的环境拥有利益，且该环境受到或可能受到不利影响。（3）被告的违法行为将导致或促成这种不利影响。（4）原告所遭受的事实损害不是源于法院之外的第三方

---

① See Sierra Club v. Morton, 405 U. S. 727 (1972).

② See Lujan v. Defenders of Wildlife, 504 U. S. 555 (1992).

③ See Friends of the Earth, Inc. v. Laidlaw Environmental Services (TOC), Inc, 528 U. S. 167 (2000); also see Lujan v. National Wildlife Federation, 497 U. S. 871 (1990).

④ See Massachusetts v. EPA, 549 U. S. 521 – 23 (2007).

⑤ See Sierra Club v. Morton, 405 U. S. 727 (1972).

行为的结果。[①] 实际上，法院在判断因果关系时，需要进行大量的事实调查，且判断有时还涉及美国宪法对权力结构的安排，甚至与法官的旨趣明显相关，所以法院的判决经常有个案化痕迹，缺乏统一的裁量口径。[②] 因此，判断因果关系成立与否时，或还需考察特定条件外的因素。

最后，可救济性是指原告的事实损害是否可能基于优势判决获得救济。在联邦最高法院的判例中，可救济性主要体现出两方面的特征：（1）对原告事实损害的救济要求不应超出法院的能力，否则法院的判决就缺少“可救济性”。例如，在 Lujan v. Defenders of Wildlife 案中，原告要求美国政府停止资助埃及阿斯旺和斯里兰卡马哈威利的发展项目，从而保护当地的濒危物种。但是，美国只在该项目中支付了总成本的一小部分，即使法院要求美国政府收回投资，也无法阻止项目继续进行。[③] 因此，法院认为原告的事实损害不具备可救济性。（2）民事罚款的诉讼请求符合可救济性的要求。因为民事罚款的判决可能会阻止污染者未来的违法行为，因此原告仍在诉讼中存在得到救济的可能。[④] 可见，对原告的事实损害救济应当在法院能力范围内，且事实损害的救济不仅体现在直接的环境恢复或停止侵害，还可包括民事罚款的诉讼请求。

另外，组织若要代表公民获得“代理原告资格”（representational standing），应满足下述条件：（1）成员个人应当具有原告资格；（2）组织维护的利益应当与组织宗旨有关；（3）诉讼与救济过程均不要求成员个人参与。[⑤]

---

① See Lujan v. Defenders of Wildlife, 504 U. S. 555, 560 – 61（1992）; also see Friends of the Earth, Inc. v. Laidlaw Env't Servs.（TOC）Inc, 528 U. S. 167, 183 – 84（2000）; also see Pub. Int. Rsch. Grp. of N. J. v. Powell Duffryn Terminals Inc, 913 F. 2d 64（1990）.

② See Kyle Glynn, Ozge, *Fairly Hazy*: *Filling Laidlaw's Fair Traceability Gap on Pollution Citizen – Suit Standing*, 24 Vermont Journal of Environmental Law 1（2022）.

③ See Lujan v. Defenders of Wildlife, 504 U. S. 571（1992）.

④ See Friends of the Earth, Inc. v. Laidlaw Env't Servs.（TOC）Inc, 528 U. S. 167, 185 – 86（2000）.

⑤ See Amanda Masucci, *Stand By Me*: *The Fourth Circuit Raises Standing Requirements in Friends of the Earth, Inc. v. Gaston Copper Recycling Corp. – Just as Long as You Stand, Stand by Me*, 12 Villanova Environmental Law Journal 171（2001）.

原告资格限制是防范公民滥诉的第一道门槛。首先，原告应当具有实际且迫切的事实损害，与环境侵害行为并无利害关系的公民无法成为适格的原告，以此避免环境公民诉讼的道德风险，一定程度上防止无关的公民恶意起诉，将环境公民诉讼武器化，妨害公共政策的施行。其次，原告的事实损害应当与被告存在因果关系，即可将事实损害追溯至被告的违法行为，以免无辜的被告受到恶意牵连。最后，可救济性要素不仅能够避免无意义的诉讼，节约有限的司法资源，而且能够摆脱原告无理诉求的纠缠。即使原告资格的判定有时因为某些法外因素而具有时代性，但仍是筛选合理诉求、防止公民滥诉的首要机制。

（三）美国环境公民诉讼制度中起诉条件对公民起诉的限制

1. 诉由消失

诉由消失是对《美国宪法》第3条第2款中的“案件与争议”的解释，与原告资格制度出自同一法律渊源。当不再有人会因为诉讼结果获得任何利益，或案件不再是“争议”时，则适用诉由消失。一般来说，若要适用诉由消失，被告必须证明被指控的不当行为在未来“绝对清楚”地不会再次发生，否则被告自愿停止违法行为不会使诉讼无效。也就是说，法院不审理“彻底终止”（wholly past）的违法行为，而只审理持续性或间歇性行为。这一证明应当关注三个方面的内容：（1）该不当行为已经停止。行为停止的时刻应当发生在诉讼开始后，若发生在诉讼开始前，则该环境公民诉讼则会因缺乏可救济性而不具备原告资格。[①]（2）该不当行为或与此类似的不当行为不可能再次发生。[②] 被告对此负有较重的证明责任，只要有盖然性的存在就将导致该项证明落空。[③]（3）不当行为的相应影响已经消除；如法院认为，若被告不及时清除污染物，则向湿地倾倒污染物的违规行为将被视为持续存在。[④]

① See M. Matthew, *Werner*, *Mootness and Citizen Suit Civil Penalty Claims under the Clean Water Act: A Post - Lujan Reassessment*, 25 Environmental Law 801 (1995).

② See Gwaltney v. Chesapeake Bay Found, 484 U. S. 66 (1987).

③ See Atil Kaya, *Ozge*, *Why United States Clean Water Act Citizen Suit Provision Is More Difficult to Implement Today*, 21 Dokuz Eylul Universitesi Hukuk Fakultesi Dergisi 1645 (2019).

④ See Citizen Suits: In the Clean Water Act Handbook.

同时，诉由消失存在相应的例外。即诉由消失只适用于损害救济的诉讼请求，而不适用于民事罚款的请求。其原因在于：第一，民事罚款提供充分的救济性。法院通过引用 Sierra Club v. Simkins Industries，Inc. 案中的裁决，认定民事罚款属于适当的司法救济，即使被告只将民事罚款支付给美国财政部，这种支付行为也与公民的损害有关。第二，法院将公民诉讼和政府行动进行了类比，得出的结论是，只要民事罚款是针对过去的违法行为，那么这些违法行为应推定是正在进行的违法行为的一部分。第三，法院有责任审理民事罚款。例如，《清洁水法》第 1319 条规定，任何人违反法律的规定、许可条件或限制，或联邦环保署发布的行政命令，将被处以民事罚款。如果法院不审理民事罚款的请求，则法律的该项规定或将无法得到实施。①

诉由消失与原告资格限制同为“案件与争议”的要求之一，且诉由消失与可救济性虽有相似之处，但两者仍存在不同。可救济性由原告举证，而诉由消失的证明责任主要由被告承担。同时，可救济性要求当事人利益存在于诉讼开始前，诉由消失要求利益贯穿在诉讼审理时。总之，诉由消失与原告资格限制一起限定环境公民诉讼属于现实争议，并以民事罚款作为诉由消失的例外，既淘汰无价值的案件，又能够确保环境公民诉讼与政府行动相配合，成为实施法律的有效机制。

2. 主权豁免

《美国宪法》第十一修正案规定，由他州公民或任何其他外国公民或主体对联邦的州提起的任何诉讼，不在联邦司法权的管辖范围内。② 根据该规定，当被告是州或州机构时，包括印第安部落、联邦雇员、专利持有人、老年人和残疾人在内的许多人，除了特定例外，无法在任何法院维护联邦法律赋予的权利。③ 同时，主权豁免条款不仅豁免了对州的管辖，根据长久以来

---

① See M. Matthew，*Werner*，*Mootness and Citizen Suit Civil Penalty Claims under the Clean Water Act*：*A Post – Lujan Reassessment*，25 Environmental Law 801（1995）.

② See U. S. Const. amend. XI（The Judicial power of the United States shall not be construed to extend to any suit in law or equity，commenced or prosecuted against one of the United States by Citizens of another State，or by Citizens or Subjects of any Foreign State）.

③ See T. John，*Noonan*，*JR*，*Narrowing the Nation's Power*：*The Supreme Court Sides with the States*，156（2002）.

的认知，也豁免了对印第安部落的司法管辖。[①] 在近来的 Deschutes River Alliance v. Portland General Electric Co. 案中，法院再次确认该延伸适用。该宪法修正案自然适用于规定了环境公民诉讼条款的众多联邦环境法律。

通过对联邦法院判例的考察，可以对主权豁免条款有更加深入的理解：第一，第十一修正案确认而不是确立主权豁免作为宪法原则。因此，各州的诉讼豁免范围并不仅由修正案的文本来界定，还要由宪法设计中隐含的基本假设来界定。[②] 由此，对主权豁免条款的解释可以超出文本范围，公民欲实现对州和部落的起诉不得不面对更多未知的风险。第二，主权豁免不仅适用于司法管辖权，也适用于联邦行政裁判程序，强调联邦行政机关也不应当忽视州的主权豁免的存在。[③] 第三，法院禁止了联邦法院对以公职人员身份行使职权的州官员的司法管辖权。[④] 此后，主权豁免范围逐渐超出州政府本身，当州是真正的利益相关方时，涵盖了州部门和州机构。[⑤] 可以说，主权豁免的范围得到了极大扩张，只要是与州政府有关的组织都不得不被谨慎地考察，确定其是否适用主权豁免，这在一定程度上保护了州在环境保护事项上的自主权。

但是州和部落的主权豁免并不是绝对的，公民若要实现对州或部落的起诉，应当具备下述三项例外情形中的任意一种：（1）国会对主权豁免的废除。国会可以取消一个国家的主权豁免，前提是它在法令中明确表示打算这样做，并根据有效的宪法授权采取行动。[⑥] 而巡回法院几乎一致认为，《清洁水法》第 505 条以及其他环境法案中的措辞不够明确，无法排斥适用第十一修正案。[⑦]（2）州或部落的主动放弃。法院会根据相关法规的明文规定或文

---

① See M. Andrea, *Seielstad*, *The Recognition and Evolution of Tribal Sovereign Immunity Under Federal Law*: *Legal*, *Historical*, *and Normative Reflections on a Fundamental Aspect of American Indian Sovereignty*, 37 Tulsa Law Review. 661 (2002).

② See Alden v. Maine, 527 U. S. 706, 728 – 29 (1999).

③ See Fed. Mar Comm'n v. S. C. State Ports Auth, 535 U. S. 743 (2002).

④ See Pennhurst State Sch. & Hosp. v. Halderman, 451 U. S. 1, 29 (1981).

⑤ See Regents of the Univ. of Cal. v. Doe, 519 U. S. 425, 429 – 30 (1997).

⑥ See Atascadero State Hosp. v. Scanlon, 473 U. S. 234, 242 (1985).

⑦ See, e. g. Burnette v. Carothers, 192 F. 3d 52, 57 (2d. Cir. 1999); also see Natural Res. Def. Council v. Cal. Dep't of Transp, 96 F. 3d 420, 423 (9th Cir. 1996).

本中的含义是否明确放弃豁免加以判断，以确保不留任何其他合理解释的余地；[①] 由于一个州不能结构性地放弃其主权，因此一般仅通过接受参与联邦监管计划来同意放弃豁免权，[②] 但强调接受联邦资金并不会构成对一个州豁免权的放弃。[③]（3）Ex parte Young 原则的适用。该原则的基础在于，一个州不能授权其官员违反美国宪法和联邦法律，[④] 这种行为无法被视为州的行为，也就无法获得主权豁免。法院虽然在某些环境公民诉讼案件中适用了该原则，[⑤] 但法院又确认了一些例外情形，限制该原则的适用。首先，诉讼请求不应改变州的特殊主权利益，如州的土地所有权。[⑥] 其次，救济请求的实现无须州的公共财政支出。[⑦] 最后，公民不得因州法律而在联邦法院起诉州，其中州法律也包括经过联邦机关同意州的环境执行计划。[⑧] 实际上，最后一项例外将绝大多数以州为被告的环境公民诉讼挡在了联邦法院之外。如依据《清洁水法》，国会希望让各州在发布和执行国家污染物排放许可（NPDES）方面发挥主导作用。在联邦法律的执行基本仰赖于州法律的情况下，公民对州的起诉实际上很难实现。[⑨]

州依据《美国宪法》第十一修正案的规定，可免于联邦法院的司法管辖。并且，根据联邦法院的判例，主权豁免的适用范围逐渐超出条款本身的规定。豁免类型上，司法管辖豁免扩张到了联邦行政裁判程序豁免；豁免主体上，州的豁免扩张到了部落、州机关、州公职人员的豁免。主权豁免虽然有相应的例外，但是在环境保护法案中，由于缺乏国会对主权豁免的直接废除，并且无法寄希望于州或部落主动放弃其豁免权，因此若要对州和部落提起环境公民诉讼颇为困难。而且，由于州具体承担国家环保任务，许多环保

---

① See Bell Atl. Md. , Inc. v. MCI Worldcom, Inc, 240 F. 3d 279, 292 (4th Cir. 2001).

② See Bragg v. W. Va. Coal Ass'n, 48 F. 3d 275, 298 (4th Cir. 2001).

③ See Doe v. Nebraska, 345 F. 3d 593, 599, 604 (8th Cir. 2003).

④ See Hafer v. Melo, 502 U. S. 21, 30 (1991).

⑤ See Natural Res. Def. Council V. Cal. Dep't of Transp, 96 F. 3d 420, 424 (9th Cir. 1996).

⑥ See Idaho v. Coeur d'Alene Tribe of Idaho, 521 U. S. 261, 282 - 83 (1997).

⑦ See Edelman v. Jordan, 415 U. S. 651, 665 (1974).

⑧ See Pennhurst State Sch. v. Halderman, 465 U. S. 89 (1984).

⑨ See Hope Babcock, *The Effect of the United States Supreme Court's Eleventh Amendment Jurisprudence on Clean Water Act Citizen Suits: Muddied Waters*, 83 Oregon Law Review. 47 (2004).

项目是以州为主体设置。若要依据州法的规定提起诉讼，Ex parte Young 原则就难以获得适用。应当说，主权豁免原则能够排除公民对州和部落提起的恶意诉讼，也能够保障国家环保政策的实施，防止过度消耗司法资源。若要防止州或部落对环境的侵害，则主要通过内部监督的方式实现。

3. 诉讼时效

美国的大部分环境法案并没有规定环境公民诉讼的诉讼时效。[①] 诉讼时效机制是促进社会稳定和均衡发展的前提，也是资源有限性下平衡效率与公平的方案。[②] 并且，令被告长期处于诉讼威胁之下也是非正义的。[③] 因此，环境公民诉讼的诉讼时效问题不能因法律规定的缺失就放弃探索，致使社会发展和潜在的环境公民诉讼被告处于不安定的状态。在环境公民诉讼方面，理论上确定诉讼时效存在两种替代方案：适用其他联邦法律的诉讼时效规定、适用州法的诉讼时效规定。[④] 但是，由于州法律与联邦法律或国家政策经常存在不协调之处，州法律在设定诉讼时效时通常并不考虑联邦整体利益。除非法院能够确定州法律的诉讼时效并不会妨碍联邦法律或国家政策的实施和国家利益的实现，否则不应适用州法律规定的诉讼时效。[⑤]

环境公民诉讼一般适用《美国法典》第 2462 条规定的 5 年诉讼时效，[⑥] 该诉讼时效适用于因民事罚款、处罚或没收而提起的诉讼、起诉或程序。[⑦] 让环境公民诉讼的诉讼时效与民事罚款的诉讼时效保持一致，是与环境公民诉讼的法律地位相协调的。从私人检察总长理论以及立法者的意图来看，环境公民诉讼并不是要替代政府机关环境保护执行者的主体地位，而是在政府资源有限或者政府人员违反法律规定时发挥补充监管的作用。因此，环境公民诉讼适用政府机关对环境侵害人处以民事罚款的 5 年诉讼时效是体系解释

① See Carie Goodman McKinney, *Statute of Limitations for Citizens Suits Under the Clean Water Act*, 72 Cornell Law Review 195 (1986).

② 参见陈明国：《论诉讼时效价值》，载《西南民族大学学报（人文社科版）》2008 年第 10 期。

③ See *Developments in the Law: Statutes of Limitations*, 63 Harvard Law Review 1177 (1950).

④ Id. 1, at 203.

⑤ See Occidental Life Ins. Co. v. EEOC, 432 U. S. 355, 367 (1977).

⑥ See U. S. C. § 2462.

⑦ See United States v. C & R Trucking Co, 537 F. Supp. 1080, 1083 (N. D. W. Va. 1982).

的应有之义。并且，如果公民诉讼时效较长，则联邦环保署就会怠于履行义务，而倾向于通过环境公民诉讼滞后解决环境侵害问题。如果公民诉讼时效较短，环境公民诉讼则会干预联邦环保署对违法者行为的审查，必须过早地回应公民诉讼的诉求。

综上所述，虽然众多环境法案并未直接规定环境公民诉讼的诉讼时效，但是基于诉讼时效的制度价值和环境公民诉讼的制度地位。环境公民诉讼的诉讼时效应当与政府机关对违法者处以民事罚款所适用的诉讼时效一致，即适用 5 年诉讼时效。诉讼时效规定也敦促原告应当尽快提起环境公民诉讼，排斥部分会使被告陷入不安定状态、损害社会稳定结构的环境公民诉讼。

4. 非裁量性义务

环境公民诉讼虽然赋予公民起诉政府机关的权利，但仅在法院确定相关事项属于法律规定的政府机关的非裁量性义务时，才具有审查该事项的司法管辖权。[①] 当前，判断政府机关的非裁量性义务的方法主要有两种：第一，较为宽松的方式，认为法律条款中包含“应当”（shall）时，属于强制性条款，包含“可以”（may）时为许可性条款。前者对应非裁量性义务，后者则属于政府机关的自由裁量范围。第二，较为严格的方式，法律条款中除了应包含“应当”外，还应有“固定时限”（date – certain deadline）的要求。[②] 纽约南区地方法院就强调，严格的截止日期并不是国会无意识的产物，而是国会有意研究和规制的结果，对此应予重视。[③] 前者所受的争议较小，主要争议就在于后者，即固定时限规则是否为非裁量性义务的必要条件。

联邦最高法院还未说明非裁量性义务是否包含固定时限规则，该规则主要由地区法院和巡回法院确定。在 In NRDC v. Train 案中，法院首次强调由于相关法律规定了联邦环保署发布点源类别清单的确定期限，由此认为该事项属于非裁量性义务。在 Sierra Club v. Thomas 案中，法院才明确了固定时限规则。法院认为，由于法律没有明确公布排放设施清单的截止日期，因此公

---

① See e. g，42 U. S. Code § 7604（a）（2）.

② See A. Katherine，*Rouse*，*Holding the EPA Accountable*：*Judicial Construction of Environmental Citizen Suit Provisions*，93 New York University Law Review 1271（2018）.

③ See New York v. Gorsuch，554 F. Supp. 1060，1063（D. N. Y 1983）.

布该清单的义务属于联邦环保署的自由裁量权限。这一规则并没有获得联邦法院的一致承认。如东路易斯安娜地区法院以《清洁空气法》并未规定终止、修改或撤销相关许可的固定时限为由，认定在此不存在对联邦环保署的非裁量性义务，法院最终驳回原告的诉讼请求。东宾夕法尼亚地区法院则认为，法律条款含有“应当”即为非裁量性义务。[①]

综上所述，法院若要公民对政府机关提起环境公民诉讼，应当首先确定相关事项属于政府机关的非裁量性义务，而根据固定时限规则是否为非裁量性义务的必要条件，可以分为两种判定规则。但无论何种观点，都不同程度上确保了环境公民诉讼不会对政府机关执行环保任务的国家政策造成不当的干扰，能够实现防范公民滥诉的效果。

5. 诉前通知

诉前通知是指环境公民诉讼的原告在正式向法院提起诉讼的一段时间前，应当将其起诉意图告知被告及诉讼相关主体，包括违法者以及相应的政府机关，否则法院不应“开始”（commence）环境公民诉讼。[②] 除了某些例外情形，大多数环境法案都规定了原告应提前60天发出诉前通知。当原告是以政府机关不当拖延为由起诉时，应当在发出诉前通知180天后才能够正式提起诉讼。同时，如果现存排放源违反危险污染物排放的标准，或者固定污染源违反气体污染物排放标准，或者违反美国环保署要求个人或州遵守的州实施计划（State Implementation Plan）时，公民可以立即起诉。[③] 除了发出通知到提起诉讼的必要等待期间以外，诉前通知之所以能够防范滥诉，还得益于诉前通知的性质和内容的规定。

在过去，对于诉前通知是属于程序性条款还是管辖权条款是存在争议的，其实质在于环境公民诉讼的原告是否必须实际等待60天才能够提起诉讼。对此，不同法院持有不同观点。第三巡回法院持务实的态度，认为无论以何种形式，只要政府机构有60天时间采取行动即符合法律要求的诉前通知规定，

---

① See A. Katherine, *Rouse*, *Holding the EPA Accountable*: *Judicial Construction of Environmental Citizen Suit Provisions*, 93 New York University Law Review 1271 (2018).

② See 42 U. S. C. § 7604 (b).

③ See 42 U. S. C. § 7604.

即通知时限只与诉讼开始审理的时间有关，而与提起诉讼的时间无关，确认诉前通知条款为程序性条款。[①] 也就是说，即使原告在发出诉前通知后第二天就提起诉讼，法院也可受理，只要法院在60天后开始审理即可。但第九巡回法院认为，立法者已经将诉前通知的例外情形在其他条款中列出，因此应当以严格的文义解释理解诉前通知条款，即未发出诉前通知或发出诉前通知但未满时限的，不应当以任何形式开始环境公民诉讼。[②] 最后，联邦最高法院通过审理 Hallstrom v. Tillamook 案，认定诉前通知属于管辖权事项。法院认为，诉前通知的目的在于两点，即敦促政府机关能够负责实施环境法规，以及给予违法者采取符合环境法规的行动，立法者希望保持鼓励公民诉讼与避免司法资源浪费之间的平衡。[③] 因此，诉前通知条款应当被严格遵守，必须在原告发出诉前通知且通知时限期满后，法院才有环境公民诉讼的管辖权。

在诉前通知的内容上，首先，要求全部的原告都必须向被告发出诉前通知。在 Hallstrom 案之前，根据“随签”（tag - along）规则，只要有部分原告向被告发出诉前通知，全部原告作为整体就实质上满足了诉前通知条款的要求，法院将不会驳回起诉。[④] 但是根据 Hallstrom 案的要求，原则上应对诉前通知条款作严格解释。因此第九巡回法院认为，应当以全部原告的名义向被告发出诉前通知，否则被告就无法与原告取得联系并弥补损害，无法达到节约司法资源的目的。其次，确定诉前通知内容具体应包含哪些要素时，应采取“充足信息”标准：其一，通知的内容必须足以让通知的接收者确定公民投诉的依据；[⑤] 其二，诉前通知的关键在于提供的信息足以令违法者有改正问题的机会；[⑥] 其三，以严格的文义解释适用诉前通知的内容条款，而不

---

① See Susquehanna Valley Alliance v. Three Mile Island Nuclear Reactor, 619 F. 2d, 231, 243 - 44 (3rd Cir. 1980).

② See Hallstrom v. Tillamook County, 844 F. 2d 598 (9th Cir. 1987).

③ See Hallstrom v. Tillamook County, 493 U. S. 20 (1989).

④ See South Carolina Wildlife Fed'n v. Alexander, 457 F. Supp. 118, 121, 123 - 24 (D. S. C. 1978).

⑤ See Hawksbill Sea Turtle v. Federal Emergency Management Agency, 126 F. 3d 461, 472 (3rd Cir. 1997).

⑥ See Atlantic States Legal Found. Inc. v. Stroh Die Casting Co, 116 F. 3d 814, 816 (7th Cir. 1997).

采取目的解释。[1] 最后，诉前通知应包含的内容由联邦环保署具体规定，包括针对私人提起的执行之诉，以及针对政府机关提起的敦促执行之诉两种类型。执行之诉的诉前通知应至少包括以下信息：能够辨认违法行为所违反的特定标准的充足的信息、限制或规则、应对违法行为负责的主体、违法行为发生的时间或时间段、原告的姓名和住址。敦促执行之诉的诉前通知应至少包括以下信息：联邦环保署违反的具体条款、行政人员的违法行为、原告的姓名和住址。[2]

总之，诉前通知条款属于管辖权事项，要求在提起环境公民诉讼之前，应以全部原告的名义向被告及相关政府机关发出诉前通知，满规定时限后才能够提起诉讼，否则法院对此没有管辖权，应当驳回原告诉讼。并且，诉前通知的内容应严格符合联邦环境署的规定。诉前通知体现了环境公民诉讼是作为政府环境治理的辅助机制存在。并且，在尊重行政权的同时，要求原告进行一定的调查，可以限制原告提起恶意或者非必要的环境公民诉讼，节约司法资源。

6. 勤勉义务

由于环境公民诉讼是为了帮助而非替代政府机关实施法律，因此当政府机关已经“勤勉”地执行法律时，环境公民诉讼就没有必要再诉至法院。[3] 勤勉公诉排除适用于所有的环境法律规定，[4] 以下讨论主要以《清洁水法》为例。根据1987年之前的《清洁水法》的规定，如果行政机关或州已经开始并正在努力向法院提起民事或刑事诉讼，环境公民诉讼将不再被提起。[5] 1987年后，《清洁水法》又扩张性规定，政府机关已经依据本法或州已经依据州法律勤勉地开始相关诉讼，或者政府机关、州已经发布最终命令且违法

① See Washington Trout v. McCain Foods, Inc, 45 F. 3d 1354 (9th Cir. 1995).

② See 40 C. F. R. § 54. 3 (a) (b) (1997).

③ See Donovan Lisa, *Power to the People: The Tenth Circuit and the Rights of Citizens to Sue for Equitable Relief under Section 309 (g) (6) (A) of the Clean Water Act*, 34 Boston College environmental affairs law review 143 (2007).

④ A. Peter, Appel, *The Diligent Prosecution Bar to Citizen Suits: The Search for Adequate Representation*, 10 Widener Law Review 91 (2003).

⑤ See 33 U. S. C. § 1365.

者已经支付相应行政罚款后，也不再受理环境公民诉讼。[①] 也就是说，当政府机关已经针对违法者提起诉讼，或者政府机关向违法者发布命令要求其改正，且已收到罚款时，即认为政府机关符合勤勉的要求。但是法律并未进行更具体的规定，由此也造成法院在判断勤勉时的适用上存在一定差异。

政府机关是否必须只能向普通法院提起诉讼？不同的法院对何谓法律规定的“法院”有不同的观点。如第三巡回法院采取功能相当标准，认为政府机关只要将案件勤勉地向与法院功能相同的裁判所提起控诉，即可排除环境公民诉讼。[②] 而第二巡回法院则采取严格标准，认为“法院”指的就是普通法院，而不能采取扩张性解释，将行政裁判程序的进行视为勤勉。[③] 1987 年修订《清洁水法》后，国会规定行政罚款也符合勤勉的要求，因此其他超出文义解释范围的推定不再被视为勤勉，故采用严格标准解释“法院”。[④] 但是，近来也有案件继续扩大了政府机关勤勉行为的范围。第三巡回法院在过去论证的基础上，认为政府发出的同意令、与违法者达成的和解都能够排除环境公民诉讼。[⑤] 这无疑对环境公民诉讼产生了更多限制，甚至在政府与违法者达成的和解可能会继续损害环境时仍排除环境公民诉讼，因此这一观点也为学者所诟病。[⑥] 由于联邦最高法院还未对勤勉的范围明确界定，因此不同法院在适用同一条款时常持不同的观点。

勤勉义务属于管辖权事项还是程序性事项，这在实体和程序上会影响环境公民诉讼的效果。在实体上，管辖权事项决定法院是否有权审理原告的起诉，而程序性事项决定原告是否提出了一个法律争议。在程序上，如果法院缺乏案件管辖权，则原告无法在任何法院提起诉讼，已接到起诉的法院也必须在任何阶段驳回。而如果是程序性事项，则法院将先受理案件，并在实质

---

① See 33 U. S. C. § 1319.

② See Baughmanv. Bradford Coal Co, 592 F. 2d 215, 218 – 19 (3d Cir. 1970).

③ See Friends of the Earth v. Consolidated Rail Corp, 768 F. 2d 57, 63 (2d Cir. 1985).

④ See Atil Kaya, *Ozge*, *Why United States Clean Water Act Citizen Suit Provision Is More Difficult to Implement Today*, 21 Dokuz Eylul Universitesi Hukuk Fakultesi Dergisi 1645 (2019).

⑤ See Group Against Smog & Pollution, Inc. v. Shenango, Inc, 810 F. 3d 132 (3d Cir. 2016).

⑥ See Connor R. Adamson, *Lowering the Bar*: *Reevaluating the Diligent Prosecution Bar in Light of the Gold King Mine Spill*, *30 Villanova Environmental Law Journal*, 77 (2019).

审理阶段判断是否履行勤勉义务。最关键的是，如果勤勉的判定是管辖权事项，则原告必须证明法院有实质管辖权，若是程序性事项，则被告须证明原告所提出的并不是一个法律争议。[①] 由于勤勉义务属于管辖权事项，因此对于政府机构行为适用“强推定”（heavy presumption）原则，原告须证明政府行为是否“完全不适当”。原告必须提供有说服力的证据，证明该州的行为模式可能被视为拖延、串通或其他恶意行为。具体标准包括：该机构的行动是否寻求或要求遵守，是否有持续的监测或执行，指控的违规行为继续的可能性，以及与不遵守行为的经济效益相比所施加的处罚的严重程度。[②] 第三巡回法院则认为，勤勉义务的起诉应属于程序性事项，因此法院审查机构的起诉是否忠实遵守（great deference）法律规定的勤勉义务，并足以排除公民诉讼，主要关注政府是否依照制定法要求遵守法案的标准、限制或命令。[③]

实际上，勤勉义务的范围与性质与行政权和司法权之间的权力制衡密切相关，不同的适用标准体现了司法权尊重行政权执法的程度差异。但是，勤勉的规定仍然从整体上防止了司法资源的浪费，避免国家资源不必要的双重耗损。同时，勤勉的诉讼排除规则也体现了环境公民诉讼是环境行政执法的补充，在一定程度上加重原告的证明负担亦能够避免原告针对已得到妥当治理的环境侵害行为不当行使诉权。

二、美国环境公民诉讼制度对我国的启示

当前，我国环境公益诉讼制度的原告资格和起诉条件规定虽已具有雏形，但仍然相当单薄。其既不足以筛选有价值的环境公益诉讼以支撑现有制度的运行，更无法适应环境公益诉讼扩张原告资格制度的体系改造。而美国公民诉讼制度的运行已历经数十年，依靠原告资格与起诉条件的规定控制滥诉，

---

① See Rachel R. Ryan, *Adequate Agency Action: How Procedural Trends in Environmental Citizen Suit Litigation Prompt a Reconsideration of Deference and Presumptions of Diligence*, 44 Ecology Law Quarterly 445 (2017).

② See Grp. Against Smog & Pollution v. Shenango Inc, No. 14 - 595, 2015 U. S. Dist. LEXIS 38526, at *5 - 6 (W. D. Pa. Mar. 26, 2015).

③ See Grp. Against Smog & Pollution v. Shenango Inc, 810 F. 3d 116, 123 (3d Cir. 2016).

在促进环境公民诉讼良好运行方面积累了丰富的经验。环境公益诉讼有必要对此进行有益的借鉴，以求后续的制度改革。

（一）明确环境公益诉讼公民原告资格要件

我国环境公益诉讼制度建构了由检察机关、环保公益组织和政府职能部门组成的三元主体架构的原告资格体系。但是，与美国环境公民诉讼的原告资格制度不同的是，我国对环境公益诉讼的原告资格的研究还主要停留在对不同原告之间的顺位关系，而并非研究如何通过有关原告资格的规定筛选有价值的环境公益诉讼，再根据相应的环境公益诉讼决定合适的原告。同时，由于我国原告资格规定的概括性，对于不同原告的顺位关系又限于“公说公有理、婆说婆有理”的境地。例如，对于何为适格的检察机关和环境监督管理部门规定得较为笼统，在实践中形成极大的自由裁量空间。又如，《民事诉讼法》和《两高检察公益诉讼司法解释》仅规定了检察院可以提起环境公益诉讼，但是对于检察院对哪些环境公益案件具有原告资格则缺少相关规定，似乎只要检察院提起，检察院就是适格原告，法院就应当接受。

然而，过分宽松的自由裁量非但不能形成严密的法网，还会带来过大的权益保护缺口。正如前文指出的，检察院提起的环境公益诉讼大多与刑事案件相关，对与刑事案件无关的环境权侵害则缺乏必要的保护。法律对于环保公益组织的原告资格的规定虽然更为具体，但是也仅以专业能力导向为主，对于原告资格与环境公益诉讼案件之间的关系并不关注。其实，在一般的行政诉讼和民事诉讼中，对原告资格与具体案件之间的关系还以“利害关系”体现出来，即要求原告必须与案件有利害关系才具备原告资格。在环境公益诉讼中，由于案件的公益性，也就很少讨论这一方面的内容。立法者意图以原告的公益性来覆盖案件的公益性，以原告具有公益性来赋予原告提起环境公益诉讼的资格，没有考虑到原告的公益性与环境公益诉讼的公益性没有绝对的联系。检察机关、环境监督部门和环保公益组织均是以诉讼担当的形式成为环境公益诉讼的原告，如果不能在法律上具体规定公益代表应当提起何种环境公益诉讼，那么并无直接利害关系的公益代表也会怠于履行自己的职责。因此，讨论原告与具体环境公益诉讼的关系，明确哪些环境权侵害适用于提起环境公益诉讼，并且进一步考虑不同原告对何种环境权侵害案件具备相应原告资格，是发挥原告资格制度功能的必要路径，即筛选有价值的环境公益诉讼案件，并根据案件本身判断原告是否适格，完善环境权保护。并且，若要将公民作为环境公益诉讼的原告，对上述问题进行讨论更是必不可少的。

此种意义上的原告资格讨论正是美国环境公民诉讼原告资格制度的关键。美国环境公民诉讼通过对案件争议性的确认，即案件中是否存在特定的事实损害，再通过因果关系联结案件与原告的关系，最后以救济性判断争议解决的可能性。就此，美国环境公民诉讼的原告资格制度能够筛选出有价值的环境案件，即争议对原告产生了事实损害，且该争议可能得到解决，并进而筛选出与争议相关的公民作为适格原告。在确定公益代表的原告资格时，至少也应当考虑救济性问题。同时，在环境公益诉讼原有的三元主体架构保护环境权效果不佳的情况下，引进公民作为新的原告资格主体势在必行，因此对原告资格制度的细化就可参考美国公民诉讼制度。

首先，对于公民而言，公民环境权受到侵害，即与公民相关的生态功能受到损害。此处应注意的是，美国环境公民诉讼的事实损害不仅包括环境权益的损害，还包括经济损害。但在我国，公民本就可以自身经济利益受损为由提起民事诉讼，且主要涉及的是公民的私益，诉讼请求与环境公益无直接联系，因此环境公益诉讼所考察的公民所遭受的事实损害仅以环境权损害为限。对于环保公益组织而言，《环境保护法》和最高人民法院《关于审理环境公益诉讼案件的工作规范（试行）》就环保公益组织的原告资格进行了较为详细的规定，而且我国的许多环保公益组织与美国不同，不仅有是私人的组织，还有带有强烈公共性、社会性的组织，这部分规定已较为完善，因此仍可保留。同时，可以借鉴美国环境公民诉讼对环保组织原告资格的规定，如果环保组织成员已具有原告资格，且环保组织提起环境公益诉讼维护的利益与组织宗旨相关，诉讼过程又不要求成员个人参与，即使组织未连续参与环保公益活动五年以上，也可赋予其原告资格，就此个人也能够借组织的力量提起环境公益诉讼，能更有效地保护环境权，就此可以不必拘泥于参与环保公益活动的时间。对于检察机关和环境监督管理机关而言，则应当规定具体的起诉义务，也就是要求检察机关和环境监管机关必须对侵害环境权的行为提起诉讼。虽然原告资格更多地体现为一种权能，但是对于公权力机关的职权与职责本就是一体的，不能将提起环境公益诉讼的原告资格仅视为权能，还应当视为一种责任，否则环境权的保护将由于自由裁量权限过大而存在缺口。

其次，公民所遭受的事实损害应当与被告实施的侵害环境权的行为或疏于监管致使环境权受损的行为具有因果关系。只有在具有因果关系的前提下，才能够排除某些公民的无端滥诉，防止部分公民将环境公益诉讼作为其宣泄不满的工具，或用于满足其他不可告人的目的，防范道德风险。对检察机关和环境监管机关来说，由于其根据诉讼担当理论得到了原告资格，因此并不必须具备与环境权侵害行为的因果关系，至多根据行为发生地等因素确定具体检察机关和环境监管机关的原告资格，防止不同国家机关之间产生起诉上的混乱。

最后，无论何者作为环境公益诉讼的原告，可救济性都是法院应当考察的因素。如果案件争议完全无法得到救济或已经被处以相应的罚款并进入正常的行政监管程序，那么环境公益诉讼就没有必要被提起，此时公民、环保公益组织、检察机关或环境监管机关都不具有原告资格。

总之，当前环境公益诉讼的原告资格制度过于单薄，检察机关与环境监管机关广泛的起诉裁量权导致环境权保护的缺口过大，而环保公益组织又由于其资源有限而必须极其谨慎地提起环境公益诉讼，常常无法发挥其应有的作用，并且由于三者均不是环境权的实质主体，都面临提起环境公益诉讼动力不足的问题。因此，必须赋予公民原告资格才能够弥合权利保护的缺口。但为了防范滥诉、节约司法资源，只有自身环境权受损且环境权受损与被告的行为有因果关系，并且要在环境权可被救济的情况下，公民才具有原告资格。公民既要在提起环境公益诉讼前明确自身与相关环境公益案件的实质联系，还需满足起诉前的程序性条件。

（二）完善环境公益诉讼的公民起诉条件

目前，有关环境公益诉讼的起诉条件规定稀少，在环境公益诉讼的起诉规则上留下较大的空白。现行立法中，环境公益诉讼的起诉条件仅包括检察机关在提起环境行政公益诉讼前的检察建议，以及法院受理环境公益诉讼后的公告和函告程序，且仅是粗略规定。若将公民作为环境公益诉讼的原告，过分宽松的起诉条件势必导致诉讼泛滥，让环境公益诉讼的审查法院无所适从。因此，在没有详细规定起诉条件的情况下，既难以有效指导现有环境公益诉讼原告依照法定程序提起诉讼，更无法赋予公民提起环境公益诉讼的原告资格。美国环境公民诉讼则从多个方面规定了起诉条件，进一步明确了行政权与司法权、行政权与公民诉权之间的位阶关系，以保证环境公民诉讼制度能够有序实施。我国在发展环境公益诉讼的过程中，理应吸收其中有益的部分。环境公益诉讼至少可以在以下三个方面完善起诉条件。

第一，构建适于公民起诉的诉前通知程序。具体包括：（1）不仅是提起环境行政公益诉讼时应当适用诉前通知程序，公民提起环境民事公益诉讼和生态环境损害赔偿诉讼时也应当适用，以此节约司法资源，提高环境保护的效率，并能够防止公民恶意诉讼或“激情诉讼”。由于生态环境保护涉及诸多专业性事项，在大面积的生态系统调节中更具有高度复杂性，即使法院作出修复判决也仍需要环境监管机关或违法行为人执行后续繁重的调查、研究、修复和监督工作，执行诉前通知程序可以尽量避免陷入烦琐复杂的环境公益诉讼中，也能够让公民在起诉前进行充分的诉讼准备，排除恶意起诉和盲目起诉。（2）诉前通知程序应属于管辖权条款，即公民在履行诉前通知程序前，法院不具有相应环境公益案件的管辖权，法院应驳回起诉。将诉前通知作为法院受理案件的初步证明内容之一。如果法院能够在诉前通知期限届满前受理案件，也会浪费司法资源，因为在诉前通知发出后即进行修复的部分案件并不需要进入审理程序，这一司法成本并无合理的收益。（3）诉前通知程序的时限是启动有效修复工作的时限，而不是修复最终完成的时限。修复生态环境损害通常是旷日持久的行为，不宜直接设定固定期限。但启动有效修复的条件应当由法律具体规定，被告应有某些实际且不可撤回的修复行动，否则激进的公民行动也会让法院受到不合理的诉求困扰。（4）不同类型的生态环境损害案件可适用不同的诉前通知时限。生态环境损害性质不同，相应的调查难度也不同，如在近海大量非法捕捞鱼类以至破坏当地生态系统，这类生态环境损害可快速定位；而对于危险化学品导致的损害，则调查难度剧增，若适用同一时限并不合理。（5）可规定某些例外条款，免除环境公益诉讼中的诉前通知程序，以便能够采取行为保全或快速开展修复行动。如在紧急的重大环境损害事件中，公民的环境权益侵害具有紧迫性，应当免除诉前通知程序，直接受理环境公益诉讼案件，以避免生态功能进一步遭到严重破坏。（6）以法律渊源的形式明确规定诉前通知的内容。由于规定必须兼具法律性和技术性，因此应当由相关机构和部门联合发布，以有效指导司法实践。

第二，完善环境行政公益诉讼的诉讼时效制度。当前，法律规范并没有明确规定环境公益诉讼的诉讼时效。《民事诉讼法》和《行政诉讼法》虽然规定了6个月的诉讼时效，但仅适用于环境私益诉讼。环境公益诉讼与环境私益诉讼有着本质区别，不宜采用上述规定。若没有合理的诉讼时效规定，引入公民作为诉讼原告后，公民就可以随时提起环境公益诉讼，不免造成滥诉。美国环境公民诉讼的通说认为，环境公民诉讼是对环境监管机关执法不足的补充，因此适用行政机关进行民事罚款、处罚或没收的时效。在我国，也有学者持相同看法，认为当人们对一度信奉的“行政万能论”产生质疑后，开始思索这种排斥公众参与并在环境领域实行单一行政管理与运行的国家环境管理体制是否存在问题时，环境公益诉讼才得以作为环境监管的补充方案。[①] 虽然我国在设定环境公益诉讼的诉讼时效时也可以借鉴美国环境公民诉讼的思路，但是由于我国的环境民事公益诉讼和生态环境损害赔偿诉讼并不涉及罚款、处罚或没收，因此此处的诉讼时效只适用于环境行政公益诉讼。具体制度设计包括以下要点：（1）一般而言，环境行政公益诉讼适用的诉讼时效与行政处罚的时效相同，为两年。[②] 对于环境行政公益诉讼来说，两年诉讼时效对应的是行政机关负监管责任的环境违法行为的时效。在行政处罚时效已经届满的情况下，也不宜再要求行政机关对侵害生态环境的违法行为进行处罚。（2）两年诉讼时效的起算点是侵害生态环境的违法行为停止的时间，即破坏生态环境功能的行为终止时就起算。（3）诉讼时效届满的条

---

① 参见张明华：《环境公益诉讼制度刍议》，载《法学论坛》2002年第6期。

② 参见《行政处罚法》第36条。

件除了违法行为应停止满两年外，还要求行为人对生态环境造成的损害应当已经消失。当考虑诉讼时效届满问题时，不仅要计算诉讼时效的起算时间，还应当考虑该地的环境生态功能是否已经得到恢复。这里的环境生态功能之所以能够恢复，并不需要源于违法行为人的主动修复，也可以是由于生态系统的自净能力将这种生态损害抹除。也就是说，即使环境生态功能在诉讼时效起算后一年才恢复，但并不妨碍再过一年后环境公益诉讼的诉讼时效届满。(4) 此处应当指出的是，与民事诉讼理论中的诉讼时效规定不同，环境行政公益诉讼的诉讼时效针对的是起诉权，而非胜诉权。首先，美国环境公民诉讼的诉讼时效是由行政机关的处罚时效类比所得出的，处罚时效经过后，联邦环保署即丧失处罚的权力。由于环境公民诉讼是行政权力的补充，在联邦环保署都无权处罚的情况下，作为辅助的环境公民诉讼就更无法作为责难的手段，所以公民也失去利用环境公民诉讼代替行政机关进行管理的请求权，进而失去起诉权。在我国，根据《行政处罚法》第36条的规定，行政机关在违法行为发生的两年后，不能再对行政相对人进行任何处罚，行政机关失去进行处罚的权力。借鉴美国环境公民诉讼的相关理论，两年时效经过后，公民也相应失去环境行政公益诉讼的起诉权。其次，在两年时效经过后，公民提起环境行政公益诉讼需付出高昂的诉讼成本且没有实际意义。因此，环境公益诉讼的诉讼时效经过后，公民不仅丧失胜诉权，也丧失了起诉权。

第三，明确环境行政公益诉讼受案范围。环境行政公益诉讼仅能针对行政机关的非自由裁量义务。这是由于司法权介入行政权的自由裁量事项必须极为谨慎，而环境保护更是一项专业且在时空间上跨度较大的行动，司法权在此应充分尊重行政权，公民也不应当过度介入环境行政机关的裁量领域。具体应完善下述内容：(1) 法律规范应大体确定强制性义务的边界。依据我国的环境立法习惯，立法者极少规定行政机关履行义务的固定期限。若根据美国环境公民诉讼理论关于“固定时限”的理解，则我国行政机关基本不承担环境保护的强制性义务，大多为裁量性义务，这与环境公益诉讼监督行政机关履行环境保护义务的实际需求相左。因此，在确定行政机关的强制性义务时，不宜直接借鉴美国环境公民诉讼中“固定时限”的判例法。依照我国的规范构成，法条中包含“应当”可视为强制性条款，其规定的内容即是行政机关的非裁量性义务。公民仅能够以该类法条为依据提起诉讼。(2) 此处也存在例外情形，即使条款规定了行政机关的强制性义务，也并不意味着法院对此有完全的管辖权。环境法律规范规定的多为行政机关必须实现的环境保护目标，但却少有涉及具体如何履行环境保护义务。法院在此应当尊重行政机关在履行环境保护义务时组织规划的自由裁量权。(3) 虽然法律没有具体规定如何履行环境保护义务，但法院并不是对行政机关拥有自由裁量权的领域一概无管辖权。如果环境监管机关滥用职权以致发生裁量收缩①时，则应当允许适格原告提起环境公益诉讼，以纠正环境监管机关的行政行为。具体来说，在案件中，如果形成“行政机关必须如此行动才能够实现其环境保护义务”的情况，此时就发生裁量收缩。如《黄河保护法》规定黄河流域县级以上地方人民政府应当因地制宜消除地质灾害隐患，② 行政机关虽然有权裁量何种措施能够消除地质灾害，但倘若某一区域发生泥石流，要消除泥石流地质灾害，行政机关可以修筑桥梁或导流堤，若能够确定该地不宜修筑桥梁，而必须采取修筑导流堤的措施，行政机关在此处的裁量权就被大大限缩，裁量性义务转化为强制性义务，适格原告此时就可以提起环境行政公益诉讼。

环境公益诉讼的起诉条件是防范滥诉的关键环节，是法律赋予公民环境公益诉讼原告资格所要扫除的关键障碍。由于环境公益诉讼涉及复杂的环境科学、烦琐的法律问题，乃至昂贵的诉讼费用，完善的诉前通知程序既可以要求公民在提起环境公益诉讼前估量诉讼成本，做好充分的起诉准备，由公民确定提起环境公益诉讼是否合理，也能够让违法行为人或环境行政机关有机会主动纠正行为或填补环境公益损害，避免浪费司法资源。同时，如果公民可以在环境公益损害发生后的任何时间段提起环境公益诉讼，难免会纵容

---

① 裁量收缩理论认为，行政机关享有效果裁量并不意味着在任何情况下行政机关的决定（是否作为）与选择（作为的方式与时机）都不构成违法；在特定情况下，行政机关必须作为或不作为，甚至必须在特定的时机采取特定的行动（行政行为或事实行为）。参见王天华：《裁量收缩理论的构造与边界》，载《中国法学》2014 年第 1 期。

② 参见《黄河保护法》第 44 条第 3 款。

部分公民提起恶意诉讼，因此也有必要选择一个与当前法律体系较为契合的诉讼时效期间，即与行政处罚一致的两年诉讼时效。最后，限于公民的专业水平、实务经验等原因，不宜让公民过度介入环境行政机关的环保行动中，只能够依据法律已明确规定属于环境行政机关强制性义务或在具体案件中已生裁量收缩的领域，才可由公民提起环境公益诉讼。

第四章

基于环境权的环境公益诉讼形式原告资格的法理透视

第一节 环境公益诉讼形式原告资格的法理依据

如前文所述，环境公益诉讼中的原告同样分为形式原告与实质原告，前文已经厘清了环境公益诉讼中的实质原告主体是公民。本节讨论的是与实质原告主体资格相对应的形式原告主体资格，并为其探寻法理依据。学界对此做了较多探索，并取得了一定成果，但仍可谓莫衷一是。因此，有必要对此进行深入探讨。本书认为，我国环境公益诉讼包括环境民事公益诉讼、环境行政公益诉讼、生态环境损害赔偿诉讼、刑事附带环境民事公益诉讼中的环境民事公益诉讼、海洋自然资源与生态环境诉讼中的生态环境公益诉讼，这些诉讼中的形式原告资格的法理依据是相同的。因为学界对生态环境损害赔偿诉讼形式原告资格的学说数量最多，故下文以生态环境损害赔偿诉讼为例展开讨论。

生态环境损害赔偿制度是国家解决生态环境领域重大问题、推进生态文明体制改革建设的重要制度。2015 年 9 月 21 日中共中央、国务院发布实施的《生态文明体制改革总体方案》明确指出要“严格实行生态环境损害赔偿制度”。以此方案为指导，2015 年 12 月 3 日中共中央办公厅、国务院办公厅发布实施了《生态环境损害赔偿制度改革试点方案》，开展生态环境损害赔偿制度试点工作。经过 2 年试点实践，2017 年 12 月，中共中央办公厅、国务院办公厅发布《生态环境损害赔偿制度改革方案》，在全国推行生态环境损害赔偿制度。2019 年 6 月，最高人民法院公布实施了《关于审理生态环境损害赔偿案件的若干规定（试行）》（2020 年 12 月再次修订），对生态环境损害赔偿诉讼的司法审理作出规定。2020 年 8 月 31 日生态环境部、司法部、财政部等部门出台《关于推进生态环境损害赔偿制度改革若干具体问题的意见》，对赔偿诉讼原告[①]的各个工作环节作出规定。2020 年 5 月 28 日，十三届全国人大三次会议通过《民法典》，《民法典》第 1234 条、第 1235 条分别规定了生态环境修复责任和生态环境损害的赔偿范围。至此，政策文件、司法解释、法律共同构成了生态环境损害赔偿制度，我国初步建立了生态环境损害赔偿制度体系，一定程度上解决了生态环境损害救济的法律制度供给问题。

一、生态环境损害赔偿诉讼原告权源既有学说梳理

首先应当明确，《生态环境损害赔偿制度改革试点方案》对生态环境损害赔偿诉讼原告的描述可以概括为各级政府和环境行政管理部门；生态环境损害赔偿制度分为两个阶段，一是赔偿磋商阶段，二是赔偿诉讼阶段，赔偿磋商应被视为赔偿诉讼的前置程序。[②] 原告在生态环境损害赔偿诉讼两个阶段依据的权利来源和基础是一以贯之的，现有研究中有关磋商或诉讼的属性论述也是基于原告的权利来源，因此生态环境损害赔偿诉讼的原告权源问题是该制度的法理基础。目前学界对生态环境损害赔偿诉讼原告权源的认识主要分为自然资源国家所有权说、国家环境保护义务说、环境行政执法权能说、环境公益说、公共信托说等几种。[③]

（一）自然资源国家所有权说

自然资源国家所有权说目前应用较为广泛，为立法者当前持有的观点。

---

① 因为不同政策、法律文件对起诉主体的称谓不同，所以文中除了直接引用原文外，法理上统称为原告。

② 最高人民法院《关于审理生态环境损害赔偿案件的改革方案》删除了《生态环境损害赔偿制度改革试点方案》中“赔偿权利人也可以直接提起诉讼”的表述，表明了政策制定者将赔偿磋商作为赔偿诉讼前置程序的态度。

③ 其中前三种学说虽然对权利来源的理解不同，但从本质上看，它们都尝试赋予政府原告实体权，故有学者称为另赋实体权说。

早在《生态环境损害赔偿制度改革试点方案》试行时期，最高人民法院《关于充分发挥审判职能作用为推进生态文明建设与绿色发展提供司法服务和保障的意见》（法发〔2016〕12号）中就指出，赔偿权利人系基于国家自然资源所有权提起生态环境损害赔偿诉讼。① 《生态环境损害赔偿制度改革方案》中规定，“国务院授权省级、市地级政府（包括直辖市所辖的区县级政府，下同）作为本行政区域内生态环境损害赔偿权利人”，“国务院直接行使全民所有自然资源资产所有权的，由受委托代行该所有权的部门作为赔偿权利人开展生态环境损害赔偿工作”，认为省级、市地级政府或有关部门可代国务院行使自然资源国家所有权，从而成为生态环境损害赔偿诉讼原告，其权源为自然资源国家所有权，最高人民法院《关于审理生态环境损害赔偿案件的若干规定（试行）》，生态环境部、司法部、财政部等《关于推进生态环境损害赔偿制度改革若干具体问题的意见》中均赞同了这一立场。② 学界认同这种观点者颇多，相应地，基于对自然资源国家所有权和环境利益性质的不同解读，学者们对自然资源国家所有权作为权源的原因做了不同的论述：一是生态功能客体说。有学者认为自然资源国家所有权的客体包含了自然资源生态功能或生态价值，③ 原因是自然资源属于国有公物，国家既有私法上的所有权及其收益权，又有公法上的公物管理权。④ 还有学者认为生态环境损害赔偿诉讼救济的是生态环境本身，自然资源国家所有权的私权属性决定了其属于特殊的私益诉讼。⑤ 二是国益、公益耦合说。因我国环境立法对生态环境损害中的两种利益——国家利益（资源性利益）和社会公共利益（生态服

① 最高人民法院《关于充分发挥审判职能作用为推进生态文明建设与绿色发展提供司法服务和保障的意见》第19条规定：“……认真研究此类基于国家自然资源所有权提起的生态环境损害赔偿诉讼案件的特点和规律，根据赔偿义务人主观过错、经营状况等因素试行分期赔付，探索多样化责任承担方式……”

② 最高人民法院《关于审理生态环境损害赔偿制度改革若干具体问题的意见（试行）》在第1条原告资格条款采用了与《生态环境损害赔偿制度改革方案》中赔偿权利人条款相同的表述，生态环境部、司法部、财政部等《关于推进生态环境损害赔偿制度改革若干具体问题的意见》中“具体负责工作的部门或机构”部分支持了《生态环境损害赔偿制度改革方案》中赔偿权利人的说法。

③ 参见罗丽：《生态环境损害赔偿诉讼与环境民事公益诉讼关系实证研究》，载《法律适用》2020年第4期。

④ 参见马俊驹：《国家所有权的基本理论和立法结构探讨》，载《中国法学》2011年第4期。

⑤ 参见王树义、李华琪：《论我国生态环境损害赔偿诉讼》，载《学习与实践》2018年第11期。

务功能利益）未准确区分，以目前的条件不宜对两种利益进行过细的规定，而应在生态环境损害赔偿制度中全面保护国益和公益。因自然资源国家所有权的私权属性、国家主体的多重身份、可被宪法之下的法律具体化等特性，政府可基于自然资源国家所有权代表受损的两种生态环境利益索赔。①

（二）国家环境保护义务说

持该观点的学者试图摆脱自然资源国家所有权说的路径依赖，转而寻求公法上的国家环境保护义务作为赔偿诉讼原告的权源。例如，有学者认为自然资源国家所有权说是为了解决生态环境所蕴含的生态价值的公物属性不易权利化的难题而找寻的折衷方案，但法理上难以自洽，因自然资源国家所有权更多的是一种价值宣示，并非一种强调国家对自然资源占有、使用、收益、处分的权利，更多地蕴含着保护公民基本权利、增进公共福祉的国家义务。②自然资源国家所有权是根据公共信托理论设立的，同理，在设立经济利益所有权的同时，应基于国家环境保护义务对国家课以保护环境生态价值的公法义务，从而赋予行政机关保护生态环境的行政职权。生态环境损害赔偿作为政府索赔，旨在建立“公法性质、私法操作”的公共利益保护模式，索赔依据源于政府的环境保护义务。③ 有学者主张国家环境保护义务属于宪法层面的义务，应作为行政机关提起生态环境损害赔偿诉讼的理论基础④以及政府索赔权的正当性来源。⑤ 行政机关既不是为了某一特定个体的利益，也不是为了国家这一特殊主体的利益，而是为了广大公众所享有的环境公共利益行使诉权，可将其视为履行国家环境保护义务的行为。⑥ 还有学者将作为“公

① 参见吴惟予：《生态环境损害赔偿中的利益代表机制研究——以社会公共利益与国家利益为分析工具》，载《河北法学》2019 年第 3 期。

② 参见张宝：《生态环境损害政府索赔权与监管权的适用关系辨析》，载《法学论坛》2017 年第 3 期。

③ 参见张宝：《生态环境损害政府索赔制度的性质与定位》，载《现代法学》2020 年第 2 期。

④ 参见彭中遥：《生态环境损害赔偿诉讼的性质认定与制度完善》，载《内蒙古社会科学（汉文版）》2019 年第 1 期。

⑤ 参见赵小姣：《我国生态环境损害赔偿立法：模式与难点》，载《东北大学学报（社会科学版）》2020 年第 5 期。

⑥ 参见彭中遥：《行政机关提起生态环境损害赔偿诉讼的理论争点及其合理解脱》，载《环境保护》2019 年第 5 期。

权”的自然资源国家所有权和国家环境保护义务一起作为生态环境损害赔偿制度的宪法依据。①

（三）环境行政执法权能说

环境行政执法权能说认为生态环境损害赔偿制度在功能上属于环境行政执法的延展，赔偿诉讼原告的权源为行政机关的行政管理权。总的思路是，政府及环境保护行政主管部门有义务保护生态环境，通过行使行政权，对污染环境、破坏生态的行为采取各种行政执法措施，促使赔偿义务人对受损的生态环境进行修复或货币赔偿，生态环境损害赔偿制度中的磋商程序及司法确认是用来巩固行政权行使的法律效果和强制力，属于行政措施的一部分，而生态环境损害赔偿诉讼则是上述行政执法的延伸。学者的表述如：生态环境损害赔偿诉讼诉权的来源是国家环境公共事务管理权，作为环境行政执法的补充，在有限的范围内使用。② 政府作为索赔主体的请求权基础或正当性源于其环境监管职责。③ 生态环境损害赔偿制度中的生态环境损害赔偿诉讼在本质上属于责令赔偿生态环境损害之行政命令的司法执行诉讼，具有“行政权力权利化”和“行政监管诉讼化”的特征。④ 司法权的强化和扩张，使在涉及环境公益保护的民事诉讼表面上模仿了民事诉讼程序，其内核却是行政执法程序。⑤

（四）环境公益说

该说认为生态环境损害赔偿诉讼与环境民事公益诉讼属于同类，救济的环境公益一致，是一种特殊的环境民事公益诉讼，⑥ 或者说是环境民事公益

① 参见陈海嵩：《生态环境损害赔偿制度的反思与重构——宪法解释的视角》，载《东方法学》2018 年第 6 期。

② 参见邓少旭：《生态环境损害赔偿诉讼：定义与定位矫正》，载《中国环境管理》2020 年第 3 期。

③ 参见史玉成：《生态环境损害赔偿制度的学理反思与法律建构》，载《中州学刊》2019 年第 10 期。

④ 参见杨朝霞：《论环境权的性质》，载《中国法学》2020 年第 2 期。

⑤ 参见王明远：《论我国环境公益诉讼的发展方向：基于行政权与司法权关系理论的分析》，载《中国法学》2016 年第 1 期。

⑥ 参见刘莉、胡攀：《生态环境损害赔偿诉讼的公益诉讼解释论》，载《西安财经学院学报》2019 年第 3 期。

诉讼的子类型,[①] 可知诉讼原告权源为环境公益。

(五) 公共信托说

有学者引述公共信托理论，认为生态环境损害赔偿诉讼的程序性权利来源是自然资源国家所有原则，实体性权利诉求是公共信托环境权益。[②]

二、生态环境损害赔偿诉讼原告权源既有学说之评析

总体而言，以上五类学说在解释生态环境损害赔偿诉讼原告权源问题上存在一定的共通性——均承认生态环境损害赔偿涉及生态功能价值；也存在某种程度上的合理性——确实能够解释某些生态环境损害制度的法理问题；还有一定的重叠性——各类学说你中有我我中有你。有些学说是天生缺陷，有些学说则是浅尝辄止未触及本质，有些学说是同一意思的不同形式表述，但它们都带有某种逻辑上的欠缺，无法周延地解释生态环境损害赔偿制度的所有法理问题。具体评析如下。

(一) 自然资源国家所有权说对权利客体认识错误

自然资源国家所有权的权利客体不包含生态环境提供的生态性利益，而生态性利益恰恰是生态环境损害赔偿制度意图救济的。《生态环境损害赔偿制度改革方案》将生态环境损害定义为“因污染环境、破坏生态造成大气、地表水、地下水、土壤、森林等环境要素和植物、动物、微生物等生物要素的不利改变，以及上述要素构成的生态系统功能退化”，不适用的情形包含“涉及人身伤害、个人和集体财产损失要求赔偿的”，可见该制度救济的对象是生态环境的生态性利益或价值。

首先，自然资源国家所有权在私法层面的属性是国家作为特殊私主体享有的物权，是国家对其领土上自然资源的支配权和对世权，具有排他性，其权利客体为作为自然资源的有形物，在先前的《物权法》以及现行的《民法

① 参见林莉红、邓嘉咏:《论生态环境损害赔偿诉讼与环境民事公益诉讼之关系定位》，载《南京工业大学学报（社会科学版）》2020 年第 1 期。

② 参见王小钢:《生态环境损害赔偿诉讼的公共信托理论阐释——自然资源国家所有和公共信托环境权益的二维构造》，载《法学论坛》2018 年第 6 期。

典》中都有私法性保障，通过民事诉讼程序进行物权救济。物权的客体不包含生态环境的良好功能、生态价值等一切无形对象。即使像有些学者所言我国环境立法对生态环境损害中的两种利益——国家利益（经济性利益）和社会公共利益（生态性利益）未准确区分，在司法实践中因当下技术手段有限而确实存在将两种利益混同计算、统一救济的折中局面，也不应当在学理上不加区分，认为自然资源国家所有权的权利客体包含环境生态功能。实践中，可以将自然资源（经济性利益）诉讼和生态环境损害赔偿（生态性利益）诉讼在某种条件下合并审理，但不能认为两诉原告的权源相同，更不可认为将自然资源国家所有权戴上公法的帽子就能解决一切环境生态功能保护的法律问题。

其次，即便对自然资源国家所有权作公权化解释，无论是认为其兼具公权和私权的二重属性，受公私法共同调整，具有宪法所有权与民法所有权的双阶构造，① 还是将其视为国家对自然资源的产权管制权，② 生态环境损害赔偿诉讼原告在磋商和诉讼阶段适用的均为民事诉讼法，如以自然资源国家所有权作为诉讼原告权源，将导致诉讼标的与诉讼请求之间出现错位。③ 受所有权法律关系制约，若诉讼原告以自然资源国家所有权受损为由提起生态环境损害赔偿之诉，则诉讼请求仅限于返还遭受非法侵占的自然资源、恢复遭受破坏的自然资源或赔偿损失，不应以生态性利益受损为由提出要求填补生态系统功能损失的诉讼请求。④ 即便自然资源国家所有权具有公法属性，在民事法律层面起作用的也是其民法权能和结构，而自然资源国家所有权在民法层面的第一属性是物权。既然是物权，其权利客体自然不应是环境生态功能。

最后，现行法律规范也与自然资源国家所有权作为诉讼原告权源相矛盾。

---

① 参见税兵：《自然资源国家所有权双阶构造说》，载《法学研究》2013 年第 4 期。

② 参见王克稳：《自然资源国家所有权的性质反思与制度重构》，载《中外法学》2019 年第 3 期。

③ 参见李一丁：《生态环境损害赔偿制度改革：现状、问题与立法建议》，载《宁夏社会科学》2018 年第 4 期。

④ 参见郭海蓝、陈德敏：《省级政府提起生态环境损害赔偿诉讼的制度困境与规范路径》，载《中国人口·资源与环境》2018 年第 3 期。

《宪法》第9条第1款规定："矿藏、水流、森林、山岭、草原、荒地、滩涂等自然资源，都属于国家所有……"《民法典》第250条规定："森林、山岭、草原、荒地、滩涂等自然资源，属于国家所有……"以上规定中，均不包含大气这一重要的自然环境要素。若以自然资源国家所有权作为权源，将导致因大气污染造成的生态环境损害无法得到救济。另外，《民法典》第260条规定，集体所有的不动产和动产包括法律规定属于集体所有的土地和森林、山岭、草原、荒地、滩涂，意味着若以自然资源国家所有权作为权源，将导致集体所有的自然资源遭受生态环境损害时无法求偿。

自然资源国家所有权说产生的原因是一些人认为生态性利益难以确定权利主体，于是以集生态价值和经济价值于一身的自然资源作为权利对象，通过确权自然资源经济性利益及价值来保护"无主"的生态环境，使其作为堪当"索赔"大任的权利来源在生态利益受损时进行求偿，以自然资源的物质性、经济性损失拟制生态环境的生态功能减退和生态性利益损害。但应该认识到即便是能够通过这种曲线救国的方式间接实现对生态性利益的救济，这种生态环境损害填补也是有局限性的，因为此时生态性利益和生态功能价值事实上是通过权利对象——自然环境所具有的经济价值间接体现的，本质上仍然属于财产损害救济的"反射利益"。[①]

（二）国家环境保护义务说忽视"权利—义务"的对应关系

首先，义务本身不能单独存在。从法律规范上考察，我国《宪法》第26条第1款规定："国家保护和改善生活环境和生态环境，防治污染和其他公害。"我国《环境保护法》第6条第2款规定："地方各级人民政府应当对本行政区域的环境质量负责。"在实定法的两个层面上规定了国家的环境保护义务。国家履行环境保护义务，具体来说即采取措施保护和改善环境，对环境质量进行监管并对生态环境损害进行补救，诉讼原告看似可依据其承担的环境保护义务，通过提起生态环境损害赔偿诉讼对生态环境损害进行补救。然而从法理上来看，作为法学核心范畴的权利与义务是一对相互对应的基本

① 张宝：《生态环境损害政府索赔权与监管权的适用关系辨析》，载《法学论坛》2017年第3期。

法律概念，两者相互依存，互为指向。一项义务的产生必然对应着某项权利的确定，任何真正意义上可履行、有责任、受监督的义务，均涉及两个法律主体之间的相互关系，一方承担着某项义务，另一方对应地拥有某项权利可请求对方履行义务。国家承担环境保护义务，必然有另一方拥有某种关乎环境的权利才得以使国家承担此保护义务。从文义解释的角度看，将生态环境损害赔偿诉讼原告的权利来源定位于某种义务，显然说不通，且在权利与义务的关系中，权利相较于义务具有前提性和主导性，[①] 国家环境保护义务说只谈义务不谈其对应的权利，无论如何不能称得上周延之说。既然国家环境保护义务对应着某个主体的某些环境权利，那就应当追本溯源，继续探究该主体与生态环境损害赔偿诉讼原告之间的关系，以及该主体享有的环境权利与诉讼原告权源之间的关系，而不是浅尝辄止。

其次，宪法层面的国家环境保护义务对应着公民的环境基本权利，而无论如何不能转化为国家的权利，因此义务不是权源。在当代宪法理论中，“基本权利—国家义务”被视为经典的分析框架。虽然出现了“基本权利的第三人效力理论”“国家行为理论”等学说，但坚持“基本权利—国家义务”的研究范式依然是学界主流。有学者对基本权利的功能与国家义务的关系做了分析框架[②]（见图 4 –1）。

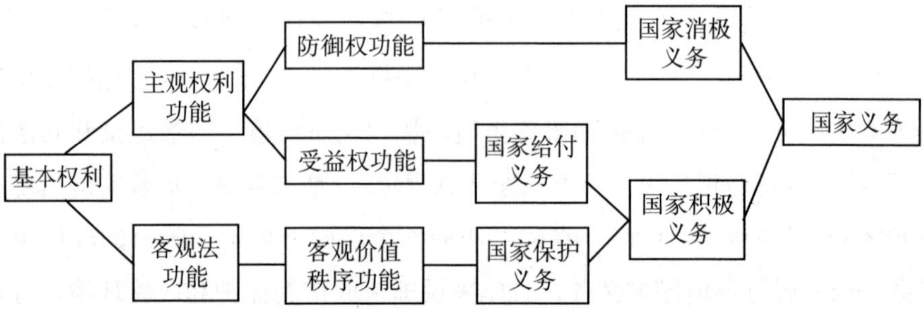

图 4 –1　基本权利的功能与国家义务的关系

可以看到，基本权利的功能分为两大类：一是主观权利功能，即肯定基

① 参见张文显：《法学基本范畴研究》，中国政法大学出版社 1993 年版，第 73 页。
② 参见张翔：《基本权利的规范建构》（增订版），法律出版社 2017 年版，第 70 页。

本权利是主观权利，是个人要求国家作为或不作为的请求权基础；二是客观法功能，即把基本权利视为宪法设立的“客观价值秩序”。主观权利功能又包含防御权功能和受益权功能，前者是防止国家对基本权利的侵害和干预的功能，国家只要尽到不作为义务即可，该义务是纯粹消极性的，被称作“国家消极义务”；后者是指基本权利具有的可以请求国家作为某种行为，从而获得一定利益的功能，国家要以一定的积极行为，为公民基本权利实现提供某种便利或给付，该义务被称作“国家给付义务”。客观法功能即客观价值秩序功能，公权力要遵守这一直接约束公权力的价值秩序，尽可能创造维持实现基本权利的条件，该义务被称作“国家保护义务”。现在需要对国家环境保护义务定性，由于国家环境保护义务不是天然的宪法概念，不妨穷尽其作为国家义务类型的可能性：首先，其无论被归类为“国家消极义务”还是“国家给付义务”均对应着发挥主观权利功能的环境基本权利，此时的权源应该追溯到公民的环境基本权利。如果被归类为“国家保护义务”，则需要详细讨论。基本权利发挥“客观法功能”所确立的客观价值秩序是立法机关构建国家各种制度的原则，其对应的广义国家保护义务包括制度性保障、组织与程序保障、狭义的保护义务[①]等。需要注意的是，国家保护义务一般不与公民的请求权相对应，这是不是意味着国家环境保护义务如果被归类为“国家保护义务”，则与权利无关，可以名正言顺成为生态环境损害赔偿诉讼原告的权源呢？恰恰相反。基本权利的“客观法功能”不可能脱离和“主观权利功能”的联系：一是不能因为强调基本权利的“客观法功能”，而忽视了其本来的权利属性；二是基本权利实现“客观法功能”时是将基本权利条款视为原则，意即国家如何保护没有具体规范，但如果该原则的内涵已经非常明确统一，则可以成为具体的规范；三是基本权利实现“客观法功能”时保护整体利益和公共利益，但从客观法中依然可以折射出对每个人主观权利的保护，只不过这种保护是一种公法上的“反射利益”保护。“客观法功能”对应“国家保护义务”的实质是国家概括、抽象、原则性地促成基本权利的

---

① 指国家保护公民免受来自第三方侵害的义务，参见张翔：《基本权利的规范建构》（增订版），法律出版社2017年版，第235页。

实现。如果“国家保护义务”的内容足够明确时，个人也就有了可以请求的确定内容，也就有了主观权利，在满足一定条件时，[①] 就完成了“客观法功能”向“主观权利功能”的转化，谓之客观法的“再主观化”，也就是转化为个人要求国家作为或不作为的请求权，该主观权利的归属依旧是公民，政府依旧承担的是义务，而没有权利。因此，国家环境保护义务即便被归类为“国家保护义务”，对应着基本权利的“客观法功能”，依然有可能向“主观权利功能”转化，依然不能脱离环境基本权利这一背后的权利本源，依然要将权源追溯至公民的环境基本权利。

（三）环境行政执法权能说难以解释执法权能与诉权的冲突

环境行政执法权能可理解为国家环境保护义务的法律衍生品，为了使国家有效履行环境保护义务，法律赋予政府及生态环保职能部门相应职权，即环境行政执法权。从法理上看，行政是一种为了实现私人目的或公共目的而在具体情况下对权力的行使，行政权的权能包括行政命令权、行政监管权、行政事项处理权、行政处罚权等。

首先，行政权本身不能作为生态环境损害赔偿诉权这一民事诉权的来源。无论是私法诉权说（实体诉权说）、公法诉权说、宪法诉权说、二元诉权说等，行政权都被排除在外。最主要的原因是民事诉权只能由私主体或在民法上视为私主体的当事人所有，私主体无法行使行政权，因此行政权不能作为民事诉权的来源。

其次，环境行政执法权能与生态环境损害赔偿诉权存在冲突。《行政处罚法》第9条规定：“行政处罚的种类：……（二）罚款、没收违法所得、没收非法财物；……（四）限制开展生产经营活动、责令停产停业、责令关闭、限制从业；……（六）法律、行政法规规定的其他行政处罚。”《环境保护法》等与环境保护相关的法律都有下列类似规定：对于各种污染、破坏环境的行为，行政机关有权查封、扣押造成污染物排放的设施、设备，责令改正，处以罚款，按日连续处罚，责令其采取限制生产、停产整治等措施，责令停业、关闭，责令停止建设等。最高人民法院《关于审理生态环境损害赔

① 因与主旨无关，在此不讨论该条件的具体内容。

偿案件的若干规定（试行）》第11条规定的诉讼方式雷同。该条规定："被告违反国家规定造成生态环境损害的，人民法院应当根据原告的诉讼请求以及具体案情，合理判决被告承担修复生态环境、赔偿损失、停止侵害、排除妨碍、消除危险、赔礼道歉等民事责任。"这样一来，环境行政执法与生态环境损害赔偿诉讼就产生了竞合，依据法理，行政权不可随意放弃行使，因此应当在穷尽行政手段后方能提起生态环境损害赔偿诉讼。故环境行政执法权能与原告享有的生态环境损害赔偿诉权存在重叠与冲突，前者作为后者的权源显然不合适。

（四）环境公益说错将权利内容视为权利本身

环境公益说阐明了生态环境损害赔偿制度的性质与环境民事公益诉讼类似，但仅确定生态环境损害赔偿诉讼原告代表环境公益，对赔偿诉讼原告的权源没有作进一步分析，还错将环境公益这一权利内容视为权利本身，回避了环境公益的权利化保护。

（五）公共信托说不足以支撑生态环境损害赔偿诉讼原告获得诉权

关于"自然资源国家所有原则是生态环境损害赔偿诉讼的程序性权利来源"的错误前文评析自然资源国家所有权说时已经阐述，不再重复。关于"公共信托环境权益是生态环境损害赔偿诉讼的实体性权利诉求"这一观点，本书赞同公民享有的环境权益的确可以通过公共信托理论交由政府代为管理，政府作为公共信托法律关系中的受托人负有环境资源保护职责并行使管理职权，但公共信托理论并未为政府作为原告提起生态环境损害赔偿诉讼提供必然的正当性，对公共信托理论的分析将在下文详述。

三、对生态环境损害赔偿诉讼原告权源的再认识

（一）生态环境损害赔偿制度保护对象之澄清

首先，分析制度文本。《生态环境损害赔偿制度改革方案》明确定义生态环境损害为因污染环境、破坏生态造成的环境要素和生物要素的不利改变，以及以上两类要素构成的生态系统功能退化。通过法律文本分析制度设计的目的，环境行政管理部门在进行环境行政处罚时，对受损的自然资源环境的

生态价值无法完整救济，生态环境损害赔偿制度是为了克服这种局限性设计的新路径，由身负环境保护义务、履行环境监管职能的环境行政管理部门通过司法途径救济生态性利益，借助民事手段实现生态环境损害的填补。[①] 可见，环境生态功能显然是生态环境损害赔偿制度的保护对象，生态性利益是生态环境损害赔偿制度救济的利益。

其次，在法理上经济性利益和生态性利益泾渭分明。污染、破坏环境行为损害的对象可类型化为以下三类：环境要素、生物要素本身（经济性利益），因环境要素的损害间接损害到的特定人的人身权益和财产权益，环境生态功能（生态性利益）。[②] 其中，环境要素、生物要素本身受到的损害主要指资源性利用价值的灭失（如林木砍伐造成林木的经济性价值灭失），人身权益和财产权益即传统侵权法保护的对象。对于环境生态功能有必要简单展开说明：生态系统是由大气、水、土壤、森林及动植物和微生物等组成的有机统一体，它可以为人类的生存发展提供必需的物质、能量、空间、景观等方面的环境支持，分为保证安全安定的环境支持（如饮用清洁水源、呼吸洁净空气等）和保证舒适宜居的环境支持（如享受美丽自然景观等）。这种环境支持功能不是通过资源经济性开发的方式为人所用，而是以脱离其经济性载体的功能形式满足人类的需求。生态系统对环境污染有一定的容纳能力，在其容纳能力范围内，其能正常地维持气候调节、水土保持等环境生态功能，环境支持需要以环境生态功能正常——生态系统自身的正常循环为前提，一些环境生态功能直接为人类提供环境支持，另一些则间接使生态系统具备了环境支持的能力。所谓环境生态功能的损害，实际损害的是环境具有的对人类的环境支持能力。

最后，生态性利益与经济性利益有区分的必要性和合理性。生态系统通过向人类提供环境要素、生物要素产生的资源性产品（经济性利益）以及环境生态功能（环境支持，生态性利益）维系着人类的生存发展。资源性产品普遍具有排他性和独占性，各国已经形成了私有、公有、共有以及混合所有

---

① 参见竺效主编：《环境公益诉讼实案释法》，中国人民大学出版社 2018 年版，第 183 页。

② 参见邹雄、蓝华生：《环境污染责任适用范围辨析——〈侵权责任法〉第八章解读之一》，载《海峡法学》2011 年第 1 期。

等多种自然资源财产权体制；而环境生态功能则具有公共性、普惠性、不可分割性等特征，目前还没有完善的法律制度体系加以规制。环境生态功能虽依附于自然资源，但后者的权属关系并不能对环境生态功能形成充分限制，同处特定生态系统之内的所有人都有权利享受诸如气候调节、水土保持等生态功能和环境支持。在生态环境损害赔偿中，国家利益（经济性利益）与社会公共利益（生态性利益）相分离有其必要性与合理性。①

综上所述，生态环境损害赔偿制度保护的对象仅是环境生态功能，救济的利益仅是生态环境衍生的生态性利益和价值。

（二）环境权：生态环境损害赔偿制度救济的权利

明确了生态环境损害赔偿制度的保护对象仅是环境生态功能，那么生态环境损害赔偿制度救济权利的客体也应当是环境生态功能。综观传统及新型的权利体系，将环境生态功能作为权利客体的，便是伴随热议与争议的环境权。因此，生态环境损害赔偿诉讼救济的权利就是环境权。关于环境权，无论是讨论环境权的民法表达，② 还是从宪法层面讨论环境权，③ 抑或是研究环境权的规范效力，④ 也无论是采用广义环境权、狭义环境权等口径论述环境权本身，学界的研究论述可谓汗牛充栋，各种学说有如过江之鲫。如本书第二章第二节所述，在诸多环境权观点中，本书认为以下界定是符合法理且逻辑自洽的观点：⑤ 环境权是自然人享有的适宜自身生存和发展的良好生态环境的法律权利。环境权主体限于自然人，环境权的唯一客体是“环境生态功能”，内容是基于环境生态功能这一特定客体的利益群即环境公共利益，环境参与权是环境权的核心权能。其性质主要有：环境权应是法律权利（目前尚为法益），不是伦理、道德、宗教、习惯的权利；环境权是权利，不能同时是义务，更不能是单纯的义务；环境权是主观公权利（德国著名公法学家格奥格·耶利内克

---

① 参见吴惟予：《生态环境损害赔偿中的利益代表机制研究——以社会公共利益与国家利益为分析工具》，载《河北法学》2019 年第 3 期。

② 参见黄锡生：《民法典时代环境权的解释路径——兼论绿色原则的民法功能》，载《现代法学》2020 年第 4 期。

③ 主张这种观点的主要有陈海嵩、吴卫星等学者。

④ 参见胡静：《环境权的规范效力：可诉性和具体化》，载《中国法学》2017 年第 5 期。

⑤ 参见邹雄等：《环境侵权法疑难问题研究》，厦门大学出版社 2010 年版，第 19 页。

所谓的公法权利——以实现公益为目的的私权利）；环境权是新型人权。

依照上述观点，自然人是生态环境损害赔偿诉讼中享有环境权的原告主体，政府行政主管部门虽然在制度上被规定为生态环境损害赔偿诉讼原告，但本身并非权利人，不享有环境实体权利。既然政府行政主管部门不享有环境权，那么是基于何种理论才使其有了提起生态环境损害赔偿诉讼的诉权呢？

（三）生态环境损害赔偿诉讼原告权源来自法定诉讼担当

1. 公共信托理论不能作为生态环境损害赔偿诉讼原告获得诉权的理论依据

公共信托理论可追溯至古罗马法，记载于查士丁尼的《法学总论——法学阶梯》中，其基本意涵是空气、水、海洋、海岸等自然资源属于全民共有，因公共利益和公众使用的目的由政府受信托进行管理使用，任何人包括政府不得侵害公众的公共使用权。[①] 中世纪的英国普通法延续了公共信托理论，规定国王为海洋、河流等自然资源所有权人，但不得破坏航行、商业、捕鱼等公众的公共权利。公众与国王在这些公共权利上形成公共信托，国王是公共权利的受托人，不能随意处分公共权利，限制了国王对公共环境资源的特权。[②] 1970 年，美国密执安大学的学者约瑟夫·萨克斯教授以英美法系成熟的信托理论和财产权理论为基础，在《密执安法律评论》上发表了题为《自然资源法中的公共信托理论：有效的司法干预》的论文，将公共信托理论引入环境保护领域。他认为阳光、水、空气、野生动植物等环境资源是公民的公共财产，环境公共信托是将公民作为委托人和受益人，将政府作为受托人，公民将环境资源作为公共财产委托给政府，成立政府与公民间的公共信托关系。公民作为委托人把有关环境资源管理的权利赋予政府，政府履行受托人的义务，基于社会公益合理地处置、使用这些公共财产。[③] 公共信托

① 参见［古罗马］查士丁尼：《法学总论：法学阶梯》，张企泰译，商务印书馆 2009 年版，第 17 页。

② 参见张颖：《美国环境公共信托理论及环境公益保护机制对我国的启示》，载《政治与法律》2011 年第 6 期。

③ 参见陈冬：《美国环境公民诉讼的理论基础之探析》，载《郑州大学学报（哲学社会科学版）》2005 年第 6 期。

理论是否能作为生态环境损害赔偿诉讼原告获得诉权的理论依据呢？答案是否定的，原因如下：

首先，公共信托理论强调的是公民作为委托人和受益人享有环境资源公共财产的权益，从而拥有对政府、企业提起诉讼的权利，政府作为受托人应该对环境资源公共财产尽保护义务。美国提出环境公共信托理论的初衷是赋予公民以环境公民诉讼的原告资格，使其作为环境资源公共财产的委托人和受益人对政府履行受托人义务进行监督，防止政府滥用公共信托财产。根据环境公共信托理论，美国从1970年的《清洁空气法》开始在二十余部联邦环境实体法中规定了环境公民诉讼条款，授权“任何人”以自己的名义对政府、管理者、污染者等违反环境法律的行为提起诉讼，对政府行使环境资源公共财产管理权进行监督。美国环境公民诉讼分为公民执行诉讼（citizen enforcement suits）和强制义务诉讼（mandatory duty suits）两种类型，前者是公民迫使企业遵守环境法律规定的客观管理要求，后者是公民针对联邦和州环保部门要求其采取措施，积极履行“非自由裁量行为或职责”。[①] 可见，环境公共信托理论的目的是公民通过诉讼手段维护环境资源公共财产利益，而并未赋权政府提起超过行政管理权范围的司法诉讼。换言之，公共信托理论不必然导致公民对政府的诉讼信托成立，政府只是有使用行政手段为公共利益妥善管理使用环境资源的义务责任。

其次，即便政府可以依据公共信托理论成立诉讼信托，也会遭遇实体权利无法转让的困境。诉讼信托是委托人将实体权利及相应诉讼权利转移给受托人，由受托人以诉讼当事人的身份，为实现实体利益进行诉讼，产生的诉讼利益归于受益人的一种信托制度和诉讼当事人形式。诉讼信托既然是一种信托概念的延伸，且沿用了信托法中关于信托主体之间法律关系的基本框架，以此来分配委托人、受托人和受益人之间的权利与义务，它们就应当属于信托的一种特殊形态。有关诉讼信托的成立、信托财产的范围、诉讼信托当事人的权利义务和责任、诉讼信托的终止等都必须符合信托制

① 参见王曦、张岩：《论美国环境公民诉讼制度》，载《交大法学》2015年第4期。

度的一般原理。根据信托的一般原理，成立诉讼信托须要同时转移实体权利和诉讼实施权。[①] 如前文所述，作为生态环境损害赔偿诉讼原告权源的环境权的主体只能是公民，环境权具有人权属性，具有对公权的约束评价功能，因此不能转移给政府，作为受托人的政府仅拥有管理和处分环境资源公共财产的权利，并且其目的是促进公共利益的最大化。[②] 公民拥有的实体权利无法转移给政府，政府则无法依据公共信托衍生的诉讼信托提起生态环境损害赔偿诉讼，公共信托理论不能作为生态环境损害赔偿诉讼原告获得诉权的理论依据。

2. 诉讼担当是生态环境损害赔偿诉讼原告获得诉权的理论依据

诉讼担当[③]作为政府获得生态环境损害赔偿诉权的理论依据具有逻辑自洽性。通过上文分析可知，生态环境损害赔偿诉讼原告——政府属于生态环境损害中的非直接利害关系人。非直接利害关系人获得诉讼实施权有实体赋权与程序赋权两种方式。实体赋权，是指在保留原有实体请求权的基础上额外赋予非直接利害关系人实体请求权或者通过法定抑或是意定的方式移转实体请求权，主要包括两种模式：一是另外赋予非直接利害关系人实体请求权而产生竞合性的诉讼实施权另赋实体请求权模式；二是同时转移实体请求权和诉讼实施权至非直接利害关系人的诉讼信托模式。程序赋权，是指保持利害关系人的实体请求权不变，转移或衍生诉讼实施权至非利害关系人，即诉讼担当制度。[④] 因此，非直接利害关系人获得诉讼实施权的路径有另赋实体

① 参见徐卫：《论诉讼信托》，载《河北法学》2006 年第 9 期。

② 参见李琳莎、王曦：《公共信托理论与我国环保主体的公共信托权利和义务》，载《上海交通大学学报（哲学社会科学版）》2015 年第 1 期。

③ 诉讼担当是指第三人替代民事权利或法律关系的主体以适格当事人的身份行使诉讼实施权，而该民事权利或法律关系的真正主体不参与诉讼却要承担裁判的结果。权利主体或法律关系主体以外的第三人，以自己的名义，为了他人的利益或代表他人的利益，以正当当事人的地位提起诉讼，主张一项他人享有的权利或诉求解决他人间法律关系所生之争议，法院判决的效力及于原来的权利主体。原来不是民事权利主体或法律关系主体的第三人是诉讼担当人，原来的权利主体则是被担当人。参见朱金高：《民事公益诉讼概念辨析》，载《法学论坛》2017 年第 3 期。

④ 部分学者不区分诉讼信托和诉讼担当，将诉讼信托视为某种诉讼担当，本书认为诉讼信托与诉讼担当有着不同的属性，应当区分。诉讼信托与诉讼担当最大的不同是诉讼信托中被担当人需要同时转移实体权利和诉讼实施权给担当人，而诉讼担当中被担当人仅需转移诉讼实施权给担当人，相关实体权利不需要转移给担当人。

请求权、诉讼信托、诉讼担当三种。[①]

如前文所述，另赋国家所有权等实体权作为政府的诉权基础不符合法理，诉讼信托由于诉讼实施权和实体权利的双重转移不适用于具有人权属性的环境权，排除了前两种路径，只转移或衍生诉讼实施权的诉讼担当便成为政府获得生态环境损害赔偿诉权的重要理论依据。

3. 生态环境损害赔偿诉讼原告作为法定诉讼担当人的作用与优势

首先，政府在生态环境损害赔偿诉讼中的地位是法定诉讼担当人。诉讼担当可以分为法定诉讼担当和任意诉讼担当，前者是基于法律规定而对他人权益或法律关系享有诉讼实施权，[②] 后者是根据权利义务关系主体的意思表示而转移或衍生诉讼实施权。生态环境损害赔偿诉讼原告显然应为法定诉讼担当人，依据法律规定获得诉讼实施权。

其次，政府作为法定诉讼担当人可以有效克服环境实体权利主体——公民在诉讼中的种种缺陷。日本学者将法定诉讼担当分为"为了权利义务归属主体利益的法定诉讼担当"和"为了担当人利益的法定诉讼担当"两类。[③] 两者之间的界限并不清晰，公益性法定诉讼担当通常难以简单纳入任何一种类型。[④] 尽管如此，上述类型化仍然有助于明确法定诉讼担当在生态环境损害赔偿诉讼中的优势：为了权利义务归属主体利益的法定诉讼担当可以解决公民在生态环境损害赔偿诉讼中动力不足、公众参与意识薄弱、诉讼能力有限而导致的缺位、怠于行使诉权等问题。"为了担当人利益的法定诉讼担当"可以防止公民在生态环境损害赔偿诉讼中因追求的私益与社会公共利益相冲突而恶意行使诉权、侵害利益相关人、浪费司法资源的情况，维护政府自身或代表的国家利益、社会公共利益。

最后，政府作为法定诉讼担当人符合立法者确立法定诉讼担当制度时应

① 参见黄忠顺：《论公益诉讼与私益诉讼的融合——兼论中国特色团体诉讼制度的构建》，载《法学家》2015 年第 1 期。

② 参见李德恩：《诉讼担当的理论推演与现实环境》，载《吉首大学学报（社会科学版）》2009 年第 3 期。

③ 参见张晓茹：《再论诉讼担当——以担当人和被担当人在实体法和程序法上的关系为视角》，载《法学杂志》2012 年第 2 期。

④ 参见黄忠顺：《论法定诉讼担当的理论类型》，载《六盘水师范学院学报》2012 年第 1 期。

遵循的原则。科学设置生态环境损害赔偿诉讼中的法定诉讼担当人，要考虑的原则包括但不限于：特定第三人与诉讼结果的利害关系程度较其他第三人密切，实际诉讼能力较其他第三人高，最关心纠纷的解决、将会积极主张权利等，更能确保国家利益、社会公共利益得到保护等。[①] 各级政府及环境行政管理部门因其有着环境保护义务和管理职权处于天然优势地位，符合上述原则。立法者通过法定诉讼担当制度确保生态环境损害赔偿诉讼原告获得诉权，可以更好地维护环境公共利益。

第二节　环境公益诉讼形式原告主体类型之检视

如上一节所述，本书已经厘清了我国环境公益诉讼形式原告主体资格的法理依据为法定诉讼担当，下一步研究应解决的是堪当形式原告的主体有哪些。虽然我国立法层面已经明确规定，环保公益组织、检察机关、行政机关可以原告身份提起环境公益诉讼，且实操层面也有较多实践，但这三者能否作为形式原告尚需从法理角度进行检视。

《民事诉讼法》第58条规定："对污染环境、侵害众多消费者合法权益等损害社会公共利益的行为，法律规定的机关和有关组织可以向人民法院提起诉讼。"《环境保护法》第58条第1款规定："对污染环境、破坏生态，损害社会公共利益的行为，符合下列条件的社会组织可以向人民法院提起诉讼：……（二）专门从事环境保护公益活动连续五年以上且无违法记录。"最高人民法院《关于审理环境民事公益诉讼案件适用法律若干问题的解释》第4条规定："社会组织章程确定的宗旨和主要业务范围是维护社会公共利益，且从事环境保护公益活动的，可以认定为环境保护法第五十八条规定的'专门从事环境保护公益活动'。"综合上述法条的含义，本书将有权提起环境公益诉讼的社会组织称为"环保公益组织"，以区别于其他公益诉讼的法定原告主体。环保公益组织提起环境公益诉讼是最强烈的"公众参

① 参见黄忠顺：《法定诉讼担当的基本范畴研究》，载《法治研究》2012年第2期。

与”环境保护的方式，是落实《环境保护法》确立的“公众参与原则”的重要途径。加之环保公益组织具有的专业性、公益性、独立性的特征和地位，学界对其作为环境公益诉讼的原告没有争议。因此，环保公益组织并不是本节讨论形式原告主体资格的重点。相较于环保公益组织，学界对于检察机关、行政机关作为环境公益诉讼形式原告主体资格的争议较大，因此，下文就检察机关、行政机关的形式原告主体资格展开讨论。

一、形式原告主体类型之检视：检察机关

2017 年《民事诉讼法》《行政诉讼法》修正后，我国初步确立民事公益诉讼、行政公益诉讼并行的环境公益诉讼体系，其中检察机关作为适格原告发挥着重要的作用，检察环境公益诉讼实践不断深化，为我国环境质量改善、生态文明建设贡献良多。但是，作为具有中国特色的诉讼制度类型，司法实务界和学术界对于环境公益诉讼中检察机关的角色冲突一直未能在法理上妥善地阐释和解决。检察机关的宪法定位是国家的法律监督机关，[①] 在检察环境公益诉讼中，检察机关作为原告又行使法律监督权，公益诉讼前的检察建议、对公益诉讼的审判监督、对公益诉讼生效判决的执行监督都是其法律监督权的实现形式，检察机关在环境公益诉讼中的角色冲突由此而来。如果说公益诉讼前的检察建议是公益诉讼的前置程序，对判决的执行监督是审判后的法律监督，尚且可以与检察机关的诉讼当事人角色并行不悖，那么如何在理论上解释检察机关在环境公益诉讼中既是原告，又能进行审判监督呢？检察机关在环境公益诉讼中诉讼当事人和诉讼监督者的双重角色冲突如何在制度安排上妥善解决？为此本节试图对该问题进行法理检视，以期找到角色冲突的解决之道，从而为完善我国检察环境公益诉讼制度提供理论支撑。

（一）环境公益诉讼中检察机关存在角色冲突

1. 检察机关在环境公益诉讼中的诉讼监督缺乏特别制度安排

2015 年，最高人民检察院出台《检察机关提起公益诉讼改革试点方案》

---

① 《宪法》第 134 条规定：“中华人民共和国人民检察院是国家的法律监督机关。”

和《人民检察院提起公益诉讼试点工作实施办法》（已废止），规定检察机关以公益诉讼人身份提起民事公益诉讼、行政公益诉讼，地方各级人民检察院认为同级人民法院未生效的第一审判决、裁定确有错误，应当向上一级人民法院提出抗诉。而2018年《两高检察公益诉讼司法解释》（2020年12月28日最高人民检察院第十三届检察委员会第58次会议修正）作出了不同规定，第4条规定，“人民检察院以公益诉讼起诉人身份提起公益诉讼”。第10条规定：“人民检察院不服人民法院第一审判决、裁定的，可以向上一级人民法院提起上诉。”检察机关身份从“公益诉讼人”到“公益诉讼起诉人”，检察公益诉讼启动二审程序从“抗诉”到“上诉”，立法者逐渐表明将检察机关定位为环境公益诉讼中原告角色的立场，也就是在一定程度上将检察环境公益诉讼定位为平等主体之间的争讼，将检察机关定位为环境公益诉讼中的两造之一。尽管如此，《民事诉讼法》《行政诉讼法》依旧赋予检察机关以“抗诉”等方式开启审判监督程序的权力，具体是对发生法律效力的判决、裁定向同级人民法院提出检察建议，提请上级人民检察院向同级人民法院提出抗诉的权力。立法者对于检察机关在环境公益诉讼中法律监督权的行使没有特别制度设计，依照现有法律法规，检察机关在环境公益诉讼中有诉讼当事人与诉讼监督者的角色冲突。

2. 学界对检察机关在环境公益诉讼中的角色冲突问题尚未解决

目前，对检察机关诉讼当事人与诉讼监督者的角色冲突问题，学者们未达成共识的各种理论阐释不够充分，提出的解决之道也不尽如人意。

首先，一类观点认为不存在冲突：（1）有学者认为检察机关在民事、行政公益诉讼中为公诉人身份，检察监督在公益诉讼中只是一种保障机制，不会打破诉讼结构的平衡，认为不仅启动审判监督程序使用“抗诉”为正当，而且现行法律法规中启动二审程序也应当仿照刑事诉讼采用“抗诉”而不是“上诉”，应当恢复检察机关的抗诉权，保障检察机关有效发挥保护公益、监督违法行为的法律监督职能。[①]（2）有学者认为检察机关的抗诉权为程序启

① 参见谢鹏程：《论法律监督与公益代表——兼论检察机关在公益诉讼中的主体地位》，载《国家检察官学院学报》2021年第1期。

动权，不具有司法终局性，“抗诉”是程序性权力，仅具有程序性效力，抗诉的内容是否合理合法，须经过审判的检验，实体性审判决定权依旧在法院，检察机关没有实体决定权，因此检察机关的诉讼监督与具体诉讼中的原告角色并不冲突。[①]

此类观点不妥，冲突的存在在法理上显而易见。第一，审判监督程序是具有强制性的程序，《民事诉讼法》第211条规定：“人民检察院提出抗诉的案件，接受抗诉的人民法院应当自收到抗诉书之日起三十日内作出再审的裁定……”对于检察机关的抗诉，法院必须启动再审，其并不只是一种保障机制，而是实实在在地对法院的审判权形成了制约。抗诉权由诉讼两造之一的检察机关在环境公益诉讼中行使，削弱了法院审判权行使的独立性。第二，认为抗诉权是具有程序性而不具有终局性的观点也站不住脚，虽然检察机关在环境公益诉讼中提请上级检察机关提出抗诉，或是对发生法律效力的判决、裁定提出检察建议本身不具有终局性，但却能实际影响法院审判的终局性——司法终局性要求判决结果依照法律程序具有稳定性和权威性，当法院依照抗诉要求进行再审程序，其生效判决就可能不是最终判决，产生了审判结果的不确定性——检察机关作为原告身份能够影响法院审判的终局性显然不妥。同时，检察机关对司法工作人员在诉讼活动中利用职权实施的非法拘禁、刑讯逼供、非法搜查等侵犯公民权利、损害司法公正的犯罪，如民事、行政枉法裁判罪[②]，可以立案侦查。[③] 此时，检察机关对法官违法行为的刑事监督和对案件的诉讼监督就形成了合力，具有强大的威慑力，更加影响了环境公益诉讼审判结果的终局性，在环境公益诉讼中的检察机关因此成为法官的法官。

其次，另一类观点试图解释冲突并探索解决路径。（1）有学者通过对检察机关在民事、行政公益诉讼中的不同身份，明确民事、行政公益诉讼的审

---

① 参见唐震：《行政公益诉讼中检察监督的定位与走向》，载《学术界》2018年第1期。

② 最高人民检察院《关于人民检察院立案侦查司法工作人员相关职务犯罪案件若干问题的规定》中规定了14项罪名。

③ 《刑事诉讼法》第19条第2款、《人民检察院刑事诉讼规则》第13条第1款均规定：“人民检察院在对诉讼活动实行法律监督中发现的司法工作人员利用职权实施的非法拘禁、刑讯逼供、非法搜查等侵犯公民权利、损害司法公正的犯罪，可以由人民检察院立案侦查。”

判监督程序的设置。在民事公益诉讼中，检察机关的主要职责是通过提起诉讼来实施权利救济，法律监督职责为辅，应更突出检察机关原告、诉讼当事人的身份，这有利于保证环境民事公益诉讼结构的平衡，故环境民事公益诉讼中检察机关应以原告的身份依申请开启审判监督程序；在行政公益诉讼中则相反，检察机关法律监督的职责为主，诉讼救济权利的职责为辅，检察机关应更多地以法律监督者的身份存在，这更符合行政公益诉讼的特质，故在环境行政公益诉讼中检察机关应以法律监督者的身份行使法律监督权，可以由上一级检察机关依职权启动审判监督程序。[①]（2）有学者认为应将检察机关在环境行政公益诉讼中的角色明确定位为“原告”，不宜采取“公益诉讼起诉人”的称谓，规定检察机关在环境行政公益诉讼中作为当事人参与诉讼时，对诉讼不进行法律监督，明确“检察行政公益诉讼案件的审判监督程序另行规定”，以区别检察机关对传统行政诉讼的监督程序规则，从而避免检察机关在诉讼程序中同时担任当事人与监督者的身份混同。[②]（3）有学者认为应取消检察机关在环境民事公益诉讼中的审判监督权，或者对检察机关内部承担公诉职能和诉讼监督职能的机构进行分立设置，从而消解检察机关“两权同栖”模式对诉讼地位平等原则的损害。[③]（4）有学者除了主张按公益诉讼职能和审判监督职能在检察机关内部分设职能机构，还认为应课以检察官客观义务来防止检察官将胜诉作为唯一价值追求，并提高检察机关对其作为原告提起的公益诉讼进行审判监督的标准，且应把此审判监督权定性为事后监督，[④]如要求不能当庭提出监督检察建议，以避免公诉检察官与审判监督身份混淆。[⑤]

此类观点中，“环境民事公益诉讼中检察机关以原告身份依申请开启审

① 方姚：《论公益诉讼中检察机关身份的差异化定位及重塑》，载《新疆大学学报（哲学·人文社会科学版）》2019 年第 3 期。

② 参见金涛、吴如巧：《检察行政公益诉讼制度的公正性检视》，载《重庆大学学报（社会科学版）》2020 年第 4 期。

③ 参见韩静茹：《公益诉讼视野下的民行检察权探究》，载《兰州学刊》2019 年第 6 期。

④ 参见马永胜：《行政公益诉讼中检察机关的角色定位》，载《人民检察》2017 年第 14 期。

⑤ 参见王晓、任文松：《社会系统论视域下的社会治理创新——以检察机关两种民事检察职能调和与统一为例》，载《福建论坛（人文社会科学版）》2018 年第 9 期。

判监督程序”的解决路径未能从法理上解释检察机关作为法律监督机关，其宪法地位在环境民事公益诉讼中如何体现；“公益诉讼中审判监督程序另行规定”也只是提及解决方向，具体路径则语焉不详；“将诉讼职能和诉讼监督职能在检察机关内部分立设置”则一厢情愿地认为同一法律主体内部的职能区分可以解决法理上同一法律主体多角色的困境——同一主体进行内部区分，在外部看来并没有摆脱“运动员和裁判员一体的”困境；至于“课以检察官客观义务”“提高审判监督标准”“事后监督”等措施只是扬汤止沸的原则性规定，难以执行实施，并没有根本解决检察机关在环境公益诉讼中诉讼当事人与诉讼监督者双重角色冲突的法理问题。

（二）环境公益诉讼中检察机关角色冲突的法理分析

要想获得检察机关在环境公益诉讼中的角色冲突的解决之匙，需要回归审视有关检察机关的两个法理概念：检察权和法律监督权。《宪法》第 134 条规定：“中华人民共和国人民检察院是国家的法律监督机关。”第 136 条规定：“人民检察院依照法律规定独立行使检察权，不受行政机关、社会团体和个人的干涉。”《宪法》对检察机关作了两条原则性规定，我国检察制度理论也是围绕检察权和法律监督权这两个概念展开。宪法将检察机关定位成法律监督机关，意味着检察机关拥有法律监督权，如果要解释并解决环境公益诉讼中的检察机关的角色冲突，则必须厘清环境公益诉讼中检察机关行使检察权和法律监督权之间的关系。具体来说，需要回答一系列问题：检察权和法律监督权是否是同一种权力？法律监督权是否只能被检察机关行使？检察机关在环境公益诉讼中如何行使检察权，如何发挥法律监督功能，从而体现检察机关法律监督机关的宪法定位？检察机关在环境公益诉讼中进行法律监督的边界在哪里？质言之，正确分析检察机关在环境公益诉讼中检察权和法律监督权的行使，对两类权力进行规范解读，才能抽丝剥茧，解释进而解决环境公益诉讼中的检察机关角色冲突问题。

1. 检察权与法律监督权的关系

（1）基本概念界定

在这里，先对下文用到的国家机关的“职能”“职权”，权力的“权能”

"功能"四个概念做界定。"职能"是指人、组织、事物等根据法律赋予的权限而具有的作用和功能；"职权"是指某个国家机关具体的职务和权力，往往比较具体，且应根据现实的法律实施效果动态调整；"权能"是指权力的内容构成、作用或实现方式，是权力拥有者为实现其权力的目的和利益依法所能采取的手段，是体现权力的意思支配力的方式，往往具有类型化、概括性的特点；"功能"是指权力行使的价值和目的。

就检察机关的检察权而言，检察权的"功能"体现的是行使检察权实现的价值和目的；因为检察权是检察机关专有的复合型权力，检察机关的"职能"系通过检察权的"权能"来实现，"职能"是目的，"权能"是手段，此语境下目的和手段可统一起来，如检察机关通过行使检察权的"司法监督权能"，可实现检察机关的"司法监督职能"，"职能"和"权能"可以指向同一内容，使用"职能"时的主语是检察机关，使用"权能"时的主语是权力本身；检察机关的"职权"指的是提出纠正违法通知、提出检察建议、提起抗诉、排除违法证据等具体职务权力，检察权的"权能"的表现形式是检察机关的具体"职权"，将诸多"职权"分门别类，可以概括为检察权的不同"权能"，从而实现检察机关的不同"职能"，因此可以说检察机关的"职能"是由检察机关行使检察权的"权能"，通过若干"职权"配合共同实现。例如，提出纠正违法通知、提出检察建议、提起抗诉、排除违法证据等具体职权构成了检察权的"司法监督权能"，检察机关通过行使该权能，实现检察机关的"司法监督职能"。此外"权能"可以采用不同的标准分类，下文中检察权的"权能"主要是从法律监督的角度分类。

以上四个概念，检察权的"功能"是最为宏观抽象的概念，检察机关的"职能"、检察权的"权能"可以说是同一事物在不同语境下的表达，较检察权的"功能"而言更具体，检察机关的"职权"可理解为最微观、最具体的权力概念。

（2）有关两者关系的既有观点梳理

宪法文本设定了"一委两院"的"宪法定位和权力类别"。不同于法院的"审判机关和审判权"、监察委员会的"监察机关和监察权"，检察机关"法律监督机关和检察权"的组合显得如此独特。检察机关行使的检察权和宪法赋予检察机关的法律监督职能，像两条时而交汇、时而分离的蜿蜒河流一般，边界不清。学界对检察权与法律监督权的关系之论述可谓汗牛充栋，各派观点争鸣不断。对于检察权的性质有“行政权说”① “司法权说”② “代表公共利益的司法权监督权融合说”③ “法律监督权说”④ “司法监督权说”⑤等，根据对检察权性质的不同认定，检察权与法律监督权的关系总体可分为“一元论”和“多元论”：“一元论”认为检察权等同法律监督权，所有的检察权及其权能的属性均为法律监督权，检察机关的所有职权都是为实现法律监督功能而设定，权能都具有法律监督属性，⑥ 一切检察活动都是法律监督的具体形式，检察权的全部权能皆可统一于法律监督权；“多元论”认为检察权的一部分权能是法律监督权能（有些学说从检察机关的角度出发，认为其中一部分职能属于法律监督职能，正如前文所述，权能和职能此时指向同一内容），其余部分可分解为法律监督权能以外的多种类型，主要学说有诉讼职能、监督职能和司法审查职能，⑦ 公诉职能和法律监督职能，⑧ 侦查职能、诉讼职能和监督职能，⑨ 法律监督型权能和诉讼型权能等。⑩

（3）检察权各项权能均具有广义的法律监督权属性

“一元论”和“多元论”的分歧在本书看来主要是对法律监督权认定的范围有所区别：颇具中国特色的法律监督权概念存在广义和狭义之分，区别主要在于监督主体和监督内容，“广义的法律监督”倾向于对法律监督主体和内容作扩大解释，监督主体不局限于专门的法律监督机关，所有根据法律

---

① 参见陈卫东：《我国检察权的反思与重构——以公诉权为核心的分析》，载《法学研究》2002 年第 2 期。

② 参见龙宗智：《论检察权的性质与检察机关的改革》，载《法学》1999 年第 10 期。

③ 参见苗生明：《新时代检察权的定位、特征与发展趋向》，载《中国法学》2019 年第 6 期。

④ 参见石少侠：《论我国检察权的性质——定位于法律监督权的检察权》，载《法制与社会发展》2005 年第 3 期。

⑤ 参见郭世杰：《监察制度改革背景下检察权的规范解读》，载《新疆社会科学》2020 年第 5 期。

⑥ 参见朱孝清：《中国检察制度的几个问题》，载《中国法学》2007 年第 2 期。

⑦ 参见陈瑞华：《论检察机关的法律职能》，载《政法论坛》2018 年第 1 期。

⑧ 参见樊崇义：《法律监督职能哲理论纲》，载《人民检察》2010 年第 1 期。

⑨ 参见秦前红：《两种“法律监督”的概念分野与行政检察监督之归位》，载《东方法学》2018 年第 1 期。

⑩ 参见徐继敏、张承思：《宪制视野下法律监督和检察权能逻辑的重构》，载《四川师范大学学报（社会科学版）》2020 年第 2 期。

有法律监督职能的国家机关都可以作为监督主体，监督内容涵盖了国家行为、个人行为；“狭义的法律监督”倾向于对法律监督的主体和内容做限缩解释，监督主体仅限于专门法律监督机关乃至限于检察机关，监督内容是对国家立法权之外的国家职权及其活动是否正确统一实施法律的监督，不包括个人行为，甚至仅限于检察机关的司法监督。“一元论”倾向于对法律监督作广义解释——对法律监督作广义解释能将检察权的各项权能统一到法律监督权的范畴，“多元论”则倾向于对法律监督作狭义解释——对法律监督作狭义解释细分了检察权的各项权能，突出了权能之间的差异性。事实上，“一元论”和“多元论”都有可取之处，两者本质上并不矛盾，“一元论”强调检察权具有法律监督权的根本属性，应坚持检察机关是法律监督机关的宪法定位；“多元论”强调检察机关的职权具有多元性，注意到了诉讼权能、司法监督权能等不同权能的差异性，同时在我国“一府一委两院”的政治权力框架下，《宪法》文本、检察权的发展历史、现行制度又说明了检察权的诉讼权能、司法监督权能等权能在差异中并行协作的合理性。

法律监督权描述了国家权力行使过程中实现的法律监督功能，法律监督是指国家机关根据法律授权，运用法律规定的手段对法律实施情况进行监察、督促，是运用国家权力对法律实施情况进行的具有法律效力的监督，[①] 只要是根据法律授权、使用法律规定的手段能实现法律监督功能的国家权力都可被归类为法律监督权。法律监督权的根本属性在于该种权力具有法律监督功能，其外延范围较广，因某项权力的某些或全部权能发挥了法律监督功能，就可以认为该权力具有法律监督权的属性。因此，检察权和法律监督权之间的关系，不能简单用等同与否来概括，检察权和法律监督权是对权力的两种定义方法，属于不同维度，检察权和法律监督权彼此无法涵盖对方，检察权只能由检察机关行使，法律监督权的行使主体却不限于检察机关。例如，监察委员会“集党纪监督、行政监督与法律监督权于一体”[②]，承担了原本由检察机关承担的一般职务犯罪侦查职权，监督的是国家公职人员，故监察权也

① 参见张智辉：《法律监督三辨析》，载《中国法学》2003 年第 5 期。

② 韩大元：《论国家监察体制改革中的若干宪法问题》，载《法学评论》2017 年第 3 期。

发挥着法律监督功能，具有法律监督权的属性。

本书认为，检察权和法律监督权的关系如此表述较为妥当：检察权具有广义的法律监督权属性，法律监督是检察权所有权能的终极目标及功能。比较前文对法律监督的广义和狭义解释，广义的法律监督权为具有法律监督功能的国家公权力，行使主体是不限于检察机关的国家授权机关，监督内容包括除了立法活动外的国家行为和个人行为。检察权的权能如果以法律监督的维度分类，可分为司法监督权能、执法监督权能、守法监督权能（具体权能的体系化分析将在下文具体分析）。既然宪法规定了检察机关的法律监督机关定位，就应该坚持检察权具有法律监督权的根本属性，即检察权的各项权能均具有法律监督功能。

2. 检察机关法律监督的体系化梳理

检察权的各项权能均具有法律监督权属性，检察机关法律监督体系随着中国特色检察制度理论的发展发生了深远的变化，需要站在新的历史时期梳理检察机关的法律监督体系，方能厘清、完善检察权的职权配置以及工作机制。目前，我国检察机关的法律监督不是“一般监督”，而是在特定领域和范围内行使法律监督权，是国家法律监督体系的一部分。[①] 如上文所述，作为彰显检察机关宪法地位的检察权的法律监督应当是一种“广义的法律监督”，我国宪法文本或解释未对法律监督作出明确定义，在宪法法律实施层面，作为国家宪法功能存在的法律监督，旨在通过对公权力、私权主体行为的合法性进行审查和监督，其根本价值就是保障法律的实施。在现实中，检察机关最常见的法律监督是“诉讼监督”，也可以称为“审判监督”，但文义解释上将法律监督限缩为“诉讼监督”或是“审判监督”是不恰当的，单是“诉讼监督”也难以真正实现检察权对国家公权力的法律监督。法律监督是维护法律统一、恰当实施的国家宪法功能，检察机关法律监督的体系化梳理应从“法律运行”环节出发而不限于“诉讼监督”。

下面试从法律运行环节和法律监督对象两个维度对检察机关的法律监督

① 参见蒋清华：《检察权性质的“法律监督权说”驳论——从科学划分国家权力的角度》，载《人大法律评论》2011年卷第1辑。

体系进行梳理。一般来说，法治社会下的法律运行，应包括立法、执法、司法和守法四个主要环节，检察机关主要在执法、司法、守法这三个法律运行环节发挥法律监督功能，实现法律监督职能。检察机关的法律监督对象主要是行政机关、审判机关等公权力行使主体，也包含国家机关公职人员，还包括普通公民和法人等私主体，需要在不同法律运行环节中具体分析。

（1）为了督促行政尽责的执法监督

执法监督是为了督促国家机关依法行政、行政尽责，也可理解为行政监督。执法监督的范围是对国家公权力机关适用法律、执行法律情况的监督，对象为国家公权力机关，手段为检察建议和行政公益诉讼等，针对行政机关在某些领域存在的违法行政或者行政不作为损害社会公共利益的情况，检察机关可以通过提起行政公益诉讼的方式，敦促其予以纠正。执法监督兼具“公共属性”和“行政属性”，“公共属性”是指监督的行为是国家公权力在授权范畴内管理公共事务，而非行政机关的内部管理事务；“行政属性”可理解为一种法律的执行权，“行政”的核心内涵是“执行法律”，解释为“具体操作”。① 执法监督的范围可参照《人民检察院检察建议工作规定》规定的检察建议类别②中公益诉讼检察建议和社会治理检察建议的适用范围，③ 前者

① 参见秦前红：《两种“法律监督”的概念分野与行政检察监督之归位》，载《东方法学》2018 年第 1 期。

② 《人民检察院检察建议工作规定》第 5 条规定：“检察建议主要包括以下类型：（一）再审检察建议；（二）纠正违法检察建议；（三）公益诉讼检察建议；（四）社会治理检察建议；（五）其他检察建议。”

③ 《人民检察院检察建议工作规定》第 10 条规定：“人民检察院在履行职责中发现生态环境和资源保护、食品药品安全、国有财产保护、国有土地使用权出让等领域负有监督管理职责的行政机关违法行使职权或者不作为，致使国家利益或者社会公共利益受到侵害，符合法律规定的公益诉讼条件的，应当按照公益诉讼案件办理程序向行政机关提出督促依法履职的检察建议。”第 11 条规定：“人民检察院在办理案件中发现社会治理工作存在下列情形之一的，可以向有关单位和部门提出改进工作、完善治理的检察建议：（一）涉案单位在预防违法犯罪方面制度不健全、不落实，管理不完善，存在违法犯罪隐患，需要及时消除的；（二）一定时期某类违法犯罪案件多发、频发，或者已发生的案件暴露出明显的管理监督漏洞，需要督促行业主管部门加强和改进管理监督工作的；（三）涉及一定群体的民间纠纷问题突出，可能导致发生群体性事件或者恶性案件，需要督促相关部门完善风险预警防范措施，加强调解疏导工作的；（四）相关单位或者部门不依法及时履行职责，致使个人或者组织合法权益受到损害或者存在损害危险，需要及时整改消除的；（五）需要给予有关涉案人员、责任人员或者组织行政处罚、政务处分、行业惩戒，或者需要追究有关责任人员的司法责任的；（六）其他需要提出检察建议的情形。”

凸显了其“公共属性”，后者凸显了其“行政属性”。

（2）为了保证司法公正的司法监督

司法监督是为了司法程序中保证司法公正，在诉讼及执行过程中实施的法律监督。司法监督的范围是对案件侦查、审理和执行进行合法性审查和控制，包括批准逮捕、立案监督、侦查监督、审查起诉、审判监督、执行监督以及对部分司法机关诉讼相关行政活动的监督，司法监督的对象是侦查机关、监察委员会、法院、执行机关等从事司法活动的国家机关，手段上可采用提出检察建议、提出纠正违法通知、排除非法证据、提起抗诉等。例如，在侦查机关、监察委员会等机构侦查终结并移送检察机关之后，检察机关可以通过审查批准逮捕和审查起诉等方式对侦查活动进行监督，发现存在违法侦查情形的，检察机关可以提出纠正违法的意见，还可以将非法证据予以排除，不再作为逮捕、提起公诉的依据；对于法院作出的刑事、民事、行政生效判决，检察机关发现确有错误的，可以提起抗诉启动再审的审判监督程序。侦查机关、监察委员会、法院等也是国家公权力机关，但与诉讼相关的行政行为应作为检察机关司法监督的范畴，而非执法监督的范畴。同时，为提高监督手段的刚性，司法监督还包括对特定国家公职人员职务犯罪立案侦查，一般职务犯罪侦查权转隶至监察委员会后，检察机关对司法工作人员在诉讼活动利用职权实施的非法拘禁、刑讯逼供、非法搜查等侵犯公民权利、损害司法公正的犯罪，依然保有立案侦查职权进行法律监督。

（3）为了维护社会法益的守法监督

守法监督是为了维护社会法益，针对国家公职人员、公民、法人等私主体实施的侵害社会法益的行为（包括侵害刑法法益和特定社会公共利益的行为），督促私主体奉公守法、维系正常社会秩序的法律监督。守法监督包含两种类型：第一种是传统的刑事公诉，通过提起刑事公诉来代表国家和社会启动刑事审判程序，督促法院在认定事实和适用法律的基础上作出旨在维护国家利益和社会利益的司法裁决，有学者将刑事公诉总结出三种基本形态：一是“定罪公诉”；二是“量刑公诉”；三是“程序性公诉”。[①] 第二种是针

① 参见陈瑞华：《检察机关法律职能的重新定位》，载《中国法律评论》2017年第5期。

对公民或法人等私主体实施违法行为致使国家利益或者社会公共利益受到侵害的监督，使用民事公益诉讼作为手段进行法律监督，如果其涉及犯罪，则根据法律由相应的负有侦查职权的机关进行立案侦查。第二种类型中涉及刑事犯罪的，最终依然将通过第一种类型的刑事公诉来实现守法监督。

3. 检察机关通过动态变化的具体职权实现检察权的法律监督功能

检察权是按照权力行使的国家机关主体来定义的权力，强调检察机关的实际职权。检察权的执法监督权能、司法监督权能、守法监督权能通过检察机关的各种具体职权实现体系化的法律监督功能，使检察权具有法律监督权的属性，体现着检察机关作为法律监督机关的宪法定位。《人民检察院组织法》第20条规定了检察机关的若干职权，[①] 主要包括几类：（1）职务犯罪侦查职权。在一般职务犯罪侦查权转隶至监察委员会后，检察机关依然对司法工作人员在诉讼活动利用职权实施的非法拘禁、刑讯逼供、非法搜查等侵犯公民权利、损害司法公正的犯罪，有立案侦查权。（2）批捕职权。对刑事案件进行审查，批准或者决定是否逮捕犯罪嫌疑人。（3）刑事公诉职权。检察机关代表国家对刑事犯罪提起公诉，要求法院予以审判，使国家刑罚权得以实现，以审查提起公诉、支持公诉等权能依法行使。（4）公益诉讼职权。检察机关以“公益诉讼起诉人”身份，作为国家利益和社会公共利益的代表，对损害公共利益的民事行为、行政行为进行审查，提起公益诉讼，启动民事公益诉讼或行政公益诉讼。（5）监督职权。人民检察院依法对诉讼活动，对生效裁判，对判决、裁定等生效法律文书的执行工作，对监狱和看守所的执法活动进行法律监督。

如不深入分析检察机关的法律监督体系，以上五类职权从字面上貌似只有带上“监督职权”才具有法律监督功能，才属于检察机关的法律监督权，实则不然，经过对检察机关法律监督权的体系梳理，可知法条中的“监督”

---

① 《人民检察院组织法》第20条规定：“人民检察院行使下列职权：（一）依照法律规定对有关刑事案件行使侦查权；（二）对刑事案件进行审查，批准或者决定是否逮捕犯罪嫌疑人；（三）对刑事案件进行审查，决定是否提起公诉，对决定提起公诉的案件支持公诉；（四）依照法律规定提起公益诉讼；（五）对诉讼活动实行法律监督；（六）对判决、裁定等生效法律文书的执行工作实行法律监督；（七）对监狱、看守所的执法活动实行法律监督；（八）法律规定的其他职权。”

二字指向诉讼监督，也就是司法监督，即在诉讼活动中发现有关执法、司法机关存在行使公权力失当的情形进行的法律监督。其他职权所属法律监督权能类型如下：（1）职务犯罪侦查职权属于司法监督；（2）批捕职权属于司法监督；（3）刑事公诉职权属于检察机关的核心业务，不属于法律监督权体系；（4）公益诉讼职权分两类，民事公益诉讼属于守法监督，行政公益诉讼属于执法监督；（5）各种诉讼监督职权，对生效裁判，对判决、裁定等生效法律文书的执行工作均属于对司法活动的监督，属于司法监督，监狱和看守所是执行刑罚的机构，检察机关对监狱和看守所的执法活动的监督应属于执法监督与司法监督的竞合。

检察机关的具体职权不是一成不变的，须随着法律实施的具体情况而动态变化，必须在具体法律制度中考量，其运行需要符合基本的法理。正如有的学者所言，检察权在始终保持法律监督权基本属性的前提下，适时地根据时代变迁而不断调整其权力外延和权力运行方式。[①] 需要指出的是，虽然检察机关的任何权能都应发挥法律监督功能，但不意味着检察机关的每一项权能都直接发挥法律监督功能，也可以间接发挥法律监督功能——如守法监督权能是通过刑事公诉职权，以诉讼的形式间接发挥法律监督功能；也不意味着检察机关在任何活动中要一次性动用检察权的所有权能——如在行政公益诉讼中提出检察建议后，行政机关予以及时纠正违法行为，使社会公益得以保护，则无须提起诉讼，这里只使用了检察权的执法监督权能，而没有动用司法监督权能和守法监督权能。

4. 对检察权在环境公益诉讼中现有法律监督权能的梳理与思考

检察机关的公益诉讼职权分为民事与行政两类，依据前文分析，检察机关提起环境民事公益诉讼属于检察权的守法监督权能，提起环境行政公益诉讼属于检察权的执法监督权能。同时依据现有法律法规，检察机关依然负责对诉讼过程的法律监督，也就是检察权的司法监督权能。

（1）检察权在环境公益诉讼中现有的法律监督权能

第一，执法监督权能。具体职权是提起环境行政公益诉讼，包括诉前程

① 参见周新：《论我国检察权的新发展》，载《中国社会科学》2020年第8期。

序“提出检察建议”，依据《行政诉讼法》第25条第4款和《两高检察公益诉讼司法解释》第21条的规定，检察机关提起环境行政公益诉讼前，应当向行政机关提出检察建议，督促其依法履行职责，行政机关不依法履行职责的，检察机关可以提起环境行政公益诉讼，被告是因违法行使职权或者不作为，致使环境公共利益受到侵害的对生态环境和资源保护负有监督管理职责的行政机关。第二，守法监督权能。具体职权是提起环境民事公益诉讼，包括诉前程序“诉前公告”，依据《民事诉讼法》第55条和《两高检察公益诉讼司法解释》第13条的规定，检察机关提起环境民事公益诉讼前，应当履行诉前公告程序，以此为形式建议法律规定的机关或有关组织提起公益诉讼，在没有适格主体或者适格主体不提起诉讼的情况下，检察机关可以提起环境民事公益诉讼，有适格主体提起诉讼的，检察机关可以支持起诉，没有适格主体起诉的，检察机关可以提起环境民事公益诉讼，被告是实施破坏生态环境和资源保护的行为，损害环境公共利益的公民、法人或其他组织。第三，司法监督权能。依照现有法律法规，司法监督主要具有以下两项功能：一是对裁判结果进行监督。依据《民事诉讼法》《行政诉讼法》，不服法院二审生效裁判，上级人民检察院和最高人民检察院使用“抗诉”手段进行监督，地方各级检察机关向同级法院以“提出检察建议”或提请上级检察机关“抗诉”的方式进行监督。二是对司法审判人员违法行为进行监督。对于侦查机关、法院、执行机关在诉讼程序中的违法行为，检察机关可以提出检察建议或者提出纠正违法的通知，督促其纠正非法行为，在诉讼监督中发现司法工作人员利用职权实施的侵犯公民权利、损害司法公正的犯罪拥有侦查权。三是对生效裁判的执行进行监督。

（2）司法监督不是环境公益诉讼中检察权的主要法律监督权能

检察机关提起环境公益诉讼主要行使的是执法监督权能和守法监督权能。检察机关作为国家利益和社会公共利益的代表，负责维护国家法律的统一和有效实施，对于行政机关、公民、法人等违反法律、侵害环境国家利益和环境社会公益的情况，检察机关可以通过行使公益诉权的方式进行监督。检察机关提起环境公益诉讼的制度价值也正是对环境行政执法的监督与对公民等私主体环境违法行为的监督，基于监督法律实施的要求，对在既有行政体制与传统诉讼体制尚无法覆盖的违法行为进行的补充性监督，具体体现为提起环境民事公益诉讼的守法监督和提起环境行政公益诉讼的执法监督。因此，检察权在环境公益诉讼中实现法律监督功能主要依靠执法监督权能和守法监督权能，司法监督并不是检察权在环境公益诉讼中的主要法律监督权能。

如前文所述，检察权具有法律监督权的根本属性，其每一项权能均服务于法律监督功能，法律监督功能的实现需要依托动态变化的检察机关具体职权，检察权的配置构成和权力外延必须放在具体法律制度中考量规则和边界。既然检察机关司法监督权能中的抗诉等启动再审程序的职权和对司法审判人员的立案侦查职权与检察机关作为诉讼当事人的角色产生了冲突，不符合法理，是检察机关角色冲突的症结所在，而司法监督又不是检察权在环境公益诉讼中的主要法律监督权能，不影响检察权法律监督在环境公益诉讼中的实现，也不影响检察机关法律监督机关的宪法定位，那么调整检察权司法监督权能中的部分具体职权，从而消除检察机关在环境公益诉讼中的角色冲突，就不失为一种具备法理正当性的路径。

（三）检察机关进行司法监督的域外经验

检察权职权的合理配置在世界各国皆有不同的形成和演变历程，或可从他国的经验中得到一些启示，获得解决环境公益诉讼中检察机关角色冲突的启发。当然，法律制度形成的由来及其存续体现了不同国家法治进程的不同路径，根植于每个国家的权力结构、社会组成、法治环境等国情社情土壤看待具体制度，这是借鉴其他国家检察制度经验的前提。

1. 英美法系国家克制检察权的司法监督功能来保证司法权的独立行使

英美法系中的检察官作为公诉人代表公共利益追诉犯罪行为，是诉讼当事人一方，法官及陪审团是诉讼裁判者。美国检察官根据宪法原则上不享有上诉权，基于“禁止双重危险”原则，各州法院禁止州政府（检察机关）因刑事被告人无罪开释而提起上诉——在 1892 年“合众国诉桑切斯”（United States v. Sanges）案中联邦最高法院也判定联邦检察院对无罪开释没有上诉权——除非就适用法律错误、量刑错误、证据排除等不当等技术性违法及裁定提起上诉。《美国法典》《美国律师协会刑事司法准则之刑事上诉》《得克萨斯州刑事诉讼法典》等均有规定可被上诉的法庭颁令类别及上诉法院级别，联邦和各州实际上赋予了检察官至少一次上诉的权力。在抗诉权上，美国检察官一般情况下不得向法院请求重新审理，而是以判决、以复议申请权代之。[①] 英国检察机关的职权由各个单行法、习惯法以及1985年的《犯罪起诉法》规定，主要关于司法监督的职权有：对法院的审判活动有一定的监督权，表现为检察长对判决中的错误有权要求复议，但无权抗诉；检察机关对侦查机关移送的案件是否起诉有独立决定权，即便对已经起诉到法院的案件，检察官也有权终止审理。[②]

可以看到，英美法系国家对检察机关抗诉权等司法监督类型职权持极度谦抑和克制的态度，以保证司法权的独立行使，即便是刑事公诉领域也将检察机关对于诉讼的法律监督限制在很有限的范围。

2. 大陆法系国家检察机关的司法监督未凌驾于法院之上

大陆法系国家的检察机关比英美法系国家的检察机关享有更多的权力，对于其是否具有诉讼当事人地位还未有统一意见。法国检察机关附设于各级法院内部，可对法院证据失当、法律适用不当的判决、裁定提起上诉，申请复审；德国检察机关对刑事审判活动可实施监督，无论是在初审还是在上诉程序中，均有权对法院的不公正裁定提出抗告，理由可为程序性错误和实体性错误，另可对初审法院的裁判提出上诉，对原审法院的裁判提出再审申请。[③] 法德两国的检察机关虽然有权对未生效判决提出上诉，对生效判决提出抗告，但仅是诉讼一方享受的程序性诉讼权利，且被告享有同样的权利。严格地说，公诉人的此种权利不被视为法律监督，即和我国检察机关拥有抗诉这种单方面的司法监督不可同日而语。而在日本，检察机关是代表国家的刑事诉讼当事人，检察机关有权请求法院正当适用法律，对于违法或不当裁判提起上诉，但没有检察机关享有审判监督权的规定。[④]

---

① 参见张鸿巍：《美国检察制度研究》，法律出版社2019年版，第245~249页。

② 参见韩成军：《中国检察权配置问题研究》，中国检察出版社2012年版，第86~87页。

③ 参见胡勇：《复合型态的检察权能：中国检察改革再思考》，法律出版社2014年版，第55~59页。

④ 参见陈卫东、刘计划：《公诉人的诉讼地位探析——兼评检察机关对法院的审判监督》，载《法制与社会发展》2003年第6期。

可以看到，大陆法系国家检察机关的司法监督权往往是和对方当事人对等的质疑司法公正性、合法性的权力，而不是高于另一方当事人的权力，甚至是单方面对法院进行监督的权力。

3. 俄罗斯等独联体国家通过调整检察机关职权优化司法监督权的运行

我国是社会主义国家，考察苏联解体后的俄罗斯等独联体国家的检察制度，了解其在转型期以来的发展变迁对我国目前的检察制度改革具有相当的借鉴意义。20 世纪 90 年代以来，随着国家转型对司法改革的要求，俄罗斯联邦及其他独联体国家对于检察监督职能经历了取消与保留的对峙。持取消观点者希望通过缩小检察机关的权力，取消其"法律监督"的权力，最终将检察权从司法权中剥离，持保留观点者认为检察监督应该继续保留，但应随具体历史情况予以调整。经过一番立法上的拉锯和反复，2001 年俄罗斯通过《俄罗斯刑事诉讼法》，对有关检察机关职权的规定进行重大修改：将以往由检察机关行使的诸如审前监禁、搜查扣押、排除非法证据等各种审前程序，以及使用强制措施的决定权转属给法院，检察机关作为一方当事人，刑事诉讼中的控辩双方处于更加平等的地位，加强了法院的司法独立性，加速了检察权与司法权的分离。2014 年《俄罗斯联邦宪法》的修改，从宪法层面确认了检察机关不是司法机关，而是具有独立的宪法地位的特殊机关，提高了俄罗斯联邦检察机关的独立性。俄罗斯等独联体国家的检察机关被定位为非司法权机关后，其法律监督职能可作如下分类：（1）对准确统一执行法律的情况进行检察监督；（2）对遵守人和公民权利和自由的情况进行检察监督；（3）对搜查、预审、侦查等审判前程序进行检察监督；（4）对司法决定合法性进行检察监督；[①]（5）对执行刑罚、执行法院羁押监禁措施合法性实施检察监督；（6）对司法警察执法情况实施检察监督。[②] 其中，对司法决定合法性的检察监督指的是对判决、决定、裁定等以"申诉""上诉"等形式进行法律监督，和我国"抗诉"监督职权类似。

① 参见耿玉娟：《独联体国家检察制度比较研究》，法律出版社 2017 年版，第 113～123 页。

② 参见王海军：《俄罗斯转型期的检察权运行及其法治意义》，载《华东政法大学学报》2019 年第 5 期。

可以看到，俄罗斯等独联体国家的检察权能结构和我国相似，同样以法律监督为检察机关的主要职能，本书注意到其在以前由检察机关行使的各种审前监督程序，如审前监禁、搜查扣押、排除非法证据的职权转属给法院后，依旧可以保持对司法决定合法性的法律监督，符合上文作出的判断：检察机关具体职权并非一成不变而是动态变化的，只要有利于法律监督功能的实现，就可以通过检察权的优化配置，调整检察机关的具体职权，使之符合本国法律运行的实际，符合基本法理。

（四）环境公益诉讼中检察机关角色冲突的消解

中国特定的政治体制、社会结构、法律传统等决定了中国的检察权是一种集公诉、狭义法律监督于一体的复合型权力。在一种复合型权力中，各种权能之间难免存在冲突和不协调。[①] 经过前文的法理分析和域外经验借鉴，可以得出如下结论：（1）世界不同法系国家事实上形成两种主要的检察制度模式：一是以刑事侦查起诉为先，二是以法律监督功能为先，每个国家根据本国法律制度、国家机构的设置、国情社情来定位本国检察机关的功能和属性，法律监督不必然是所有国家检察权的首要属性，法律监督中的司法监督也不是检察权与生俱来的基因。（2）检察权具体职权的配置应该根据本国检察权的属性，以更好地实现本国检察权的功能为目标，视法律实施情况动态变化、优化配置。具体到我国而言，检察权的职权配置应该符合我国检察权的法律监督权能体系，同时符合基本法理，体现检察权法律监督的根本属性。明确这两点，则环境公益诉讼中检察机关角色冲突的解决路径呼之欲出：调整检察权在环境公益诉讼中属于司法监督权能的具体职权。

1. 宜取消环境公益诉讼中检察机关的抗诉权

根据现有法律，针对二审生效裁判，上级人民检察院和最高人民检察院使用“抗诉”方式监督，地方各级检察机关以向同级法院“提出检察建议”或提请上级检察机关“抗诉”的方式进行监督。无论是环境民事公益诉讼还是环境行政公益诉讼，虽然检察机关代表环境公共利益依旧在行使法律监督

① 参见胡勇：《复合型态的检察权能：中国检察改革再思考》，法律出版社2014年版，第131页。

职能，但其主要实施的是执法监督和守法监督，在法院居中、检察机关和被告作为两造的诉讼结构中，过度的司法监督将损害诉讼的公正性和判决的终局性。《两高检察公益诉讼司法解释》第10条已经规定了检察机关作为公益诉讼起诉人对一审判决不服的上诉权，不应再给予其使用“抗诉”额外开启审判监督程序的权限，这显然与作为两造之一的诉讼当事人身份不符。在实践中，环境公益诉讼提起抗诉的案例极少，也是因为检察机关以提起公益诉讼的方式实施执法监督和守法监督时足以实现检察权的法律监督功能，彰显其法律监督机关的宪法定位，有足够的能力来实现环境社会公共利益的保护，故宜克制使用司法监督的手段，通过取消抗诉权来优化配置检察机关具体职权，更好地实现检察权在环境公益诉讼中的功能作用。

2. 宜转属环境公益诉讼中对司法人员职务犯罪的立案侦查职权

根据现有法律，对于侦查机关、法院、执行机关在诉讼程序中的违法行为，检察机关可以提出检察建议或者提出纠正违法的通知，督促其纠正违法行为，检察机关在诉讼监督中发现司法工作人员利用职权实施的侵犯公民权利、损害司法公正的犯罪拥有侦查权。如果说提出检察建议或者提出纠正违法的通知是一种“柔性监督”，那么针对国家公职人员的立案侦查权就是不折不扣的“刚性监督”，威慑力极大。当诉讼的两造之一同时拥有这种侦办职务犯罪的刚性监督手段时，显然对法院司法工作人员会造成无形的压力，进而影响审判结果的公正性。应当对这种有可能影响司法公正的司法监督职权予以调整，保留提出检察建议、提出纠正违法的通知等柔性司法监督职权。调整的方式可做如下尝试：随着国家监察体制的改革，监察委员会对国家公职人员的行政违纪、违法、犯罪行为拥有全面的监督权，可以通过启动行政监察程序、立案侦查等各种方式，来规制其违法犯罪行为，不妨在环境公益诉讼中的司法审判人员违法行为的立案侦查权也同其他职务犯罪的立案侦查权一道转属至监察委员会，使其统揽职务犯罪的立案侦查权，具有直接采取强制性调查措施和强制措施的权威，从而具备对国家公职人员全方位的刑事法律监督覆盖面。

综上所述，要正确认识并恰当解决检察机关在环境公益诉讼中的角色冲突，关键是辨析在我国“一府一委两院”的体制下检察权的属性和功能，在此基础上理解检察权在环境公益诉讼中的运行原理。从我国《宪法》对检察机关为法律监督机关的定位出发，广义的法律监督应是检察权的主要功能和终极目标，检察权的所有权能应围绕实现广义的法律监督功能而展开。经过对检察权法律监督权能的类型化分析，可构建检察权的执法监督、司法监督、守法监督三大法律监督权能体系。在环境公益诉讼中，代表环境公共利益的检察机关主要行使的是检察权中的执法监督权能和守法监督权能，司法监督不是环境公益诉讼中检察权的主要法律监督权能。上述检察机关的法律监督权能又是检察机关通过若干具体职权来行使的，检察机关的具体职权不是静态不变的，而是随着法律实施的具体情况而动态变化，配置具体职权必须在具体法律制度中权衡利弊并符合基本法理。因此，检察机关司法监督权能中的部分现有职权与其在环境公益诉讼中两造之一的角色产生冲突，解决之道就是调整这些职权：一是取消环境公益诉讼中检察机关的抗诉权，二是转属环境公益诉讼中司法工作人员职务犯罪的立案侦查职权至监察委员会。

二、形式原告主体类型之检视：行政机关

（一）环境公益诉讼行政机关原告资格之争

对于行政机关的环境民事公益诉讼原告资格，在理论上一直存在争议，形成了“否定说”和“肯定说”两类学说。

1. 环境公益诉讼行政机关原告资格之否定说

“否定说”反对赋予行政机关环境民事公益诉讼的原告资格。在“否定说”中，又可以分为以下几种代表性观点：

（1）强势行政权说。这部分学者认为，法律已经赋予了行政机关（尤其是环保行政部门，下同）相应的行政权力，对于损害环境公共利益的行为，行政机关完全可以通过行使行政权来维护环境公共利益，没有提起环境民事公益诉讼的必要。[①] 通常情况下，由于《环境保护法》《行政强制法》等法律规范已经授权行政机关可以通过行政许可、行政处罚、强制履行等方式保护

① 参见王小钢：《对环保部门当原告的些许疑虑——谈昆明小哨畜牧小区污染案环保局角色定位》，载《环境保护》2011年增刊第1期。

和救济环境公共利益，严格执法即可，没有提起环境民事公益诉讼的必要。[①]

（2）怠于行政职责说。这部分学者认为，对于拥有强大的行政管理权的行政机关而言，向法院寻求司法救济会导致其怠于履行行政管理职责，因而不能赋予其环境民事公益诉讼原告资格。[②]

（3）行政机关诉权冲突说。行政权本身代表的就是公共利益，根本无须再通过司法手段去取代公益保护的行政权。因此，赋予行政机关对损害社会公共利益的诉权，与其本身的行政权力会形成冲突。[③]

（4）司法资源浪费说。这部分学者认为，赋予行政机关环境民事公益诉讼实施权，允许其向法院寻求司法救济，有浪费司法资源之嫌。除以上观点外，还有学者认为，将行政机关作为环境民事公益诉讼的适格原告与环境民事公益诉讼的根本属性相悖，不应将行政机关这种公共权力行使者硬性扭曲为“私权的行使者”，[④] 否则，会打破民事诉讼中双方当事人之间平等的攻防关系。

值得注意的是，对于我国《海洋环境保护法》赋予“行使海洋环境监督管理权的部门”原告资格的做法，也遭到了部分学者的反对。如有学者认为，赋予海洋环境监督管理部门原告资格，不仅可能会导致公权力进入私法领域，而且在当前行使海洋环境监督管理权部门较多的情况下，还可能会出现多家行政机构分别代表国家起诉的混乱情形。[⑤]

2. 环境公益诉讼行政机关原告资格之肯定说

“肯定说”主张赋予行政机关环境民事公益诉讼的原告资格。主要理由如下：

---

① 参见杨雅妮：《环境民事公益诉讼原告资格解读》，载《湖北民族学院学报（哲学社会科学版）》2018 年第 1 期。

② 参见杨雅妮：《环境民事公益诉讼原告资格解读》，载《湖北民族学院学报（哲学社会科学版）》2018 年第 1 期。

③ 参见吴文昊：《论行政机关在民事公益诉讼中的原告资格——以深圳公益诉讼地方立法为切入》，载《南方论刊》2022 年第 2 期。

④ 沈寿文：《环境公益诉讼行政机关原告资格之反思——基于宪法原理的分析》，载《当代法学》2013 年第 1 期。

⑤ 参见高琪：《我国环境民事公益诉讼的原告适格限制——以德国利他团体诉讼制度为借鉴》，载《法学评论》2015 年第 3 期。

再强的行政管理权也有“执法资源不足”的问题，赋予行政机关环境民事公益诉讼实施权是期冀法院通过司法力量予以补力，以发挥民事手段的功能弥补环境行政执法的乏力,[①] 有利于弥补行政机关执法资源的不足。

制度的设计必须关注其实际运行效果，赋予行政机关环境民事公益诉讼实施权与我国的环境管理体制、法律文化传统、经济社会发展阶段及公民素质等相符合，因而更有利于实现对环境公共利益的保护。在我国，绝大多数行政机关都是当地政府的一个职能部门，很多方面受制于地方政府。因此，当其在环境执法过程中遇到地方政府的阻力时，往往无计可施，而法院不仅与地方政府是平级关系，而且能够依法独立公正行使审判权，不受任何行政机关和个人的干涉。在这种情况下，赋予行政机关原告资格，由其借助司法之力维护环境公共利益，有利于提升环境民事公益诉讼制度的实际运行效果。[②]

行政机关具有提起环境民事公益诉讼的优势和能力。行政机关在履行行政管理职责的过程中，会在第一时间接触到各类侵害环境公共利益的行为，因而赋予其原告资格，能够及时制止环境违法行为，维护环境公共利益。除此以外，行政机关在诉讼能力方面还具有显著的优势，在人员、设备和举证能力等方面都明显强于其他适格原告。[③]

综观上述各种观点，本书认为各方的根本性争执点是：在救济生态环境损害领域，行政权是否足以救济生态环境损害？鉴于此，有必要就该争执焦点予以厘清。

（二）行政权不足以救济生态环境损害

1. 从行政法原理来看，行政机关无权对生态环境损害作出责令赔偿损失或修复生态环境的行政决定，因为对生态环境损害的赔偿或修复生态环境都

① 参见曹树青：《“怠于行政职责论”之辩——环保行政部门环境公益诉讼原告资格之论见》，载《学术界》2012 年第 3 期。

② 参见杨雅妮：《环境民事公益诉讼原告资格解读》，载《湖北民族学院学报（哲学社会科学版）》2018 年第 1 期。

③ 杨雅妮：《环境民事公益诉讼原告资格解读》，载《湖北民族学院学报（哲学社会科学版）》2018 年第 1 期。

是民事责任。这一责任性质也可从以下两条规定中的“磋商”“民事责任”的表述中得到印证。最高人民法院《关于审理生态环境损害赔偿案件的若干规定（试行）》第 1 条规定：“具有下列情形之一，省级、市地级人民政府及其指定的相关部门、机构，或者受国务院委托行使全民所有自然资源资产所有权的部门，因与造成生态环境损害的自然人、法人或者其他组织经磋商未达成一致或者无法进行磋商的，可以作为原告提起生态环境损害赔偿诉讼：……”第 11 条规定：“被告违反国家规定造成生态环境损害的，人民法院应当根据原告的诉讼请求以及具体案情，合理判决被告承担修复生态环境、赔偿损失、停止侵害、排除妨碍、消除危险、赔礼道歉等民事责任。”可见，课予赔偿责任或修复生态环境责任是污染、破坏环境行为人与权利受害人平等主体间法律关系的调整方式，不是行政法律关系中行政权行使的范围。因此，课予赔偿责任或修复生态环境责任的权力由司法机关行使而非行政机关。

2. 从现行相关立法规定来看，行政机关无权对生态环境损害作出责令赔偿损失或修复生态环境的行政决定。《行政处罚法》《环境保护法》《大气污染防治法》《水污染防治法》《土壤污染防治法》《噪声污染防治法》《放射性污染防治法》《土地管理法》《草原法》等相关法律中都没有行政机关有权责令赔偿损失或修复生态环境的规定。相反，《森林法》第 68 条规定：“破坏森林资源造成生态环境损害的，县级以上人民政府自然资源主管部门、林业主管部门可以依法向人民法院提起诉讼，对侵权人提出损害赔偿要求。”《长江保护法》第 93 条第 2 款规定：“违反国家规定造成长江流域生态环境损害的，国家规定的机关或者法律规定的组织有权请求侵权人承担修复责任、赔偿损失和有关费用。”《黄河保护法》第 119 条第 2 款规定：“违反本法规定，造成黄河流域生态环境损害的，国家规定的机关或者法律规定的组织有权请求侵权人承担修复责任、赔偿损失和相关费用。”以上规定都一再明确对造成生态环境损害的情形，行政机关只能起诉、请求而非责令侵权人承担修复责任、赔偿损失。可见，现行相关立法规定与前述行政法原理是一致的，即行政机关无权对生态环境损害作出责令赔偿损失或修复生态环境的行政决定。

（三）环境公益诉讼行政机关原告资格争议观点之回应

前文已述，行政机关无权对生态环境损害作出责令赔偿损失或修复生态环境的行政决定。换言之，在救济生态环境损害领域，行政权是不足的。因此，建立在行政权充足基础上的“否定说”的诸观点，如强势行政权说、行政机关诉权冲突说、怠于行政职责说、司法资源浪费说就都不成立了。因为，在救济生态环境损害领域，行政权既不够强势，又无行政权可与诉权相冲突，行政机关提起环境公益诉讼正是积极作为而非怠于行政职责，更谈不上司法资源浪费。因为在行政权不足的情况下，通过司法途径救济生态环境损害是必需的。总之，赋予行政机关提起环境公益诉讼的形式原告资格是对行政权不足以救济生态环境损害的补充，不存在司法权架空行政权的问题。

“肯定说”虽一定程度上认识到了行政权的不足，但缺乏具体分析；行政机关提起环境公益诉讼实际运行效果好、行政机关具有提起环境民事公益诉讼的优势和能力等理由没能根本性地回应“否定说”对行政机关原告主体资格的质疑。可见，现有“肯定说”尚欠些说服力。

综上所述，本节从法理角度论证了环保公益组织、检察机关、行政机关均具有环境公益诉讼的形式原告主体资格。形式原告的制度功能是填补现实中可能出现的实质原告缺位，避免在生态环境遭到损害要追究行为人赔偿或修复责任时无法启动诉讼之状况的发生。据此，立法者宜综合考量各类环境公益诉讼的现实情况和需求，赋予这些符合法理的主体提起环境公益诉讼的原告资格。

第五章

基于环境权的环境公益诉讼制度之法理难点破解

基于前文本书对环境权概念（含主体、客体、内容之权利三要素内涵，以及由环境权唯一客体“环境生态功能”所决定的外延）、属性、权能之清晰的理论厘定，本章将对环境民事公益诉讼与私益诉讼衔接、生态环境损害赔偿诉讼与环境民事公益诉讼衔接、环境公益诉讼原告起诉顺位和衔接、环境民事公益诉讼因果关系证明、环境民事公益诉讼中惩罚性赔偿适用等我国现行环境公益诉讼制度运行中的法理难点问题展开讨论，以期为完善我国环境公益诉讼制度提供理论支撑。

第一节　环境民事公益诉讼与私益诉讼之衔接

一、环境民事公益诉讼与环境民事私益诉讼的界分

第一章第一节已论证，所谓诉的利益，是指根据法律规定，原告在其权益受到侵害或者与他人发生纠纷时，确有必要且能够有效地运用诉讼制度实现其诉权所体现出来的正当利益。当前，我国针对污染环境、破坏生态行为导致的损害或危险，规定了两类环境民事诉讼予以救济，分别为环境民事公益诉讼（含生态环境损害赔偿诉讼、刑事附带环境民事公益诉讼中的环境民

事公益诉讼、海洋自然资源与生态环境公益诉讼中的生态环境公益诉讼)① 和环境民事私益诉讼。在两类诉讼中，诉的利益不同，要界分环境民事公益诉讼与环境民事私益诉讼，就需要从把握环境公益与环境私益入手，进而把握两类诉讼对应救济的不同性质的侵权类型。

(一) 诉的利益是环境民事诉讼类型划分的依据

诉的利益是划分诉讼类型的依据，只有识别和界定案件所审理之诉的利益，才能找到与之契合的诉讼制度。然而，无论是学理层面还是司法实务层面，均未能准确界定环境民事公益诉讼与环境民事私益诉讼所救济的利益类型。囿于诉的利益的模糊与混沌，导致立法层面对某一规范究竟适用何种诉讼莫衷一是，在司法实务中更是对诉讼请求能否依本诉予以主张观点不一。本书通过检索“人民法院案例库”和“中国裁判文书网”，选取近年法院裁判案例，梳理法院作出的裁判要旨，从中归纳出裁判争议。不难发现，环境民事公益诉讼所对应的诉的请求甚至超出环境生态的范畴，并有侵入私益救济的司法扩张趋势：第一，落入环境范畴的一切损害，均划入环境民事公益诉讼予以救济。实践中，对于少量林木、鱼类等生物的损失,② 购买野生动物行为所造成的动物价值损失,③ 检察机关径行提起附带环境民事公益诉讼予以救济，甚至还有检察机关将购买保护动物制品的行为认定为侵害环境生态功能的侵害行为。④ 第二，环境美学和文化价值的损害一并交由环境民事公益诉讼主张,⑤

---

① 值得说明的是，在环境民事公益诉讼领域，无论是环境民事公益诉讼还是生态环境损害赔偿诉讼，所救济的法益是重合的，两诉共同运行作为救济受侵害之环境权的诉讼体系，其诉讼程序的展开以如何认定和救济遭受侵害的生态环境为裁判基准。《民法典》第 1234 条和第 1235 条以“国家规定的机关或者法律规定的组织”作为请求生态环境损害救济的主体，从而统摄环境民事公益诉讼和生态环境损害赔偿诉讼两类诉讼。在遵循公益诉讼—私益诉讼两分的诉讼构造的前提下，生态环境损害赔偿诉讼与环境民事公益诉讼可以就诉讼请求、证明责任、责任的承担等方面共享一般性规定，本节所称环境民事公益诉讼应作广义理解，包括狭义的环境民事公益诉讼（预防性环境民事公益诉讼，详见下一节论述）与生态环境损害赔偿诉讼（救济性环境民事公益诉讼，详见下一节论述）。

② 盗伐林木 32 棵的刑事附带民事公益诉讼，参见河南省襄城县人民法院刑事判决书，(2020) 豫 1025 刑初 33 号；禁渔期捕鱼 2kg 的刑事附带民事公益诉讼，参见贵州省毕节市七星关区人民法院刑事判决书，(2021) 黔 0502 刑初 699 号。

③ 参见山东省青岛市中级人民法院民事判决书，(2021) 鲁 02 民初 69 号。

④ 《安徽省检察院发布生物多样性保护公益诉讼典型案例》，载最高人民检察院网，https://www.spp.gov.cn/zdgz/202212/t20221215_595743.shtml。

⑤ 参见江西省高级人民法院民事判决书，(2020) 赣民终 317 号。

环境公共利益、服务功能损失与环境美学、环境历史遗迹等似乎混为一谈。第三，环境要素的损害与生态环境的损害，法院对两类利益作出不同判断。部分判决将造成毁损林木资源的直接经济损失[①]或是水生资源损失[②]计入生态功能损失之中，在生态修复费用中将矿产资源损失[③]囊括在内。相反，也有将毁损林木的价值与推迟林木正常成熟的价值认定为林木所有者的私益损害。[④]

上述司法实务中存在的判决歧异，充分显现"两诉"[⑤] 中对诉的利益的内涵存在理解上的偏差与混淆。因此，关于"两诉"如何界分与衔接，应就"两诉"中诉的利益这一根本性事项进行澄清，方能辨明"两诉"实体规范与诉讼规则的适用范围，继而完善"两诉"衔接运行的制度体系。

究其原因，"两诉"中诉的利益往往难以界分清晰，除了环境污染、破坏生态行为侵害的事实后果本身具有公益私益交织的复合性外，与规范层面将环境侵权与侵害环境权两类侵权类型杂糅不无关联。《民法典》第七章关于环境污染和生态破坏责任的规定采取"二元耦合"的体系结构，既强调私益救济与公益救济的二元划分，又在审判裁量中统一两项利益的救济规则，这体现为普通环境侵权与侵害生态环境两类侵权类型既适用各自特殊的裁判规范，又共享某些耦合规则。[⑥] 除法律规范外，在现行关于生态环境损害的政策文件与司法解释中，以诉讼类型作为名称的规范性文件，对于"两诉"作清晰的分别规定，[⑦] 而在其他规范文件中，往往同时规定有救济环境公益与私益的规则内容。[⑧]

---

① 参见江苏省南京市中级人民法院民事判决书，(2020) 苏01民初798号。

② 参见湖南省益阳市中级人民法院民事判决书，(2019) 湘09民初94号。

③ 参见江西省鄱阳县人民法院刑事判决书，(2021) 赣1128刑初410号。

④ 参见福建省高级人民法院民事判决书，(2015) 闽民终字第2060号。

⑤ 为求用语简练，若无特别标注，本节所称之"两诉"均指代"环境民事公益诉讼"与"环境民事私益诉讼"。

⑥ 参见陈伟：《环境污染和生态破坏责任的二元耦合结构——基于〈民法典·侵权责任编〉(草案) 的考察》，载《吉首大学学报 (社会科学版)》2020年第3期。

⑦ 具体规范性文件有最高人民法院《关于审理环境民事公益诉讼案件适用法律若干问题的解释》(2020年修正)、最高人民法院《关于审理生态环境损害赔偿案件的若干规定 (试行)》(2020年修正)、《两高检察公益诉讼司法解释》(2020年修正)。

⑧ 同时适用"两诉"的规范性文件有：最高人民法院《关于审理环境侵权责任纠纷案件适用法律若干问题的解释》(2020年修正)、最高人民法院《关于审理生态环境侵权纠纷案件适用惩罚性赔偿的解释》(2022年施行)、最高人民法院《关于生态环境侵权案件适用禁止令保全措施的若干规定》(2022年施行)。

从立法技术角度看，采取将两项迥异的制度规定在一个规则内或者一个规范性文件内的技术处理，固然可以实现以条文的精简满足立法的高效的目的，但也给诉讼形式的界分增加难度。

如前文所述，不同环境法律关系的叠加和规范条文适用的耦合，使司法实践中裁判者不再甄别诉讼指向的环境利益类型。在生态整体主义的影响下，涵盖环境生态利益、环境经济利益、环境文化利益等在内的上位概念——环境利益，甚至以公众健康权为核心的众益，都在不同判决中曲解为环境民事公益诉讼的诉的利益。而一旦诉的利益无法与具体的环境利益类型对应清晰，则诉讼程序的错位与适用规范的混淆就难以避免。纠正诉的利益在司法认定上的偏离，就必须要从立法沿革与规范意旨上重新梳理环境民事诉讼制度本身，从民事诉讼理论出发重点讨论诉的利益如何承接环境利益保护的立法需要，又如何为后续环境民事诉讼的具体程序安排提供指引。在环境立法保护的历史发展中，环境利益并非天然就成为法律意义上受保护的利益。由于生态环境所具有的一体多面性，生态环境所承载的多类型利益是逐渐被法律所确认，具体表现为自然资源产权、自然文化遗产和环境生态功能等法律概念。正是由于上述不同的现实利益不断获得法律上的承认，才使环境承载的多维利益上升为法律意义上受保护的法益。而不同环境法益所配备的保护手段不总是相同。一部分环境法律关系直接通过行政手段直接调整，如配置以相当详备的环境利用许可、环境区域规划等制度来安排自然资源的利用，或是以文物保护、遗迹保护等公法措施对环境历史文化价值予以保护；另一部分环境利益则通过诉讼手段进行保护，以弥补行政执法在环境公共利益救济方面的不足。[①] 环境利益借助诉讼手段保护的方式，尤其在民事诉讼领域内，与其他民事法益保护方式相似，可以归纳为两种进路：一种进路是将重要且成熟的法益类型化确定化为民事权利，将法益确认为法律权利的核心要素，通过诉权的行使以充分救济（实体确权—程序维权），如以自然资源所有权作为诉权来源的自然资源损害赔偿诉讼本身是一种民事权利保护的诉讼机制。事实上，物权、知识产权等传统民事权利的救济基本遵循这一进路。另一种

① 参见巩固：《环境民事公益诉讼性质定位省思》，载《法学研究》2019 年第 3 期。

进路则是不借助权利的外壳，先在程序上获得法益的直接确认，以诉讼直接予以保护。在程序启动后，辅以诉的利益进行判断，再待时机成熟后借助实体规范的补进弥合实体法的缺位（程序确认先行），如尚未确权的环境法益，其他尚未权利化的法益如数据法益、商业秘密等也都采取这一方式。在第二种进路中，这种未被权利化又取得诉的利益地位的法益，被准确形容为“形成中的权利”，以彰显其权利化的未完成时，[①] 这种“形成中的权利”恰恰揭示了环境权在当下法律体系内的尴尬处境。尽管环境权的存在获得了理论界和实务界的承认，但由于对环境权的权利属性尚存在权利说、物权说、人权说等分歧，因此立法规范层并未加以确定。[②] 但从诉讼角度来说，诉的利益的研究可以从技术上避开环境权的缺失，以契合司法程序为应对环境危机采取的实用主义立场。这体现在立法层面以“生态环境功能”“生态环境服务功能”“生态环境损害”“社会公共利益”等概念来直接或间接地体现环境生态利益。因此，环境民事公益诉讼的确立本质是新兴的环境生态法益在诉的利益上的确认。审查和识别诉的利益，才能保证特定的环境民事诉讼能够有效救济本诉中受损的利益，而不至于干预和介入其他法益。

不仅如此，环境民事公益诉讼制度的发展进程也映射“两诉”所关涉的诉之利益的变迁。2009 年《侵权责任法》第八章对环境侵权责任作出特殊规定，第 65 ~ 68 条为早期环境侵权案件的审理提供较为粗疏的裁判依据，而对于环境生态损害部分并未加以规定，仅由行政法、刑法等公法予以规制。环境民事公益诉讼制度的发展，遵循程序先于实体，实践先于理论的推进路径，2012 年修改的《民事诉讼法》、2014 年修订的《环境保护法》、2017 年颁布的《生态环境损害赔偿制度改革方案》、2020 年修正的最高人民法院《关于审理环境民事公益诉讼案件适用法律若干问题的解释》等规范性文件的出台逐步构建起环境民事公益诉讼体系。从环境民事公益诉讼制度的演进历程不难看出，从普通环境侵权到侵害环境权的司法转向，本质是从私益损害的救

① 参见最高人民法院环境资源审判庭编著：《最高人民法院关于环境民事公益诉讼司法解释理解与适用：条文主旨·条文理解·审判实务》，人民法院出版社 2015 年版，第 218 页。

② 参见最高人民法院环境资源审判庭编著：《最高人民法院关于环境民事公益诉讼司法解释理解与适用：条文主旨·条文理解·审判实务》，人民法院出版社 2015 年版，第 218 页。

济逐渐扩充至生态环境公益损害的救济，“两诉”的诉的利益伴随“两诉”的司法衔接，始终处于扩张保护并保持动态协调适应的过程。至今，环境民事公益诉讼主要的运行机制是检察机关、行政机关、环保公益组织“借道”民事诉讼程序实现生态损害救济的诉讼目的。既然是借道，若从诉讼程序层面分析，公益诉讼与私益诉讼始终未脱离民事诉讼的程序框架，纯粹程序层面的角度难以揭示环境民事公益诉讼与私益诉讼的实质不同，更难以解释环境民事公益诉讼的公益本质。换言之，与环境民事私益诉讼相比，环境民事公益诉讼并不是程序构造上叠床架屋的复制，而是为适配新的诉的利益—环境公益所作的程序创造，借助诉的利益理论，方能划清两类诉讼的界限范围以明确各自的功能定位。

（二）环境民事公益诉讼与私益诉讼之诉的利益厘清

既然以诉的利益作为“两诉”划分的依据，则需要围绕不同诉讼中诉的利益的具体内容，在法律概念上予以更进一步的区分与把握，如此才能明确“两诉”审理裁量的界限范围，作为区分“两诉”与衔接运行的前提条件，对此以下围绕“两诉”的诉的利益分别加以讨论。

环境民事私益诉讼是以人身财产等私益作为其诉的利益，以环境侵权作为诉讼审理的侵权类型。所谓的环境侵权，指的是侵权行为导致环境介质的污染或破坏，进而间接地对他人人身权、财产权造成损害或有造成损害之虞的行为。[①] 有别于救济私益的传统民事侵权法律规定，环境侵权的侵害机理遵循“人—环境—人”的路径，则必然要以环境要素作为介质，并具有间接侵害特征。在环境侵权中，侵权行为并不直接侵害人身财产等私益，而是首先侵害环境介质，在环境介质暂时性受损后，由其作为媒介进而间接造成其他民事主体的人身财产损害。由于环境要素作为介质的影响，污染物在传导过程中不断扩大污染影响，极易导致侵害路径的延伸和侵害范围的扩大，但就其损害后果来说，其类型仍然未摆脱人身财产等私益类型。例如，在公害型环境侵权案件中，侵权行为借助环境介质造成受害群体众多、受害地域广泛等严重后果，往往具有生命健康受损或者财产损失的区域性、群体性、广

① 参见邹雄：《环境侵权救济研究》，中国环境科学出版社2004年版，第21页。

泛性等特点，如排放污水造成整个流域内的居民患有疾病或者众多渔场内的鱼死亡。在此情形下，即便侵害行为所牵涉的区域广泛，损害后果的群发性凸显，也并未改变侵害权益的类型，侵害的利益仅视作众多私益的集合，此时若并未造成环境生态功能的损害，仅构成环境侵权而由环境私益诉讼救济。从已有的法律规范上看，《民法典》第1229条作为环境侵权的请求权基础，立法条文以“他人损害”作为环境私益诉讼所救济的诉的利益，因人身财产损害的填补救济系保护当事人私法之上的私有利益，因此本质上环境民事私益诉讼依然具有私权属性和私法色彩，是以救济和保护个人私益作为诉的利益。

通过对私益的内涵与外延的分析，可知环境私益诉讼是对归属于特定主体的人身财产私益进行救济的程序构造，因而将不特定主体共享的环境公益排除在外。作为针对环境生态功能遭到损坏所提起的环境民事公益诉讼，其本质就应界定为救济环境公益所运行的诉讼机制。本书第一章第二节已论证，环境民事公益诉讼以环境公益作为其诉的利益，以救济侵害环境权作为诉讼的目的。这里所提及的“侵害环境权”，指的是因污染环境破坏生态的行为，侵害自然人享有的适宜其生存和发展的良好环境的权利，依法应当承担各种法律责任的行为。[①] 环境权作为受侵害的实体权利与环境公益作为公益诉讼的诉的利益，本质上是生态环境保护投射在实体规范与程序规范中的一体两面，无论从规范主义来看还是功能主义来看均是一致且重合的。在概念的界定里，环境权的权利客体是环境生态功能，具体是指生态环境因其整体性与不可分性所提供的生态功能，其权利内容是基于环境生态功能的利益群，包含享受清洁空气、享受清洁河流等良好环境利益在内的法律权利。[②] 这里的环境利益非为特定人独占排他利用，作为社会公共利益范畴下的环境公益，由环境民事公益诉讼制度加以保护。从概念的外延范畴来说，环境公益与人身财产等私益是不同法益范畴，因此环境权与人身权、财产权也属于同一且较高位阶的不同权利，在权利客体、权利内容等方面与人身权、财产权有着

① 参见邹雄：《论环境侵权》，载《贵州师范大学学报（社会科学版）》2006年第1期。

② 对于环境权的界定，参见邹雄：《论环境权的概念》，载《现代法学》2008年第5期。

严格的区别，同时环境权具有的公益性、非专属性等特点，决定了在救济与保护环境公益方面环境侵权私益诉讼显然力所不及，创设和发展新的公益诉讼类型才能实现生态环境保护的司法理念。

从诉的利益的区分入手，可以区别环境侵权与侵害环境权两组侵权类型，然而在实际案件中，侵害行为造成的损害后果并非单一类型，往往造成公益私益同时受损。正如学者所关注的，在侵权过程中受损的法益可能多元，但对诉讼的救济客体而言，仅有唯一的划分，[①] 环境民事公益诉讼仅救济纯粹的生态损害，无论是个人私益的损失还是自然资源经济价值的损失都只能诉诸私益诉讼进行主张。正因如此，生态环境损害也与人身财产损害相区别，前者只能以环境民事公益诉讼提出赔偿。根据2017年中共中央办公厅和国务院办公厅发布的《生态环境损害赔偿制度改革方案》第3条第2款第1项的规定，生态环境损害和人身财产损害需要纳入不同法律体系中进行调整。[②] 此外，2018年全国人民代表大会宪法和法律委员会所作的《关于〈民法典侵权责任编（草案）〉修改情况的汇报》第8点也提出破坏生态环境造成的环境公益损害责任与造成人身、财产等私益损害责任宜分别规定且作明显区分。环境民事公益诉讼与环境私益诉讼构造上的区别本质上由“两诉”所涉的利益是公益与私益决定。具言之，一方面，以“适宜生存和发展的良好生态环境功能”为权利核心主张的请求权，均应交于公益性的环境民事公益诉讼所主张，所以无论由何种法院对其进行裁判，无论是刑事附带民事公益诉讼的公益诉讼部分，还是环境民事公益诉讼本身，都只应依据规定环境生态功能的绿色条款进行裁判。另一方面，只要涉及人身、财产等私人权益，即使所牵涉的权利主体众多，只要其数量和范围上能予以特定化，无论是特定的多数人抑或是特定的国家还是集体等私主体的利益，就必然不能纳入公益诉讼范畴之内。

---

① 参见薄晓波：《环境民事公益诉讼救济客体之厘清》，载《中国地质大学学报（社会科学版）》2019年第3期。

② 中共中央办公厅、国务院办公厅印发的《生态环境损害赔偿制度改革方案》第3条第2款规定：“以下情形不适用本方案：1. 涉及人身伤害、个人和集体财产损失要求赔偿的，适用侵权责任法等法律规定……”

二、环境民事公益诉讼与私益诉讼衔接模式之检视

从诉讼制度来看，环境民事公益诉讼与私益诉讼是独立运行的两种诉讼类型，只要明确环境公益与私益的本质区别，便足以厘定两类诉讼的审理范围与界限。然而两类诉讼在审理具体案件中可能会出现交织的情形，学界将其称为“公私益交织的复合型案件”。[①] 具体是指，在同一污染环境破坏生态的行为同时损害环境公益与个人私益的情形下，由不同诉讼原告同时提起环境民事公益诉讼与环境民事私益诉讼的情况。在此情况下，“两诉”之间如何协调与衔接就成为无法回避的问题，其中存在的焦点问题为倘若“两诉”同时启动，应采取何种审理模式？“两诉”的诉讼请求范围是否存在重复该如何判断？“两诉”的事实认定该如何避免冲突和矛盾？“两诉”损害赔偿的计算与分配又该如何协调？上述派生问题层出不穷，成为亟待解决的实践难题。这些问题部分已有规范加以细化，部分仍还停留在学界的讨论中。本书认为在对上述问题准确回答之前，有必要先行梳理和评析理论学说提出的“两诉”运行的三种审理模式，从中选取契合我国法治土壤的“两诉”审理模式，在此基础上再提出妥当的衔接程序进行配套。

（一）环境民事公益诉讼与私益诉讼融合模式检视

本书关注到在同一案件中环境公益与私益两类侵权事实发生的关联性，已有学者主张不再强调“两诉”的独立并存，试图以一诉同时审理环境公益与私益案件，此为“两诉融合论”的观点。在持“两诉融合论”的学者中，又区分为“全部的两诉融合”与“中间判决的部分融合”，以下分别加以评析。

在主张“全部两诉融合”的学者看来，可以通过另赋实体请求权或者诉讼担当的形式，赋予某一诉讼主体以公益私益两类诉讼的实施权。基于该观点，环境民事公益诉讼的原告或者私益诉讼的原告可以在本诉中一并提出公

① 参见陈广华、缪宗崇：《环境民事公益诉讼和私益诉讼融合研究》，载《河南社会科学》2021 年第 11 期。

益性诉讼请求与私益性诉讼请求，从而消解“两诉”并行的程序体系，将环境公益与环境私益的救济以一诉来统合解决。① 这种全部融合模式的选择虽然具有节约司法资源、提高诉讼效率等优势，但无论是对于我国环境民事公益诉讼体系来说还是对于传统民事诉讼法律体系来说，都存在难以克服的立法障碍。这是因为个人在公益诉讼中具有执法权的典型代表为美国的公民诉讼模式，其赋予私人提起环境公益诉讼的做法，有着立法所规定的诉讼激励制度进行支撑。一旦私人的公益性请求获得支持，高额赔偿金中除了有特定比例归于公共用途，其余部分归于原告。② 在中国显然没有借鉴这种英美制度的司法土壤与社会环境。一方面，我国对提起环境民事公益诉讼的原告主体的规定，从未将私人纳入其中，私人代位执法③的诉权来源尚有立法空白。另一方面，私人代位执法的诉讼激励机制在我国以“损害填补”为原则的赔偿损失责任下，显然还未被广泛承认。④ 此外，就环境民事公益诉讼的诉讼原告是否可以代替私人提起私益诉讼，根据当事人适格理论，只有具备诉的利益的主体才属于本案当事人，环境民事公益诉讼原告与特定主体的私益之间欠缺事实上的直接利害关系，就意味着公益诉讼原告并非私益诉讼中的适格原告。无论是国家机关还是法律规定的组织，赋予其私益请求都将超出其本身职责范围或者章程规定，从制度功能上看，让环境民事公益诉讼超越本身的审理界限，介入传统侵权责任法就已经能妥善解决的私益诉讼，也有越俎代庖、空耗资源之嫌。同时，对于“两诉”采取融合模式仍然受现行诉讼程序的制约，最高人民法院《关于审理环境公益民事诉讼案件适用法律若干问题的解释》第 10 条第 3 款规定私益诉讼原告不能参与公益诉讼之中，显然至少就最高人民法院的观点来看，环境民事公益诉讼与私益诉讼仍保持

① 参见黄忠顺：《论公益诉讼与私益诉讼的融合——兼论中国特色团体诉讼制度的构建》，载《法学家》2015 年第 1 期。

② 参见王树义、龚雄艳：《环境侵权惩罚性赔偿争议问题研究》，载《河北法学》2021 年第 10 期。

③ 之所以表述为私人代位执法，是因为就维护环境公益的公法义务，在政府等公权力机关未勤勉执法下，赋予私人替代上述主体提出环保公益诉讼之权限的情况。

④ 虽然《民法典》第 1232 条规定的“惩罚性赔偿”被学界认为突破了“同质补偿”的救济方式，但其适用的条件仍然较为严苛，对其是否适用于环境民事公益诉讼还有争议。

“两诉”并行的形式，至少私益主体不能借由公益诉讼程序主张救济受损的权益。[①]

“部分的两诉融合”观点则是关注到“侵权行为—环境介质”作为“两诉”审理实体法律关系中侵权路径的重合部分，主张引入中间判决作为“两诉”融合审理的程序，要求可以通过中间程序对先决问题审理作出判决。[②]然而对照德日的中间判决规则与我国的现行民事诉讼制度，不难发现大陆法系国家规定的中间裁判原则上不具有既判力，不能提出上诉，且判决事项不大涉及实体问题，仅涉及程序性事项。[③]我国司法审判中推进诉讼程序是以民事裁定的方式解决程序性问题，因此现有的程序规则没有容纳先决审判的空间。

综上所述，学界尝试以完整的一诉还是部分的一诉融合环境民事公益诉讼与私益诉讼两类诉讼所作的努力，还有立法制度缺失、司法借鉴困难等因素掣肘。环境公益与环境私益之间天然的本质差异，意味着若简单杂糅“两诉”极易导致裁判审理的混同，从程序构造上，现行环境民事诉讼制度显然无法实现推翻重塑的变革性目标。因此，“两诉”的审理模式应当以保持“两诉”并行为前提，在遵循公益私益分野的“两诉”并轨运行的基础上，“两诉”的审理模式便还有“分别审理”与“合并审理”两项选择。

（二）环境民事公益诉讼与私益诉讼分离式并行模式检视

所谓“两诉”分离式并行模式，指的是环境民事公益诉讼与私益诉讼应当由不同诉讼原告分别提起，人民法院分别审理后分别作出裁判的诉讼模式。从“两诉”的特性上看，环境民事公益诉讼与私益诉讼在救济客体、程序规则、责任承担等方面存在差异，是“两诉”分离式并行的依据。从“两诉”的诉的利益上看，环境公益由于不归属于特定主体，因此特定私人不具有这一公益的处分权，仅有法律规定的“机关或者组织”代表和维护环境公益。在私益诉讼中，由于当事人适格的要求，所以私益诉讼只有与诉的利益有直接利害关系的特定主体方能提起。换言之，环境民事公益诉讼原告无法成为

---

① 参见最高人民法院环境资源审判庭编著：《最高人民法院关于环境民事公益诉讼司法解释理解与适用》，人民法院出版社 2015 年版，第 151 页。

② 参见张旭东：《环境民事公私益诉讼并行审理的困境与出路》，载《中国法学》2018 年第 5 期。

③ 参见邓辉辉：《既判力理论研究》，中国政法大学出版社 2005 年版，第 81 ~ 83 页。

私益诉讼的适格原告，而私益诉讼原告也不具有提起公益诉讼的法定资格，因而“两诉”只能是两类独立的诉讼，最高人民法院《关于审理环境民事公益诉讼案件适用法律若干问题的解释》第10条第3款、第29条所强调“两诉”互不影响的独立性更能印证该点。对于现行规定的“两诉”分离式并行模式，理论界主要有下述两点辩驳理由：一是分别审理容易导致事实的重复审理，浪费司法资源；二是就同一事实若作出相互矛盾的判决，减损法院权威。[①] 对于上述两点质疑的意见，本书认为至少还不足以推翻现行“两诉”分离式并行诉讼模式。就第一点来说，采取合并审理是否就必然提升诉讼效率？对此，最高人民法院曾提到，环境民事公益诉讼与私益诉讼合并审理非但不能提高诉讼效率，而且会使诉讼过分拖延。[②] 具言之，环境公益诉讼与环境私益诉讼之间审理的侵权类型和救济的诉的利益完全不同，如果“两诉”完全合并审理，应在查明全部侵害事实后作出判决，显然遭受破坏的生态环境难以实现及时的修复，或者私益填平的紧迫性更难以满足。相较于诉讼效率而言，保证“两诉”诉讼目的的完整实现、发挥损害救济功能更为重要。就第二点来说，认为分别审理容易造成法院在“两诉”中作出相矛盾的判决，然而现行规范针对“两诉”之间的关联，配置赔偿顺位等规则衔接“两诉”，也并非不能破解这一困境，因此除非极其正当且有必要，否则现行环境民事公益诉讼与私益诉讼仍应以“两诉”分别审理为原则。

在当前我国已规定“两诉”分离式并行模式的情况下，并不意味着仅强调“两诉”的独立性，忽略两者之间的关联性。逐步完善环境民事公益诉讼与私益诉讼的运行，使“两诉”更好地发挥损害填补的司法救济功能，应当在遵循“两诉”分别审理的前提下，就“两诉”的衔接程序作出细化规定，从而化解由于肢解一个案件事实造成审理上的冲突。

1. 分离式并行模式下环境民事公益诉讼和私益诉讼的诉讼请求重合判断

环境民事公益诉讼原告可以提起的诉讼请求依据最高人民法院《关于审

① 参见蔡梦然：《论我国环境民事公益诉讼与私益诉讼的衔接》，载《四川环境》2021年第3期。

② 参见郑学林、林文学、王展飞：《〈关于审理环境民事公益诉讼案件适用法律若干问题的解释〉的理解和适用》，载《人民司法》2015年第5期。

理环境民事公益诉讼案件适用法律若干问题的解释》第18条的规定，分为预防型（停止侵害、排除妨碍、消除危险）、修复型（修复生态环境）、赔偿型（赔偿损失）、精神抚慰型（赔礼道歉）六种类型。[①] 其中，“修复生态环境”与“恢复原状”在责任承担的范围、标准、方式、对象等方面存在本质差异。[②] 赔偿损失与赔礼道歉则可以根据针对发生损害后果的不同，由侵权人分别承担生态环境损害的赔偿损失与进行赔礼道歉或者造成他人私益损害的赔偿损失与进行赔礼道歉即可，那么与私益诉讼中的诉讼请求对照来看，环境民事公益诉讼便在停止侵害、排除妨害与消除危险三项不作为诉讼请求中存在与私益诉讼请求重叠的情况，在“两诉”分离式并行下如何妥善衔接“两诉”中重合的诉讼请求有待细化。现有观点多数主张，只要“两诉”之中这一诉讼请求获得支持，则另一诉讼中原告的诉讼目的便足以实现，该诉便以缺失所欲救济和保护的诉的利益，自然无进行的必要，[③] 则要么另诉中诉讼原告提请撤诉，要么法院驳回原告诉讼请求。

基于上述观点可以看出，“两诉”重合的诉讼请求在另诉中不再支持，证成该命题成立的前提，依然在于另诉的诉讼请求是否必然全部实现，诉的利益是否全部消灭。若全部实现，则法院没有继续对案件进行实体审理的必要，[④] 若未能实现，则法院还需要对“两诉”分别审理后作出诉讼请求一致的裁判。对此，本书认为，“两诉”中的预防性诉讼请求不排除在制止侵害行为或者侵害危险最终效果上的可能重合，但就以下三点还存在较大差异。

其一，预防型不作为诉讼请求在“两诉”中的表现形式不同。不作为的诉讼请求通常在预防型环境民事公益诉讼当中提出，作为消除环境公益的重大损害危险的手段，其往往具体表现为环境民事公益诉讼被告履行环境影响

---

① 最高人民法院《关于审理环境民事公益诉讼案件适用法律若干问题的解释》第18条规定：“对污染环境、破坏生态，已经损害社会公共利益或者具有损害社会公共利益重大风险的行为，原告可以请求被告承担停止侵害、排除妨碍、消除危险、修复生态环境、赔偿损失、赔礼道歉等民事责任。”

② 参见吕忠梅、窦海阳：《修复生态环境责任的实证解析》，载《法学研究》2017年第3期。

③ 参见吴如巧、雷嘉、郭成：《论环境民事公益诉讼与私益诉讼的共通性——以最高人民法院相关司法解释为视角的分析》，载《重庆大学学报（社会科学版）》2019年第5期。

④ 参见黄忠顺：《论诉的利益理论在公益诉讼制度中的运用——兼评〈关于检察公益诉讼案件适用法律若干问题的解释〉第19、21、24条》，载《浙江工商大学学报》2018年第4期。

评价报告程序,[①] 或是停止违法排污行为并经验收合格,[②] 或是完善净化处理设施以消除危险[③]等形式。而环境民事私益诉讼则不同，对私益侵害行为或者危险的制止，被告往往仅负担停止该项行为或者消除此项危险的义务，并未触及上述环境民事公益诉讼中对执行效果进行专业性评估、验收监管等层面。因此，若以环境民事私益诉讼中不作为诉讼请求的实现终止环境民事公益诉讼的审理，则从实现效果上明显降低公益诉讼被告的义务标准，不利于针对环境公益存在的重大风险进行预防性保护。

其二，预防性不作为诉讼请求在“两诉”中的审查程度不同。“两诉”中就环境私益诉讼而言，法院居中裁决，尊重当事人处分私益之自由，表现为就当事人通过诉讼行为处分实体主张和程序事项，依据《民事诉讼法》第146条、第148条，2022年修订的最高人民法院《关于适用〈中华人民共和国民事诉讼法〉的解释》第238条、第336条、第408条的规定,[④] 倘若环

① 在北京市朝阳区自然之友环境研究所诉中国水电顾问集团新平开发有限公司环境污染责任纠纷案中，法院认为对戛洒江一级水电站的后续处理，待新平公司按生态环境部要求完成环境影响后评价，提出改进措施并报生态环境部门备案后，由相关行政主管部门视具体情况依法作出决定。参见云南省高级人民法院民事判决书，(2020) 云民终824号。

② 在湖南省湘潭县人民检察院就林某某等提起的刑事附带民事公益诉讼中，被告需对27.65吨含镉危险废物委托有相应资质的单位或企业进行处置，并由处置地的环境保护行政执法机构验收合格。参见湖南省湘潭县人民法院刑事附带民事判决书，(2017) 湘0321刑初472号。

③ 在湖南嘉旺牧业有限公司、黄某芳环境污染责任纠纷案中，被告不仅要停止侵害，拆除污染设备，还要建设环保设施并经环评验收合格才可继续经营。参见湖北省荆州市荆州区人民法院民事判决书，(2017) 鄂1003民初1101号。

④ 《民事诉讼法》第146条规定：“原告经传票传唤，无正当理由拒不到庭的，或者未经法庭许可中途退庭的，可以按撤诉处理；被告反诉的，可以缺席判决。”

《民事诉讼法》第148条规定：“宣判前，原告申请撤诉的，是否准许，由人民法院裁定。人民法院裁定不准许撤诉的，原告经传票传唤，无正当理由拒不到庭的，可以缺席判决。”

最高人民法院《关于适用〈中华人民共和国民事诉讼法〉的解释》第238条规定：“当事人申请撤诉或者依法可以按撤诉处理的案件，如果当事人有违反法律的行为需要依法处理的，人民法院可以不准许撤诉或者不按撤诉处理。法庭辩论终结后原告申请撤诉，被告不同意的，人民法院可以不予准许。”

最高人民法院《关于适用〈中华人民共和国民事诉讼法〉的解释》第336条规定：“在第二审程序中，原审原告申请撤回起诉，经其他当事人同意，且不损害国家利益、社会公共利益、他人合法权益的，人民法院可以准许。准许撤诉的，应当一并裁定撤销一审裁判。原审原告在第二审程序中撤回起诉后重复起诉的，人民法院不予受理。”

最高人民法院《关于适用〈中华人民共和国民事诉讼法〉的解释》第408条规定：“一审原告在再审审理程序中申请撤回起诉，经其他当事人同意，且不损害国家利益、社会公共利益、他人合法权益的，人民法院可以准许。裁定准许撤诉的，应当一并撤销原判决。一审原告在再审审理程序中撤回起诉后重复起诉的，人民法院不予受理。”

境私益诉讼原告因相同诉讼请求在环境民事公益诉讼当中已作主张为由申请撤诉，法院一般仅作形式审查，在不具有损害国家、社会、他人利益情形且属于真实意思表示下，尊重当事人的撤诉申请。而就环境民事公益诉讼而言，法院基于对诉讼原告所代表的环境公益的审慎立场，通常采取职权主义审理公益诉讼案件，因此对当事人的处分权通常加以一定的限制。①因此，依据最高人民法院《关于审理环境民事公益诉讼案件适用法律若干问题的解释》第26条的规定，公益诉讼原告通过撤诉终止本案审理只能在“诉讼请求全部实现”的情况下，而不能主张诉的利益的放弃。这表现为在实践中，法院就“诉讼请求实现”需要组织听证会、专家论证会、座谈会等形式的审查程序。② 换言之，在“两诉”诉讼请求重合情形下若要导致其中一诉终止审理，私益诉讼的终止审理由于不作全面实质性的司法审查，往往能更易实现，而公益诉讼则往往需要全面审查诉讼请求是否实现方可确定是否有继续审理的必要，因此并不必然就能终止审理或者按撤诉处理。

其三，预防性不作为诉讼请求在“两诉”中的具体内容不同。侵权责任的私法本质决定了环境民事私益诉讼旨在保护原告的私人利益，消除影响仅限于消除对私益的侵害之虞便可，对是否消除对环境公益的侵害危险在所不问。因此即便是诉讼请求的类型相同，“两诉”中的请求内容也并不全然重合。环境侵权遵循“人—环境—人”的侵害路径，而侵害环境权的损害机理表现为“人—环境”模式，环境侵权与侵害环境权的致害路径仅就“人—环境”部分重合，唯有中断该部分侵害影响或者消除重合部分的危险，方能同时实现“两诉”的目的。如果并没有根本性、重合性的侵害或者侵害危险被消除，“两诉”的诉讼请求还有分别继续审理的必要。例如，私益诉讼原告仅请求被告停止将污染物排放至所在区域，却并未根本上制止排放污染的行为，则侵害生态环境的影响还在持续。反之，公益诉讼原告仅请求被告停止

① 参见巩固：《环境民事公益诉讼性质定位省思》，载《法学研究》2019年第3期。

② 参见周科、郭继光、刘英：《环境民事公益诉讼中“诉讼请求全部实现”的司法审查》，载《法律适用》2019年第1期。

超出环境自净能力部分的污染物排放行为，然而被告仍需要对在环境自净阈值内的排污行为所造成的第三人受损的利益赔偿。

综上所述，在环境民事公益诉讼与私益诉讼分离式并行的前提下，尽管诉讼请求可能存在重合，但仍然应当就公益诉讼的“诉讼请求”是否全部实现进行审查才能决定环境民事公益诉讼是否还有继续审理的必要，“两诉”之间并不因诉讼请求可能重合导致必然“两诉”相互排斥。

2. 分离式并行模式下环境民事公益诉讼与私益诉讼事实认定的司法认知规则

在“两诉”分别审理的模式中，除了诉讼请求重合的情形，事实认定也会存在共通的情况，特别是在因同一污染环境、破坏生态发生的侵害案件中，就一诉之中经过裁判确认的事实能否在另诉之中认定，最高人民法院《关于审理环境民事公益诉讼案件适用法律若干问题的解释》第 30 条①与 2023 年颁布的最高人民法院《关于生态环境侵权民事诉讼证据的若干规定》第 9 条②都作出了规定。依据“两诉”诉讼形式的不同，生效裁判确认事实的扩张效力分为“公益诉讼—私益诉讼”“私益诉讼—公益诉讼”两种，最高人民法院《关于审理环境民事公益诉讼案件适用法律若干问题的解释》第 30 条与第 9 条仅对“公益诉讼—私益诉讼”之间的事实认定的关系作出了回应，但就“私益诉讼—公益诉讼”的情形，如何衔接事实认定未能一并涵盖。本书认为，在最高人民法院《关于审理环境民事公益诉讼案件适用法律若干问题的解释》没有特别规定的情况下，依据最高人民法院《关于适用

---

① 最高人民法院《关于审理环境民事公益诉讼案件适用法律若干问题的解释》第 30 条规定：“已为环境民事公益诉讼生效裁判认定的事实，因同一污染环境、破坏生态行为依据民事诉讼法第一百一十九条规定提起诉讼的原告、被告均无需举证证明，但原告对该事实有异议并有相反证据足以推翻的除外。对于环境民事公益诉讼生效裁判就被告是否存在法律规定的不承担责任或者减轻责任的情形、行为与损害之间是否存在因果关系、被告承担责任的大小等所作的认定，因同一污染环境、破坏生态行为依据民事诉讼法第一百一十九条规定提起诉讼的原告主张适用的，人民法院应予支持，但被告有相反证据足以推翻的除外。被告主张直接适用对其有利的认定的，人民法院不予支持，被告仍应举证证明。”

② 最高人民法院《关于生态环境侵权民事诉讼证据的若干规定》第 9 条规定：“对于人民法院在生态环境保护民事公益诉讼生效裁判中确认的基本事实，当事人在因同一污染环境、破坏生态行为提起的人身、财产损害赔偿诉讼中无需举证证明，但有相反证据足以推翻的除外。”

〈中华人民共和国民事诉讼法〉的解释》第93条[①]和2019年修订的最高人民法院《关于民事诉讼证据的若干规定》第10条[②]便能较好地解决，即对于前诉判决确认的事实，后诉的当事人无须举证证明，由法院根据司法认知[③]进行认定即可。与上述民事诉讼证据规则不同的是，最高人民法院《关于审理环境民事公益诉讼案件适用法律若干问题的解释》第30条根据诉讼形式不同、诉讼主体不同作出差异规定：一是规定仅在环境私益诉讼之中可以主张环境民事公益诉讼裁判确认的事实，而环境公益诉讼中是否能直接主张私益诉讼确认的事实未能提及；二是第1款仅规定私益诉讼原告可以提出相反证据推翻生效裁判认定事实，被告可以推翻的事实认定仅限于第2款第一分句所列举的事实认定部分；三是第2款第二分句规定私益诉讼被告还需要重复举证证明对自身有利的事实认定。对该特殊规定，多数学者将其称为"既判力由公向私的单向扩张规则",[④] 这一观点显然包含两个立场：一是认为该规则是既判力在环境诉讼中的体现，二是支持公益诉讼生效裁判的效力强于私益诉讼生效裁判的效力。因此在对"两诉"之间事实认定能否相互借用的讨论中，需要重点围绕这一特殊规定展开具体讨论，至少就以下问题进行澄清：该规则是否属于既判力的特殊规定？环境民事公益诉讼是否不能直接认定私

---

① 最高人民法院《关于适用〈中华人民共和国民事诉讼法〉的解释》第93条规定："下列事实，当事人无须举证证明：……（五）已为人民法院发生法律效力的裁判所确认的事实……第五项至第七项规定的事实，当事人有相反证据足以推翻的除外。"

② 最高人民法院《关于民事诉讼证据的若干规定》第10条规定："下列事实，当事人无须举证证明：……（六）已为人民法院发生法律效力的裁判所确认的基本事实……第六项、第七项事实，当事人有相反证据足以推翻的除外。"

③ 所谓司法认知，指的是法院将某一事实直接认定为真实而无须当事人提出证据予以证明，详见下文具体论述。

④ 在以下学者观点里，均将最高人民法院《关于审理环境民事公益诉讼案件适用法律若干问题的解释》第30条界定为既判力单向扩张规则。参见肖建国、黄忠顺：《环境公益诉讼基本问题研究》，载《法律适用》2014年第4期；王展飞：《环境民事公益诉讼和私益诉讼关系刍议》，载《人民法治》2015年第5期；吴如巧、雷嘉、郭成：《论环境民事公益诉讼与私益诉讼的共通性——以最高人民法院相关司法解释为视角的分析》，载《重庆大学学报（社会科学版）》2019年第5期；朱谦、于晶晶：《民法典视域下环境民事公私益诉讼衔接之进路研究》，载《中国地质大学学报（社会科学版）》2021年第5期；陈广华、缪宗崇：《环境民事公益诉讼和私益诉讼融合研究》，载《河南社会科学》2021年第11期；蒋超、张丹：《我国环境民事公私益诉讼的并行与融合》，载《重庆大学学报（社会科学版）》2022年第3期。

益诉讼生效裁判确认的事实？“两诉”之间的事实认定是否限于有利于私益诉讼原告的主张？

规则性质的界定，是理解与适用规范的基础性前提，对最高人民法院《关于审理环境民事公益诉讼案件适用法律若干问题的解释》第30条规则性质的不同认识，决定该规则能否正确发挥其价值功能。正如前文所提及的，多数学者认为这是既判力规则在环境民事诉讼中的具体运用，借由既判力理论来解释前诉判决对后诉裁量的拘束力，但在我国民事诉讼立法和司法解释中，至今没有使用既判力这一专门用语，与最高人民法院《关于审理环境民事公益诉讼案件适用法律若干问题的解释》第30条规定近似的最高人民法院《关于适用〈中华人民共和国民事诉讼法〉的解释》第93条、最高人民法院《关于民事诉讼证据的若干规定》第10条也并非既判力规则，而是司法认知的证据法规则。对此，应先从既判力规则与司法认知规则两个相似概念的区分入手，界定最高人民法院《关于审理环境民事公益诉讼案件适用法律若干问题的解释》第30条属于何种范畴的规范。所谓既判力规则，指的是在诉讼标的同一的情形下，法院不得作出与前诉判决相矛盾的判决。而司法认知规则，又称审判上的知悉，是待证事实无须当事人举证证明裁判者便可直接认定。其中，生效裁判确认的事实作为司法认知的对象之一，可以产生此种“不言自证”的效果。[①] 借由后诉中的司法认知，前诉生效裁判确认的事实可以产生预决效力，但与既判力规则相比，两者既有关联又相互区别。关联性在于二者同属生效裁判对于后诉可能发挥若干不同影响或作用的程序规范，这也是学者以既判力理论解释最高人民法院《关于审理环境民事公益诉讼案件适用法律若干问题的解释》第30条的重要原因。但就区别而言，既判力规则与司法认知规则显然差异较大，至少就以下两点而言，最高人民法院《关于审理环境民事公益诉讼案件适用法律若干问题的解释》第30条并非既判力规则。

其一，拘束效力的客观范围不同。所谓拘束效力的客观范围，指的是判

① 参见毕玉谦：《试论民事诉讼中的司法认知》，载《中外法学》1999年第1期。

决中哪些部分可以产生拘束后诉裁判的效力。在民事诉讼法理论中，既判力的客观范围限于判决主文，即生效裁判之中法院就原告的诉讼请求所作出的判决结论，而司法认知规则指向为法院生效裁判所确认的事实认定部分，是后诉对前诉裁判之中案情事实的再次确认。从该点来看，最高人民法院《关于审理环境民事公益诉讼案件适用法律若干问题的解释》第30条只是针对公益诉讼判决作出的事实认定部分，是“两诉”之中共通的事实认定问题与证明问题，并非既判力所适用的法院作出判决结论部分。在部分学者的观点里，虽然没有采用既判力来界定该规定，但仍主张环境民事公益诉讼的裁判结果，私益诉讼可以直接引用，[①] 显然也超出了最高人民法院《关于审理环境民事公益诉讼案件适用法律若干问题的解释》第30条仅适用在事实认定部分的范围。

其二，效力内容与排除效力的程序不同。既判力所产生的是前诉对后诉的拘束力，当事人应当服从国家审判权之下所作出的判决，不得提出相反的主张，即便判决错误也应当予以维持，除非诉诸再审程序从而推翻前诉。而预决事实作为司法认知的对象，是民事诉讼基于提升诉讼效率赋予其免证效力，是一种证据法之上无须采纳当事人的证据证明直接确定事实的法定事由。在民事诉讼理论中，此种前后诉裁判中事实认定具有的证明效果，与既判力本身作明显区分，学界将其称为“证明效”。[②] 此种效力不具有“终局性”，在待证事项的证明责任免除后，可以允许当事人对其进行反证明。[③] 最高人民法院《关于审理环境民事公益诉讼案件适用法律若干问题的解释》第30条采取“无需举证证明”的表述，意味着该规范只是赋予待证事实免于举证证明的效力，由法院对前诉中生效裁判认定的事实直接认定，并允许当事人以相反证据推翻已决事项的真实性。显然这一规则更接近对预决事项进行司法认知的理解，将其解释为证据法上的“证明效”拘束力更为妥当。

---

① 参见欧恒、张琪：《环境民事公私益诉讼融合的问题与路径》，载《环境保护》2020年第16期。

② 所谓“证明效”，是指在先诉讼的判决，对于后诉事实上的影响，特别是在先诉判决理由中，对于事实认定、权利关系的判断，对后诉具有事实上的证明效果。

③ 参见周萃芳：《司法认知论》，中国人民公安大学出版社2008年版，第328~330页。

由此，最高人民法院《关于审理环境民事公益诉讼案件适用法律若干问题的解释》第30条是“两诉”的证明责任衔接规则，而非既判力制度。前诉生效裁判所认定的事实，后诉法院依职权进行司法认知，但其相较于最高人民法院《关于适用〈中华人民共和国民事诉讼法〉的解释》第93条与最高人民法院《关于民事诉讼证据的若干规定》第10条，显然还有两项特别之处，以下分别加以探讨。

最高人民法院《关于审理环境民事公益诉讼案件适用法律若干问题的解释》第30条与最高人民法院《关于生态环境侵权民事诉讼证据的若干规定》第9条都只是规定环境公益诉讼事实认定的效力可以扩张至环境私益诉讼之中，而并未提及环境公益诉讼是否能直接确认私益诉讼认定的事实。学者据此认为，“两诉”对于事实认定的预决效力，只能“由公向私”单向进行，主要有以下理由：其一，环境民事公益诉讼本身某种意义上是环境私益案件的“示范性判决”，具有优先示范效力。① 其二，该规定本质上是赋予环境私益诉讼原告在事实证明方面享有“搭便车”的便利。② 其三，由于私益诉讼原告的弱势地位导致较高的败诉风险，③ 抑或是私益诉讼原告对诉讼权利的放弃，导致环境民事私益诉讼所认定的事实不利于环境民事公益诉讼原告的诉讼主张。不难发现，上述第1点与第2点的立场都是基于环境民事公益诉讼原告的诉讼能力与证明能力等优于私益诉讼原告，确有必要赋予私益诉讼原告以借用公益诉讼认定事实的便利，然而该观点以原告诉讼能力强弱与否主导裁判的确定力，客观上直接消解法院居中的裁决地位，先入为主地预设裁量的天平向公益诉讼的原告倾斜。同时，仅规定环境私益诉讼受环境公益诉讼认定事实的影响，很难避免公益诉讼作出与私益诉讼相反的事实认定，这将意味着环境民事私益诉讼对他诉的裁判拘束效力几近于无，恰恰忽略国家审判及其权威判断的稳定和统一。至于第3点理由则主要围绕私益诉讼认

① 参见肖建国、黄忠顺：《环境公益诉讼基本问题研究》，载《法律适用》2014年第4期。

② 参见窦海阳：《环境侵权类型的重构》，载《中国法学》2017年第4期。

③ 参见蔡梦然：《论我国环境民事公益诉讼与私益诉讼的衔接》，载《四川环境》2021年第3期。

定事实后会存在拖累公益诉讼的不利影响，然而该不利影响究竟有多大仍待商榷，从条文的后半句可以推知在私益诉讼原告败诉的前提下所作出的有利于诉讼被告的事实认定，公益诉讼原告可以另行提供证据推翻私益诉讼所认定的事实，从而查清侵权事实并排除环境私益诉讼认定的不利影响。换句话说，基于司法认知产生的“证明效”，是一种“相对证明效力”而非“绝对证明效力”，在具备可以推翻事实认定的前提下，承认私益诉讼裁判认定的事实对公益诉讼的拘束力没有很大困难。因此，基于维系前诉中事实认定对后诉审理的拘束，保持“两诉”事实认定的一致，应当允许“两诉”之间可以直接认定各自生效裁判确认的事实。

无论从规则性质抑或是实施效果分析，“两诉”的事实认定应当同时存在相互进行司法认知的可能。因此尚待澄清的第二个问题是，最高人民法院《关于审理环境民事公益诉讼案件适用法律若干问题的解释》第 30 条第 2 款基于原告、被告诉讼主体身份的不同所作的区别优待是否妥当？根据该规则的条文内容，私益诉讼原告可以直接适用生效裁判确认的事实，但私益诉讼被告在对自身有利的事实认定上需要重复举证，不能直接适用；私益诉讼原告可以提出相反证据推翻任何公益诉讼认定的事实，但私益诉讼被告仅就法定免责事由、因果关系与法律责任等事实认定可以提出相反证据推翻。前者限制被告借用他诉生效裁判认定事实的范围，后者则限制被告可以推翻他诉已决事实的范围。与最高人民法院《关于生态环境侵权民事诉讼证据的若干规定》第 9 条对照来看，该规范立场并未再次被肯定，这是否意味着最高人民法院《关于审理环境民事公益诉讼案件适用法律若干问题的解释》第 30 条对私益诉讼被告限制的规定已经被推翻。显然，这种司法立场的转向或许只是猜测，仍有必要在最高人民法院《关于审理环境民事公益诉讼案件适用法律若干问题的解释》第 30 条与最高人民法院《关于生态环境侵权民事诉讼证据的若干规定》第 9 条都发生效力的前提下，对于私益诉讼被告多大程度借用公益诉讼已经确认的事实认定，又在多大程度上能推翻已经确认的事实上展开分析和推导。前文已述，这两条规定均是司法认知规则，是基于法院审判权威下推定裁判事实符合真实情况的结果。在私益诉讼中处于对等关系的原告与被告，均可以针对有利于自己的事实认定主张司法认知，由对方进行反证。之所以双方均能主张司法认知，在于双方将生效裁判认定的事实作为证据提出，盖因此项事实部分已经法院确认并具备程序法上的确定力，作为最高人民法院《关于审理环境民事公益诉讼案件适用法律若干问题的解释》第30条区分诉讼身份以作区别规定，显然违背证据规则的客观独立，以下分别加以具体分析。

最高人民法院《关于审理环境民事公益诉讼案件适用法律若干问题的解释》第30条第2款进一步细化了预决力扩张的具体事项和与之对应可主张直接适用的诉讼主体身份。条文规定了私益诉讼原告可以主张直接适用公益诉讼裁判认定的主要事项，主要事项的认定包括但不限于被告免责事由、因果关系判断以及被告环境责任大小三类事项的认定，私益诉讼被告在这些事项中只能提出反证推翻而不能直接予以主张。最高人民法院在解释这一条文要旨时，认为在主要事项的判断上，因为私益诉讼被告的程序权利已得到充分保障，[①] 因此笼统地将所有公益诉讼认定的事项都交由私益诉讼原告在诉讼中主张直接认定，理论同样持此观点。然而该规定未注意到其列举的事项均超出了私益诉讼原告的证明责任，与证明责任分配理论相违背。在证明责任的分担上，被告的免责事由属于权利妨害要件，不属于私益诉讼被告的证明责任范围。换言之，私益诉讼原告根本不会因无法证明被告不存在免责事由而承担不利诉讼后果，更不必寄希望于私益诉讼原告要提示裁判者直接认定公益诉讼确认的被告免责事由，恰恰相反这显然是私益诉讼被告的证明范畴。另外，被告承担责任大小的认定，是法院在事实基础上适用法律作出对被告承担具体责任的裁量，是环境民事公益诉讼中判决主文的内容，该判决事项的效力扩张需要通过既判力规则才能完成，然而既判力理论所要求的诉讼主体的一致性在“两诉”中不能实现，法律责任的认定又并非事实认定部分，也被我国的最高人民法院《关于适用〈中华人民共和国民事诉讼法〉的解

① 参见最高人民法院环境资源审判庭编著：《最高人民法院关于环境民事公益诉讼司法解释理解与适用》，人民法院出版社2015年版，第411~412页。

释》第93条予以排斥，故被告环境责任的承担在理论基础与规则依据上都无法对私益侵权责任产生效力。同时，被告在环境民事公益诉讼中所承担的环境责任的大小与私益诉讼中就环境侵权承担的侵权责任没有必然的关联性，再加上由于环境责任的成立及其范围不是私益损害请求权的形成要件，更不属于私益诉讼原告的证明责任内容，因此被告在公益诉讼中承担责任的大小不需要在私益诉讼中予以体现。至于公益诉讼中对因果关系存在的判断能否对私益诉讼的审理形成拘束力，将在下文关于“两诉”共通性事实的范围中加以讨论，从狭义的因果关系上来理解，损害后果的不同决定因果关系的判断不具有相互援引的可能。最高人民法院《关于生态环境侵权民事诉讼证据的若干规定》第9条转变了最高人民法院《关于审理环境民事公益诉讼案件适用法律若干问题的解释》第30条确立的上述规定，虽然还是采取“由公向私”的单向立场，但其支持前诉判决确认的事实同等约束后诉诉讼双方，即环境私益诉讼中双方当事人均可以同等对环境公益诉讼中确认的基本事实予以司法认知，免于重复举证。在最高人民法院《关于生态环境侵权民事诉讼证据的若干规定》与最高人民法院《关于审理环境民事公益诉讼案件适用法律若干问题的解释》同时具有效力的前提下，可以认为最高人民法院《关于生态环境侵权民事诉讼证据的若干规定》第9条事实上构成了对最高人民法院《关于审理环境民事公益诉讼案件适用法律若干问题的解释》第30条意旨的纠偏，不再基于诉讼主体的差别对生效裁判的预决力作不同规定，并取消对具体事项认定的列举，用“基本事实”取代，从而回归我国民事诉讼法司法解释和证据规则的立场，避免了用既判力理论强行解释“两诉”事实认定衔接的生搬硬套。

综上所述，我们可以对“两诉”事实认定的效力扩张作个小结，前诉生效裁判所确认的事实，后诉可以由私益诉讼原告、公益诉讼原告、“两诉”相同被告直接主张确认。既已实现“法律真实”，不以诉讼类型或是诉讼主体作区别，为克服私益诉讼对环境民事公益诉讼案件的不利影响，允许“两诉”当事人可以以相反证据推翻前诉认定的事实。

以上讨论立足我国民事诉讼特有的预决力规则，对“两诉”之间借用已决事实的主观范围和效力内容进行梳理和纠偏，从而保持与一般民事诉讼理论（司法认知规则）相一致的立场。然而未被民事诉讼法学者所关注的是，环境民事公私益诉讼与环境民事私益诉讼中的事实构成不尽相同，“两诉”的事实认定在哪些具体部分具有相互借用的可能和必要需要再做探讨，对于该点不仅规范未予以明确，在理论学说中未做深入讨论。如前文所述，尚未被法定化的环境权是环境民事公益诉讼所救济的权利，民事侵权理论可以借用于环境民事公益诉讼中，作为分析是否侵害环境生态功能的工具。按照民事侵权理论，环境侵权的构成要件分为侵害权利行为、损害后果与因果关系，而违法性和过错并非构成要件。在“两诉”中，侵害的权利分别是相互独立和对应的，损害公益对应着环境权，损害私益对应着人身财产权。因此，作为证明链条末端的损害后果以及侵害行为与损害后果的因果关系，没有相互共通的事实，“两诉”中没有相互司法认知的必要。作为环境侵权和侵害环境权的共通性事实，毫无疑问仅是侵害行为。而从因果关系的判断上，显然因为损害后果的不一致，导致“两诉”的因果关系判断不同。为克服损害后果不同导致因果关系判断完全没有共通的可能，学者将因果关系链条分割为两部分，将“侵害行为—环境要素损害”作为第一重因果关系部分纳入共通性的基础事实范围，[①] 即在“两诉”中可以相互进行司法认知。而“环境要素损害—损害后果”的第二重因果关系则因为损害后果的不同而判断不同，没有维系事实认定一致的必要，即无法相互进行司法认知。

（三）环境民事公益诉讼与私益诉讼合并审理模式检视

“两诉”除了上述分别审理模式及其配置的衔接程序，还可以依据诉的合并将环境民事公益诉讼与私益诉讼进行合并审理，即“两诉”采取合并审理模式。具体来说，同一污染环境、破坏生态行为造成生态环境损害与人身财产私益损害后，将两类异质性的诉讼案件合并审理作出裁判。此种诉讼模

① 参见张旭东：《环境民事公私益诉讼并行审理的困境与出路》，载《中国法学》2018 年第 5 期。

式与学者们主张的“融合诉讼论”“中间裁判论”不同，其既以保持环境公益、私益诉讼的各自独立为前提，又可实现裁判一致、诉讼经济效益等诉讼目标，符合整体性救济的司法理念。

现阶段，我国已经开始逐步摸索基于违法事实产生的刑事案件与民事案件的合并审理，[①] 2020年颁布的《两高检察公益诉讼司法解释》第20条对环境刑事诉讼与民事公益诉讼的合并审理与管辖问题作出规定，[②] 司法实践中也开始逐步探索和适用。[③] 显然，环境民事公益诉讼与其他不同类型的诉讼案件合并审理并非先例，这也为探索环境民事公益诉讼与私益诉讼的合并审理留下可供借鉴的范例。在“两诉”合并审理的可行性上，在“两诉”由各自诉讼原告分别提起且由同一法院审理的情况下，法院可以适用最高人民法院《关于适用〈中华人民共和国民事诉讼法〉的解释》第221条的规定，[④] 将基于同一污染环境、破坏生态行为引起的环境侵权与侵害环境权的案件合并审理，同时作出裁判。就“两诉”合并审理的必要性而言，正如学者所提出的，如果公益、私益案件并不存在牵连关系，则单独提起公益诉讼妥当；如果公益案件的处理牵涉私人利益，则强调界分并要求在不同诉讼程序中实现，反而降低诉讼效率，增加裁判歧异可能。[⑤] 因此，“两诉”合并审理并非完全否定分别审理的基础模式，而是仅就特殊情形，为避免责任的重复承担，发挥纠纷的整体性化解与节约诉讼成本所作的司法处理。当然，在功能主义

---

① 参见叶榅平、常霄：《刑事附带环境民事公益诉讼的审理模式选择》，载《南京工业大学学报（社会科学版）》2020年第6期。

② 《两高检察公益诉讼司法解释》第20条规定：“人民检察院对破坏生态环境和资源保护，食品药品安全领域侵害众多消费者合法权益，侵害英雄烈士等的姓名、肖像、名誉、荣誉等损害社会公共利益的犯罪行为提起刑事公诉时，可以向人民法院一并提起附带民事公益诉讼，由人民法院同一审判组织审理。人民检察院提起的刑事附带民事公益诉讼案件由审理刑事案件的人民法院管辖。”

③ 左某、徐某污染环境刑事附带民事公益诉讼案入选最高人民法院指导案例第203号，参见江苏省盱眙县人民法院刑事附带民事判决书，(2019）苏0830刑初534号；秦某学滥伐林木刑事附带民事公益诉讼案入选最高人民法院指导案例第172号，参见湖南省保靖县人民法院刑事附带民事判决书，(2018）湘3125刑初5号。

④ 最高人民法院《关于适用〈中华人民共和国民事诉讼法〉的解释》第221条规定：“基于同一事实发生的纠纷，当事人分别向同一人民法院起诉的，人民法院可以合并审理。”

⑤ 参见黄忠顺：《论公益诉讼与私益诉讼的融合——兼论中国特色团体诉讼制度的构建》，载《法学家》2015年第1期。

视角下，出于程序效率和公正的考量，即便要对“两诉”进行诉讼整合，也必然要在合并审理中贯彻两类损害的区分认定。合并与分离与否，不是“两诉”必然要遵循的模式，而是应当根据环境案件的具体类型，在贯彻两类损害区分的认识前提下，灵活把握究竟是通过单独的“两诉”分别救济，还是在合并审理中分别予以认定。关于“两诉”分别审理与合并审理的具体类型化选择，将在下章予以专门阐述，在此仅对合并审理的程序作抛砖引玉的构想。

在“两诉”合并审理程序的启动上，首先，合并审理“两诉”的诉讼原告类型，决定人民法院应当依职权追加哪些诉讼当事人，为此需甄别“两诉”中可作为原告起诉的主体类型及其作为哪一诉的何种诉讼当事人角色。在环境民事公益诉讼中，诉讼所救济的是因污染环境或者破坏生态行为而受到损害的公民的环境权，公民作为受损环境权的实体权利主体，成为环境民事公益诉讼中的实质原告。现行立法赋予“国家规定的机关或者法律规定的组织”以公益诉讼的诉权，本质上是将环境权的诉讼实施权分配给上述主体行使，因此政府及其部门、检察院和环保组织三类主体基于法定诉讼担当成为环境民事公益诉讼的形式原告。[①] 实质原告与形式原告在环境公益诉讼中的起诉顺位关系为，形式原告在实质原告缺位时起必要的填补作用，作为实质原告的公民个人也可寻求形式原告来支持起诉，或者让位于这些形式原告启动诉讼。在环境民事私益诉讼中，私益诉讼的原告则依据侵权行为造成私益损害的类型不同作具体区分，一是造成人身财产利益损害的受害主体为自然人、法人或者其他社会组织，二是造成自然资源经济性利益损失的受害主体为国家、集体。[②] 由于国家与集体是抽象概念，因此国家所有的自然资源

① 关于环境公益诉讼的原告资格，具体规定在《环境保护法》第58条、《民事诉讼法》第58条、最高人民法院《关于审理环境民事公益诉讼案件适用法律若干问题的解释》第1~5条、最高人民法院《关于审理生态环境损害赔偿案件的若干规定（试行）》第1条、最高人民法院、最高人民检察院《关于检察公益诉讼案件适用法律若干问题的解释》第13条。

② 《民法典》第247~252条规定，自然资源国家所有权的范围包括矿藏、水流、海域、森林、山岭、草原、荒地、滩涂、野生动植物资源、无线电频谱资源等；《民法典》第260条规定了自然资源集体所有权的范围包括集体所有的土地和森林、山岭、草原、荒地、滩涂等。

由国务院代表国家行使所有权，在现实中授权给国务院自然资源主管部门代表行使或者各级政府代理行使；集体所有的自然资源所有权，则由集体经济组织或者村民委员会代表行使。在两类自然资源之上，国家与集体作为抽象的所有权主体，也可以依法为私人设立使用权，如土地之上的土地承包经营权、土地经营权、海域内的捕捞权等，① 因此私人亦可因自然资源的受损蒙受经济上的损失。综上，提起自然资源损害赔偿私益诉讼的原告便可以是政府及其行政部门、村集体组织和个人。其次，鉴于“两诉”的独立性与程序上的可分性，对于“两诉”的合并审理应以下述方式提出：其一，在“两诉”同时提起并且受理的情况下，法院可以依职权将“两诉”合并审理。其二，倘若其中一诉已经受理，另一诉已经提起尚未受理，则可以由后诉的诉讼原告直接申请参加诉讼。其三，倘若其中“两诉”都还在受理阶段，则环境公益诉讼原告可以在起诉状中列明环境私益诉讼的原告，视为向法院申请追加环境私益原告参加诉讼。其四，人民法院在“两诉”分别审理的诉讼进程中，可以依职权书面通知另诉的诉讼原告参与诉讼。

在“两诉”合并审理的管辖问题上，中级以上人民法院作为环境民事公益诉讼的管辖法院，② 而私益诉讼往往由基层人民法院管辖。环境民事公益诉讼与私益诉讼合并审理应以同一法院一并行使两诉管辖权为前提，因此产生管辖法院的管辖冲突。《民事诉讼法》第 39 条规定的管辖权移转可作为统一两诉级别管辖的规范路径。③ 部分学者因此认为，“两诉”合并审理的管辖

① 《民法典》第 324 条规定：“国家所有或者国家所有由集体使用以及法律规定属于集体所有的自然资源，组织、个人依法可以占有、使用和收益。”

② 最高人民法院《关于审理生态环境损害赔偿案件的若干规定（试行）》第 3 条第 1 款规定：“第一审生态环境损害赔偿诉讼案件由生态环境损害行为实施地、损害结果发生地或者被告住所地的中级以上人民法院管辖。”

最高人民法院《关于适用〈中华人民共和国民事诉讼法〉的解释》第 283 条规定：“公益诉讼案件由侵权行为地或者被告住所地中级人民法院管辖，但法律、司法解释另有规定的除外。因污染海洋环境提起的公益诉讼，由污染发生地、损害结果地或者采取预防污染措施地海事法院管辖。对同一侵权行为分别向两个以上人民法院提起公益诉讼的，由最先立案的人民法院管辖，必要时由它们的共同上级人民法院指定管辖。”

③ 《民事诉讼法》第 39 条规定：“上级人民法院有权审理下级人民法院管辖的第一审民事案件；确有必要将本院管辖的第一审民事案件交下级人民法院审理的，应当报请其上级人民法院批准。下级人民法院对它所管辖的第一审民事案件，认为需要由上级人民法院审理的，可以报请上级人民法院审理。”

法院既可以通过提审或者报请提审的方式将环境民事私益诉讼交由上级人民法院审理，也可以降低环境民事公益诉讼的审级将之交与下级法院审理。[①]对此，本书认为，不应采取宽泛的两种解释路径，而应由中级以上人民法院合并审理“两诉”为宜，尽量避免由环境私益诉讼的基层管辖法院一并审理，主要有以下理由：其一，同一污染环境、破坏生态行为同时造成生态环境损害与人身财产利益损害，由于其具有侵害法益多元、损害后果严重、因果关系隐蔽等特点，往往事实认定与法律适用存在较大争议，由级别更高的中级以上人民法院审理更能保证审判公正。其二，借由环境介质的物质流动和能量交互，损害结果往往在空间上具有跨区域性，由中级及以上人民法院提级管辖来合并审理“两诉”，可以实现区域内的集中管辖，以避免“两诉”由于污染区域的广泛所导致的基层人民法院在地域管辖问题上的冲突。其三，将本应由中级及以上人民法院管辖的一审环境民事公益诉讼交予私益诉讼的一审基层法院合并审理，将导致环境民事公益诉讼原本的一审法院作为当事人上诉的二审法院，若滥用管辖权下放极易导致当事人上诉权形同虚设，诉权被变相剥夺。其四，从程序运行上看，管辖权下移往往需要上级人民法院的批准，[②]而提级管辖并没有这种程序限制，显然更能提高“两诉”合并审理的程序效率，因此由环境民事公益诉讼管辖法院一并审理“两诉”最能促进诉讼程序的通畅进行。

在“两诉”合并审理中，法院要基于两类损害进行认定，作出损害赔偿的裁判，[③]这就涉及对两类损害赔偿如何认定、清偿顺位与赔偿管理的问题。在公益与私益交织的复合型案件中，私益损害应当认定为受害人因环境污染

---

① 参见蒋超、张丹：《我国环境民事公私益诉讼的并行与融合》，载《重庆大学学报（社会科学版）》2022 年第 3 期。

② 最高人民法院《关于审理环境民事公益诉讼案件适用法律若干问题的解释》第 6 条第 2 款规定：“中级人民法院认为确有必要的，可以在报请高级人民法院批准后，裁定将本院管辖的第一审环境民事公益诉讼案件交由基层人民法院审理。”

《民事诉讼法》第 39 条第 1 款规定：“上级人民法院有权审理下级人民法院管辖的第一审民事案件；确有必要将本院管辖的第一审民事案件交下级人民法院审理的，应当报请其上级人民法院批准。”

③ 尽管生态环境提供的生态性利益并不体现经济利益，但并不排斥侵害生态利益后，可以运用科学评估手段进行折算和计量。

或者破坏生态行为导致人身或者财产利益的损失，财产利益损失包括直接损失与间接损失，人身损害赔偿则依据受侵害的身体权、健康权确定具体数额。该私益受损后果与生态环境损害后果往往容易区分，但在生态环境损害赔偿的认定上，则应当进一步区分环境要素经济性利益损失部分，为避免损害重复认定以及归属主体的错位，应当在统筹评估生态环境整体性损失的基础上，将环境要素经济性利益损失赔偿通过私益诉讼归属于环境要素的权利主体。在司法实践中，部分法院显然并未区分两类损害性质的不同，直接以环境公益诉讼判决私益性财产损失，如江苏省南京市人民检察院诉王某林生态破坏民事公益诉讼案中，法院在认定生态环境损害时，将造成毁损林木的直接经济损失计入生态功能受到的损失之中，① 这是对两类损害性质界定的混淆。而在北京市朝阳区自然之友环境研究所、福建省绿家园环境友好中心诉谢某锦等四人破坏林地民事公益诉讼案中，法院将毁损林木的价值与推迟林木正常成熟的损失价值认定为林木所有者的财产损害，以区别于生态环境功能的损失，② 显然坚持对两类损害认定的区分。在生态环境利益损失的认定上，根据环境保护部《环境损害鉴定评估推荐方法（第Ⅱ版）》第4.1条与第4.5条，③ 法院应当将其作为不可分割的生态系统在整体上进行评估，从而确定生态服务功能的损失数额，通过环境民事公益诉讼部分由加害人一并承担，即便承担生态环境修复责任，也可在先行复原环境介质的物理性质后，再以“基线状态”修复生态环境功能。另外，在“两诉”损害赔偿数额确认后，应当明确被告损害赔偿金在执行中的清偿顺位，以解决当被告的责任财产无

① 南京市中级人民法院经科学技术鉴定认为本案之中的生态环境损害包括林木的经济损失、森林涵养水功能的丧失、水土流失造成的土壤损失、森林放氧量的损失、生物多样性（鸟类、哺乳动物）损失等在内。参见江苏省南京市中级人民法院民事判决书，(2020) 苏01民初798号。

② 福建省高级人民法院认为损毁林木价值5万元和推迟林木正常成熟的损失价值2万元，属于林木所有者的权利损害，不属于植被生态公共服务功能的损失，而植被破坏导致碳释放的生态损失价值、森林植被破坏期生态服务价值、森林恢复期生态服务价值，属于生态公共服务功能的损失价值。参见福建省高级人民法院民事判决书，(2015) 闽民终字第2060号。

③ 根据《环境损害鉴定评估推荐方法（第Ⅱ版）》第4.1条的规定，环境损害指因污染环境或破坏生态行为导致人体健康、财产价值或生态环境及其生态系统服务的可观察的或可测量的不利改变。根据第4.5条的规定，生态环境损害指由于污染环境或破坏生态行为直接或间接地导致生态环境的物理、化学或生物特性的可观察的或可测量的不利改变，以及提供生态系统服务能力的破坏或损伤。

法同时履行全部赔偿义务时，优先救济私益还是公益的问题。最高人民法院《关于审理环境民事公益诉讼案件适用法律若干问题的解释》第31条确立了“私益救济优先”的原则，[①] 在此原则下，若环境公益损害与私益损害的赔偿处于同一诉讼进程中，法院就认定损害赔偿，可以特别注明在被告责任财产不足以赔偿全部损失的情形下，可以在先清偿第三人私益损失后，再清偿环境公益的损失。在“两诉”损害赔偿金执行过程中，还须特别关注不同的损害赔偿是否要用于特定目的，生态环境损害赔偿金可以由公权力机关主导使用抑或是由非公权力机关主导使用，[②] 用于修复受损的生态环境。而私益诉讼判决部分则在赔付给其权利主体后，由其自由支配和处分，不以公益目的为限制。

三、环境民事公益诉讼与私益诉讼并行模式的类型化选择

至此，本书通过环境民事公益诉讼与私益诉讼诉的利益的区别，以“两诉”的异质性划分“两诉”的诉讼范围，紧接基于“两诉”的关联性对两种并行模式及其具体程序衔接作具体展开，但显然还存有疑惑的是在何种情况下采取何种诉讼审理模式更为妥当。现有研究提出的建议大多从损害后果角度考虑，[③] 如有观点基于侵权事实究竟是牵涉一类利益损害还是两类利益损害的作出分别审理还是合并审理的判断。[④] 还有观点从侵权对象—侵权结果角度，概括了不同损害后果和与之对应的不同诉讼模式。其他学者也仅基于公益与私益之间存在交叉还是重叠关系的角度，提出两类诉讼的运行顺位关系。[⑤] 综合来看，上述观点虽确有合理性，但却忽略了污染环境、破坏生态

---

① 最高人民法院《关于审理环境民事公益诉讼案件适用法律若干问题的解释》第31条规定：“被告因污染环境、破坏生态在环境民事公益诉讼和其他民事诉讼中均承担责任，其财产不足以履行全部义务的，应当先履行其他民事诉讼生效裁判所确定的义务，但法律另有规定的除外。”

② 所谓的“公权力机关主导”管理损害赔偿金，指的是生态环境损害赔偿金由政府部门、人民法院、检察机关组成的公权力机关通过专项环境修复账户管理该笔款项，而“非公权力机关主导”管理损害赔偿金，则是通过公益基金会或者慈善信托等方式，将其交由公益组织或者信托机构运作管理。

③ 参见朱谦、于晶晶：《民法典视域下环境民事公私益诉讼衔接之进路研究》，载《中国地质大学学报（社会科学版）》2021年第5期。

④ 参见窦海阳：《环境侵权类型的重构》，载《中国法学》2017年第4期。

⑤ 参见范战平：《环境公益诉讼中“公益”的再审视》，载《郑州大学学报（哲学社会科学版）》2020年第6期。

行为往往具有持续性，损害后果交叉重叠，甚至具有动态变化的可能。对此，本书尝试就侵害事实的具体样态作类型化分析，以逻辑为主线，串联环境公私益两类诉讼，基于环境侵权与侵害环境权的不同配比关系，探索“两诉”诉讼模式的选择路径，以折中取舍上述“两诉”采取分离式并行模式与合并式并行模式。

由于环境案件的复杂性和动态性，通过一定共性的抽取，将法律事实依据特定标准进行类型化区分，可以根据具体事实灵活采取相对应的诉讼模式。而类型化的研究方法，关键在于观察不同事物之间，共同特征在类型事务上存在量变（特征）到质变（类变）的情况。① 因此，需要确定的前提是何者为环境民事公私益诉讼都存在的基本特征或者共同的要素？环境民事私益诉讼是环境侵权引发的诉讼，而环境民事公益诉讼是侵害环境权引发的诉讼。在环境侵权与侵害环境权两类侵害路径中，均有环境介质因素，在“两诉”中的环境介质损害的程度不同，所造成的损害后果随之变化。无论环境介质是否为永久性损害还是能自行恢复，对于侵权行为借助环境介质造成的第三人人身财产损失并未有所影响，但环境介质的损害程度决定生态环境是否面临损害的重大危险或者已造成实际性损害，进而决定环境民事公益诉讼的介入与否与介入的程度。因此不妨将环境介质毁损程度与造成生态环境整体的影响，作为“两诉”中判断环境侵权与侵害环境权关系的逻辑前提，将两者的关系梳理如下：污染环境、破坏环境的行为比较轻微，仅损坏水、气、土壤等环境介质，不会损坏环境生态功能时，该行为只构成环境侵权而不会构成侵害环境权。反之，污染环境、破坏环境的行为较严重，在不仅损坏环境介质还有损坏环境生态功能或有损坏环境生态功能之虞时，该行为同时构成环境侵权和侵害环境权，因此，环境民事私益诉讼与环境民事公益诉讼的功能划分和衔接根据环境侵权、侵害环境权之虞和侵害环境权三种情形有不同的划分方式（见图5－1）。

---

① 参见黄茂荣：《法学方法与现代民法》（第7版），厦门大学出版社2024年版，第580～592页。

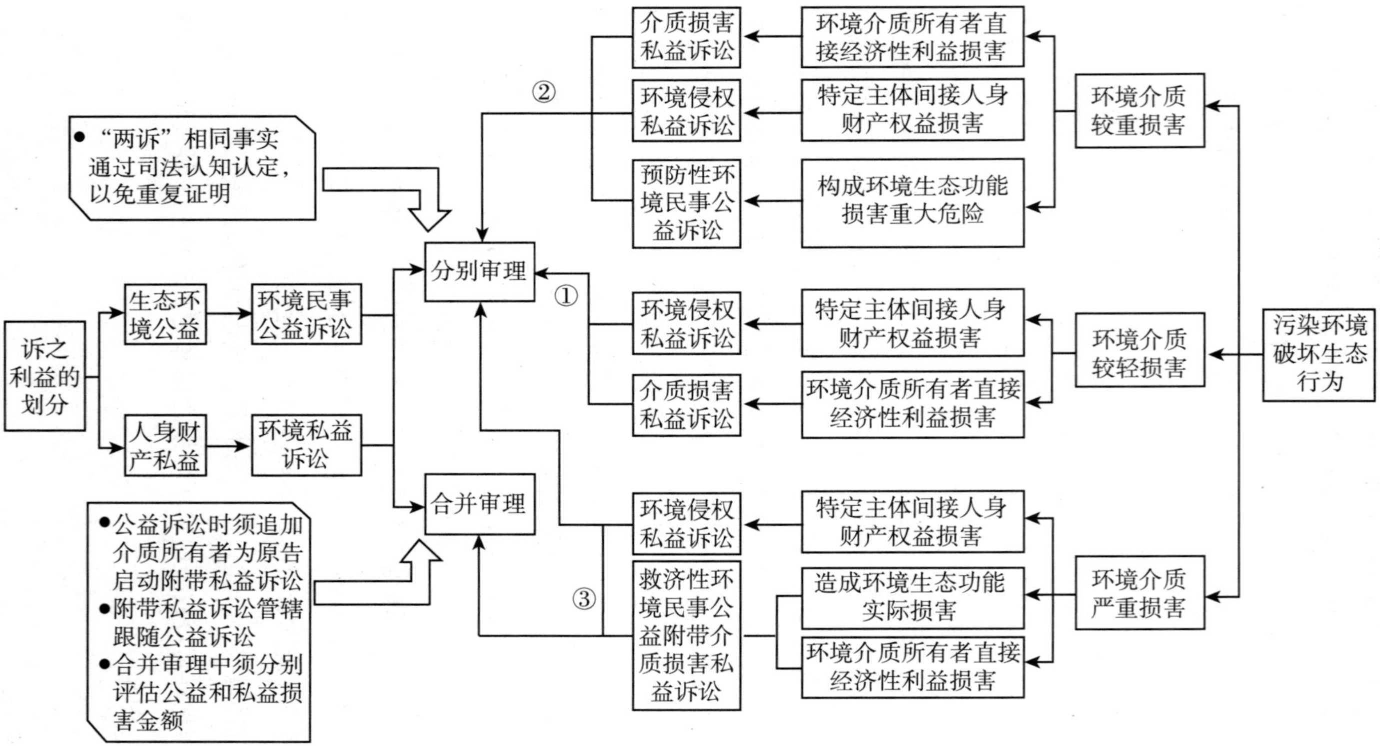

注：①环境侵权：环境侵权私益诉讼与介质损害私益诉讼单独审理。

②侵害环境权之虞：预防性环境民事公益与私益诉讼（含环境侵权私益诉讼和环境介质私益损害私益诉讼）分别审理。

③侵害环境权：救济性环境民事公益附带私益诉讼（生态环境公益损害与环境介质私益损害合并审理）与环境介质损害私益诉讼合并审理。

图 5-1　环境民事公益诉讼与私益诉讼的适用衔接关系

（一）环境侵权：环境侵权私益诉讼与介质损害私益诉讼单独审理

所谓环境侵权，指的是侵权行为致环境介质的污染或破坏，进而间接地对他人人身权、财产权造成损害或有造成损害之虞的行为，[①] 为此启动环境私益诉讼救济特定主体被侵害的人身权和财产权。对于环境侵权的作用过程，往往由污染环境行为先污染或者破坏单个或者多个环境介质，损害作用之初仅只是轻微污染或者破坏程度，并不会立即引起生态环境整体不可逆性的恶化。在生态环境系统的物质交换与能量流动下，生态环境可以凭借纳污与自净能力自行恢复，并维持自身的稳定与持续进行。由于此时致害过程较短，污染因素并未累积，损害后果仅限于侵权行为作用的特定客体之上，尚未危及生态环境承载的生态利益。如排放污水的行为造成流域内养殖水产品的死亡，构成环境侵权，但河流生态系统由于自我洁净能力逐渐恢复水流的清洁，使环境并未发生永久性不利改变。因此，在污染环境的行为只构成环境侵权时，只有特定主体的人身权财产权的损害，其中财产权的损害既包含第三人财产损失，也包含特定主体所有的水域、土地等环境介质经济性利益损失，故应由两类特定主体分别提起环境民事私益诉讼主张私益救济，不可能发生环境民事公益诉讼。

（二）侵害环境权之虞：预防性环境民事公益诉讼与私益诉讼分别审理

环境介质的损害程度伴随污染、破坏环境行为的累加不断加剧，并逐渐接近生态环境功能所能自我恢复自我净化的承载阈值，开始逐渐具有侵蚀环境公益的重大风险。环境民事公益诉讼为回应此种“潜在的重大环境风险”，突破“有损害才有救济”的事后救济主义，在《环境保护法》第5条对风险预防予以原则性规定，[②] 随后在最高人民法院《关于审理环境民事公益诉讼案件适用法律若干问题的解释》第1条、第8条第2项、第18条以“具有损害社会公共利益重大风险”对预防性环境民事公益诉讼作了

---

① 参见邹雄：《环境侵权救济研究》，中国环境科学出版社2004年版，第21页。

② 《环境保护法》第5条规定：“环境保护坚持保护优先、预防为主、综合治理、公众参与、损害担责的原则。”

明确。① 以规范为导向，司法实践中也开始运用预防性环境民事公益诉讼，通过预防措施来消除出现的环境损害重大风险。② 理论界将风险的规范含义以“剩余风险”“风险”“危险”三种分类作为损害发生可能性的递进逻辑，③ 将规范中的“环境公益重大风险”限定为“法不容许的危险”，④ 此种“重大危险”的法律规制，决定环境介质损害程度对生态环境的影响，从单纯无生态环境损害与有生态环境损害的二元形态中，衍生出新的中间样态——造成环境生态功能损害的重大危险。该中间样态的产生，源于侵害环境的过程本身具有的潜伏性与累积性等特点，在环境介质损害长期缓慢地影响生态环境的过程中，环境风险逐渐升格为威胁环境公共利益的重大危险，并被规范评价体系所禁止，此时由检察院或者环保组织提起预防性环境民事公益诉讼进行规制。⑤ 与此同时，污染、破坏环境的行为也损害特定主体所有的环境介质财产权，并间接损害特定主体（第三人）的人身权和财产权，两类损害由各自特定主体分别提起环境民事私益诉讼予以主张。在“两诉”同时审理过程中，法院在预防性环境民事公益诉讼中，往往需要对是否构成

---

① 最高人民法院《关于审理环境民事公益诉讼案件适用法律若干问题的解释》第 1 条规定：“法律规定的机关和有关组织依据民事诉讼法第五十五条、环境保护法第五十八条等法律的规定，对已经损害社会公共利益或者具有损害社会公共利益重大风险的污染环境、破坏生态的行为提起诉讼，符合民事诉讼法第一百一十九条第二项、第三项、第四项规定的，人民法院应予受理。”第 8 条第 2 项规定：“提起环境民事公益诉讼应当提交下列材料：……（二）被告的行为已经损害社会公共利益或者具有损害社会公共利益重大风险的初步证明材料……”第 18 条规定：“对污染环境、破坏生态，已经损害社会公共利益或者具有损害社会公共利益重大风险的行为，原告可以请求被告承担停止侵害、排除妨碍、消除危险、修复生态环境、赔偿损失、赔礼道歉等民事责任。”

② 较为典型的预防性环境民事公益诉讼有：绿孔雀栖息地保护案作为首例濒危野生动物保护预防性环境民事公益诉讼案，参见云南省高级人民法院民事判决书，（2020）云民终 824 号；“五小叶槭”案作为首例濒危野生植物保护预防性环境民事公益诉讼案，参见四川省甘孜藏族自治州中级人民法院民事判决书，（2015）甘民初字第 45 号。

③ 依据损害发生可能性对广义“风险”概念可以作出以下三类区分：（1）通常会发生损害的称为“危险”。（2）通常不会发生，只是有造成损害的为“风险”。（3）几乎不可能发生，仅有纯粹的假定可能为“剩余风险”。参见张旭东：《预防性环境民事公益诉讼程序规则思考》，载《法律科学》2017 年第 4 期。

④ 参见张旭东、郑烽：《预防性环境民事公益诉讼中环境重大风险认定研究》，载《中国地质大学学报（社会科学版）》2023 年第 2 期。

⑤ 在此说明的是，由于本书主张将现行立法规定中的环境民事公益诉讼功能限于预防性环境民事公益诉讼，将其中发挥赔偿功能的救济性环境民事公益诉讼并入生态环境损害赔偿诉讼中，因此在此情形下由于没有实际损害发生，则生态环境损害赔偿诉讼并未提起，仅是预防性保护功能的狭义环境民事公益诉讼可以提出。

“损害社会公共利益重大风险”进行认定，而在环境民事私益诉讼中，法院就造成的私益损害赔偿认定，考虑到“两诉”争议焦点的差异，“两诉”应分开审理并分别作出裁量。当然因为“两诉”由同一污染、破坏环境行为引发，因此“两诉”中在先的生效判决认定的事实，可于在后审理的诉讼中通过司法认知进行确认，以节约司法成本。

（三）侵害环境权：救济性环境民事公益诉讼与环境介质损害私益诉讼合并审理

当环境介质的损害不断累积并导致生态系统迅速恶化，跨越生态环境所承载的自净阈值后，生态环境的自我复原功能难以为继，至此发生不可逆性的生态环境损害后果。此时，生态环境损害的重大风险便实际化为具体的环境生态功能损害，以事后损害填补的生态环境损害赔偿诉讼接续预防性环境民事公益诉讼启动与运行。与此前相同的是，在同一污染、破坏环境的行为损坏环境生态功能的同时，损坏了环境介质并间接损害了特定主体的人身财产利益，此时在三类损害对象上存在三种并存的诉讼形式：生态环境损害赔偿诉讼、[①] 以环境介质经济性利益损失为内容的自然资源损害赔偿诉讼、以第三人人身财产利益损失为内容的环境民事私益诉讼。后两类诉讼均属于私益诉讼，在损害认定时可以分别单独估量和计算、采取分别审理的模式并无争议，但就两类私益诉讼与生态环境损害赔偿诉讼的关系，则有所区别。

在第一组关系中，生态环境损害赔偿诉讼与自然资源损害赔偿诉讼两类诉讼中损害对象分别为生态环境整体本身与单独的环境要素部分，只是以诉的利益的划分将其各自的损害赔偿请求肢解为公益性诉讼请求与私益性诉讼请求。为避免高度牵连的重叠性损害在损害评估时的重复计算，则应采取依职权追加环境要素所有人为私益原告的方式，将“两诉”合并审理，在损害

① 现行规范规定以事后损害救济为目的的生态环境损害赔偿诉讼，规定以兼具“事先预防＋事后救济”目的的环境民事公益诉讼（包含预防性环境民事公益诉讼与救济性环境民事公益诉讼），为避免责任的重复，本书建议将环境民事公益诉讼限于针对重大生态环境危险的预防性诉讼，对于已经实际发生生态环境的损害，启动生态环境损害赔偿诉讼进行救济，在此前提下，生态环境损害赔偿诉讼本质上是发挥生态环境救济性保护功能的公益诉讼。

评估中统筹环境介质私益损失赔偿额以免重复赔偿。由于环境要素与生态环境高度的牵连关系，若在环境公益诉讼中已就环境介质的损失赔偿作出判决，此时基于“一事不再理”的原则，环境介质的特定主体则会失去另案起诉的诉权，因此“两诉”的合并审理应以诉的强制合并作为实现方式，使高度关联的“两诉”得到一并的纠纷化解。此外，在诉的强制合并中，究竟是以公益附带私益进行合并还是以私益附带公益进行合并还未明确。就此情况，本书认为，考虑到生态系统与自然资源之间整体与部分的关系，且在生态环境整体损害认定中分离出自然资源的财产损失更具有可操作性，则以生态环境损害赔偿附带自然资源损害的私益诉讼更符合“两诉”的层次关系。

在第二组关系中，生态环境损害赔偿诉讼与第三人的环境民事私益诉讼是否合并审理，往往由当事人决定是否申请并经法院自由裁量是否批准，而非强制性的诉的合并。同时与环境介质和生态环境存在的整体与部分关系不同，第三人的损害发生地与受损生态环境存在空间上的隔断，往往涉及不同地域管辖法院，并且由于一诉的处理不影响另诉的实体审理，因此“两诉”仍以分别审理为原则，并以相关事实认定规则衔接“两诉”。正如有观点所认为的，提高诉讼效率固然可以获得可观的诉讼效益，但未必具有好的社会效果，因为一方当事人诉讼目的的实现对另诉当事人的诉讼预期来说会是相反效果。[①] 由特定主体作为适格原告同时提出“两诉”并由同一个法院管辖，则法院可以根据具体情况判断是否有合并审理的必要，若“两诉”中生态环境损害的修复或者第三人私益损失的填平更为紧迫，或者“两诉”其中一诉的事实清楚、证据充分、争议不大，则分别审理更为合适。

综上所述，在环境民事公益诉讼与私益诉讼的衔接关系上，应按照以下两个步骤梳理：首先，以“两诉”中环境介质的损坏程度由轻到重为标准，将环境侵权与侵害环境权两种侵权关系分为三种层次关系；其次，根据具体的层次关系对应适用不同的两种并行模式与程序规则，并最终在“两诉”协

---

① 参见张晋红、谢泽帆：《诉的强制合并之经济价值的思考——基于诉讼成本与诉讼效益的个案分析》，载《广东商学院学报》2012年第1期。

调配合上呈现“3 +2”的具体形态：一是污染、破坏环境的行为只构成环境侵权时，只有特定主体的人身权和财产权损害（包含特定主体所有的水域、土地等环境介质财产权）损害，故应由特定主体分别提起环境民事私益诉讼，不可能发生环境民事公益诉讼。二是污染、破坏环境的行为有损坏环境生态功能之虞时，不仅损坏了环境介质且间接损害了特定主体的人身权和财产权（含特定主体所有的水域、土地等环境介质财产权），还有损坏环境生态功能的重大危险，故应由特定主体和适格原告分别提起环境民事私益诉讼和预防性环境民事公益诉讼。三是污染、破坏环境的行为损坏环境生态功能时，不仅损坏了环境介质且间接损害了特定主体的人身权和财产权，还损坏了环境生态功能，故应由特定主体和适格原告分别提起生态环境损害赔偿诉讼（救济性环境民事公益诉讼）与环境民事私益诉讼，在生态环境损害赔偿诉讼中附带自然资源损害赔偿诉讼合并审理。

第二节　生态环境损害赔偿诉讼与环境民事公益诉讼之衔接

生态环境损害赔偿诉讼制度是我国在推动生态文明体制改革和生态文明建设双重背景下为填补或改进当前法律制度在生态环境保护领域的不足而创设并发展的一种新型生态环境救济制度。自该制度问世以来，就与环境民事公益诉讼制度共同作为救济生态环境损害的司法手段，在环境救济场域中发挥着关键作用。但是，由于生态环境损害赔偿制度的属性模糊以及相关立法规定的不完备，导致其与环境民事公益诉讼制度在功能界分及适用衔接方面陷入困境，进而引发两种诉讼制度在理解和适用上的混乱。由此，“两诉”[①]应如何界分与衔接即成为学术界与实务界关注且亟待解决的焦点问题，那么“两诉”的性质及其关系究竟为何，两者之间又应如何进行区分及衔接就成

① 为了行文方便，如无特殊说明，本节出现的“两诉”都用来表示“生态环境损害赔偿诉讼制度”与“环境民事公益诉讼制度”。

为十分重要的问题。对于这个问题，《生态环境损害赔偿制度改革方案》、最高人民法院《关于审理生态环境损害赔偿案件的若干规定（试行）》、《生态环境损害赔偿管理规定》以及《民法典》均未对此问题作出充分回应。法律规范上的缺位必然会给学理研究与司法实践带来难题。[①] 基于此，如何从学理层面明晰“两诉”的性质、功能界分及衔接等理论问题，显得尤为迫切且必要。

一、生态环境损害赔偿诉讼与环境民事公益诉讼的辨识

准确把握“两诉”的关系，是后续优化两种诉讼制度的重要前提。虽然生态环境损害赔偿诉讼制度与环境民事公益诉讼制度的目的均为救济受损生态环境，但两者毕竟是由不同的主体，依据不同的规则，针对不同的情形，遵循不同的救济路径来实现救济受损生态环境的目标。因此，“两诉”之间既有联系又有区别，应从“两诉”共性与特性的视角出发，全面周延地对“两诉”的关系进行审视分析。

（一）生态环境损害赔偿诉讼与环境民事公益诉讼之共性识别

通过对《生态环境损害赔偿制度改革方案》以及最高人民法院《关于审理环境民事公益诉讼案件适用法律若干问题的解释》第 1 条的仔细研读，不难发现“两诉”至少在诉讼适用范围、诉讼目的及责任人担责方式三个方面存在共性。

首先，从适用范围来看，适用的范围高度契合也是导致“两诉”在衔接适用方面陷入困境的主要原因。具体来看，生态环境损害赔偿诉讼主要适用于环境要素、生物要素的不利改变及生态系统功能退化等方面，而环境民事公益诉讼则主要适用于损害环境公益或具有损害环境公益重大风险的情形。而无论是生态环境功能的退化抑或是环境公益的损害，均属于生态环境公益受损的范畴。另外，《生态环境损害赔偿制度改革方案》亦通过“概括 + 列

---

① 参见彭中遥：《论生态环境损害赔偿诉讼与环境公益诉讼之衔接》，载《重庆大学学报（社会科学版）》2021 年第 3 期。

举”的方式明确了生态环境损害赔偿诉讼的适用范围，无论是对生态环境损害的抽象定义，还是对追责情形的具体列举，均将适用范围区分为破坏生态类行为、污染环境类行为两类。① 同时，根据最高人民法院《关于审理环境民事公益诉讼案件适用法律若干问题的解释》的规定，环境民事公益诉讼制度的适用范围也可以类型化为破坏生态、污染环境两种，由此可见，“两诉”在适用范围方面确有交叉重叠。但需要说明的是，环境民事公益诉讼制度不仅适用于已造成环境公益损害的情形，还对环境公益尚未发生实际损害、有发生损害重大风险的情形同样适用，而生态环境损害赔偿诉讼则仅适用于产生实质性生态环境损害结果的情形。由此观之，尽管“两诉”在适用范围层面有所重合，但相较而言，环境民事公益诉讼的适用范围要广于生态环境损害赔偿诉讼。其次，就两者的诉讼目的进行分析，“目的是全部法律的创造者”，②“两诉”在诉讼目的层面也具备一致性。《生态环境损害赔偿制度改革方案》中“生态环境损害的修复和赔偿”“环境资源生态功能价值”“生态系统功能退化”等一系列相关表述均体现出该制度的设立目的是保护环境公益，而救济被侵害的环境生态公益恰好也是环境民事公益诉讼制度产生的重要背景。具体来看，在环境民事公益诉讼制度中，法律规定的环境公益组织可以针对侵害环境公益的行为提起环境民事公益诉讼，该制度的本质在于通过民事救济的方式来修复或救济被破坏的生态环境，从而实现对环境公益的维护。而生态环境损害赔偿诉讼则特指由政府及其指定的机关通过行使诉权的方式，责令要求环境侵害行为人修复与救济生态环境损害，其宗旨亦在于保护生态环境、维护环境公益。由此可知，两者的诉讼目的均在于修复与救济生态环境损害、维护环境公益。最后，就责任者的担责方式来看，两种诉讼制度中责任人的担责方式亦有重合。就生态损害赔偿诉讼制度而言，最高人民法院《关于审理生态环境损害赔偿案件的若干规定（试行）》第 11 条对被告应承担的法律责任进行了明确规定：“被告违反国家规定造成生态环境

① 参见郭海蓝：《生态环境损害赔偿诉讼制度研究》，重庆大学 2020 年博士学位论文，第 30 页。

② ［美］E. 博登海默：《法理学：法律哲学与法律方法》，邓正来译，中国政法大学出版社 2017 年版，第 122 页。

损害的，人民法院应当根据原告的诉讼请求以及具体案情，合理判决被告承担修复生态环境、赔偿损失、停止侵害、排除妨碍、消除危险、赔礼道歉等民事责任”。就环境民事公益诉讼制度中被告应承担何种法律责任来看，最高人民法院《关于审理环境民事公益诉讼案件适用法律若干问题的解释》第18条也做了规定，① 如果被告的行为已经对社会公共利益造成了实质性损害或存在可能造成实质性损害风险的，原告基于法律规定同样可以要求被告承担不限于生态环境修复责任之外的民事责任。由此不难发现，两种诉讼制度在被告的担责形式方面只是在修复生态环境和恢复原状之间有所区别，其他方面基本保持一致。正是基于“两诉”适用范围的高度契合性、诉讼制度目的的一致性以及责任人损害担责的趋同性，才有学者主张生态环境损害赔偿诉讼乃环境民事公益诉讼的一种特殊类型。② 亦有学者认为，生态环境损害赔偿诉讼虽然是一种新兴的诉讼类型，但是将诉讼当事人地位、诉讼保护的利益以及胜诉利益归属等因素综合考量，生态环境损害赔偿诉讼与环境民事公益诉讼基本一致，将其归入环境民事公益诉讼即可。③

（二）生态环境损害赔偿诉讼与环境民事公益诉讼之特性辨析

生态环境损害赔偿诉讼与环境民事公益诉讼之间始终处于一种“剪不断，理还乱”的混沌状态。诚如前文所述，两者虽在诉讼适用范围、诉讼目的等方面多有相似，但两者在诉讼主体、诉讼理论基础及诉讼程序方面亦存在显著差别。

首先，从起诉主体来看，在现行的法律框架中，符合法定条件的环保公益组织或检察机关可作为适格主体提起环境民事公益诉讼，但《生态环境损

---

① 最高人民法院《关于审理环境民事公益诉讼案件适用法律若干问题的解释》第18条规定：“对污染环境、破坏生态，已经损害社会公共利益或者具有损害社会公共利益重大风险的行为，原告可以请求被告承担停止侵害、排除妨碍、消除危险、修复生态环境、赔偿损失、赔礼道歉等民事责任。”由此不难发现，如果被告的行为已经对环境公共利益造成了实际损害或存在可能造成实质性损害风险的，原告可以根据法律相关规定要求被告承担不局限于生态环境修复责任之外的民事责任。

② 参见梅宏、胡勇：《论行政机关提起生态环境损害赔偿诉讼的正当性与可行性》，载《重庆大学学报（社会科学版）》2017年第5期。

③ 参见林莉红、邓嘉咏：《论生态环境损害赔偿诉讼与环境民事公益诉讼之关系定位》，载《南京工业大学学报（社会科学版）》2020年第1期。

害赔偿制度改革方案》中明确将生态环境损害赔偿的起诉主体限定为省级人民政府、市地级政府及其指定的环保行政机关，两者的起诉主体完全不同。其次，就起诉理论分析，对生态环境损害赔偿诉讼而言，有观点认为，其理论基础应当为自然资源国家所有权理论，[①] 原因在于《宪法》第9条规定自然资源的所有权归国家和集体所有，国务院作为我国权力机关的执行机关，自然是我国自然资源所有权的行权主体，并可据此提起生态环境损害赔偿诉讼。当然，也有学者主张，生态环境损害赔偿诉讼应然层面的权利基础应为国家环保义务，[②] 只不过囿于我国现阶段相关立法规定不足，只能在实然层面适当妥协为自然资源国家所有权理论。而环境民事公益诉讼制度确立的理论基础究竟为何？学界至今未达成共识。诉讼法学界和环境法学界就环境民事公益诉讼的基础理论问题各执一词，环境法学者认为环境权理论应是提起环境民事公益诉讼的应然理论基础，而诉讼法学者则认为法定诉讼担当理论才是适当理论基础。相较而言，前者更加关注诉讼实体，而后者则对诉讼程序有着强烈的偏好和倾向。在此基础上，有学者将其概括为环境公益的"归属主体"和"代表主体"二重身份的分离。[③] 最后，就诉讼程序问题而言，生态环境损害赔偿诉讼和环境民事公益诉讼最大的区别就是前者具有磋商程序，这在《生态环境损害赔偿制度改革方案》中有明确规定，而在环境民事公益诉讼中并未引入诉前磋商制度。[④] 生态环境损害赔偿制度磋商程序的性质认定问题，一直饱受争议，有学者认为，磋商程序应属于民事性质，亦有学者主张磋商程序应是行政性质。这不是本节重点，不予展开论证。

综上所述，尽管"两诉"具有适用范围上的高度契合、诉讼目的上的基本一致及担责方式上的高度重叠，但两者也在诉讼主体、诉讼理论基础及诉讼程序方面存在显著差异。因此，须针对"两诉"的本质是否一致，"两诉"

---

① 参见程多威、王灿发：《生态环境损害赔偿制度的体系定位与完善路径》，载《国家行政学院学报》2016年第5期。

② 参见彭中遥：《行政机关提起生态环境损害赔偿诉讼的理论争点及其合理解脱》，载《环境保护》2019年第5期。

③ 参见黄锡生、谢玲：《环境公益诉讼制度的类型界分与功能定位——以对环境公益诉讼"二分法"否定观点的反思为进路》，载《现代法学》2015年第6期。

④ 参见王岚：《论生态环境损害赔偿的仲裁》，载《江汉论坛》2017年第8期。

能否并行存在等问题进行深入探讨。

（三）生态环境损害赔偿诉讼与环境民事公益诉讼之本质趋同

准确界定两种诉讼的性质是后续讨论两者衔接及适用问题的理论前提。有学者认为："性质是否同一决定两诉能否共用，性质若同一，则两诉可依循共同的基本原则，特别之处区分处理，厘清二者适用顺位，避免重复竞合即可；性质若不统一，那差异就是根本性的，两诉各有其独特功能与目的，可并行不悖，关系处理重点就在于界分彼此范围，分别构建适合自己的规则体系"。① 就环境民事公益诉讼制度而言，在该制度产生之前，填补人身财产损害或损失仍然是传统环境侵权责任的目标与焦点，而有关生态环境本身遭受损害的救济并未纳入法律的调整体系。随着大规模环境污染问题的不断出现，学界才逐步将目光聚焦到如何救济因环境污染、生态破坏行为导致的生态环境本身的损害上。② 由此，环境民事公益诉讼制度才逐步诞生，其最为重要的功能就是特定主体通过民事诉讼的方式实现对环境整体生态性利益的保护。因此，学界对环境民事公益诉讼制度本质在于保护生态环境公益，将其列入公益诉讼范畴的说法并无较多争议。由此，鉴别"两诉"各自性质的关键在于明确生态环境损害赔偿诉讼制度的性质为何。

作为一种全新的生态环境损害救济制度，当下我国尚无明确的立法对其性质进行明确，学界就其性质问题的探讨也从未停止。大体而言，既有关于生态损害赔偿诉讼制度属性的争论基本围绕公益与私益两个方面展开。③ 主张生态环境损害赔偿诉讼制度属于私益诉讼的代表性学说为"自然资源国家所有权"说，我国立法者当前也持此观点。如有学者认为："政府的索赔权来源于自然资源国家所有权，而自然资源国家所有权具备的私权属性决定了生态环境损害赔偿诉讼属于特殊的私益诉讼。"④ 也有观点认为："生态环境

① 参见巩固：《生态环境损害赔偿诉讼与环境民事公益诉讼关系探究——兼析〈民法典〉》生态赔偿条款》，载《法学论坛》2022 年第 1 期。

② 参见李艳芳、张舒：《生态环境损害惩罚性赔偿研究》，载《中国人民大学学报》2022 年第 2 期。

③ 参见王伟、李春灵、余大杰：《生态环境损害赔偿诉讼与环境民事公益诉讼的竞合与衔接》，载《江汉大学学报（社会科学版）》2022 年第 5 期。

④ 参见王树义、李华琪：《论我国生态环境损害赔偿诉讼》，载《学习与实践》2018 年第 11 期。

损害赔偿诉讼是自然资源国家所有权行使主体维护国家自然资源生态功能或生态价值的一种特殊的民事诉讼，由与本案有直接利害关系的赔偿权利人提起。”① 这种学说将自然资源国家所有权作为生态环境损害赔偿诉讼的权源基础，明确区分了与环境民事公益诉讼请求权的差异，该说法亦符合《生态环境损害赔偿制度改革方案》的直观表述，可在一定程度上解释政府作为诉讼原告的特殊和优先地位。但此种将生态环境损害赔偿诉讼制度界定为纯粹私益诉讼的观点也存在不足，如容易出现适用范围过窄、适用对象认识错误、价值目标错位等诸多不合逻辑之困境。② 另外，从制度存在必要性的视角分析，如果创设生态环境损害赔偿诉讼的真正目的在于保障国有财产性私权，如果政府作为原告与该诉讼间真正存在传统意义上的“直接利害关系”，那直接借助于传统侵权诉讼模式即可，为何还要大费周章地创造一种全新的诉讼制度。由此观之，此种将生态环境损害赔偿诉讼制度认定为私益诉讼的说法有待商榷，这一认识与我国生态文明制度改革创新的做法也有所出入。与“私益诉讼说”相对应的另一种学说为“公益诉讼说”，该学说又分为“环境公益说”与“国家义务说”两类。“环境公益说”主张将生态环境损害赔偿诉讼看作特殊的环境民事公益诉讼对待，“两诉”在起诉原因、诉讼目的、诉讼被告等方面均大同小异，有所不同只是在原告、适用范围和诉前程序上有所区别，因此将前诉作为后诉的一种特殊形式并无不妥。③ 持“国家义务说”的学者认为：“以国家环境义务论为出发点构建的生态环境损害赔偿制度，有利于廓清生态环境损害赔偿制度的定位，优化生态环境损害磋商制度，改进生态环境损害政府索赔规则。”④ “公益诉讼说”将诉讼基础归于国家义务或环境公益保护，固然也存在一定局限性，但与“私益诉讼说”相比，

① 参见罗丽：《生态环境损害赔偿诉讼与环境民事公益诉讼关系实证研究》，载《法律适用》2020 年第 4 期。

② 参见巩固：《生态环境损害赔偿诉讼与环境民事公益诉讼关系探究——兼析〈民法典〉生态赔偿条款》，载《法学论坛》2022 年第 i 期。

③ 参见李浩：《生态损害赔偿诉讼的本质及相关问题研究——以环境民事公益诉讼为视角的分析》，载《行政法学研究》2019 年第 4 期。

④ 王社坤、吴亦九：《生态环境损害政府索赔的诉权基础：反思与重塑》，载《江苏大学学报（社会科学版）》2021 年第 5 期。

“公益诉讼说”的最大优势在于其名实相符，此种学说基本符合生态环境损害赔偿诉讼几乎所有重要方面都异于私益诉讼的基本事实，也符合我国现下的制度实践及人们的常识认知。其中，该说对国家义务、政府环保职责的强调揭示出政府作为原告所具备的“公益代表”身份，为正确认识其身份、角色提供了良好的理论支撑。另外，该说也比较符合生态环境损害赔偿制度创设初衷及设立目的，因此将其归属于环境公益诉讼的范畴更为合适。

此外，不同于其他部门法学，环境法学突破了传统概念法学的范畴，是私法化和公法化相互融合的产物，具有极强的领域法属性。生态环境利益作为公共性利益，不能将其与诉讼的公益属性完全对立，也不宜将资源国家所有权的对象限定为“可以特定化为物权的客体”。[①] 只有把生态环境视为全民所有的特殊资源，把资源国家所有权视为国家基于全民利益对自然资源进行保护和管理的公法性支配权力，[②] 才能消散国家所有权与相关诉讼的公益性之间的张力。生态环境损害赔偿诉讼虽然与自然资源国家所有权密不可分，但这并非意味着以自然资源国家所有权为其权源基础就表明该诉讼的私益属性，国家作为“名义上的所有权人”，只是基于公益目的而对生态环境内的环境要素进行保护和管理。[③] 生态环境损害赔偿诉讼的建立基于国家保护环境的行政责任，旨在强化环境行政部门通过索赔诉讼，承担环境保护和治理过程中的主要职能责任，同时对环境民事公益诉讼的功能缺陷进行补足。[④] 生态环境利益本就属于公共利益范畴，自然资源国家所有权也并非只能是物权法层面上的私权，生态环境的损害及受偿是不以个人意志和利益为转移的，我们应将其视为一种公众受益、政府主导的公共性事务来看待。[⑤]

---

① 张宝：《生态环境损害政府索赔制度的性质与定位》，载《现代法学》2020 年第 2 期。

② 参见巩固：《自然资源国家所有权公权说再论》，载《法学研究》2015 年第 2 期。

③ 参见张千帆：《城市土地“国家所有”的困惑与消解》，载《中国法学》2012 年第 3 期。

④ 参见黄胜开：《生态环境损害赔偿诉讼的法理辨析与机制协调》，载《理论月刊》2022 年第 1 期。

⑤ 参见王伟、李春灵、余大杰：《生态环境损害赔偿诉讼与环境民事公益诉讼的竞合与衔接》，载《江汉大学学报（社会科学版）》2022 年第 5 期。

综上所述，环境民事公益诉讼与生态环境损害赔偿诉讼之间存在千丝万缕的联系，理论界与实务界关于两种诉讼制度的争论也从未停止。但是在这些争论的背后，有一点可以明确，即两种诉讼制度在本质上是一致的，两者都是为了救济生态环境本身而创设的，两者都应归属于环境公益诉讼的范畴。

二、历史分析视域下生态环境损害赔偿诉讼与环境民事公益诉讼并存的正当性诠释

法学研究中的历史分析方法是源远流长的一种研究方法，其以探寻法律制度、法律思想和法律观念的历史流变与演化脉络为己任，既梳理宏观的观念、思想的发展进化，也注重个别制度的发展脉络及内在逻辑，以此增强法学研究的深度、广度。[①] 历史分析方法又称历史方法，是指借用历史研究的方法研究法律科学，按照学者的界定，这一方法注重法律的起源、发展及制度的变迁，以及原理、原则的演进。依据该观点可知，历史分析的内容既包括制度层面的分析归纳，也包含原理、原则发展演变的过程梳理。“法律是凝结的历史，法律是以人类的史实为依据而发展的，所以对法律进行历史考察，联系历史实际来研究法律和法律现象，是合乎科学的方法。”[②] 作为法学研究者，如果想要对某一项法律制度的本质有更为深刻的把握，则需要对该法律制度的发展演化历程进行仔细分析，并力争从中得出科学合理的研究结论。

（一）环境民事公益诉讼制度的生发历程

环境民事公益诉讼制度顺应时代而生，其背后也有深厚的制度渊源。环境民事公益诉讼制度源自环境公益诉讼制度，是公益诉讼制度在生态文明时代的一种制度创新。从其诞生渊源来看，环境民事公益诉讼制度经历了从公益诉讼至环境公益诉讼又到环境民事公益诉讼的发展历程。在此背景下，公

① 参见胡玉鸿：《论法学研究中的历史分析方法》，载《甘肃社会科学》2023年第1期。

② 参见孙笑侠主编：《法理学》，中国政法大学出版社1996年版，第13页。

益诉讼制度也由一开始只注重保护社会公共利益逐步聚焦到对环境生态公共利益的保护。就该制度的产生背景来讲，从表面上看，环境民事公益诉讼系因严重的生态环境危机及一系列严重环境公害事故催生，但更深层次的原因则与人类科技的进步、人的逐利本性以及社会治理的方式密切相关。另外，环境民事公益诉讼制度本身具有的弥补原有制度缺陷的功能更加促使其作为一项独立的法律制度存在。[①] 具体来看，首先，环境民事公益诉讼制度的创设是为了应对日益严峻的环境危机，在以往那种过度宣扬个人本位主义、私有财产神圣不可侵犯的法律理念之下，以及以理性经济人假设为基础的市场经济机制运行模式下，环境公益的损害以及环境危机的出现也就不可避免。换言之，环境民事公益诉讼制度是应对近代经济快速发展所引发的生态环境危机的产物。[②] 其次，传统的行政与司法体制虽在救济和保护环境公益方面发挥一定作用，但也存在诸多不足，比如政府在环境行政执法领域固有的局限性以及传统的司法诉讼救济机制对环境公益保护不到位的问题等。[③] 正是由于原有的环境治理机制不足以应对日益严峻的环境危机，而环境民事公益诉讼制度对这些不足又具有特殊的补足价值。由此，环境民事公益诉讼制度才最终得以建立。

梳理已有立法可知，2012 年《民事诉讼法》的修改正式确立了环境民事公益诉讼制度。该法第 58 条第 1 款明确规定“对污染环境、侵害众多消费者

① 参见邓少旭：《我国环境民事公益诉讼构造研究》，武汉大学 2020 年博士学位论文，第 26 页。

② 参见颜运秋、张金波：《构建完整的生态环境保护公益诉讼制度——兼论新民事诉讼法第 55 条》，载《江西社会科学》2013 年第 12 期。

③ 政府在环境执法领域具有局限性体现在多个方面：其一，政府作为国家管理者，其行政目标具有多重性，环境治理只是其中之一，而政府本身的人力、物力、财力又是有限的，其无法倾尽全部力量开展环境治理这一项工作；其二，政府的多重行政目标之间存在矛盾，最为显著的是环境保护与经济发展之间的矛盾，在不当政绩观及地方现实条件等考量因素的影响下，生态环境往往让位于经济发展，某些情况下，政府本身也纵容了破坏生态环境的行为；其三，环境治理存在地方利益、部门利益的博弈，在解决一些跨域性环境问题的过程中，极易发生不同地区政府之间的相互推诿，进而形成环境保护的僵局。传统诉讼救济机制的局限性体现为以下几点：第一，已有的刑事诉讼在环境公益保护方面作用有限，对于存在的环境资源损害危险的行为及造成较轻的环境资源损害行为，刑事诉讼难以起到及时惩处的效果；第二，传统民事诉讼无法实现全面保护环境公益的目的，传统的民事诉讼所得到的救济仅限于权利人自身受到的损失，无法弥补环境公益所遭受的全部损失。

合法权益等损害社会公共利益的行为，法律规定的机关和有关组织可以向人民法院提起诉讼”。随后，2014 年 4 月，第十二届全国人民代表大会常务委员会第八次会议修改通过的《环境保护法》第 58 条明确规定社会组织可以作为主体提起环境民事公益诉讼，并且对起诉主体的资格进行了适当限缩。除此之外，2015 年 1 月最高人民法院颁布了《关于审理环境民事公益诉讼案件适用法律若干问题的解释》，从司法机关的角度对环境民事公益诉讼应该如何运行予以细化。另外，为更好地保护生态环境，立法进一步扩大了环境民事公益诉讼起诉主体的范围，2015 年由检察机关作为诉讼主体可以提起环境民事公益诉讼开始进行试点。2017 年 6 月，第十二届全国人民代表大会常务委员会第二十八次会议修改通过的《民事诉讼法》和《行政诉讼法》正式赋予检察机关提起公益诉讼的职能，自此检察机关获得主体资格。后来，又经过法律的一系列修改完善，我国的环境民事公益诉讼制度得以进一步发展。

基于历史发展演化的视角分析，环境民事公益诉讼制度由初创到发展又到进一步完善，每一次内容变动都是为了更好地满足社会发展的需要，以便能更好地解决环境问题。环境民事公益诉讼制度的根本目的是希望通过诉讼预防、减少和赔偿环境损害，维护环境公益，这一制度在保护我国生态环境公益方面扮演着重要角色，不仅可以救济已经发生损害的环境公益，还可以对隐藏重大环境损害风险的环境公益进行预防保护。就此而言，前者是对我国缺乏对环境公益保护制度空缺的填补，后者则是推动落实我国环境治理实现由“事后救济”到“事前预防”转变的重要举措。同时，该制度的运行可以起到强化环境损害者的内部责任，进而降低环境公共资源破坏所导致的负外部性影响。因此，其作为一种独立的法律制度存在极具必要性与正当性。

（二）生态环境损害赔偿诉讼制度的生发历程

生态环境损害赔偿诉讼制度是在我国生态环境损害问题长期积累演变背景下，对域外国家有益经验借鉴的一种本土化改造的结果。同环境民事公益诉讼制度一样，生态环境损害赔偿诉讼制度的本质亦是环境公益诉讼，这一点在上文已有论述。生态环境损害赔偿制度设立最终目的是要救济被损害的环境整体生态性利益，这一点在官方发布的《生态环境损害赔偿制度改革试点方案》中有明确说明。①

由于尚未有专门的法律规范对生态环境损害赔偿诉讼制度进行规制，故而对生态环境损害赔偿制度的发展历程梳理只能围绕我国已有的关于生态环境损害赔偿诉讼制度的政策文件进行，从而对生态环境损害赔偿诉讼制度的生发过程进行梳理。《生态环境损害赔偿制度改革试点方案》于2015年12月由中共中央办公厅、国务院办公厅正式颁布，该文件中以国务院为授权主体，以7个试点地方省级政府为被授权主体，赋予其在未经磋商或者与生态环境损害责任主体未能在磋商中达成一致时，行政机关可以直接提起生态环境损害赔偿诉讼的权利。《生态环境损害赔偿制度改革试点方案》通过为部分地方省市创设开展生态环境损害赔偿诉讼试点空间的方式，逐渐培育了构建我国生态环境损害赔偿诉讼制度的萌芽。2017年12月17日，在经过了七个省市为期两年的损害赔偿制度探索试点后，中共中央办公厅、国务院办公厅发布《生态环境损害赔偿制度改革方案》，其中将生态环境损害赔偿诉讼适用范围扩大到全国，并对诉前磋商制度作了规定。随后在2019年6月4日，最高人民法院发布了《关于审理生态环境损害赔偿案件的若干规定（试行）》，该规定在贯彻落实《生态环境损害赔偿制度改革方案》的基础之上，对生态环境损害赔偿诉讼制度与环境民事公益诉讼制度的衔接问题作出了简要规定，实现了对生态环境损害赔偿诉讼制度的进一步优化。随后2022年5月，经中央全面深化改革委员会审批通过，包括最高人民法院在内的数十个部门联合公布了《生态环境损害赔偿管理规定》，该规定就生态环境损害赔偿制度中不同部门间的任务分工、工作程序及保障机制等

① 参见《生态环境损害赔偿制度改革试点方案》第三部分第1项规定："本试点方案所称生态环境损害，是指因污染环境、破坏生态造成大气、地表水、地下水、土壤、森林等环境要素和植物、动物、微生物等生物要素的不利改变，以及上述要素构成的生态系统功能退化。"

问题做了进一步规定。由此，经过数年的实践探索，我国在生态环境损害赔偿诉讼制度方面已经取得了大量的有益成果。然而，也必须认识到由于理论层面探讨不足，已有政策文件规定中还存在诸多问题悬而未决。例如，生态环境损害赔偿诉讼制度的相关理论基础问题，行政机关提起该诉讼时依据的请求权基础问题以及如何完善损害赔偿诉讼的实体规范和程序规范问题等。①

从历史演化的视角分析，可知自生态环境损害赔偿诉讼制度诞生以来，就一直饱受学界与实务界的争论。但不可否认该制度在救济我国生态环境公益，修复被破坏的生态系统功能方面确实发挥重要作用。其赋予行政机关就磋商不能可向法院提起诉讼以救济生态环境自身利益的权利，实质上是为补足已有制度中生态环境损害索赔主体缺位而创设的，目的在于借用民事诉讼程序消解损害责任者所造成的经济负外部性影响，强化其在生态治理、修复或修复不能的情形下予以赔偿的内部责任。② 生态环境损害赔偿诉讼制度属于现代环境监管责任的一种，是政府在进行环境管理时采取灵活性措施的体现，其为弥补传统环境监管制度缺乏损害填补手段的缺陷而生。同时，该诉讼制度还可以有效解决环境民事公益诉讼实施过程中因适格原告主体缺乏起诉动力、诉讼能力受限等原因遭遇的制度“瓶颈”，从而实现强化生态环境损害赔偿法律救济制度体系整体合力的目标。就此而言，生态环境损害赔偿诉讼制度应独立存在，那种主张生态环境损害赔偿诉讼归属于环境民事公益诉讼制度的说法仍值得进一步商榷。

（三）生态环境损害赔偿诉讼与环境民事公益诉讼并存的正当性

基于上文对“两诉”生发过程的梳理，在了解“两诉”产生的历史背景及演变过程后，可知两者虽然在理论及法律规范层面仍存在不少问题。但就

---

① 参见胡淑珠：《从制裁到治理：环境公益诉讼案件生态环境修复执行机制研究》，载《中国应用法学》2023 年第 1 期。

② 参见周勇飞：《生态环境损害赔偿诉讼与环境民事公益诉讼的界分——功能主义的视角》，载《湖南师范大学社会科学学报》2020 年第 5 期。

“两诉”的功能而言，两者在生态环境公益救济领域发挥着不同作用，两种诉讼制度应该依据自身功能定位的不同，并行不悖地适用。

环境民事公益诉讼制度是一种建立时间久、涉及起诉主体广、环境治理方式直接的诉讼模式，其制度初衷在于借用司法诉讼程序来弥补环境行政执法方面的不足。由于该制度在环境公益救济领域具有“事先预防 + 事后救济”的双重功能，故在我国生态环境保护尤其是环境公益救济方面发挥了较好的作用。另外，该制度本身也蕴含双重目的：一是消除环境公益损害；二是公平合理地配置因环境公益损害而产生的成本。两种目的之间相互依存、缺一不可。一般而言，从当初制度设计者的良好初衷来看，其是想充分发挥出本身蕴含着“事前预防”与“损害担责”原则的环境民事公益诉讼制度在环境治理尤其是环境公益救济方面的独特作用，以此弥补传统侵权责任法无法很好地救济生态环境公益的缺憾。然而，理论创造与复杂多变的社会实践之间总会存在一些冲突与抵牾，环境民事公益诉讼制度在实践运用中也存在很多弊病。通过对最高人民法院发布的五期《中国环境司法发展报告》（2015 年至 2017 年、2017 年至 2018 年、2019 年、2020 年、2021 年）内容的梳理，发现自新《环境保护法》实施以来，我国法院受理的环境类案件数量在持续攀升（见图 5－2）。

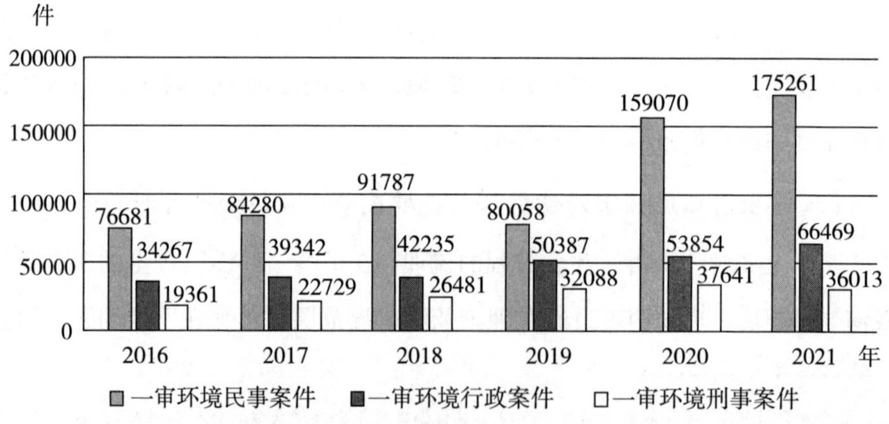

图 5－2　2016—2021 年全国法院受理环境一审民事、行政、刑事案件数量

但环境民事公益诉讼类案件的总量增速并不明显（见图5－3）。

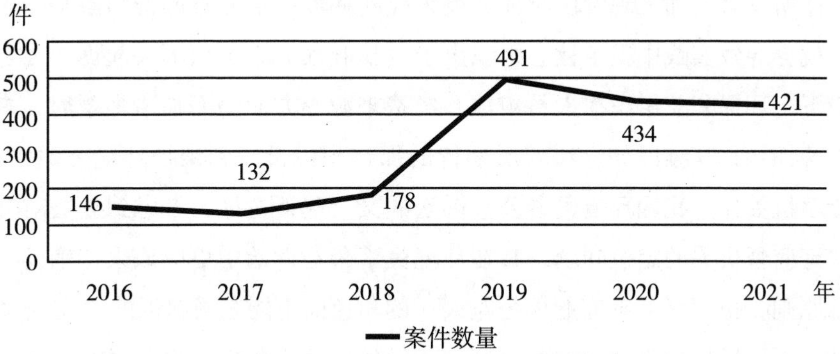

图5－3　2016—2021年环境民事公益诉讼案件发展趋势

如果仅从案件数量上看，理应成为环境民事公益诉讼重要起诉主体的社会组织，所提起的案件数量较少，大多数环境民事公益诉讼案件仍然是由我国的检察机关提起的（见图5－4）。

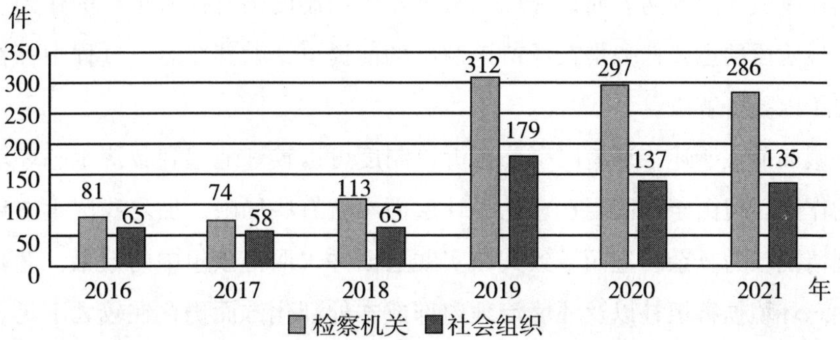

图5－4　2016—2021年社会组织、检察机关作为原告提起环境民事公益诉讼案件数

根据学者统计，2015年至2018年我国各级法院受理的由社会组织所提起的环境民事公益诉讼案件年均仅51件。[①] 然而当下全国范围内拥有700多家符合法定起诉条件的社会组织以及数量众多的环境类案件，法院实际年均案件受理率与规模庞大的社会组织及数量众多的环境案件之间存在极大的反差。深入思考不难发现，环境民事公益诉讼制度之所以在司法实践中陷入困

① 参见江必新：《中国环境公益诉讼的实践发展及制度完善》，载《中国人大》2019年第11期。

境，主要是由于生态环境本身具有极强的社会公共属性，其不能为任何社会私主体所享有，加之现阶段对社会组织提起环境民事公益诉讼的激励措施不足，就会导致实践中很多社会组织出于少找麻烦的心态而不去起诉。在当下语境下，环保公益组织在人员组成、经费来源等方面仍面临诸多掣肘，多种因素叠加导致其难以如立法者所期待的那样积极投身到维护环境公益中去。而检察机关作为我国环境民事公益诉讼的又一起诉主体，考虑到立法对其作为法定监督机关的定位问题，其在环境民事公益诉讼中更应该秉持辅助、谦益的原则，扮演好“补充起诉公益人”的角色而不能充当起诉的“急先锋”。因此，由于原告行为动能方面的制约，导致司法实务中案件数量并不多。另外，环境民事公益诉讼制度还担负着强化环境损害责任者内部责任，尽可能降低环境公共性资源的负外部性影响的职责，但由于该制度在实践中仍面临多重阻碍导致这一目标也未能顺利实现。然而，不能就此完全否定创设该制度的重要意义，该制度在实践中对生态环境保护仍然具有显著的正向影响，①尤其在事前风险预防方面，环境民事公益诉讼制度仍发挥着重要的作用。因此，现阶段的主要任务是在保留该制度的前提下，就其在运行过程中存在的问题予以妥善解决。

诚如前文所述，环境民事公益诉讼制度可以较好地起到救济生态环境公益的作用。但由于该制度在理论设计层面本就有些局限，加之我国生态环境治理情况较为复杂，进而导致其在实践层面并未取得预想中的效果，尤其是在生态环境损害填补以及环境治理内部成本外部化方面仍存在较大不足。申言之，该制度的运行并未很好地解决我国环境保护领域出现的“企业污染、政府买单、群众受害”的问题。为了更好地保护生态环境，实现人与自然和谐共生的现代化的目标，党的十九大报告中明确强调要“实行最严格的生态环境保护制度”“健全……严惩重罚等制度”，以着力解决突出环境问题。②基于此，秉持“环境有价，损害担责”理念的生态环境损害赔偿制度才被提

① 参见曹霞、郅宇杰：《不同主体提起环境民事公益诉讼效果差异的实证检验》，载《干旱区资源与环境》2013 年第 1 期。

② 参见习近平：《决胜全面建成小康社会、夺取新时代中国特色社会主义的伟大胜利——在中国共产党第十九次全国代表大会上的报告》，人民出版社 2017 年版，第 53 页。

出。该制度以承担公共利益管理、履行保护环境资源义务的政府作为权利主体，赋予政府直接向环境损害责任者主张生态环境修复或生态环境无法修复时主张赔偿的权利，以期解决当前的环境问题。[①] 生态环境损害赔偿制度的功能主要在于救济受损生态环境本身而无涉其他，自2015年开展生态环境损害赔偿制度试点以来，人民法院受理的生态环境损害赔偿诉讼案件数量在日益增加，这些案件的审理最终也基本达到了该制度的设计初衷。[②] 由此可见，随着相关理论的不断优化，司法实践改革不断迈向纵深，该制度将会在生态环境损害填补方面发挥出越发重要的作用。如果说环境民事公益诉讼制度期望达到的目标是预防未然兼顾事后损害填补，那么生态环境损害赔偿诉讼制度则更强调从事后救济出发，更加注重对已经遭受破坏的生态环境本身的修复。依此来看，两种诉讼制度的功能虽有重合但也有不同。鉴于两种诉讼制度在生态环境救济领域功能的差异，本书认为，现阶段仍应将环境民事公益诉讼制度与生态环境损害赔偿诉讼制度视为互相独立且可以协同配合运作的诉讼机制，以便两种诉讼制度能够优势互补，取长补短。也正是基于此种考量，中央出台的《生态环境损害赔偿制度改革方案》采用的也是“两诉”并轨的运作模式。

综上所述，通过对“两诉”发展演变的历史背景、制度渊源及司法实践情况的检视分析，可知“两诉”设计的根本目的虽都是救济生态环境公益，但“两诉”设计的初衷和功能定位仍有较大差别，在司法实践方面“两诉”也发挥着不同的作用。故当下不宜将“两诉”合二为一，保持“两诉”并行适用才是明智之举。

三、生态环境损害赔偿诉讼与环境民事公益诉讼内外衔接的法理探讨

如前文所述，虽然生态环境损害赔偿诉讼制度与环境民事公益诉讼制度

① 参见张梓太、李晨光：《关于我国生态环境损害赔偿立法的几个问题》，载《南京社会科学》2018年第3期。

② 2015年，全国法院共受理生态环境损害赔偿案件7件，2016年至2018年受理20件，2019年受理49件，2021年受理74件。参见最高人民法院《中国环境司法发展报告2015—2017》《中国环境司法发展报告2017—2018》《中国环境司法发展报告（2019）》《中国环境司法发展报告（2021）》。

在本质上趋于一致，但由于两者在功能层面各有侧重，所以现阶段“两诉”仍有独立存在的必要。由此，如何合理厘定本质一致的“两诉”之功能，使两者可以针对生态环境损害救济的不同情形并行不悖地发挥作用，亟须从理论层面作出回应。梳理学界已有研究成果，不难发现，多数学者是通过法规范主义的研究视角进行研究。所谓法规范主义研究是指研究者从法律制度的概念、属性及规则取向方面深刻把握某一制度。以往学者们借用此种研究范式展开对“两诉”关系及衔接适用等内容的分析，虽然也取得了数量颇丰的研究成果，但并未真正破解“两诉”在衔接适用方面的困局。质言之，在法规范主义的研究范式下，虽然有助于把握“两诉”的规则取向与概念、属性，但仅依靠这些内容无法辨明“两诉”的适用边界，亦无法解决“两诉”的衔接适用问题。由此，本书避开此种传统研究方式，主张从功能主义的研究视角出发对“两诉”的功能厘定及衔接适用问题进行探究。

功能主义作为一种新的研究范式，它否定传统法学局限于法律内部规则和逻辑去认识或辨明法律的研究方法，主张应将法律视为一种社会事实，结合生发该项法律背后的政治、社会等形态语境及其在社会中存在和发展的作用来认识法律。① 申言之，功能主义强调从外部环境的整体性去认识或评价某一社会系统。② 由此，选择以“两诉”功能为研究视角，结合现行的《生态环境损害赔偿制度改革方案》《生态环境损害赔偿若干规定（试行）》《生态环境损害赔偿管理规定》《环境民事公益诉讼解释》等政策文件及相关司法解释的规定，并基于诉讼规则的比较，厘清生态环境损害赔偿诉讼制度与环境民事公益诉讼制度的不同功能，并在此基础上，就“两诉”在不同情形下的衔接适用作出理论安排。

（一）生态环境损害赔偿诉讼与环境民事公益诉讼的功能厘定及衔接

需要强调的是，本部分对“两诉”衔接的理论分析是以论证“两诉”的功能为前提。从法律层面看，虽然《民法典》为生态环境损害赔偿诉讼制度

---

① 参见孙文恺：《社会学法学》，法律出版社2005年版，第198页。

② 参见刘卫先：《我国环境法学研究中的盲目交叉及其克服》，载《郑州大学学报（哲学社会科学版）》2015年第6期。

提供了实体法依据，[①] 使其逐步摆脱了重程序轻实体的困境，但《民法典》并未对“两诉”适用的不同情形作出区分，也未涉及“两诉”的衔接问题。2019 年 6 月最高人民法院出台的《关于审理生态环境损害赔偿案件的若干规定（试行）》虽在一定程度上填补了“两诉”在衔接适用领域的空白，根据最高人民法院《关于审理生态环境损害赔偿案件的若干规定（试行）》第 16 条、第 17 条的规定，如果司法实践中同时提起环境民事公益诉讼与生态环境损害赔偿诉讼，法院应当先中止对环境民事公益诉讼的审理，等待生态环境损害赔偿诉讼案件审理完毕后，就民事公益诉讼案件未被涵盖的诉讼请求依法作出裁判。此种采用“一刀切”的方式中止对前诉审理的做法并未很好化解“两诉”的冲突，反而给环境民事公益诉讼制度带来存留之争。[②] 由此，亦有学者认为生态环境损害赔偿诉讼优先原则的正当性和必要性有待进一步探讨。[③] 因此，尽管最高人民法院《关于审理生态环境损害赔偿案件的若干规定（试行）》就“两诉”衔接适用的问题进行了说明，但是已有的规定仍存在诸多不足。

---

① 《民法典》第 1234 条规定：“违反国家规定造成生态环境损害，生态环境能够修复的，国家规定的机关或者法律规定的组织有权请求侵权人在合理期限内承担修复责任。侵权人在期限内未修复的，国家规定的机关或者法律规定的组织可以自行或者委托他人进行修复，所需费用由侵权人负担。”第 1235 条规定：“违反国家规定造成生态环境损害的，国家规定的机关或者法律规定的组织有权请求侵权人赔偿下列损失和费用：（一）生态环境受到损害至修复完成期间服务功能丧失导致的损失；（二）生态环境功能永久性损害造成的损失；（三）生态环境损害调查、鉴定评估等费用；（四）清除污染、修复生态环境费用；（五）防止损害的发生和扩大所支出的合理费用。”

② 从实现诉讼目的来看，一味采取生态环境损害赔偿诉讼制度优先会产生很多问题：首先，中止诉讼必定会造成一方当事人利益受损，尤其对于原告方而言，容易打击社会组织提起环境民事公益诉讼的积极性。其次，诉讼中止无形中也会给被告方增加讼累，且如果部分诉讼在进行阶段中止，同时新提起的诉讼与已进行的诉讼内容相同的话，也会变相浪费司法资源，延缓生态环境救济的进程。中华环保联合会与山东博汇集团有限公司、山东省环境保护科学研究设计院有限公司环境污染责任纠纷案即典型例证，该案中法院中止了正在审理的环境公益诉讼，优先审理生态环境损害赔偿诉讼。在此背景下，环保公益组织提起环境民事公益诉讼的意愿已经大大降低了，环境民事公益诉讼制度被虚化、架空已经成为明显的问题。事实上，自从开展生态环境损害赔偿制度改革工作以来，实践中社会组织提起环境民事公益诉讼的数量已经出现了一定程度的下滑。通过在中国裁判文书网、北大法宝上进行案例检索，可知 2015 年 1 月至 2016 年 12 月，全国社会组织共提起环境民事公益诉讼案 122 件，平均每月超过 5 件，而 2017 年 1 月至 2018 年 9 月，全国社会组织共提起环境民事公益诉讼案 83 件，平均每月不足 4 件。

③ 参见冯汝：《生态环境损害赔偿制度与环境公益诉讼制度的关系》，载《大连理工大学学报（社会科学版）》2021 年第 5 期。

在功能主义研究范式下，首先就生态环境损害赔偿诉讼制度的功能展开分析。顾名思义，生态环境损害赔偿是指在生态环境损害发生之后，就该种损害给生态环境所带来的不利的后果进行救济的一种事后损害填补机制。设立该制度的根本目的为强化政府在生态环境监管中的作用，通过法律赋予其生态环境损害索赔权的方式填补现行制度体系下生态环境损害救济领域中的不足，就其性质而言，应定位为事后损害填补。因此，该制度旨在救济已然发生的环境损害，在经过诉前磋商程序与损害责任者就损害赔偿问题无法达成一致时，作为索赔主体的政府及其指定机关可以通过诉讼的方式填补损害行为所造成的环境生态功能价值损失。然后，就环境民事公益诉讼制度的功能进行分析，最高人民法院《关于审理环境民事公益诉讼案件适用法律若干问题的解释》第 1 条将环境民事公益诉讼制度的适用范围限定为四类。[①] 由此不难看出，环境民事公益诉讼制度在强调对实际损害进行救济的同时，对重大环境风险的预防问题亦高度关注。质言之，该制度的目的在于借助司法手段来弥补环境行政执法存在的不足，以加强对环境风险的事前预防以及对环境损害行为的事中规制，尽力防止严重损害后果的发生。[②] 因此，环境民事公益诉讼制度在性质上应界定为“代位执法之诉”,[③] 与此相应，其功能侧重于事前风险预防。也有观点认为，我国的环境民事公益诉讼制度实际上可进一步划分为以事后损害救济为目标的一般性环境民事公益诉讼与以“防患于未然”为核心价值的预防性环境民事公益诉讼。现有研究多是围绕以事后损害救济为核心的一般性环境民事公益诉讼制度存在的问题展开

---

① 最高人民法院《关于审理环境民事公益诉讼案件适用法律若干问题的解释》第 1 条规定：“法律规定的机关和有关组织依据民事诉讼法第五十五条、环境保护法第五十八条等法律的规定，对已经损害社会公共利益或者具有损害社会公共利益重大风险的污染环境、破坏生态的行为提起诉讼，符合民事诉讼法第一百一十九条第二项、第三项、第四项规定的，人民法院应予受理。”

② 参见高利红、周勇飞：《环境法的精神之维——兼评我国新〈环境保护法〉之立法目的》，载《郑州大学学报（哲学社会科学版）》2015 年第 1 期。

③ 从环境法理论的视角来看，环境民事公益诉讼对破坏环境违法行为的制止，实质上起到一个代位执法的效果，将本应由执法者去处理但其没有做或处理的不合格的事情通过诉讼机制来弥补行政执法上的不足，以达到积极执法的目的，故可将这一诉讼制度视为一种“代位执法之诉”，其主要功能在于弥补执法（动力或能力）的不足。

分析，对预防性环境民事公益诉讼制度的探讨较为欠缺。

“防患于未然”是预防性环境民事公益诉讼制度解决环境风险问题的必然选择，与一般性环境公益诉讼制度相比，预防性环境民事公益诉讼制度实际上突破了以往实际损害的传统界限，也是对以往那种“无损害即无救济”的诉讼理念桎梏的突破。顾名思义，预防性环境民事公益诉讼制度中的“预防性”指的是对环境损害风险发生的预防。因此，环境损害风险应该如何界定就成为一个必须回应的问题。在思考由风险概念所引发的预防性原则时，必须对风险这一概念所包含的危险、风险和剩余风险三者之间①的关系进行明确，以便于后面针对不同的危险或风险种类有针对性地予以规制。② 梳理我国已有法律文件，可以发现，现下我国已有的关于生态环境保护的预防性环境民事公益诉讼的规定，主要集中在《环境保护法》和《环境民事公益诉讼解释》③ 之中。不可否认这些规定为预防性环境民事公益诉讼提供了法律依据，但深入分析，亦可发现我国预防性环境民事公益诉讼制度还存在诸多不足。比如，现阶段还存在预防的内涵模糊、潜在的环境损害标准不清晰以及执行措施不完善等诸多问题。对于这些问题，学界有学者主张应在“预防原则”与“比例原则”的指引下，明晰预防性环境民事公益诉讼制度中风险的具体内涵、标准及风险的程度，在此基础上，就潜在的环境损害标准问题及执行措施问题提出相应的纾解策略，以期更好地发挥出预防性环境民事公益诉讼制度的事先预防功能。至于如何完善预防性环境民事公益诉讼制度并非本节论述的重点，故此处不再详细展开。

由此，在对“两诉”的功能予以准确辨析的前提下，接下来需要回应如何从生态环境损害风险预防与损害救济机制全局的角度出发对“两诉”的衔

---

① 依环境损害发生的可能性程度区分：(1) 通常会发生的损害称之为“危险”。具体是指在可预见的一段时间内，在持续性过程中，某一个事实状态经证实具有充分的盖然性将导致损害的发生。(2) 通常不会发生，只是有造成损害的“风险”而已。即环境受到负面影响未达到充分可能性的程度，只是有较低可能性，但实际无法排除可能性的发生，却又未逾越危险门槛的情形。(3) 几乎不可能发生，即所谓“剩余风险”。参见张旭东：《预防性环境民事公益诉讼程序规则思考》，载《法律科学》2017 年第 4 期。

② 参见张旭东：《预防性环境民事公益诉讼程序规则思考》，载《法律科学》2017 年第 4 期。

③ 参见《环境保护法》第 5 条、《环境民事公益诉讼解释》第 1 条的规定。

接适用作出具体安排。就“两诉”的衔接而言，基于上文已经完成对“两诉”功能的厘定，为了使“两诉”并行不悖地在生态环境公益保护方面更好地发挥作用，本书认为应将生态环境损害救济分为两种情形分别讨论。其一，针对存在重大生态环境风险隐患但尚未发生生态环境的情形，为了预防生态环境损害造成严重不利后果，此时应充分发挥出环境民事公益诉讼制度的事前预防功能，由公民、[①]法律规定的组织或机关通过向法院提起环境民事公益诉讼的方式完成对生态环境公益的预防性保护。[②]其二，对于已经发生实然性生态环境公益损害的情形，此时应充分发挥生态环境损害赔偿诉讼的“事后损害填补”功能，由享有生态环境公益索赔权的环保公益组织、政府或其指定的机关以及检察院[③]作为起诉主体，在经磋商无果后，向法院提起以修复生态环境或生态环境无法修复时主张金钱赔偿为请求事项的事后损害填补之诉。

综上所述，就生态环境损害救济而言，应当依据生态环境损害发生情形的不同统筹“两诉”在功能方面的差异，并做好二者的衔接。具言之，针对存在重大生态环境风险但尚未发生实际损害的情形，应启用环境民事公益诉讼制度进行预防性诉讼；对于已经发生实际生态环境损害的情形，启动生态环境损害赔偿诉讼制度进行救济。如此，以“两诉”的不同功能为依据，结合“两诉”适用的不同情形，围绕“两诉”的立意展开“事前预防＋事后损

---

① 《环境保护法》《民事诉讼法》等法律法规并未赋予我国公民提起环境民事公益诉讼的主体资格。但是本书认为依据公民环境权基本理论，就环境公益的救济而言，应该赋予公民相应的起诉主体资格。对该点内容的论证详见本书第三章第一节。

② 实践中，运用环境民事公益诉讼的风险预防功能救济生态环境公益的案件虽然数量不多，但是这些案件的处理取得了不错的社会效果，实现了对环境风险预防性保护济的目的。如2017年7月的自然之友诉中国水电顾问集团新平开发公司绿孔雀栖息地保护案，2018年2月的自然之友诉云南华润电力（西双版纳）有限公司热带雨林保护案等。

③ 包括《生态环境损害赔偿制度改革方案》在内的现行有关法律、司法解释及中央政策文件的规定只赋予了政府及其指定的机构可以作为起诉主体在磋商不能的情况下向法院提起生态环境损害赔偿诉讼的主体资格，并未赋予环境公益保护组织及检察机关起诉主体资格。但本书认为生态环境损害赔偿诉讼救济的应是环境生态功能，其应属于环境公益的范畴，对环境整体生态利益的损害亦是对环境公益造成的损害。因此，环保公益组织及检察机关也应具有提起生态环境损害赔偿诉讼的主体资格，有关该点的论证详见本书第四章。

害填补”的逻辑二分。① 在明晰“两诉”适用之边界的基础上，实现对生态环境公益从“风险预防”到“损害填补”的全面保护。② 如此，可以较好地解决最高人民法院《关于审理生态环境损害赔偿案件的若干规定（试行）》所产生的“两诉”顺位冲突问题。

（二）生态环境损害赔偿诉讼内部衔接之法理分析

1. 生态环境损害与自然资源损害之“损害对象”的法理廓清

本书之所以首先对生态环境损害赔偿诉讼及自然资源损害赔偿诉讼中损害对象的内涵予以廓清，主要考虑到对该问题的回答是明确生态环境损害赔偿诉讼与自然资源损害赔偿诉讼制度中诉讼主体权源依据的必然要求，亦是解决这两种诉讼在合并审理过程中衔接问题的重要前提。③ 现阶段，就生态环境损害与自然资源损害中“损害对象”范畴的认识而言，我国已有法律、司法解释、政策文件及理论研究对损害对象内涵的理解仍存在较大偏差，这给司法实践中相关案件的审理造成了适用上的困惑，影响了生态环境损害赔偿诉讼制度的构建与执行。④

首先，从既有研究来看，我国学术界对“损害对象”的称谓多种多样，如有学者将其命名为“自然资源生态损害”“生态损害”，⑤ 亦有学者认为将其理解为“生态环境损害”“环境损害”更为合适。⑥ 至今关于这一问题的争

---

① 环境民事公益诉讼以生态环境风险的预防为目标，旨在从源头上或者在危害行为实施初期对相应的损害行为予以规制，其价值内核应为防患于未然；而生态环境损害赔偿之诉则以事后损害填补及生态恢复为目标。

② 参见周勇飞：《生态环境损害赔偿诉讼与环境民事公益诉讼的界分——功能主义的视角》，载《湖南师范大学社会科学学报》2020年第5期。

③ 从司法实践的角度分析，要界定生态环境损害赔偿诉讼与自然资源损害赔偿诉讼的关系，先要进行诉的利益识别，而诉的利益识别与诉的构成要素之间又密切相关，在诉讼构成要素中，诉讼标的是整个诉讼的核心，是此诉区别于彼诉的本质要素，亦是判断不同诉之间可否合并、分离、追加和变更的依据。因此，合理界定“损害对象”内涵对于明确生态环境损害赔偿诉讼与自然资源损害赔偿诉讼诉讼标的的释明具有极为重要的意义，是后续开展两种诉讼合并审理的前提。

④ 参见薄晓波：《环境民事公益诉讼救济客体之厘清》，载《中国地质大学学报（社会科学版）》2019年第3期。

⑤ 参见冯洁语：《公私法协动视野下生态环境损害赔偿的理论构成》，载《法学研究》2020年第2期。

⑥ 参见冯汝：《自然资源损害之名称辨析及其内涵界定》，载《科技与法律》2013年第2期。

论学界仍未消弭，学理层面的分歧又进一步造成实践层面的紊乱。

其次，就已有的相关政策文件及司法解释的规定进行分析，通过对《生态环境损害赔偿制度改革方案》、最高人民法院《关于审理生态环境损害赔偿案件的若干规定（试行）》、《生态环境损害赔偿管理规定》及最高人民法院、最高人民检察院《关于办理海洋自然资源与生态环境公益诉讼案件若干问题的规定》等相关法律条款内容的解读，可发现既有关于救济生态环境损害的相关条款实际上亦囊括了环境要素经济性利益与环境整体生态性利益两个方面（见表5－1）。

表5－1　生态环境损害救济相关政策及司法解释条款的规定

法律、政策文件名称	相关条款	救济对象
《生态环境损害赔偿制度改革方案》	第3点　适用范围[1]	生物要素的不利改变＋生态功能退化
《生态环境损害赔偿管理规定》	第4条[2]	生物要素的不利改变＋生态功能退化
最高人民法院《关于审理生态环境损害赔偿案件的若干规定（试行）》	第1条第1款[3]	自然资源资产所有权＋生态环境损害[4]
最高人民法院、最高人民检察院《关于办理海洋自然资源与生态环境公益诉讼案件若干问题的规定》	第2条[5]	海洋生态＋海洋水产资源损害

注：列表内的政策、法律文件的规定对生态环境损害的救济既包含了环境生态功能也包括了环境要素经济性利益，当然这种对环境要素经济性利益损害的救济往往多是用自然资源损害救济的形式予以表述。除了上述对生态环境损害救济的法律文件之外，《两高检察公益诉讼司法解释》的第13条、第21条等内容也说明了生态环境损害救济实际包括了生态环境自身与自然资源保护两个维度，其中前者是对环境整体生态性利益的救济，后者则是对环境要素经济性利益的救济。除此之外，《海洋保护法》第90条第2款也是将海洋生态损害救济分为海洋自然资源损害救济与海洋生态环境损害救济两个方面。

〔1〕参见《生态环境损害赔偿制度改革方案》第3条规定："本方案所称生态环境损害，是指因污染环境、破坏生态造成大气、地表水、地下水、土壤、森林等环境要素和植物、动物、微生物等生物要素的不利改变，以及上述要素构成的生态系统功能退化。"

〔2〕参见《生态环境损害赔偿管理规定》第4条规定："本规定所称生态环境损害，是指因污染环境、破坏生态造成大气、地表水、地下水、土壤、森林等环境要素和植物、动物、微生物等生物要素的不利改变，以及上述要素构成的生态系统功能退化……"

〔3〕参见最高人民法院《关于审理生态环境损害赔偿案件的若干规定（试行）》第1条规定："具有下列情形之一，省级、市地级人民政府及其指定的相关部门、机构，或者受国务院委托行使全民所有自然资源资产所有权的部门，因与造成生态环境损害的自然人、法人或者其他组织经磋商未达成一致或者无法进行磋商的，可以作为原告提起生态环境损害赔偿诉讼：（一）发生较大、重大、特别重大突发环境事件的；（二）在国家和省级主体功能区规划中划定的重点生态功能区、禁止开发区发生环境污染、生态破坏事件的；（三）发生其他严重影响生态环境后果的。前款规定的市地级人民政府包括设区的市，自治州、盟、地区，不设区的地级市，直辖市的区、县人民政府。"

〔4〕分析最高人民法院《关于审理生态环境损害赔偿案件的若干规定（试行）》第1条可知，发生较大、重大及特别重大突发环境事件实际上包含了环境污染与生态破坏两种情形，环境污染势必会造成环境生态要素经济性利益受损，而生态破坏则会导致由众多环境要素组成的生态系统功能遭到损坏。同理，发生其他严重损害生态环境后果也包含了环境要素经济利益受损与生态利益受损两个方面。

〔5〕最高人民法院、最高人民检察院《关于办理海洋自然资源与生态环境公益诉讼案件若干问题的规定》第2条规定："依据海洋环境保护法第八十九条第二款规定，对破坏海洋生态、海洋水产资源、海洋保护区，给国家造成重大损失的，应当由依照海洋环境保护法规定行使海洋环境监督管理权的部门，在有管辖权的海事法院对侵权人提起海洋自然资源与生态环境损害赔偿诉讼。"

最后，就司法实践中的已有案例进行分析，如"重庆市人民政府、重庆两江志愿服务发展中心诉重庆藏金阁物业管理有限公司、重庆首旭环保科技有限公司生态环境损害赔偿、环境民事公益诉讼案"，该案中重庆市第一中级人民法院最终判令两被告连带赔偿生态环境修复费用1441.6776万元用于修复长江流域水体自身以及长江流域生态系统功能。① 再如，"江苏省环保联合会等诉德司达（南京）染料有限公司环境污染案"，该案中江苏省南京市中级人民法院在事实认定部分，支持了原告提出的被告违法向泰东河水域排污造成该河域水体及水生态环境一同受损的主张。② 除了上述两例较为典型的案件之外，类似的案件仍有很多。③ 这些案件最终的审理结果都有一个共

① 该案是最高人民法院发布的指导性案例，详细案情参见重庆市人民政府、重庆市两江志愿服务发展中心诉重庆藏金阁物业管理有限公司、重庆首旭环保科技公司水污染责任纠纷案，重庆市第一中级人民法院（2017）渝01民初773号民事判决书。

② 该案也是最高人民法院发布的指导性案例之一，也是江苏省政府提起的首例环境公益诉讼案件，具有较大的社会影响。

③ 与上述两个案件类似的生态环境损害赔偿诉讼案件还有很多，如"山东省环境保护厅诉山东金诚重油化工有限公司等土壤污染责任纠纷案""九江市人民政府诉江西正鹏环保科技有限公司、杭州连新建材有限公司、李某等生态环境损害赔偿诉讼案"等。

同点即法院在作出判决时均将环境要素的经济性利益与环境整体生态性利益一并纳入生态环境损害修复的救济范畴。

基于对已有政策文件、司法解释条款及司法实践案例内容的剖析，可知现行生态环境损害赔偿诉讼制度的救济对象不限于环境整体生态性利益，实际上涵括了环境要素本身的经济性价值，这恰好也反映出生态环境要素经济性利益与生态性利益之间的交叉重叠。然而，生态环境损害赔偿诉讼制度的设计初衷在于救济被损害的环境整体生态性利益，该制度与生态环境要素经济性利益的救济之间并无必然联系。但是在实践中，无论是司法解释规定还是司法实践均与这一制度设计初衷有所抵触。由此，应如何完善制度设计，进而可以更好地实现同时救济环境整体生态性利益与环境要素经济性利益的目标呢？本书认为，在解决这一问题之前，有必要对生态环境损害与自然资源损害中“损害对象”的内涵进行法理廓清。诚如上述，学界就生态环境损害的概念问题仍未达成共识，造成这种争论的原因主要是学者们研究视角的不同,① 这里无意评价上述观点的是非对错。为了减少不必要的争论，统一行文表达，本书赞同使用《生态环境损害赔偿制度改革方案》中的“生态环境损害”一词，生态环境损害赔偿制度中的生态环境损害，在理论上应指因为环境权利和环境法益受损而产生的一种不利益状态。② 依法理而言，生态环境损害事件的损害对象可类型化为三种：环境生态功能（环境整体生态性利益），河流、土壤等环境要素本身（环境要素经济性利益），因破坏后的环境要素间接损害到特定人的人身和财产利益。③ 需要强调的是，此处的环境要素经济性利益受损往往体现为自然资源受损④的形式，在这三类损害对象中，由破坏后的环境要素自身的损害而间接导致特定人的人身权益和财产权益受

① 关于生态环境损害概念界定问题的解读参见冯汝：《自然资源损害之名称辨析及其内涵界定》，载《科技与法律》2013 年第 2 期。

② 参见吕忠梅：《“生态环境损害赔偿”的法律辨析》，载《法学论坛》2017 年第 3 期。

③ 参见邹雄、蓝华生：《环境污染责任适用范围辨析——〈侵权责任法〉第八章解读之一》，载《海峡法学》2011 年第 1 期。

④ 所谓自然资源是指在特定的条件下可以满足人类社会发展需要且具有一定经济价值的物质和能量，自然资源是生态环境的重要组成部分，也是环境生态整体性功能的重要载体。生态环境要素经济性利益的损失往往以自然资源受损的形式表现出来，如对河流、土壤等环境要素的破坏，实际上是对河流、土壤等自然资源要素的经济性价值造成的不利影响。

损是传统侵权法保护的对象（如河流污染导致养殖户的财产性收入减少），而环境要素经济性利益的损害主要指生态环境资源经济性利用价值的灭失。[①]学界对以上两种环境损害对象的界定并无争议，故无必要对这两种环境损害对象进行深入阐述，但对如何界定环境整体生态性利益则有必要予以进一步说明。通常而言，生态系统是指包括大气、水、土壤及动植物在内的多种生态环境要素组成的有机体，它可以为人类的生存发展提供必需的物质、能量等环境要素的支持。这种生态环境支持功能是以脱离其经济性载体的形式来满足人们生产生活的需求，并非通过资源经济性开发的方式为人们所利用。由此可知，因环境要素破坏间接导致特定人的人身、财产权益受到侵害的情况虽也是由生态环境损害引起，但并不适宜将其列入生态环境自身损害的范畴。

另外，鉴于生态环境要素经济性利益损害往往以自然资源受损的形式体现，[②] 故本书认为结合现有法律规定及学理研究，对环境要素整体性生态利益的救济仍由生态环境损害赔偿诉讼制度完成，而对环境要素经济性利益的救济则可交由自然资源损害赔偿诉讼制度完成。至于因环境要素破坏而间接导致第三人的人身、财产权益受损的救济，直接借助侵权责任法中的环境侵权规则调整即可，此种救济不属于本部分的讨论范围，故不加以详细说明。另外，考虑到这两种诉讼在起诉主体及诉讼目的方面具有较强的趋同性，且救济对象又有所交叉，故本书主张应将两种诉讼合并审理。既如此，接踵而来的问题便是生态环境损害赔偿诉讼与自然资源损害赔偿诉讼在合并审理时应该如何操作？有权提起这两种诉讼的原告是谁？其诉权又源自何处？

2. 生态环境损害赔偿诉讼与自然资源损害赔偿诉讼衔接的法理分析

诚如上文所述，生态环境本身兼具生态利益与经济利益，实践中对其环境生态利益的破坏必然会导致环境要素经济价值的减损，该点在土地这一环

---

① 参见邹雄、陈山：《我国生态环境损害赔偿权利人权源的法理透视》，载《福建师范大学学报（哲学社会科学版）》2021 年第 4 期。

② 环境要素的经济性利益多以自然资源的样态呈现，如森林、草原、河流等，这些自然资源本身就是环境要素的重要组成部分，是环境整体生态性利益的物质载体。对生态环境的破坏多是以对这些自然资源受损的外在形式予以表征，也正是基于此，才有了下文要论证的基于自然资源国家所有权理论提出的要求，对环境要素经济性利益损害的救济，才需由政府及其指定的机构提起自然资源损害赔偿诉讼。

境要素上体现得尤其明显。另外，政府或集体组织基于自然资源国家所有权理论提起的旨在救济环境要素经济性利益的自然资源损害赔偿诉讼在性质上应归入私益诉讼的范畴，而政府及其指定的机关作为起诉主体基于法定诉讼担当理论提起的生态环境损害赔偿诉讼则应纳入公益诉讼范畴。[①] 一般而言，如果环境公益诉讼与私益诉讼案件之间没有牵连关系，或者说环境公益诉讼案件的处理不能够促进环境私益诉讼案件的解决，自然应该单独提起公益、私益诉讼；但如果环境公益诉讼案件的处理与环境私益诉讼案件之间有某些特定的联系，那么一味地强调环境公益诉讼与环境私益诉讼界分原理而要求公益性诉讼请求与私益性诉讼请求在不同诉讼程序中实现，反而容易产生降低诉讼效率、浪费司法资源及加重当事人诉累的弊端。鉴于生态环境受损结果往往具有显著的二元特征，会使以政府或集体组织为权利主体享有的环境要素经济性利益与社会公众为主体享有的环境整体生态性利益同时受损，生态环境这种“叠合性损害”使公私益诉讼“联手”对生态环境进行救济成为必要。[②] 就生态环境损害赔偿诉讼与自然资源损害赔偿诉讼而言，由于实践中环境要素经济性利益损失与生态性利益损失之间往往有所重叠，极易导致在损害评估时对某些损害进行重复性计算。但是针对环境要素经济性利益损失与生态性利益损失的评估又可以分开且必须分开进行，这里之所以强调要分开评估，一来是这样才能为私益诉讼判决提供赔偿数额依据，二来是考虑到环境要素修复本就是生态系统功能修复的一部分，如果不分开进行评估就会导致重复计算损害赔偿费用，从而加重被告的负担。因此，在生态损害救济性案件中，应当本着高效科学的原则积极平衡协调环境整体生态性利益与

---

① 根据《宪法》第9条第1款的规定，我国的自然资源属于国家所有即全民所有，但是属于集体所有的除外。在自然资源救济领域，由政府代表国家行使自然资源所有权是理所应当的，自然资源所有权属于集体时，由集体组织行使权利。当自然资源的经济性价值遭到损害后，政府或集体组织当然可以基于自然资源国家所有权理论进行权利救济，此时政府扮演的角色是私法意义上的权利主体而非公法层面上的管理者。因此，由政府或集体组织提起的自然资源损害赔偿之诉应列入私益诉讼的范畴。而至于生态环境损害赔偿诉讼，本节第一部分已经交代了其属于公益诉讼范畴，故此处无须赘述。

② 参见杨雅妮：《生态环境公私益诉讼中惩罚性赔偿制度的协调适用研究》，载《青海社会科学》2022年第5期。

环境要素经济性利益。在法理层面已经对环境要素经济性利益与环境整体生态性利益进行明确区分的前提下，为了避免可能出现的对两种损害重复评估所带来的弊端，本书认为，应当将救济生态环境要素经济性利益损害的自然资源损害赔偿私益诉讼与保护生态环境整体生态性利益的生态环境损害赔偿公益诉讼合并审理。

两者合并审理具有可行性。首先，两种诉讼在客观事实认定层面具有一致性。在司法实践中，因为侵权者破坏生态环境的侵权事实会导致生态环境要素的经济性利益与环境整体生态性利益同时受到损害，这两种不同的利益损害在事实认定方面会有所重叠。其次，两种诉讼在利用证据认定事实方面也具有一定的共通性，这种共通性可以减轻原告在举证方面的负担，有利于案件审理效率的提高。最后，就两者的诉讼目的分析。虽然自然资源损害赔偿诉讼救济的是环境要素经济性利益，生态环境损害赔偿诉讼救济的是环境生态性利益，但最终目的都是更好地救济受损的生态环境，因此两者在诉讼目的层面也具有共通性。基于以上分析，本书认为将生态环境损害赔偿诉讼与自然资源损害赔偿诉讼合并审理具备可行性。另外，两种诉讼的衔接并非无土之木，其源于环境生态公益保护与自然资源私益救济各自的逻辑起点，这也是两者衔接的理论基础。[①] 从根本上讲，自然资源损害赔偿诉讼与生态环境损害赔偿诉讼的制度共通性由生态环境损害案件公私利益交织的特征所决定。在已经明确两种诉讼合并审理具备必要性、可行性的前提下，如何从理论层面对两者的衔接机制进行设计，本书给出自己的设想。就生态环境损害救济类案件而言，在司法实践中，法院应该就同一起诉主体[②]就生态环境损害救济问题提起的两种诉讼进行合并审理，并将审理程序分为两个阶段。在第一阶段，由法院对政府及其指定的机关提起的生态环境损害赔偿诉讼与

① 参见朱谦、于晶晶：《民法典视域下环境民事公私益诉讼衔接之进路研究》，载《中国地质大学学报（社会科学版）》2021 年第 5 期。

② 通常而言，生态环境损害赔偿诉讼应由政府及其指定的机关向法院起诉，自然资源损害赔偿诉讼应由政府或集体组织向法院起诉。两种诉讼中政府都应是适格起诉主体，虽然在自然资源损害赔偿类案件中，存在自然资源不属于国家时由集体组织起诉的情况，但此种情况下仍由政府作为生态环境损害赔偿诉讼原告起诉，依法将集体组织追加为自然资源损害赔偿诉讼原告即可。

政府或集体组织提起的自然资源损害赔偿诉讼中的共同基础事实进行审理；在第二阶段，可以对政府及其指定机关主张的环境整体生态性利益的救济请求与政府或集体组织主张的环境要素经济性利益的救济请求依据审理情况分别作出裁判。

另外，上文已经交代生态环境损害赔偿诉讼与自然资源损害赔偿诉讼是性质不同的两类诉讼，前者的目的是救济环境公益，后者的目的是对私益的救济。由此，在法院对合并审理的两种诉讼作出判决后，责任承担者所支付的生态环境损害修复费用的赔偿总额必然包括环境公益、私益救济两个方面，如此便会涉及赔偿总额清偿顺序的问题。申言之，如果原告提起的自然资源损害赔偿诉讼与生态环境损害赔偿诉讼均得到了法院的支持，但责任人所支付的损害赔偿费用又无法同时满足环境公私利益损害的救济时，又应按照何种顺序进行清偿？本书认为，最高人民法院《关于审理环境民事公益诉讼案件适用法律若干问题的解释》第 31 条规定的“私益优先实现”原则是合理的，[①] 在完成私益损害的救济之后，倘若仍有资金剩余，再用于填补公益损害。

3. 生态环境损害赔偿诉讼与自然资源损害赔偿诉讼的原告权源

诉权是诉讼法学理论中最为核心的内容之一，明确原告诉权来源是诉讼得以顺利进行的前提。由此，下文将着重就生态环境损害赔偿诉讼与自然资源损害赔偿诉讼原告的诉权来源问题展开分析。首先，就生态环境损害赔偿诉讼进行说明。由于生态环境损害赔偿诉讼制度的救济对象为环境整体生态性利益即生态环境功能，而纵观传统及新兴权利体系，将环境生态性利益作为权利客体的只有环境权，故而对环境生态性利益造成的损害实质上是对公民享有的环境权的侵害。因此，对环境整体生态性利益的救济应由环境权的权利主体即公民依据生态环境损害赔偿诉讼制度完成。也就是说，公民才应该是实质层面有权提起生态环境损害赔偿诉讼的适格主

① 最高人民法院《关于审理环境民事公益诉讼案件适用法律若干问题的解释》第 31 条规定：“被告因污染环境、破坏生态在环境民事公益诉讼和其他民事诉讼中均承担责任，其财产不足以履行全部义务的，应当先履行其他民事诉讼生效裁判所确定的义务，但法律另有规定的除外。”

体，只囿于现阶段我国法律并未认可公民享有环境权，所以当下应依现有法律规定，由政府及其指定的机构依据法定诉讼担当理论提起生态环境损害赔偿诉讼，有关法定诉讼担当理论的论证请参阅本书第四章第二节，此处不再赘述。其次，就自然资源损害赔偿诉讼的原告问题进行说明。就理论层面而言，政府或集体组织以自然资源国家所有权为主要权源成为环境要素利益损害救济的代表和索赔主体具有逻辑上的自洽性与合理性。依据我国《宪法》及《民法典》的相关规定，自然资源国家所有权是国家或集体组织作为权利主体依法对其所有的自然资源享有占用、使用、收益、处分等权能的权利，自然资源国家所有权是政府或集体组织诉权的实体权利基础。在私法层面的属性即为国家作为特殊私主体或集体组织所享有的物权，是国家对其领土上自然资源的支配权和对世权，具有排他性，其权利客体为自然资源的经济性利益，① 物权的客体不应包含生态环境的良好功能、生态价值等一切的生态性利益。所以在多数情况下，借助私法上的所有权理论解释基本可以完成对环境要素经济性利益损害进行救济的任务。由此，将自然资源国家所有权受损的情形接入民事私益救济接口也较为合理，这恰好也反映由政府或集体组织依据国家自然资源国家所有权理论提起的自然资源损害赔偿诉讼的性质应为私益诉讼。就法律规定而言，现阶段完整的自然资源国家所有权的规定是《宪法》第9条第1款、第10条第1款与第2款，② 另外，在我国《民法典》③ 等法律中也有所体现。④ 因此，在自然资源损害赔

① 参见郭云峰：《论自然资源国家所有权的复合权利属性》，载《甘肃政法学院学报》2020年第1期。

② 《宪法》第9条第1款规定："矿藏、水流、森林、山岭、草原、荒地、滩涂等自然资源，都属于国家所有，即全民所有；由法律规定属于集体所有的森林和山岭、草原、荒地、滩涂除外。"第10条第1款、第2款规定："城市的土地属于国家所有。农村和城市郊区的土地，除由法律规定属于国家所有的以外，属于集体所有；宅基地和自留地、自留山，也属于集体所有。"

③ 《民法典》第246条规定："法律规定属于国家所有的财产，属于国家所有即全民所有。国有财产由国务院代表国家行使所有权。法律另有规定的，依照其规定。"第247条规定："矿藏、水流、海域属于国家所有。"第250条规定："森林、山岭、草原、荒地、滩涂等自然资源，属于国家所有，但是法律规定属于集体所有的除外。"

④ 参见许瀛彪：《〈宪法〉自然资源基本条款的规范意涵阐释》，载《西南政法大学学报》2022年第4期。

偿诉讼中，作为自然资源所有者的国家或集体组织代表受损自然资源的经济性利益进行索赔于法有据。另外需要指明的是，尽管政府可以依据自然资源所有权理论提起自然资源损害赔偿诉讼，但在我国自然资源所有权分配领域，实行的是以森林、山岭、草原为代表的自然资源所有权为国家和集体所有的二元所有制结构。因此，并非所有自然资源的所有权都专属于国家所有，有一部分自然资源依法律规定①应属于集体组织所有，所以政府在代表国家提起自然资源损害赔偿诉讼时，如果所涉及的被侵害的部分自然资源属于集体组织所有，那么此时法院应依法将享有该部分自然资源所有权的集体组织追加为原告，以避免法院因为政府不属于适格起诉主体而驳回自然资源损害赔偿之诉。

综上所述，就生态环境损害救济问题而言，首先应对生态环境损害的不同情形予以区分，然后根据每种情形的特点有选择性地适用不同诉讼方式进行救济。详言之，对于生态环境尚未发生实际损害或者存在重大环境风险的情况，应充分发挥环境民事公益诉讼制度的预防性功能，力争在生态环境损害发生之前实现对生态环境的保护；对于已经出现实际损害的环境救济案件，应充分发挥出生态环境损害赔偿诉讼制度的事后损害填补功能，完成对受损环境生态利益与经济利益损害的救济，从而实现对生态环境公益从“风险预防”到“损害填补”的全方位保护。其次，就生态环境损害的事后救济而言，由于生态环境本身兼具生态性利益与经济性利益双重内容，就环境要素经济性利益损害的救济来看，可以由政府或集体组织提起自然资源损害赔偿诉讼，而对于环境整体生态性利益的保护，则需要政府作为原告基于法定诉讼担当理论代表全体公民提起生态环境损害赔偿诉讼。鉴于此两种诉讼的诉讼主体、诉讼目的及损害评估方面存在诸多重叠，为了提高诉讼效率，优化诉讼程序，全面救济生态环境公益与私益，故可以将两种诉讼合并审理，上述观点可如图 5－5 所示。

① 《民法典》第250条规定：“森林、山岭、草原、荒地、滩涂等自然资源，属于国家所有，但是法律规定属于集体所有的除外。”

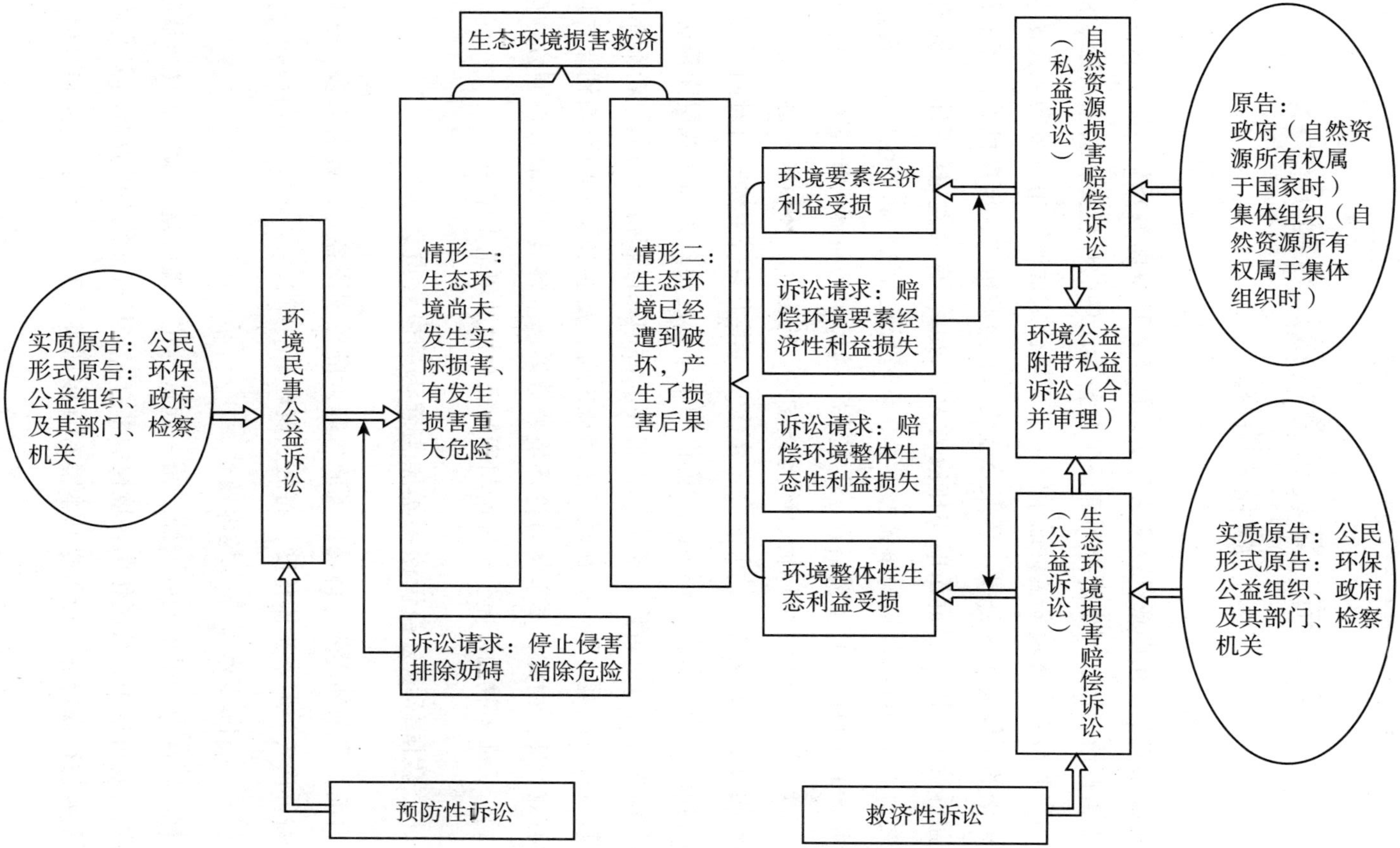

图 5-5　生态环境损害司法救济路径

第三节　环境公益诉讼原告起诉顺位和衔接

前文第三章、第四章已经从法理上论证了，环境民事公益诉讼（含生态环境损害赔偿诉讼、刑事附带环境民事公益诉讼中的环境民事公益诉讼、海洋自然资源与生态环境公益诉讼中的生态环境公益诉讼）中可以向人民法院提起诉讼的主体应当为公民、环保公益组织、行政机关、检察机关，环境行政公益诉讼中可以提起诉讼的主体应当为公民、环保公益组织和检察机关。换言之，上述主体在环境民事公益诉讼、环境行政诉讼中具有原告主体资格。基于此，下文将以“环境公益诉讼”统称环境民事公益诉讼和环境行政公益诉讼，以“原告”指代可以提起环境公益诉讼的主体。环境公益诉讼原告主体具有明显的多元化特点，可能会发生多个、多类原告主体同时对同一破坏环境公益的行为重复提起环境公益诉讼的情形，这使理论和实践层面都必须面对和解决环境公益诉讼中各类原告主体起诉的顺位和衔接问题。若不能有效地解决这一问题，不仅会在理论上造成混乱，更会在实务中影响到原告诉权的有效行使。由此，本节将讨论环境公益诉讼中各类原告的起诉顺位与衔接问题，从而为我国环境公益诉讼制度的完善提供理论支撑。

一、我国环境公益诉讼各类原告起诉顺位观点之争

目前，我国环境公益诉讼各类原告起诉顺位学说各异、观点众多。从环境公益诉讼各类原告主体角度，将观点梳理归纳如下。

（一）公民作为原告的起诉顺位

有学者认为公民个人应当处于第一起诉顺位。理由是：以环境权为基础的环境公益诉讼中，公民作为环境权的享有人，具有环境上的直接利害关系，并不受到法律规定的“原告是与本案有直接利害关系的公民、法人和其他组

织”的阻碍。[1] 同时，有学者指出公民有权利处分自己的利益，在特定区域和公众的环境利益受到侵害时，受侵害对象相对特定，他们可以决定主张或放弃自己的权利，此时若公共机构直接干预其中，反而可能侵害公民的处分权。[2]

与之相对，部分学者认为公民应当处于起诉顺位的末尾。理由是：第一，从代表公益的角度来看，相较其他主体，公民在环境公益方面代表性不足。公民的利益较为分散，每个人都有自己的利益偏向。第二，从诉讼经济的角度来看，公民在诉讼效益上并不占有优势。公民的个人能力更加薄弱，在人力、物力、财力、专业水平等方面都存在客观的限制，从而难以应对复杂的诉讼。而环境公益诉讼中，原告与被告之间普遍存在实力悬殊的情况，这不仅使环境公益诉讼案件本身的胜诉的概率降低，也可能造成司法资源的浪费，进而难以实现对环境公益的有效维护。[3] 同时，公民处于优先顺位可能会使环境公益诉讼的案件数量大大增加，导致累诉，法院的负担进一步加重。第三，考虑到公民将自己的公益权利让渡给了其他原告主体，其应当位列最后。[4]

（二）环保公益组织作为原告的起诉顺位

有学者认为，环保公益组织应当是环境公益诉讼中的第一顺位原告。理由是：和其他原告主体相比，环保公益组织更具有中立、公益的倾向，[5] 作为非营利性组织，可以很好地保持自身在环境公益诉讼中的独立性，避免诸如财政掣肘、利益冲突带来的问题。

有学者认为环保公益组织应当是环境公益诉讼中第二顺位的原告。理由

---

① 参见杨朝霞：《论环境公益诉讼的权利基础和起诉顺位——兼谈自然资源物权和环境权的理论要点》，载《法学论坛》2013 年第 3 期。

② 参见李挚萍：《中国环境公益诉讼原告主体的优劣分析和顺序选择》，载《河北法学》2010 年第 1 期。

③ 参见余彦、马竟遥：《环境公益诉讼起诉主体二元序位新论——基于对起诉主体序位主流观点的评判》，载《社会科学家》2018 年第 4 期。

④ 参见李琳：《论环境民事公益诉讼之原告主体资格及顺位再调整》，载《政法论坛》2020 年第 1 期。

⑤ 参见宋宗宇、郭金虎：《扩展与限制：我国环境民事公益诉讼原告资格之确立》，载《法学评论》2013 年第 6 期。

是：第一，从代表公益的角度来看，所有公民的信托是环保公益组织、行政机关及检察机关的环境公益起诉权的最终来源。换言之，这三类适格原告主体具有了更强的公益代表性是因为公民的信托。其中，环保公益组织的公益代表性弱于同时具有公众环境保护权利受托人和国家环境资源所有权代表人两个角色的行政机关，强于因具有双重身份需要保留公益代表性的检察机关。第二，从诉讼效益角度来看，环保公益组织作为热心环保事业的人士、企业等自愿结成的组织，其中成员大多是基于自身的热爱和兴趣而参与，也会获得环境领域相关专业人士的支持和帮助，这使环保公益组织在环境专业性问题上具有优势。而环境公益诉讼案件往往情况复杂，对参与诉讼原告的环境专业水平有较高要求，环保公益组织在这一方面具有优势。[①] 但由于环保公益组织的资金来源一部分为财政支持，另一部分为会员出资或者其他方面支持，资金来源的稳定性和安全性不足。在我国环境民事公益诉讼专项民间资金仍然薄弱的当下，环境公益诉讼高昂的成本依旧是大部分环保公益组织经费所难以承担的。加之目前《环境保护法》第 58 条对环保公益组织主体要求的限制，综合考量，环保公益组织应处于第二顺位。[②]

有部分学者认为环保公益组织应当处于第三顺位。理由是：在已建立环境公益诉讼制度的国家和地区中，规定环保公益组织有权提起环境公益诉讼是普遍之举。尽管我国当前环保公益组织数量有限，质量也各不相同，但从长期效益来看，环保公益组织是最有潜力的原告主体，应当重点进行培养和发展。[③]

有学者并不对环保公益组织和公民进行区分，在以自然资源所有权为基础的起诉顺位中，将两者一同置于末位。[④]

（三）行政机关作为原告的起诉顺位

有学者认为，行政机关应当作为第一顺位原告。理由是：第一，行政机

① 参见余彦、马竞遥：《环境公益诉讼起诉主体二元序位新论——基于对起诉主体序位主流观点的评判》，载《社会科学家》2018 年第 4 期。

② 参见张锋：《环境公益诉讼起诉主体的顺位设计刍议》，载《法学论坛》2017 年第 2 期。

③ 参见张海燕：《论环境公益诉讼的原告范围及其诉权顺位》，载《理论学刊》2012 年第 5 期。

④ 参见杨朝霞：《论环境公益诉讼的权利基础和起诉顺位——兼谈自然资源物权和环境权的理论要点》，载《法学论坛》2013 年第 3 期。

关是环保职能的直接承担者，他们应先采取相应的救济措施。在国家环境资源或公共环境利益受到损害的时候，行政机关有义务采取行政措施和司法措施来保护国家资源和公共利益。① 根据我国《环境保护法》第26~28条等规定，行政机关是我国环境保护的职责机关。② 虽然检察机关也是公共职能的承担者，但行政机关才是法定的环境公共利益的直接负责人。③ 有学者认为政府的职责体现之一就是提起环境公益诉讼，基于行政机关的国家责任、人民责任、公益责任等要求，法律规定其有提起环境公益诉讼的职责。相较于法律规定的组织提起环境公益诉讼的权利，行政机关的这种责任是第一性的。④ 第二，从代表公益的角度来看，行政机关不仅是公众环境保护权利的受托人，还是国家环境资源的所有权人，与其他原告主体相比最具有公益代表性。第三，从诉讼经济利益角度来看，行政机关在环境公益诉讼中具有更好的专业水平，又具备更为稳定的诉讼资金来源，因此在诉讼效益上占有优势。并且，也有观点指出行政机关在履行其环保职能时，会因为受限于客观条件从而产生缺漏。而这种情况极易使行政机关无论因何种原因致使自身的行政目的无法实现都可能被提起行政公益诉讼。若环境公益诉讼中，行政机关成为第一顺位，可使因权能受限而难以实现行政目标的行政机关获得实现的新路径，在减少行政机关被提起行政诉讼数量的同时，也符合诉讼经济的原则。⑤

也有学者认为，行政机关应当处于后于公民、环境公益组织，前于检察机关的顺位。理由是：根据权力配置的原则，纠纷解决的最后防线才是司法救济，对行政权，司法权应保持应有的“克制”。因此，行政机关在采取提起诉讼这一司法途径前，应当先穷尽自身的行政权。当行政机关对于自身的

---

① 参见李挚萍：《中国环境公益诉讼原告主体的优劣分析和顺序选择》，载《河北法学》2010年第1期。

② 参见张海燕：《论环境公益诉讼的原告范围及其诉权顺位》，载《理论学刊》2012年第5期。

③ 参见李挚萍：《中国环境公益诉讼原告主体的优劣分析和顺序选择》，载《河北法学》2010年第1期。

④ 参见郭雪慧：《论公益诉讼主体确定及其原告资格的协调——对〈民事诉讼法〉第55条的思考》，载《政治与法律》2015年第1期。

⑤ 参见余彦、马竟遥：《环境公益诉讼起诉主体二元序位新论——基于对起诉主体序位主流观点的评判》，载《社会科学家》2018年第4期。

"分内工作"无法完成时，更难以期待其良好地完成"兼职工作"。[①] 并且，环境行政机关本就应依法承担环境职责，试图借助诉讼机制来补充履职的问题会弱化行政机关的应对能力。[②]

（四）检察机关作为原告的起诉顺位

有学者认为，检察机关是环境公益诉讼中的第一顺位。理由是：第一，从代表公益的角度来看，检察机关在环境公益诉讼中具有诉权的合法性以及第一起诉顺位的合理性，其维护公共利益的能力也远远强于公民和环保公益组织，就其法律监督职能而言，在环境公共领域也有效力。并且，检察机关行使检察权不受行政机关、社会团体和个人的干涉，可以更好地维护环境公共利益。第二，以诉讼效益为视角，检察机关在环境公益诉讼中的效能优势体现在诉讼专业水平上，同时也具备稳定的资金来源。根据 2021 年实施的《人民检察院公益诉讼办案规则》第 107 条的规定，检察机关提起公益诉讼不需要缴纳诉讼费用，这进一步减轻了其提起环境公益诉讼的负担。第三，检察机关作为监督机关，具有独立性。它与环境公益诉讼案件往往没有直接利害关系，不易受到其他部门利益的干扰，进而能够真正在诉讼中维护环境公益。[③]

同时，有学者认为检察机关的起诉顺位应当后于行政机关，处于第二顺位。理由是：虽然在环境公益诉讼中具有诸多优势，但检察机关职能和行政机关还是有所不同，其职能重在监督。若检察机关先采取行动，不仅存有越位的嫌疑，而且易导致行政机关产生惰性。相较而言，检察机关发现环境问题后，可以先向负责的行政机关反映，建议行政机关自行纠正，当行政机关不予回应或回应不当时，方采取后续措施，考虑是否提起环境行政公益诉讼。[④]

---

① 参见阮丽娟：《环境公益诉讼原告资格的司法实践分析》，载《江西社会科学》2013 年第 12 期。

② 参见沈寿文：《环境公益诉讼行政机关原告资格之反思——基于宪法原理的分析》，载《当代法学》2013 年第 1 期。

③ 参见张锋：《环境公益诉讼起诉主体的顺位设计刍议》，载《法学论坛》2017 年第 2 期。

④ 参见李挚萍：《中国环境公益诉讼原告主体的优劣分析和顺序选择》，载《河北法学》2010 年第 1 期。

也有学者认为，检察机关应当位列第三顺位，即顺位后于行政机关和环境公益组织。理由是：检察机关作为国家的法律监督机关，无疑也具有极强的公益代表性。但在环境公益诉讼中，这可能会造成检察机关起诉主体和法律监督主体身份的重合，客观上会造成原告与被告之间失衡的情况。因此，为保持诉讼双方的均衡地位，检察机关应保持克制，在环境公益诉讼中进行一定程度的保留。[①] 并且，从诉讼经济角度来看，检察机关虽然在诉讼和法律专业方面更具优势，但在环境科学等专业性较高的领域还是略逊一筹。[②]

还有学者认为，检察机关应当处于原告起诉顺位中的最后一位。理由是：检察机关在环境公益诉讼中，应当起监督作用。在环境公益诉讼中，检察机关不应作为积极的行动者，只有其他适格原告无法提起诉讼或缺位时，才行使其诉权。[③]

综上所述，由于目前学界对环境公益诉讼的适格起诉主体依然存有争议，这使对环境公益诉讼起诉主体顺位的观点更加复杂混乱。部分学者对于环境公益诉讼原告起诉顺位的分析忽视了理论基础方面的考察，直接跳入具体制度的设计与效益比对。但基础理论层面上的不统一很大程度上会造成学者基于不同的理论视角提出自身的观点，这一问题直接影响到环境公益诉讼制度构建的进程和实际效果。缺乏统一的理论指导，制度设计极易陷入“头痛医头、脚痛医脚”的困境。基于此，本节将在前文梳理环境公益诉讼理论与环境权的基础上分析环境公益诉讼原告起诉顺位之争，廓清环境公益诉讼原告的顺位。

二、对争议观点的审思和抉择

（一）公民处于第一顺位：环境权享有者之当仁不让

正如前文所述，环境公益诉讼的公民原告资格源于其所享有的环境权。

---

① 参见余彦、马竞遥：《环境公益诉讼起诉主体二元序位新论——基于对起诉主体序位主流观点的评判》，载《社会科学家》2018 年第 4 期；张锋：《环境公益诉讼起诉主体的顺位设计刍议》，载《法学论坛》2017 年第 2 期。

② 参见余彦、马竞遥：《环境公益诉讼起诉主体二元序位新论——基于对起诉主体序位主流观点的评判》，载《社会科学家》2018 年第 4 期；张锋：《环境公益诉讼起诉主体的顺位设计刍议》，载《法学论坛》2017 年第 2 期。

③ 参见阮丽娟：《环境公益诉讼原告资格的司法实践分析》，载《江西社会科学》2013 年第 12 期。

民事诉讼制度框架内，对于原告身份界定存在实质性与形式性之分，分别对应实质原告与形式原告之概念。起诉顺位的先后隐含着立法者的价值偏好，即由谁来进行索赔更为合适。[①]《民事诉讼法》第122条规定，原告是指与本案有直接利害关系的公民、法人和其他组织。也就是说，我国民事诉讼体系中，“与本案有直接利害关系”是原告资格的一般要求，即原告一般情况下都应为实质原告。公民在环境公益诉讼领域内，因享有环境权而自然成为“诉讼标的”的直接利害关系人，其身份因此被赋予了实质原告的属性，权源人的天然优势使其在诉讼中享有优先顺位。

有学者指出，公民个人的公共利益代表性不足，公民个人的利益较为分散。但环境问题无疑是所有人的事，每个人都是环境的参与者，同时都是可能的污染者和受污染的对象。公民作为环境公共利益的直接受益人，对环境的变化最为敏锐，对良好环境的诉求最为直接。也有学者指出，公民个人的公共利益代表性不足，公民个人的利益较为分散。可环境公益并不相同，虽然公民个人的利益看起来分散，但在环境公益中大家的利益是一致的，即享有良好的环境，并不能因此否定公民的原告起诉顺位。

在现代环境治理体系中，公众参与是不容忽视的部分，公民启动环境公益诉讼是最强烈的公众参与方式。从环境特性角度来看，环境的公共物品属性决定了环境公益是一种整体性利益，个体的环境利益存在于整体的环境利益中，某个人或某一组织在其面前都力有未逮，所以需要依靠公众的力量来实现环境公益。[②] 环境问题已经不再是某一区域或某一国家的问题，而是全人类需要一同面对的系统化问题。环境变化最早的感受者就是处于环境中的公众，往往可以更早地发现并应对环境问题。不仅如此，公众参与能够提高政府环境治理决策的水平。借助这一途径，政府可以更好地获取公民反映的环境信息，了解公民对环境公益的核心诉求，这既能使行政机关决策符合公众利益，也能更好地解决实践中因为信息差而产生的行政“失灵”现象，降

① 参见吴卫星：《环保组织提起海洋环境民事公益诉讼的原告资格：实践检视与法理证成》，载《南京工业大学学报（社会科学版）》2023年第22卷第6期。

② 参见范海玉、张思茵：《生态环境地方立法中的公众参与法律机制研究——以河北省为例》，载《治理现代化研究》2021年第2期。

低政府的行政管理成本。公众参与环境保护不仅对于维护自身权利有重要的意义，也可以发挥群众的监督功能，弥补政府管理的缺漏，帮助政府有效行政。公众参与原则也在《环境保护法》中被明确。公民作为环境权的享有者，将其列为环境公益诉讼原告的第一顺位不仅是其作为权源人的天然优势，也符合我国《环境保护法》公众参与原则的要求。

《民事诉讼法》第58条规定，环保公益组织、行政机关、检察院可以向人民法院提起环境公益诉讼。但不同于公民，它们被法律赋予了当事人的地位，并非真正的环境权享有者。换言之，实质原告依然是“与本案有直接利害关系的公民”，而“法律规定的机关和有关组织”，即环保公益组织、行政机关、检察院不过是环境公益诉讼中拥有法定诉讼担当的原告。关于法定诉讼担当，民事诉讼领域已经形成了较为成熟的理论框架，其基本逻辑如下：存在需要解决的纠纷—直接利害关系主体没有能力或动力实施诉讼—第三人因其能力或职责更适合作为诉讼当事人—出于更有效地保护直接利害关系主体的权利或维护公共利益等目的，法律赋予相应第三人诉讼实施权，由其起诉或应诉。[①] 诉讼担当的重要环节之一就是“直接利害关系主体没有能力或动力实施诉讼”。可以说，这一规定许可“与本案”并无“直接利害关系”的“法律规定的机关和有关组织”提起诉讼，是对以“与本案有直接利害关系”为必要资格的原告制度的补充。

可见，若直接利害关系主体有能力或动力实施诉讼之时，诉讼担当主体是没有存在必要的。虽然个人提起环境公益诉讼无法直接获得经济利益，还需要面对“起诉难、举证难、鉴定难、胜诉难、执行难”等困难，[②] 但在环境问题备受重视的今天，对于良好环境诉求鼓舞着公民主动表达、争取自身的权利，公民是具有动力去实施诉讼来保护自己权利的。公民在环境公益诉讼中力量有限等客观限制，但是公民可以通过支持起诉这一环境公益诉讼中的重要制度来提升诉讼能力，借助检察机关、行政机关的帮助，弥补自身在资金、举证能力等方面的不足，可以很大程度上解决部分学者提出的诉讼能

① 参见邵明：《现代民事之诉与争讼程序法理：“诉·审·判”关系原理》，中国人民大学出版社2018年版，第115页。

② 参见陈亮：《环境公益诉讼研究》，法律出版社2015年版，第56页。

力问题。也有学者担心，公民优先起诉会导致滥诉的问题，正如前文所述，当下公民起诉本就面临诸多困难，形成滥诉的可能不高，且从美国公民诉讼实践经验看也说明不需要有此担心。当公民主动作为利害关系人行使自身的诉权时，其他基于诉讼担当而参与环境公益诉讼的原告顺位自然应当后移。

有学者认为，环境公益诉讼制度建立在环境公共信托理论和公民与国家之关系的基础上，从而指出公民将自己的权利让渡后顺位应当后移。但正如前文所述，环境公益诉讼原告诉权基础应当是环境权，且该权利具有人权属性，本身具有不可信托性。首先，人权的功能之一便是对国家公权力的监督。在环境问题上，若国家在处理该领域事务上做到位，公民无疑是没有起诉必要的，但现实中这种理想化的状况难以做到。当国家在环境事务管理中出现疏忽、遗漏致使环境生态得不到及时保护和修复时，公民便可通过行使环境权监督国家。换言之，环境权可以用于监督和评判国家权力的运行。人权属性所具备的监督公权力的功能使其无法被信托给公权机构。其次，从受托主体角度来看，这一主张不符合公共信托理论的逻辑。该理论的原意是公民将其公共事务的管理权委托给了国家，即经过委托，对公共事务的管理权就转移给国家了，因此公民就没有权利了。而主张基于信托公民原告起诉顺位应当后移的观点，实际上是既承认公民具有作为原告提起环境公益诉讼的资格，又认为其原告起诉顺位应当后移。可见，该主张与公共信托理论的逻辑相悖，即该主张是自相矛盾的。最后，国家所行使的是履行保护环境职责所需要的行政管理权，并非环境权。当环境污染或破坏生态行为对公民生存环境造成威胁时，国家拥有行政管理权力采取行动，甚至有权基于法定诉讼担当作为原告提起环境公益诉讼来遏制污染行为、恢复受损环境，这些都是在履行其义务以实现公民的环境权。总之，主张公民将自己的权利让渡后顺位应当后移的观点不成立。本书认为，学界之所以会出现前述自相矛盾的观点，根源就在于将公共信托理论错误地运用于解释环境公益诉讼中的形式原告的资格。实际上，这一资格的来源是法定诉讼担当，而不是有些学者试图通过公共信托理论来解释国家公权力机关从公民那里委托得来的环境权。

综上所述，公民作为环境公益诉讼的实质原告，不仅享有提起诉讼的资格，而且应当处于起诉的第一顺位。

（二）环保公益组织处于第二顺位：公众参与原则的落实

环保公益组织作为由环保志愿者所自发形成的社会组织，本就是公众参与环境治理的重要途径。可以说，环保公益组织是落实《环境保护法》公众参与原则的一个重要途径。不同于其他的法定诉讼担当主体，环保公益组织与公民的关系更加紧密。相较于行政机关和检察机关，环保公益组织更加贴近环境权的享有者，即公民，更能反映公民在环境利益上的要求。将环保公益组织列于环境公益诉讼原告的第二顺位，不仅可以更好地体现公民的需要，也更有利于落实《环境保护法》的公众参与原则。

由于环境公益诉讼的复杂性，公民个体往往会受到经济能力、专业能力等方面的限制，而环保公益组织可以帮助公民解决部分在环境公益诉讼中所需要面对的问题。首先，从专业能力上看，环境公益组织本就是为保护环境公益这一特定目的而出现的，从事的是这一特定领域内的活动，必然有专业领域人士的支持和帮助。作为原告，环保公益组织对环境问题比较熟悉，同时具备一定的专业性和诉讼能力，这就使环保公益组织的专业性并不必然弱于行政机关和检察机关，尤其在其深耕的领域专业性甚至会强于其他原告主体。其次，在经济能力上，环保公益组织也能够通过筹集、财政支持等渠道得到提升。再次，环保公益组织相较于行政机关、检察机关具有更为充裕的时间和精力投入环境公益诉讼。最后，环保公益组织作为非营利性的组织，可以较好地保持自身在环境公益诉讼中的独立性，较少地受行政机关和检察院其他职能目标的影响，更能够代表公众的利益。

综上所述，环保公益组织作为法定诉讼担当原告主体，可以更好地调动公民参与的积极性，落实《环境保护法》的公众参与原则，应赋予其优于行政机关和检察机关的原告起诉顺位。

（三）行政机关处于第三顺位：环保职能的要求

行政机关作为国家的公权力机关无疑有义务采取相关的措施来保护环境公共利益。然而正如前文所述，行政机关在环境领域所具有的并非环境权，而是其履行保护环境义务所需要的行政管理权，所以行政机关有义务和需要采取行动来保护环境公共利益与环境公益诉讼优先顺位之间并不存在直接联系，其实际上是扮演着法定诉讼担当者的角色，以形式原告的身份参加诉讼程序。行政机关参与环境公益诉讼本质是为了履行其环保职能，应对在环境治理中行政权有限的问题，但是这一职能并不能成为决定其顺位的理由。

行政机关的职能并不限于环境保护，还包括发展经济、维护社会安定等。回顾过往的历史会发现，行政机关所有职能指向的利益并非一致，行政资源也必然有限，这就使很多情况下会出现应接不暇的情况，这时行政机关大多只能进行平衡。因此，行政机关对于自身诉权的行使需要保持必要的克制和充分的理性，应秉持效益最大化的理念来利用自身资源。虽然有学者提出行政机关在环境公益诉讼中在经济能力、专业性等方面具有优势，但对于行政机关本身而言，行政机关应在穷尽所有行政权、确有需要的情形下，才宜提起环境公益诉讼。反之，行政机关若不被限制地参与环境公益诉讼，不仅可能造成司法资源浪费，还会进一步弱化行政机关本应承担的行政职责，导致“公法责任向私法逃逸”的问题。为了能够更高效地使用公共资源，减轻行政压力，应当充分尊重和调动公民和环保公益组织的积极性，保持行政机关在环境公益诉讼中的谦抑性。所以，将行政机关在环境公益诉讼中的原告起诉顺位安排于第三较为合适。

（四）检察机关处于第四顺位：监督职能之兜底作用

检察机关作为法律监督机关，与行政机关一样都是基于其职能参与环境公益诉讼的，同样是环境公益诉讼中的形式原告。但检察机关的职能和行政机关并不相同，其监督职能应当起“兜底”作用。换言之，检察机关的诉讼介入，应视为一种“最后手段”或“安全阀”，即在确保其他适格主体已充分尝试或确无能力行使诉权的前提下，方显其必要性与正当性。《宪法》和《人民检察院组织法》从总体上确立了检察机关的法律监督职能。在 2020 年修订的《两高检察公益诉讼司法解释》中也明确了检察院的主要任务是充分发挥法律监督职能，督促适格主体依法行使公益诉权。这种规定即有其原告起诉顺位后置之意味。将检察机关列在最后顺位，可以缓解检察机关的诉讼压力，也有利于发挥其余原告主体参与环境公益诉讼的积极性。然而，当前由于法律不甚明晰等方面的障碍使公民和环保公益组织起诉不利，导致众多潜在原告选择不启动或者主动放弃其诉讼权利。这在一定程度上限制了公益诉讼的数量增长，使检察机关在事实上成为环境公益诉讼的主力。随着环境公益诉讼理论和制度的完善，应重视公民和环保公益组织的资格和能力，应更加深化检察机关在环境公益诉讼中的“兜底”作用。

有学者认为，检察机关在环境公益诉讼中具有更好的专业水平和更稳定的经济来源，应当处于优先顺位。检察机关这方面的优势无疑是确实存在的，但是，其监督职能才是应当首先考虑的。检察机关的这些优势并不代表其应当在环境公益诉讼中原告起诉顺位前移，而是可以在支持起诉中发挥这些优势，与公民、环保公益组织共同形成维护环境公益的合力。

综上所述，在环境公益诉讼中，将检察机关列为起诉顺位的最末位是合适的。

三、完善环境公益诉讼的诉前程序

环境公益诉讼中的原告多元化使除了需要考量原告之间的起诉顺位，还需要设计必要的诉前程序，否则极易出现诉权的滥用、乱用。因此，明确环境公益诉讼的原告起诉顺位之后，应当构建与之适应的诉前程序，可以基于现有的制度进行完善以实现环境公益诉讼制度的有效运行。

（一）扩大诉前督促履职程序的适用范围

根据《行政诉讼法》第25条的规定，检察机关在提出行政公益诉讼前，应当先向相关行政机关提出检察建议，督促其依法履职。《人民检察院公益诉讼办案规则》中也明确了相关内容，[①] 规定提出检察建议后，检察机关应在经过跟进调查制作审查终结报告后，再决定是否提起行政公益诉讼。这一思路在最高人民法院、最高人民检察院《关于办理海洋自然资源与生态环境公益诉讼案件若干问题的规定》中也有体现。[②] 不仅如此，根据《两高检察公益诉讼司法解释》的规定，检察机关若提起行政公益诉讼，应当提交的诉

① 《人民检察院公益诉讼办案规则》（2021年）第81条。

② 最高人民法院、最高人民检察院《关于办理海洋自然资源与生态环境公益诉讼案件若干问题的规定》（2022年）第3条。

讼材料中包括对于履行诉前程序且行政机关依旧不履职或纠正违法行为的证明材料。换言之，对于检察机关来说，诉前督促履职程序已经成为其提起环境行政公益诉讼的必要条件，两者一体化安排，使诉讼程序成为诉前督促履职程序落实的保障。与之不同，根据2020年12月公布、2021年1月开始实施的最高人民法院《关于审理环境民事公益诉讼案件适用法律若干问题的解释》第8条规定，提起环境民事公益诉讼所应当提交的材料仅包含起诉状、被告的行为已损害公益或具有损害公益风险的初步证明材料以及若社会组织起诉所应提交的相关证明材料。可见，当前诉前督促履职程序主要集中在环境行政公益诉讼领域，依赖于检察机关制作、发送检察建议书，以及行政机关在收到检察建议书后自主积极地履职，而环境民事公益诉讼中并未对诉前督促履职程序进行规定。

当前正处于一个具有易变性、不确定性、复杂性和模糊性的时代，[①] 环境领域的污染和破坏问题随时可能出现在任何领域、任何角落。然而，任一主体都存在自身权利和资源的真空区，若只等待某一主体意识到问题再调整资源分配往往为时已晚。基于此，为了充分发挥诉前督促履职程序的效益，应当扩大诉前督促履职程序的适用主体，将可能提起环境公益诉讼的原告主体都纳入此范围。首先，这将极大地丰富我国生态环境的治理资源，更好地凝聚社会、行政、司法各方的治理力量。其次，这一途径可以更好地发挥各个主体的监督作用。对已经损害环境公益或者具有损害环境公益重大风险的行为，公民、环保公益组织、行政机关、检察机关都具有监督权。环境问题的复杂性需要从多个角度、多个层面进行监督和治理。将可能提起环境公益诉讼的原告主体纳入诉前督促履职程序，意味着原告将在更早的阶段参与到环境治理的过程中来，通过提出监督意见、督促行政机关履职等方式，对环境污染和生态破坏行为予以及时有效的遏制。这种前置性的监督机制，有助于提升环境治理的预见性和主动性，减少环境损害的发生。最后，这一制度相较于直接提起诉讼可以更好地实现诉讼的经济性，能在尽可能保证环境公益诉讼目的的实现的同时降低成本。对于原告而言，能够在保障环境公益的情

① 参见李占国：《诉源治理的理论、实践及发展方向》，载《法律适用》2022年第10期。

况下，促使行政机关在诉前积极履行职责，从而避免了不必要的司法程序，减少在环境公益诉讼中人力、物力等方面的投入，提高环境治理资源的利用效益；对于被告而言可以通过自主积极地履职，来保证自身的工作效率，避免陷入诉讼的“泥潭”；对于法院而言，也能减轻裁判的压力，保证裁判质量。即使最终需要进入诉讼程序，由于前期已经进行了一定的督促和沟通，案件的事实基础和证据材料将更为清晰和充分，有助于提高诉讼效率和质量。

具体来说，在环境民事公益诉讼中，公民、环保公益组织、行政机关、检察机关都可以依法请求已经损害环境公益或者具有损害环境公益的重大风险的自然人、法人或者其他组织履行其法定职责。若该自然人、法人或者其他组织依旧不履行职责或不恰当履行职责，原告才能提起环境民事公益诉讼。在环境行政公益诉讼中，公民、环保公益组织、检察机关认为行政机关不依法履行职责，致使环境公益受到侵害的，应先向行政机关提出建议督促其履职，在行政机关收到后仍然没有依法履行职责，致使环境公益处于受侵害状态时，原告主体才能提起环境行政公益诉讼。

（二）完善拟受理公告方式

根据《人民检察院公益诉讼办案解释》第 10 条第 2 款的规定，在受理环境民事公益诉讼案件后，法院需要公告案件受理情况，而有权起诉的其他主体在公告 30 日内申请参加诉讼且符合法定条件的，法院应将其列为共同原告。根据《两高检察公益诉讼司法解释》的规定，人民检察院在履行职责过程中发现破坏生态环境和资源保护等损害社会公益的行为，拟提起公益诉讼的，应当依法公告。且人民检察院提起民事公益诉讼应当提交材料中包括已经履行公告程序的证明材料。在《人民检察院公益诉讼办案规则》更是单列“公告”一节来明确检察机关在公告方面的相关要求，包括公告内容、公告期限、后续跟进要求等。在公告期届满后，社会公益依然处于受损状态的，检察机关才可提起民事公益诉讼。而《人民检察院公益诉讼办案规则》第 96 条中所列举的公益受损可以起诉的情形可以概括为其他有权提起诉讼的主体并未提起诉讼或缺乏适格主体，此时检察机关才可以依法向法院提起环境公益诉讼。

环境公益诉讼的案件往往比较复杂，可能会出现多个适格原告，也会产生适格原告跨区域起诉等更加复杂的情形。各类原告主体在发现环境问题上都具有自身的客观限制，不同原告主体对于同一环境问题的了解和起诉的时间往往不太一致，这使实践中极易出现环境保护不及时或重复起诉等情况。通过公告的方式寻找适格原告，能够全方位地吸引适格原告积极参与环境公益诉讼，进而实现诉讼合力。现有制度中较为明确地体现起诉顺位的制度为检察机关的诉前公告制度，即其他符合起诉条件的相关主体并未提起诉讼或缺乏适格原告，此时检察机关才提起环境公益诉讼。基于此，可以借鉴现有制度完善诉前拟受理公告制度。即公民、环保公益组织、行政机关、检察机关发现环境公益受损并提起环境公益诉讼时，法院都应当在正式受理前进行公告，以寻找其他的适格原告，按照环境公益原告起诉顺位自上而下进行排序，当优先顺位原告在法定的公告期内未能起诉时，在后顺位的环境公益诉讼原告才可以提起环境公益诉讼。

但正如前文所述，从现有制度规定来看，诉前公告作为检察机关提起环境民事公益诉讼的必经程序，由检察机关自行进行，在环境民事公益诉讼受理后，人民法院再度就同一案件进行公告。从目的上来看，两者都是为了通过公告的方式寻找其他适格原告，但同一目的的公告不仅重复且在不同平台进行，这可能会造成其他主体获知信息的遗漏和混乱，削弱公告所具有的积极效果。在更多的主体进行诉前公告后，这一问题会进一步扩大。因此，为充分实现公共效果，应当统一公告平台，由法院统一通过受理前公告的方式通知其他适格原告。

第四节　环境民事公益诉讼因果关系之证明

前文第一章第三节已论述，我国环境公益诉讼包括环境民事公益诉讼、环境行政公益诉讼、生态环境损害赔偿诉讼、刑事附带环境民事公益诉讼中的环境民事公益诉讼、海洋自然资源与生态环境公益诉讼中的生态环境公益诉讼等类型。其中，除了环境行政公益诉讼外，其他类型的诉讼性质上均属于环境民事公益诉讼。由于环境行政公益诉讼审理的是行政合法性问题，并不涉及污染环境或破坏生态行为与损害结果之间的因果关系判定问题，因此本节讨论的法理可覆盖上述除环境行政公益诉讼外的其他环境公益诉讼类型。因果关系证明问题一向是民事诉讼中的理论和实践难点，对于新兴的环境民事公益诉讼而言，由于其不同于民事私益诉讼的诸多特点，因果关系的证明更是难点。

一、我国环境民事诉讼因果关系证明之立法及学界认识状况

我国最早对环境民事诉讼[①]中因果关系证明问题进行规定的是2001年颁布的最高人民法院《关于民事诉讼证据的若干规定》第4条第1款（已修订删除）规定："下列侵权诉讼，按照以下规定承担举证责任：……（三）因环境污染引起的损害赔偿诉讼，由加害人就法律规定的免责事由及其行为与损害结果之间不存在因果关系承担举证责任……"随后是2009年颁布的《侵权责任法》（已废止）第66条规定："因污染环境发生纠纷，污染者应当就法律规定的不承担责任或者减轻责任的情形及其行为与损害之间不存在因果关系承担举证责任。"2016年修正的《固体废物污染环境防治法》第86条（已修订删除）规定："因固体废物污染环境引起的损害赔偿诉讼，由加害人就法律规定的免责事由及其行为与损害结果之间不存在因果关系承担举证责任。"2017年颁布的《水污染防治法》第98条规定："因水污染引起的损害赔偿诉讼，由排污方就法律规定的免责事由及其行为与损害结果之间不存在因果关系承担举证责任。"2020年颁布的《民法典》第1230条规定："因污染环境、破坏生态发生纠纷，行为人应当就法律规定的不承担责任或者减轻责任的情形及其行为与损害之间不存在因果关系承担举证责任。"2020年颁布的《最高人民法院关于审理环境侵权责任纠纷案件适用法律若干问题的解释》（已废止）第6条规定："被侵权人根据民法典第七编第七章的规定请求赔偿的，应当提供证明以下事实的证据材料：……（三）侵权人排放的污染物或者其次生污染物、破坏生态行为与损害之间具有关联性。"2020年颁布

① 文中的环境民事诉讼泛指环境民事私益诉讼和环境民事公益诉讼。

的最高人民法院《关于审理生态环境损害赔偿案件的若干规定（试行）》第6条规定："原告主张被告承担生态环境损害赔偿责任的，应当就以下事实承担举证责任：……（三）被告污染环境、破坏生态的行为与生态环境损害之间具有关联性。"

如前所述，目前，我国除了最高人民法院《关于审理生态环境损害赔偿案件的若干规定（试行）》对该类环境民事公益诉讼中因果关系证明问题作出规定外，再无其他规范性法律文件专门对环境民事公益诉讼中因果关系证明问题作出规定。所以，在司法实践中，除了生态环境损害赔偿诉讼外，其他各类环境民事公益诉讼中的因果关系证明问题都是适用最高人民法院《关于审理生态环境损害赔偿案件的若干规定（试行）》之外的通用于私益、公益诉讼的前引其他规范性法律文件。

基于前述规定，学界有如下主要观点：（1）我国对于环境公益诉讼因果关系的证明责任并没有详尽统一的规定。《民法典》确立了环境侵权诉讼中"因果关系倒置"的证明责任分配方式。法律与司法解释相抵牾。对环境侵权因果关系的证明责任，正确的理解应当是证明责任减轻。证明责任减轻的核心在于法律对因果关系作出推定。① （2）法律和司法解释同时规定了"因果关系举证责任倒置"和"因果关系推定"。因果关系推定与日本法院运用的"间接反证法"相似。举证责任倒置中也蕴含了"推定"的思想，但举证责任倒置中的"推定"与因果关系推定中的推定存在本质差别。主张立法应由"因果关系举证责任倒置"向"因果关系法律推定"进化。② （3）认为环境民事公益诉讼证明责任分配之基点应为证明责任减轻，而证明责任减轻的内核是因果关系推定。③ 最高人民法院《关于审理环境侵权责任纠纷案件适用法律若干问题的解释》第6条"关联性"的规定并未突破《民法典》第1230条对"因果关系"举证责任倒置的规定。原告所要证明的"关联性"

① 参见吴辰凯：《环境公益诉讼因果关系证明责任阐析》，载《黑龙江生态工程职业学院学报》2022年第1期。

② 参见薄晓波：《倒置与推定：对我国环境污染侵权中因果关系证明方法的反思》，载《中国地质大学学报（社会科学版）》2014年第6期。

③ 参见郭颂彬、刘显鹏：《证明责任减轻：环境民事公益诉讼证明责任分配之应然路径》，载《学习与实践》2017年第8期。

并非环境污染责任的独立构成要件，而是因果关系证明责任倒置规定的适用前提。因此，“关联性”的证明标准应当低于“因果关系”，“因果关系”的证明标准通常是高度可能性。[①]（4）因果关系推定的方法包括“间接反证法”“疫学因果关系说”和“盖然性说”。[②] 那么，学界对这些规范性法律文件的解读是否正确呢？环境民事公益诉讼中因果关系的证明问题该如何完善立法呢？要回答这些问题，有赖于从法理上逐一厘清。

二、对学界就环境民事诉讼因果关系证明问题认识的法理透视

（一）法律与司法解释[③]就“因果关系”举证责任[④]分配的规定相抵牾

《民法典》第1230条规定：“因污染环境、破坏生态发生纠纷，行为人应当就法律规定的不承担责任或者减轻责任的情形及其行为与损害之间不存在因果关系承担举证责任。”《侵权责任法》第66条、《固体废物污染环境防治法》第86条和《水污染防治法》第98条也作了实质相同的规定。根据最高人民法院《关于适用〈中华人民共和国民事诉讼法〉的解释》第91条[⑤]所确认的我国民事诉讼举证责任分配通说——法律要件分类说，“污染环境、破坏生态行为与损害之间的因果关系”这个证明对象系侵权之债法律关系发生的事实，应由主张该事实的原告承担举证责任，但《民法典》等法律却将该证明对象的举证责任分配给了被告，与法律要件分类说就该证明对象的举证责任分配状态（正置状态）相反，故《民法典》等法律就该证明对象的举证责任分配状态是倒置的。

---

① 参见邵明、李海尧：《我国民事诉讼多元化证明标准的适用》，载《法律适用》2021年第11期。

② 参见杨素娟：《论环境侵权诉讼中的因果关系推定》，载《法学评论》2003年第4期。

③ 指前文所引最高人民法院《关于民事诉讼证据的若干规定》之外的司法解释。

④ 由于先后立法的用语、学术用语不一致，又不宜修改引述的立法用语和学者表述，文中“举证责任”“证明责任”“客观证明责任”系同一含义，特此说明。

⑤ 最高人民法院《关于适用〈中华人民共和国民事诉讼法〉的解释》第91条规定：“人民法院应当依照下列原则确定举证证明责任的承担，但法律另有规定的除外：（一）主张法律关系存在的当事人，应当对产生该法律关系的基本事实承担举证证明责任；（二）主张法律关系变更、消灭或者权利受到妨害的当事人，应当对该法律关系变更、消灭或者权利受到妨害的基本事实承担举证证明责任。”

最高人民法院《关于审理环境侵权责任纠纷案件适用法律若干问题的解释》（已废止）第6条规定："被侵权人根据民法典第七编第七章的规定请求赔偿的，应当提供证明以下事实的证据材料：……（三）侵权人排放的污染物或者其次生污染物、破坏生态行为与损害之间具有关联性。"最高人民法院《关于审理生态环境损害赔偿案件的若干规定》第6条也有实质相同的规定。即两个司法解释均规定"污染环境、破坏生态的行为与损害之间具有关联性"需由原告承担举证责任。因为这里的"关联性"与前述法律规定中的"因果关系"本质相同（这一点待下文论述）。所以，司法解释就"污染环境、破坏生态行为与损害之间的因果关系"这个证明对象的举证责任分配状态是正置的。换言之，前述法律与司法解释的规定确实相抵牾。

（二）司法解释规定的实质并非"因果关系推定"

"推定"在法学领域被广泛使用，如直接使用"推定"一词表述的有："无罪推定""继承从被继承人死亡时开始。相互有继承关系的数人在同一事件中死亡，难以确定死亡时间的，推定没有其他继承人的人先死亡。都有其他继承人，辈份不同的，推定长辈先死亡；辈份相同的，推定同时死亡，相互不发生继承"；[①] 等等。虽未直接使用"推定"一词表述，但常被理解为推定的有："建筑物、构筑物或者其他设施及其搁置物、悬挂物发生脱落、坠落造成他人损害，所有人、管理人或者使用人不能证明自己没有过错的，应当承担侵权责任"（过错推定）；[②]"受遗赠人应当在知道受遗赠后六十日内，作出接受或者放弃受遗赠的表示；到期没有表示的，视为放弃受遗赠"（所谓意思推定）；[③]"十六周岁以上的未成年人，以自己的劳动收入为主要生活来源的，视为完全民事行为能力人"（资格推定）；[④]"经过法定程序公证证明的法律事实和文书，人民法院应当作为认定事实的根据，但有相反证据足以推翻公证证明的除外"；[⑤] 等等。然而，上述这些例子并不都是"推定"。这

① 《民法典》第1121条。
② 《民法典》第1253条。
③ 《民法典》第1124条。
④ 《民法典》第18条。
⑤ 《民事诉讼法》第72条。

说明，在立法和司法中“推定”的概念被泛化了。那么，“推定”的确切含义是什么呢？

众多关于推定的定义，角度各异，有学者概括为以下几个角度：[①] 第一，从事实之间的关系角度来定义，即认为推定是描述某一事实或若干事实与另一事实或若干事实之间的关系。例如，美国学者摩根就认为“推定”一词“即在描写一个事实或若干事实与另一个事实或若干事实之间的关系。某一事实即基础事实，另一事实即推定事实”。第二，从推定与证明责任的关系来定义，认为推定是法官用以决定诉讼中证明责任之归属的装置。从这个角度来理解推定，最典型的就是《美国联邦证据法》。该法第 301 条规定：“在所有民事诉讼中，除非国会制定的法律或本证据规则另有规定，推定只是课以当事人提供证据以反驳或满足该推定的责任，倘若没有履行说服义务则需承担风险的证明责任并没有转移给该当事人，该证明责任在整个审判过程中仍由原先承担此责任的当事人承担。”第三，从事实认定角度来定义，认为推定是指法律对某种事实所作的但允许当事人举证否认的一种认定。例如，《法国民法典》第 1349 条规定：“推定为法律或审判员依已知的事实推论未知的事实所得的结果。”第四，从动态方面来定义，即认为推定就是由甲事实的存在推演出乙事实存在的诉讼活动。第五，从证据法则的角度来定义，认为推定就是一种运用证据来认定事实的法则。例如，我国有学者认为“所谓推定，乃指由法律规定或者由法院按照经验法则，从已知的前提事实推断未知的结果事实存在，并允许当事人举证推翻的一种证据法则。”第六，从证明方法的角度来定义，认为推定就是一种证明方法。如有学者认为：“推定是证明事实的一种方法，也是司法证明中的一种方法。”诚然，上述从不同角度对推定的解释都在一定程度上揭示了推定的含义，但并不意味从任何一种角度入手都能真正地揭示推定的本质。毫无疑问，在众多的角度中，应当存在一个最能揭示推定本质的角度。那么，这个角度是什么呢？本书认为，从事物之间的逻辑关系角度揭示推定的本质是最根本的。

---

① 参见王学棉：《论推定的逻辑学基础——兼论推定与拟制的关系》，载《政法论坛》2004 年第 1 期。

如果用 A 表示某一事物，用 B 表示另一事物，A 和 B 在逻辑上不外乎存在以下五种关系（见图 5－6）。①

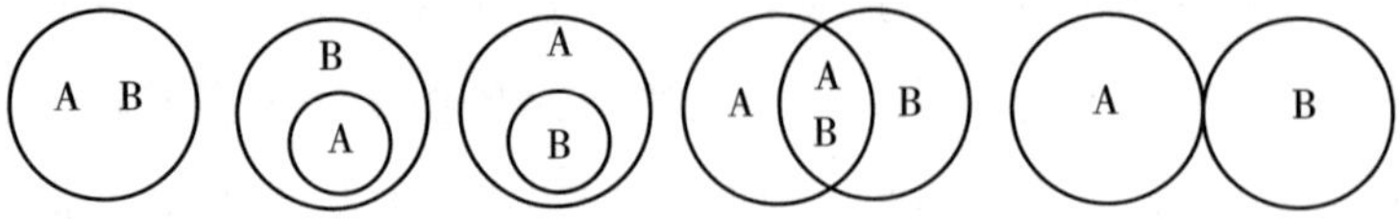

（a）　（b）　（c）　（d）　（e）

（a）等值关系。即 A = B，A 与 B 同时并存。A 存在时，B 一定存在。

（b）蕴含关系。即 A→B，A 都包含于 B 之中。A 存在时，B 一定存在。

（c）逆蕴含关系。即 A←B，B 都包含于 A 之中。A 存在时，B 可能存在，也可能不存在。

（d）相交关系。即 A 与 B 相互交叉。当 A 存在时，B 可能存在，也可能不存在。

（e）矛盾关系。即 A 与 B 相互独立。当 A 存在时，B 一定不存在。

图 5－6　事物之间的交叉包含关系

上述五种逻辑关系中，第一种、第二种和第五种逻辑关系是一种必然关系，其中前两种属于肯定型必然关系，即当 A 事物存在时，B 事物一定存在。第五种属于否定型必然关系，即当 A 事物存在时，B 事物一定不存在。在肯定型必然关系的情况下，为了证明 B 事物的存在，可以通过证明 A 事物的存在，间接地证明 B 事物的存在；在否定型必然逻辑关系的情况下，为了证明 B 事物的不存在，可以通过证明 A 事物的存在来实现。可见，运用必然关系原理，也可以达到通过转换证明对象进而解决证明困难的目的。但是这种方法纯粹是逻辑学原理的具体运用，其中并没有什么特别之处，因此与要探讨的“推定”无关。第三种和第四种逻辑关系是一种或然关系，即当 A 事物存在时，B 事物可能存在，也可能不存在。根据 B 事物存在或不存在的概率，又可以分为三种情况：常态关系、例外关系和中立关系。常态关系又分为肯定型和否定型。肯定型是指当 A 事物存在时，B 事物极有可能存在；否定型是指当 A 事物存在时，B 事物极有可能不存在。中立关系是指当 A 事物存在时 B 事物存在和不存在的可能性一样大。例外关系是相对于常态关系而

① 本节下文关于逻辑关系及其在证明中作用的内容，参见张继成：《推定适用的逻辑分析》，载《广西大学学报（哲学社会科学版）》2000 年第 4 期；王学棉：《论推定的逻辑学基础——兼论推定与拟制的关系》，载《政法论坛》2004 年第 1 期。

言的，当常态关系是肯定型时，例外关系就是指当A事物存在时，B事物有可能不存在；当常态关系是否定型时，例外关系就是指当A事物存在时，B事物有可能存在。从演绎逻辑的角度讲，或然关系不能作为推理前提，因为A与B之间的关系不是一种必然关系，利用这种前提得出的结论并不必然为真。但是，若从另一个角度——价值的角度来看的话，利用或然关系中的常态关系作为推理前提，对于解决一些证明困境有不可替代的作用。由于事实之间的或然关系存在多种可能性，确定它们之间的逻辑关系往往是在“一般和个别”“常规和例外”之间进行选择。为了提高结论的正确性，根据择优原则，只能选择“一般”或“常规”，即只能视两个事物之间的常态关系为充分条件关系。这样，就为推定提供了逻辑基础。

至此，“推定”可以被定义为：某一事实为基础事实，另一事实为推定事实，在基础事实已被证据证明而推定事实未能被证据证明的情况下，依据法律直接规定或法官按照经验法则所确立的两个事实间的充分条件关系（常态关系），认定推定事实的一种特殊证明。其内涵包括：（1）推定涉及两个事实。据此，前引“无罪推定”就不是推定，因为所谓无罪推定的基础事实不存在或不清楚。前引《民事诉讼法》第72条规定，也不是推定，而是司法认知。（2）推定仅适用于推定事实未能被证据证明的情况，否则无须推定。（3）推定仅适用于基础事实与推定事实之间存在或然关系的情况。换言之，两者之间若存在必然关系则不是推定。（4）凭基础事实认定推定事实的根据是两者间的常态关系。据此，前引《民法典》第1121条规定就不是推定。因为常态联系只能有一种，不可能同时出现几种常态联系。（5）推定是可以反驳的。这是因为常态联系不是必然联系，存在例外。据此，前引所谓意思推定、资格推定都不是推定，因为它们都是不可反驳的。这里须强调的是，反驳是针对常态联系的否定，而不是针对基础事实的否定。换言之，若基础事实被否定，则无推定之适用。

从前述所揭示的推定的本质看，显然，事物之间的常态关系是推定的逻辑基础。而且，正是这个逻辑基础，从根本上解释了推定的机理。换言之，没有这个常态关系，推定就无从进行。然而，事物间常态关系的实质就是事物间表现为各种形态和程度的因果关系。因此，欲以推定来认定推定的逻辑基础——因果关系，是悖于逻辑的。可见，因果关系是不可推定的。既然因果关系不可推定，那么，学者所谓司法解释规定的内核是通过“因果关系推定”减轻原告证明责任的观点就不能成立。

另外，既然因果关系不可推定，现行法律实行“因果关系举证责任倒置”的规定也是错误的。因为根据证据法学原理，法律推定的效力即举证责任倒置。故现行法律实行“因果关系举证责任倒置”的实质即对因果关系作出了推定的规定，这种规定违背了“因果关系不可推定”的原理。支撑该观点的理由还有两点：其一，环境侵权实行无过错责任原则，也不以违法性行为为责任构成要件。如此，追究致害人侵权责任的构成要件仅剩下损害事实和因果关系两个。若再实行因果关系举证责任倒置，对致害人来说则无异于绝对责任，而对受害人的保护则太过。同时，可能引发滥诉的危险，使产业界面临讼灾。其二，受害人负有对因果关系的举证责任，才能让“盖然性说”“疫学因果关系说”等同为日本创造的供受害人证明因果关系使用的“工具”有用武之地，而实行举证责任倒置，完全由致害人证明不存在因果关系，则不需要这些理论创造。这一点也说明将日本创造的“因果关系推定说”解读为推定是误解。

（三）司法解释系运用降低证明标准和转换主观证明责任减轻原告的证明责任

前文已经论证了因果关系是不可推定的。因此，有学者认为司法解释规定的内核是通过“因果关系推定”减轻原告证明责任的观点也就不能成立了。那么，司法解释规定的实质是什么呢？该规定是如何实现减轻原告证明责任目的的呢？“证明责任减轻制度”① 很好地回答了这个问题。

所谓证明责任减轻制度，是指依证明责任分配的一般规则，负客观证明责任的一方当事人遇到非可归责于其自身的原因出现证明困难，导致案件基本事实真伪不明，若判决由其负担不利后果则明显有失公平，而由法院采取一定的方法缓解其证明困难，减轻其证明负担，最大限度地查明事实真相，避免作出证明责任裁判，最终实现个案裁判结果实体正义的制度。对此可从

① 参见王刚：《证明责任减轻制度研究》，载《比较法研究》2021 年第 6 期。

以下两点加以理解：

第一，证明责任减轻主要是通过降低客观证明责任[①]的证明标准来实现。对客观证明责任进行分配的根据应当是证明责任分配的一般规则，即原告应对权利形成的要件事实承担证明责任，被告应对妨碍权利形成的要件事实、权利变更的要件事实和权利消灭的要件事实承担证明责任。但是，法官应对依一般规则进行客观证明责任分配的结果予以评估，若原告明显距离证据较远、难以接触到证据及事实信息，相较于被告其举证能力显有不足，则无法体现双方武器平等原则。此时不采用一定方法或者手段，即强制要求原告承担客观证明责任无异于直接判定其败诉，该客观证明责任分配因违背实质意义上的平等原则而不公正。因此，在此情形下有必要采取替代方法或者法律技术减轻负客观证明责任一方当事人的证明负担。正如有学者所揭示：所谓“因果关系推定”的实质是降低受害人对因果关系存在的证明标准。[②] 即就因果关系这一待证事实，对诉讼双方设置了不同的证明标准——受害人就因果关系存在只要达到低证明标准，就可认定因果关系存在，而致害人的反证则须达到从自然科学上确实地证明因果关系不存在的高证明标准，才能认定因果关系不存在。也就是说，“因果关系推定”是就因果关系这一待证事实，对诉讼双方设置不同的证明标准，是一种证明标准上的特殊制度安排，它与“推定”根本无关，也没有“举证责任倒置”的效力。或许正是这个带有“推定”字眼的名不符实的称谓，导致了诸多认识误区甚至立法错误。因此，本书认为，以“因果关系的低标准证明”或“低标准证明的因果关系”替代“因果关系推定”或“推定因果关系”的称谓，更能准确地表达该制度的实质，同时可以避免产生歧义。

第二，证明责任减轻还辅之以转换主观证明责任来实现。证明责任减轻的原始追求是避免事实真伪不明，避免证明责任裁判，寻求个案实体正义。所谓证明责任裁判，即在出现案件事实真伪不明时，以判决负客观证明责任的一方当事人承担不利后果的方式结案的裁判方法。但它只能是一种“最后

---

① 客观证明责任即举证责任。

② 参见邹雄：《论环境侵权中因果关系的认定》，载《中国政法大学学报》2010 年第 2 期。

的救济”或者“最后一招”,[①] 是法官在面临事实真伪不明时不得已的解决路径。客观证明责任始终是与真伪不明联系在一起，而与民事诉讼所追求的真正目的——查明事实真相无关。正如边沁所强调的，“司法的直接目的是将有关事实主张真相之裁判准确性达到最大化”。[②] 案件事实真伪不明状态下的裁判，既非法官所希望看到的（无论是基于职业道德感的自我约束，还是来自当事人的压力，特别是被判决认定对本不存在的事实负担不利裁判后果的一方当事人)，也非当事人所愿意看到的。作为实体权利的当事人，其希望法官能够查明案件的事实真相，依法公平公正地作出对其有利的裁判，而非事实真伪不明的裁判。因此，为避免在依一般规则对客观证明责任在当事人之间进行分配后，基于各方当事人举证能力的不同、举证意愿的高低，可能会出现在辩论终结时案件事实仍处于真伪不明的状态，法官应当采取措施加重不负客观证明责任的一方当事人的主观证明责任，以寻求查明案件事实真相，从而压缩适用客观证明责任裁判的空间，尽量在还原案件事实真相的前提下进行裁判。毕竟，尊重客观事实的裁判最为契合个案实体公正，也是民事诉讼目的的应有之义。对主观证明责任的运用，既包括对负客观证明责任的一方当事人在遇到证明困难时提出的证据调查申请予以许可，也包括在阶段证明完成之后，法官将主观证明责任在当事人之间予以转换。例如，原告对于待证事实履行了证据提出责任进行初步证明后，出现非可归责于其自身原因而造成进一步证明困难的，法官可许可原告的摸索证明行为,[③] 启动证据调查程序；或者在法官内心对原告的阶段证明形成了初步心证（感觉待证事实存在具有一定的可能性）后，将主观证明责任转换至被告处，要求距离证据与事实信息较近的被告履行证据提出责任。

2023 年 4 月 17 日，最高人民法院审判委员会第 1885 次会议通过、自 2023 年 9 月 1 日起施行的法释〔2023〕6 号最高人民法院《关于生态环境侵

① ［德］普维庭:《现代证明责任问题》，吴越译，法律出版社 2006 年版，第 27 页。

② 参见［英］威廉·特文宁:《证据理论：边沁与威格摩尔》，吴洪淇、杜国栋译，中国人民大学出版社 2015 年版，第 76 页。

③ 摸索证明行为，是指民事诉讼中负有证明责任的当事人在无法获知待证事实与相关证据的详细关系时，就证明主题仅进行一般性、抽象性的主张，期待通过法院的证据调查从对方当事人处获得相关详细证据资料的活动。

权民事诉讼证据的若干规定》较好地印证了本点法理透视。因为，其将原本分别规定于法律和司法解释中的第5条第1款、第6条第1款两款[①]规定到了该同一个司法解释中。这就使该两款规定从母法与解释的关系变成了协同配合的关系。而正如前文所述，该两款内容是相互抵牾的，原司法解释中规定的第5条第1款完全无法解释原法律中规定的第6条第1款。现在该两款变成协同配合关系后，正确的法理解读应当是：第5条第1款规定原告负低标准证明存在因果关系（关联性）的客观证明责任，第6条第1款规定被告对不存在因果关系负主观证明责任[②]。

（四）“间接反证”等证明方法并非“因果关系推定”

前文提及有学者认为，日本裁判所在环境侵权案件的判例中和理论上创设了“间接反证法”、“疫学因果关系说”和“盖然性说”的因果关系推定方法。

在日本的“四大公害”案件中，同为导致众多公民身体健康受害的环境侵权诉讼，新潟水俣病审判创设了“间接反证法”，而四日市哮喘病事件则适用“疫学因果关系推定法”进行判决。为什么两个案件的判决中会采用不同的因果关系推定方法呢？分析两案案情，不难发现新潟水俣病患者是在政府公示“水俣病是因甲基汞中毒而侵害人的神经系统导致的疾病”之后提出的民事损害赔偿诉讼。因此，关于甲基汞中毒是导致患者患上水俣病的原因已经不需要证明了。但是，水体中超量的甲基汞来自何处并到达了被害人处了吗？即到达的事实还没有得到证明，且成为原告与被告双方争执的焦点。对此，原告认为是被告排放的废水所致，被告则认为是由于地震导致的农药厂农药泄漏所致。并且，被告为阻挠被害人及代理律师调取必需的证据材料，烧毁了工厂的生产记录、拆除使用水银作催化剂的乙醛生产设备等。在这种

---

① 最高人民法院《关于生态环境侵权民事诉讼证据的若干规定》第5条第1款规定：“原告起诉请求被告承担环境污染、生态破坏责任的，应当提供被告行为与损害之间具有关联性的证据。”第6条第1款：“被告应当就其行为与损害之间不存在因果关系承担举证责任。”

② 最高人民法院《关于生态环境侵权民事诉讼证据的若干规定》第6条第1款此处应当表述为主观证明责任而不是举证责任。因为举证责任就是客观证明责任，则与第5条第1款仍抵牾，无法起到协同配合作用。

情况下，法院适用“间接反证法”责令被告就自己的行为与污染源无关提供证明。显然，在相关资料已经灭失的情况下，被告是无法证明自己清白的。可见，所谓“间接反证”，毋宁说这是对被告妨碍对方举证的一种惩罚，而不是所谓“推定”。[①] 或许正是这个误解，才有前文所提学者认为“因果关系推定与日本法院运用的‘间接反证法’相似。举证责任倒置中也蕴含了‘推定’的思想，但举证责任倒置中的‘推定’与因果关系推定中的推定存在本质差别。主张立法应由‘因果关系举证责任倒置’向‘因果关系法律推定’进化”。然而，正如另一学者所说，“间接反证是一种披着证明责任转换的外衣，却行自由心证之实的理论”[②]。

在四日市的公害病诉讼中，原告与被告争论的焦点是导致原告患上或加重了哮喘病的原因是什么，即致害的因果关系尚待证实。因此，针对这种集团性和已经显现的公害病事件，司法审判适用“疫学因果关系法”，通过流行病学调查与分析，推认被告的排污行为是导致大气污染进而造成原告患病或病情加重的原因。[③] 可见，所谓“疫学因果关系法”是通过流行病学的调查与分析进行归纳推理得出结论的方法。这也启示了“因果关系”这个待证事实只能通过归纳推理或科学实验（反复实验印证的逻辑也是归纳推理）得以证明，而不能通过演绎推理得以证明。这正与前文所述“因果关系不可推定”的观点相契合，因为推定的机理即演绎推理逻辑。

至于“盖然性说”，是由日本的加藤教授借鉴美国的诉讼原则提出的。其内涵是：以数学视角看，只要一方当事人主张的事实“有超过50%以上的盖然性证明度即可作出结论”。[④] 显然，“盖然性说”是证明标准学说而非证明方法学说。这就说明，借鉴该学说来理解最高人民法院《关于审理环境侵权责任纠纷案件适用法律若干问题的解释》（已废止）第6条“被侵权人根据民法典第七编第七章的规定请求赔偿的，应当提供证明以下事实的证据材

① 参见侯茜、宋宗宇：《环境侵权因果关系理论中的间接反证说》，载《西南民族大学学报（人文社科版）》2008年第10期。

② 包冰锋：《间接反证的理论观照与适用机理》，载《政法论坛》2020年第4期。

③ 参见侯茜、宋宗宇：《环境侵权因果关系理论中的间接反证说》，载《西南民族大学学报（人文社科版）》2008年第10期。

④ 转引自杨素娟：《论环境侵权诉讼中的因果关系推定》，载《法学评论》2003年第4期。

料：……（三）侵权人排放的污染物或者其次生污染物、破坏生态行为与损害之间具有关联性”的规定，该规定的实质即降低了原告对“侵权人排放的污染物或者其次生污染物、破坏生态行为与损害之间具有因果关系”的证明标准且以“关联性”表达这种低证明标准的含义，而不是用所谓“因果关系推定”的方法来证明。

综上所述，法律与司法解释的规定相抵牾悖于法理，今后环境民事诉讼中“因果关系”举证责任的分配，须将现行法律规定修订为与现行司法解释一致的规定，即原告对“因果关系”负举证责任，以消解两者之抵牾。“因果关系”不可推定，因此司法解释并未规定“因果关系推定”。司法解释规定的实质是“因果关系”的举证责任由原告承担，但原告只需低标准证明“存在因果关系”。因为原告对“存在因果关系”的证成只需要低标准（盖然性标准），逻辑上必然导致被告需要高标准（高度盖然性标准）反证“不存在因果关系”才能阻碍法官对原告证成“存在因果关系”的心证。若被告的反证阻却不了法官对原告证成“存在因果关系”的心证，则认定“存在因果关系”从而判决原告胜诉；若被告的反证阻却了法官对原告证成“存在因果关系”的心证，则认定“不存在因果关系”从而判决被告胜诉。此机理即利用低证明标准和原告与被告之间循环往复转换主观证明责任（英美法系称行为意义上的证明责任）原理，尽可能查明“因果关系”是否存在，以实现克服真伪不明与避免采用证明责任规则裁判的目的，从而实现个案公正。日本创造的“间接反证法”等证明方法都是供原告使用的低标准证明方法，亦非“因果关系推定”方法。

三、环境民事公益诉讼因果关系证明的法理澄清

（一）环境民事公益诉讼应由原告对因果关系负举证责任

前文就包含环境民事私益诉讼和环境民事公益诉讼的环境民事诉讼中因果关系这个证明对象的举证责任分配问题进行了分析，得出了无论是环境民事私益诉讼还是环境民事公益诉讼，因果关系这个证明对象的举证责任分配都必须是正置即由原告承担举证责任的结论。故环境民事公益诉讼（含我国

现行规定中的环境民事公益诉讼、生态环境损害赔偿诉讼、刑事附带环境民事公益诉讼中的环境民事公益诉讼、海洋自然资源与生态环境公益诉讼中的生态环境公益诉讼)[①] 中因果关系的举证责任也应由原告承担，对此无须赘述。

（二）救济性环境民事公益诉讼因果关系证明标准应同于民事诉讼一般标准

根据我国现行规定，属于环境民事公益诉讼性质的诉讼包含如下诉讼类型：环境民事公益诉讼、生态环境损害赔偿诉讼、刑事附带环境民事公益诉讼中的环境民事公益诉讼、海洋自然资源与生态环境公益诉讼中的生态环境公益诉讼；且这些诉讼的救济对象有所重叠，既有可能发生生态环境损害危险又有已然发生生态环境损害的对象。而在法理上，诉讼中对污染环境或破坏生态行为与该两类对象间的因果关系证明应当设置不同的证明标准，故有必要将它们区分为救济性环境民事公益诉讼和预防性环境民事公益诉讼。[②] 这里先就救济性环境民事公益诉讼的因果关系证明标准展开讨论。

救济性环境民事公益诉讼中的因果关系证明标准，具体说就是证明污染环境或破坏生态行为与生态环境损害之间的因果关系的证明标准。对此，是否可以沿用目前通用于环境民事私益诉讼和环境民事公益诉讼的现行规定，都实行低证明标准呢？本书认为，不可沿用，应当适用民事诉讼的一般证明标准——高度盖然性标准。所谓高度盖然性标准，是指原告证明因果关系存在的证明力（说服力）与被告反证因果关系不存在的证明力相比，在法官的心证中达到7∶3以上的证明程度。原告的证明达到这个标准，法官就认定存在因果关系，否则就认定不存在因果关系。应适用该证明标准的理由如下：（1）环境民事私益诉讼与环境民事公益诉讼救济的对象不同。环境民事私益诉讼的救济对象是因污染行为造成环境介质损坏，损坏的环境介质继而间接害及的特定主体的人身、财产权益。而环境民事公益诉讼救济的对象是污染

---

① 环境民事公益诉讼包含这些类型诉讼的理由详见第一章第三节的论述。

② 第五章第二节论证了宜收缩环境民事公益诉讼的救济对象，即将其中的生态环境损害赔偿部分剥离，统一归入生态环境损害赔偿诉讼来救济。如此，环境民事公益诉讼则仅救济尚未发生但具有发生生态环境损害重大危险的情形，并将其称为预防性环境民事公益诉讼。

环境或破坏生态的行为直接损害的不特定主体基于环境生态功能的利益群。可见，环境民事私益诉讼中要证明的因果关系是污染行为与损坏的环境介质之间的因果关系和损坏的环境介质与特定主体人身、财产权益之间的因果关系，是两层叠加且间接的因果关系。而环境民事公益诉讼中要证明的因果关系就是污染环境或破坏生态的行为与不特定主体基于环境生态功能的利益群之间一层且直接的因果关系。因此，从逻辑上说，证明环境民事公益诉讼中因果关系相较于证明环境民事私益诉讼中因果关系为易。所以，环境民事公益诉讼中因果关系的证明标准不宜再沿用最先仅适用于环境民事私益诉讼中因果关系的低证明标准。（2）环境公益诉讼中因果关系的证明方式证明力强。前文已述，环境民事公益诉讼救济的对象是污染环境或破坏生态的行为直接损害的不特定主体基于环境生态功能的利益群。这个对象决定了被告可能恢复环境生态功能或赔偿环境生态功能损失需付出的金钱数额是巨大的。因此，寻找该损害结果之原因行为必须谨慎，一般需要专业技术鉴定才能下结论。而根据认识规律，具有证据资格的鉴定结论的证明力是强大的。在此情形下，赋予原告低证明标准就没必要了。（3）环境民事公益诉讼原告的证明能力强于环境民事私益诉讼的原告。前文已述，环境民事公益诉讼的形式原告是环保公益组织、政府及其行政机关、人民检察院，这些原告具备专业技术知识、法律运用水平、资金力量、社会资源等优越条件，较之环境私益诉讼中作为大多数原告的公民个人，环境民事公益诉讼原告在证明能力上并不处于劣势地位。即便是作为环境民事公益诉讼实质原告的公民个人，也可寻求这些形式原告来支持起诉，或者让位于这些形式原告启动诉讼。因此，环境民事公益诉讼原告对因果关系的证明已没有了实行低证明标准的基础。

（三）预防性环境民事公益诉讼因果关系证明标准应高于民事诉讼一般标准

目前，我国有关环境保护的预防性环境民事公益诉讼规定，主要是最高人民法院《关于审理环境民事公益诉讼案件适用法律若干问题的解释》第1条“……对已经损害社会公共利益或者具有损害社会公共利益重大风险的污染环境、破坏生态的行为提起诉讼……人民法院应予受理”和第19条第1款“原告为防止生态环境损害的发生和扩大，请求被告停止侵害、排除妨碍、消除危险的，人民法院可以依法予以支持”的规定。从上述规定看，预防性环境民事公益诉讼的救济对象是“具有损害社会公共利益重大风险”。但在理论上，有学者认为在思考由风险概念发展出来的预防原则时，首先必须区分危险、风险和剩余风险三者。依环境损害发生的可能性程度区分：（1）通常会发生的损害称之为“危险”。（2）通常不会发生，只是有造成损害的“风险”而已。（3）几乎不可能发生，即所谓“剩余风险”。[①] 基于此，有学者认为“风险发生的可能性会产生虚幻的预期，不应成为法律规制的对象”，[②] 即主张以“危险”为规制对象。另外，我国现行预防性环境民事公益诉讼制度的运行困境还反映在司法理念层面。在对最高人民法院《关于审理环境民事公益诉讼案件适用法律若干问题的解释》征求意见过程中，就有部分高级人民法院提出“将具有损害环境公益重大风险的行为作为可诉的一类对象，超出了环境保护法第五十八条之规定”，“对具有损害环境公益重大风险的行为提起诉讼欠妥”。[③] 法院还表明，基于司法资源之有限，若法院对一个未来才发生影响的案件过早介入提供实体保护，或许将来事过境迁，原来的努力归于徒劳。[④] 本书认为，前引学者和法院观点值得关注。因此，所谓预防性环境民事公益诉讼，应指适格原告针对尚未发生但具有发生生态环境损害重大危险的情形，为防止危险变成现实而启动的环境民事公益诉讼。换言之，预防性环境民事公益诉讼的启动门槛应提高到重大危险而非重大风险。

基于前述对预防性环境民事公益诉讼的界定，该诉讼中要证明的因果关系即污染环境或破坏生态行为与生态环境损害重大危险之间的因果关系。因为其“果”是尚未发生的生态环境损害重大危险，具有不确定性和无形性。

① 转引自张旭东：《预防性环境民事公益诉讼程序规则思考》，载《法律科学》2017年第4期。

② 张旭东：《预防性环境民事公益诉讼程序规则思考》，载《法律科学》2017年第4期。

③ 最高人民法院环境资源审判庭编著：《最高人民法院关于环境民事公益诉讼司法解释理解与适用：条文主旨·条文理解·审判实务》，人民法院出版社2015年版，第34页。

④ 参见张旭东：《预防性环境民事公益诉讼程序规则思考》，载《法律科学》2017年第4期。

所以，相较于救济性环境民事公益诉讼中的因果关系，法官对其心证会感到更加虚幻和困难。在此情形下，若不对原告就该因果关系证明采用较高标准，无疑会对企业的正常生产经营带来消极影响，进而影响地方经济发展。因此，在预防性环境民事公益诉讼中，原告对于被告行为与生态环境损害重大危险之间的因果关系的证明标准，应当高于救济性环境民事公益诉讼中的因果关系证明标准。用量化表达，即原告证明因果关系存在的证明力（说服力）与被告反证因果关系不存在的证明力相比，在法官的心证中应达到8∶2以上的证明程度。

（四）环境民事公益诉讼中不宜根据不同原告类型设置不同的因果关系证明标准

前文已述，法理上环境民事公益诉讼的原告有公民、环保公益组织、政府及其行政机关、检察机关等众多类型，其中除公民外都已被现行法律所确认。这些原告的证明能力显然存在差异，因此有人主张在环境民事公益诉讼中根据不同原告类型给其设置其不同的因果关系证明标准。从外观上来看，政府及其行政机关、检察机关在证据调查与收集、承担诉讼费用等方面相较于公民个人、环保公益组织有天然优势，似乎行政机关、检察机关作为原告时，对因果关系的证明标准高于公民个人、环保公益组织有一定合理性。但是这种证明标准的区别对待，无疑会在一定程度上对被告造成不公。这是因为原告证明标准的降低逻辑上必然造成被告反证标准提高，从而加重了被告的证明责任负担。若因原告的不同被告所要负担的证明责任亦不同，则被告行为意义上的证明责任的负担便处于不确定的状态。这对被告通过规则预测自身证明责任的负担从而收集证据造成了不确定，同时对行为意义上的证明责任何时转移至其负担的信赖利益产生了妨害。[①] 可见，环境民事公益诉讼中区分原告类型给其设置不同的因果关系证明标准是不可行的。

综上所述，环境民事公益诉讼中因果关系的举证责任也应由原告承担；救济性环境民事公益诉讼中因果关系证明标准应同于民事诉讼一般标准，预

① 行为意义上的证明责任即主观证明责任。参见郭颂彬、刘显鹏：《证明责任减轻：环境民事公益诉讼证明责任分配之应然路径》，载《学习与实践》2017年第8期。

防性环境民事公益诉讼中因果关系证明标准应高于民事诉讼一般标准；环境民事公益诉讼中不宜根据不同原告类型设置不同的因果关系证明标准。

第五节　环境民事公益诉讼中惩罚性赔偿之适用

一、惩罚性赔偿适用范围的理论之争

惩罚性赔偿在环境诉讼中的适用范围的问题极具争议，学界各方观点莫衷一是，主要分歧在于惩罚性赔偿是否仅适用于环境私益诉讼，还是可扩展适用到环境民事公益诉讼？现对两派观点进行梳理，以总结争议焦点供下一步讨论。

（一）惩罚性赔偿仅适用于环境私益诉讼

一些民法学者和部分环境法学者主张惩罚性赔偿仅适用于环境私益诉讼，他们并不赞同将其扩展至环境公益诉讼，是通过对惩罚性赔偿相关条文做教义学分析，从制度本体和规范功能两个层面进行解释论探究，从而得出否定的结论。持此观点的主要理由包括以下几点。

1. 对《民法典》第1232条进行文义解释、体系解释和目的解释，均不能得出惩罚性赔偿适用于环境民事公益诉讼的结论

从文义解释上，有学者认为，“被侵权人”的表达形式表明，具备惩罚性赔偿请求权的适格主体应当是环境侵权法律关系中的特定受害人，而不能理解为作为公益原告的国家机关和相关组织。[①] 从体系解释上，有学者认为，《民法典》第1229～1233条与第1234条、第1235条之间是并列关系，而非一般与特殊的关系，前者规定的是侵害私益的侵权责任，后者规定的是侵害公益的侵权责任，将生态环境侵权惩罚性赔偿的条款放在环境民事公益诉讼

① 参见邢鸿飞、曾丽渲：《论公私法分离的“二元”环境侵权惩罚性赔偿》，载《学海》2022年第4期。

的条款之前，表明该制度的设计主要针对私益损害的情形，认同第1232条规定的惩罚性赔偿处于环境私益侵权的规范群，不能扩展适用到生态环境损害中。[①] 从目的解释上，有学者经过对功能取向的规范初衷探究，认为惩罚性赔偿的功能均不能在纯粹生态环境损害领域获得适当性证成。[②]

2. 现行法律供给的情形下再设置适用于环境民事公益诉讼的惩罚性赔偿有重叠规制之弊

不少学者都认为，目前“生态环境损害赔偿制度+行政罚款制度”已经足够规制生态环境损害，环境民事公益诉讼中实施的生态环境损害赔偿在费用的计算上本身就带有惩罚性，[③] 而以“无上限数额”和“按日连续计罚”为具体体现的行政罚款对环境违法行为已经有足够的惩罚力度，[④] 叠加惩罚性赔偿可能出现“过罚失当”。还有学者认为，针对生态环境损害的惩罚性赔偿本质上与行政罚款一致。[⑤] 概括而言，学者认为现行的行政执法、公益诉讼、刑事诉讼等对损害生态环境利益的惩罚已经足够严密，[⑥] 没有必要借助惩罚性赔偿实现。

（二）惩罚性赔偿可适用于环境公益诉讼

这一肯定“惩罚性赔偿可适用于环境公益诉讼”的观点分为“惩罚性赔偿同时适用环境私益诉讼和环境公益诉讼”和更为激进的“惩罚性赔偿只适用于环境公益诉讼”。秉持前一派观点的学者通常认为惩罚性赔偿适用于环境私益诉讼自不待言，而将论证重点放在惩罚性赔偿为何得拓展至环境公益诉讼。秉持后一派观点的学者则需要同时论证惩罚性赔偿不适用于环境私益诉讼和惩罚性赔偿仅适用于环境公益诉讼。

---

① 参见李丹：《环境损害惩罚性赔偿请求权主体的限定》，载《广东社会科学》2020年第3期。

② 参见潘承嵘：《环境侵权惩罚性赔偿的规范省思》，载《北京化工大学学报（社会科学版）》2022年第3期。

③ 参见刘士国：《民法典“环境污染和生态破坏责任”评析》，载《东方法学》2020年第4期。

④ 参见李智卓、刘卫先：《惩罚性赔偿不应适用于环境民事公益诉讼的法理辨析》，载《中州学刊》2022年第3期。

⑤ 参见杨立新、李怡雯：《生态环境侵权惩罚性赔偿责任之构建——〈民法典侵权责任编（草案二审稿）〉第一千零八条的立法意义及完善》，载《河南财经政法大学学报》2019年第3期。

⑥ 参见陈学敏：《环境侵权损害惩罚性赔偿制度的规制——基于〈民法典〉第1232条的省思》，载《中国政法大学学报》2020年第6期。

对于同时适用的观点，基于本体论和功能论的视角，学者认为惩罚性赔偿是“公法手段，私法操作”，性质上，惩罚性赔偿属于私人主体追究的公法责任，与环境民事公益诉讼相契合。价值上，惩罚性赔偿与私人执法都旨在保护公共利益，且私人执法是环境民事公益诉讼的本质，所以惩罚性赔偿成为提高环境民事公益诉讼威慑水平的最优选择。[①] 功能维度上，惩罚性赔偿具有赔偿、制裁和威慑功能的综合性，解决生态环境损害中难以估量的损失无法以合法路径获得赔付[②]以及生态环境损害大小认定的复杂性导致的赔偿责任过轻的问题，[③] 对“普遍性侵权”或“分散性损害”存在积极的威慑作用，构成在环境民事公益诉讼适用的正当性。[④] 基于法条解释的视角，学者认为惩罚性赔偿的请求权主体能够扩展到公益诉讼主体，但采取的权源学说不同。比如有学者借助诉讼信托理论，认为国家机关或者有关组织通过代表被侵权人取得原告主体资格，与规范文件中“被侵权人代表”的表述保持一致。[⑤] 有学者借助自然资源国家所有权说，认为条文给惩罚性赔偿在环境民事公益诉讼的适用留出空间，主张公益原告中的国家机关和社会组织可以被解释或拟制为“被侵权人”，可以请求环境公益惩罚性赔偿，[⑥] 还有学者采取国家利益代表观点。[⑦] 并且有学者通过对立法者原意的考证，认为立法者设置《民法典》第1232条是为生态公益损害增立惩罚性赔偿的责任形式。[⑧]

---

① 参见周骁然：《论环境民事公益诉讼中惩罚性赔偿制度的构建》，载《中南大学学报（社会科学版）》2018年第2期。

② 参见苏伟康：《公害惩罚性赔偿及其请求权配置——兼论〈民法典〉第1232条的诉讼程序》，载《中国地质大学学报（社会科学版）》2021年第4期。

③ 参见孙佑海、张净雪：《生态环境损害惩罚性赔偿的证成与适用》，载《中国政法大学学报》2022年第1期。

④ 参见孟穗、柯阳友：《论检察机关环境民事公益诉讼适用惩罚性赔偿的正当性》载《河北法学》2022年第7期。

⑤ 参见王冲：《〈民法典〉环境侵权惩罚性赔偿制度之审视与规制》，载《重庆大学学报（社会科学版）》2023年第5期。

⑥ 参见苏伟康：《公害惩罚性赔偿及其请求权配置——兼论〈民法典〉第1232条的诉讼程序》，载《中国地质大学学报（社会科学版）》2021年第4期。

⑦ 参见吴卫星、何钰琳：《论惩罚性赔偿在生态环境损害赔偿诉讼中的审慎适用》，载《南京社会科学》2021年第9期。

⑧ 参见王晨：《关于〈中华人民共和国民法典（草案）〉的说明——2020年5月22日在第十三届全国人民代表大会第三次会议上》，载《中国人大》2020年第12期。

该条款的规定较为原则，也是在立法上为生态环境损害赔偿留下了惩罚性赔偿的接口和司法实践的更大的解释空间。[①] 再有，另一学者从体系解释的角度提出，纵观我国惩罚性赔偿规范群，参照消费者权益保护、食品药品安全领域为生态环境损害设置惩罚性赔偿符合公益维护的整体思路。[②]

对于只适用于公益诉讼的观点，学者认为环境私益诉讼并不具备适用惩罚性赔偿的客观需求和适用条件，且从制度适用的目的来看，惩罚性赔偿实现目的是对社会公共利益的维护，不属于或不完全属于私益的救济。[③] 赞同此观点的另一学者补充认为在环境私益诉讼中运用惩罚性赔偿会出现公法手段和私法目的的不一致，有可能出现被侵权人为牟取私利而恶意诉讼的情形。[④]

二、惩罚性赔偿不能适用于环境民事公益诉讼

（一）适用于私益诉讼的惩罚性赔偿不能当然地扩展到环境民事公益诉讼

1. 惩罚性赔偿制度概述

对惩罚性赔偿制度理解不一会严重影响其适用范围。故而，在讨论惩罚性赔偿的适用范围之前必须先明确惩罚性赔偿这一制度的缘起与界定。

需要强调的是，此处所谈论的惩罚性赔偿并非古代刑民未分之法律体系中的多倍赔偿，而是在近现代公私法划分理论下，肇端于英美普通法系的一种损害救济制度。本书认为，此背景下，惩罚性赔偿是在私法范畴中生发的概念。[⑤] 虽然概念上的提法与补偿性赔偿相对，强调“惩罚性”的特殊需求，但制度的主要功能仍为“赔偿”，即惩罚性赔偿是在补偿性赔偿之外叠加的

---

① 参见陈伟：《环境污染和生态破坏责任的二元耦合结构——基于〈民法典·侵权责任编〉（草案）的考察》，载《吉首大学学报（社会科学版）》2020年第3期。

② 参见孙佑海、张净雪：《生态环境损害惩罚性赔偿的证成与适用》，载《中国政法大学学报》2022年第1期。

③ 参见王树义、刘琳：《论惩罚性赔偿及其在环境侵权案件中的适用》，载《学习与实践》2017年第8期。

④ 参见秘明杰、娄玉帅：《生态环境损害惩罚性赔偿的多重透视》，载《浙江理工大学学报（社会科学）》2023年第2期。

⑤ 参见王利明：《美国惩罚性赔偿制度研究》，载《比较法研究》2003年第5期。

数额，但仍先天具有填补损害的品格，具有贯彻“完全赔偿”之实，因而得以安放在以填补损害为基本机能性[①]的侵权法体系中而不产生抵牾。相较于传统的侵权责任承担方式，惩罚性赔偿的特殊之处在于制度本身顺应近代以来“私法公法化”的趋势而生，因而功能上除实现传统的填补损害外，兼具“惩罚、威慑、激励”于一身，其目的不仅在于对被侵权人的赔偿，更强调对侵权人的惩罚与阻遏。在此意义上，惩罚性赔偿被认为具有“准刑事罚”（quasi－criminal sanction）的性质，可谓以私法手段实现公法担当，摆脱了机械、被动地填补现行侵权法体系漏洞的附随性地位，[②] 以契合在私法领域实现公共规制的需求。但惩罚性赔偿对目的的追求并不改私法性质的本色，可认为其性质上具有突出的私法属性，系一种特殊的民事责任方式，适用于私益诉讼。对此定位展开阐述如下。

（1）惩罚性赔偿具有私法属性

惩罚性赔偿具有私法属性源于自身的规范目的和制度功能。惩罚性赔偿最初的规范目的是保障基本权利，维护私法秩序。惩罚性赔偿诞生于英美普通法，继而在侵权领域发展与盛行，在违约领域也有适用。在大陆法系国家，无论德国、法国或日本均无惩罚性赔偿制度。[③] 惩罚性赔偿得以在英美法系国家的规范体系中运行无阻，究其原因，有英美法系国家对古代多倍赔偿的民事制度的继受，也有基于实用主义构造和运行的英美法系法治模式为实现对权利的完全救济所做的制度设计选择。盖因惩罚性赔偿突破了绝对化的公私法之分，在传统私法的内部引入惩罚性因素，使有可能在私法范畴之内实现对于补偿性赔偿之缺陷的弥补，不仅能够充分救济受害方权利，还能够矫正和重置侵权行为中加害方对受害方不当的主从和优越关系以及错置的相对价值，[④] 进

---

① 参见王泽鉴：《侵权行为法（第一册：基本理论·一般侵权行为）》，中国政法大学出版社2001年版，第7页。

② 参见马新彦、邓冰宁：《论惩罚性赔偿的损害填补功能——以美国侵权法惩罚性赔偿制度为启示的研究》，载《吉林大学社会科学学报》2012年第3期。

③ 参见陈聪富：《侵权归责原则与损害赔偿》，台北，元照出版有限公司2004年版，第259页。

④ 事实上，刑法与侵权法在历史上和功能上存在着联系。罗马法以降，侵权法传统且核心的功能之一便是“制裁”，不仅在于填补损害，还在于替代纷争当事人的私人报复。从报复主义的观点解读，侵权法能够保障人与人之间的公平正义关系，否定加害者“利用”他人价值，贬抑他人尊严以达成自我目的的行为，恢复加害方和受害方之间对等的价值关系。

而实现对良性私法秩序的维持。惩罚性赔偿被定义为特殊的民事责任，从责任构成来看，惩罚性赔偿的责任主体为恶意致害的侵权行为人，责任客体指向财产权与物质性人格权，责任内容的构造体现为对损害的超额赔偿，但其实质仍然以民事补偿性为旨趣，立定于侵权责任体系。

具有私法属性的惩罚性赔偿是一种侵害私益的责任方式。惩罚性赔偿具有填补、惩罚、阻遏及激励等功能，具备复合性，与惩罚性赔偿的性质紧密关联。对受害方而言，“填补”作为制度的基础和本源，是出于填补受害方所遭受的依据现行侵权法一般损害赔偿责任无法得到充分救济的损害的考量，通过惩罚性赔偿得实现侵权法所追求的完全填补受害方损害的目标。而“激励”首先意味着提升受害者维权动力，通过积极维权，以私法弥补公法之不足，有助于惩治违法行为。对加害方而言，建立在“填补”基础上的“惩罚”意味着预期收益外的违法成本的提升，超出原本填补额度的赔偿对违法起到遏制的效用，特别的“阻遏”针对恶意加害者个人，令其深刻感受到自己为不法行为付出的惨重代价，以制止未来可能的重复侵权行为，也作为警醒扩及社会，形成一般的“阻遏”以预防潜在的恶性不法行为。这种“超额”的责任超出传统的损害填补范畴，构成私法领域的“制裁”。

（2）惩罚性赔偿适用于私益诉讼

惩罚性赔偿符合民事责任的形式，承载惩罚性赔偿的诉讼程序的发动、过程及结果也能印证惩罚性赔偿的运行符合私法规则。首先，惩罚性赔偿制度通过直接承受加害方原因行为和负担不利益的受害方提起请求损害赔偿的民事诉讼而启动，强调受害方对责任承担方式享有高度的选择权和自主决定权，体现私法自治原则。其次，诉讼过程中亦未遵循严格且周延的刑事程序来保障被课予惩罚性赔偿金的被告的程序权，如并未在请求惩罚性赔偿的诉讼中适用刑事诉讼的“毒树之果”证据排除规则、“排除合理怀疑”的证明标准以及“禁止双重处罚”的制裁原则，而仍然沿用民事诉讼中权利主张与举证责任相对原则、法院不积极取证原则、自愿基础上的调解原则等。两造拥有处分自由，在归责程序中并无国家权力因素的介入。诉讼结果上，法院最终判定的惩罚性赔偿金都交付受害方，归属受害方自由支配，完全不同于向国库缴纳的刑事罚金。

2. 惩罚性赔偿不能适用于环境民事公益诉讼的法理探究

法律责任的承担方式应当围绕对“特定法律利益的保障”展开设计，即以“行为所侵害的特定利益”作为责任划分的标准。[①] 从前述主张“否定说”的学者的论证来看，他们都认同将具有公私法性质的责任形式纳入侵权责任体系是立法技术层面的选择，但在进行教义学分析时强调仍须恪守私益与公益严格区分的逻辑。然而，现有立法尚未明晰侵害环境权和环境侵权的基础概念，因而导致部分学者在论证时对环境公益和环境私益产生混淆，理解适用上亦未明确区分公益诉讼和私益诉讼的差异，继而导致对惩罚性赔偿的适用范围识别不清。鉴于此，识别和界分环境公益与环境私益、厘清基础概念实属必要，关乎责任承担方式的选择，也是惩罚性赔偿在环境诉讼的适用范围的讨论前提。

环境利益的谱系包括环境公益和环境私益，分别对应侵害环境权和环境侵权制度所欲救济的利益。[②] 对于一个环境诉讼是环境私益诉讼还是环境民事公益诉讼的定性，从损害救济的是传统人身权、财产权还是生态环境就可以确定。就侵害环境公益提起的诉讼是环境民事公益诉讼，侵害环境私益提起的诉讼则为环境私益诉讼。环境私益诉讼包括对环境私益的直接侵害和间接侵害的救济，前者仅构成一般侵权，后者是由于对环境介质的污染或破坏，间接造成特定主体的私权益（包括人身权益和财产权益）的侵害，构成环境侵权[③]这一特殊侵权类型。惩罚性赔偿适用于环境私益诉讼一般并无异议，而我国环境民事公益诉讼可分为事前遏制的预防性环境民事公益诉讼和事后修复与赔偿的救济性环境民事公益诉讼。预防性公益诉讼具体规定于最高人民法院《关于审理环境民事公益诉讼案件适用法律若干问题的解释》第19条，制度设计目的是排除环境危险，化解不确定性环境风险，因为启动时尚无实然发生的生态环境损害，所以责任方式不存在损害赔偿，仅包括停止侵

① 参见何佩佩：《论环境利益的环境法保障》，厦门大学出版社2022年版，第267页。

② 详见前文第二章第二节中的论证。

③ 文中所称“环境侵权”皆指该种侵害特定主体人身、财产私益的行为，涉诉时皆属于私益诉讼，系与“侵害环境权”不同的概念。侵害环境权是指污染、破坏环境行为导致环境生态功能损害的情形，侵害的是不特定的环境权主体（公民）共享的基于良好环境生态功能的利益群（环境公益），涉诉时属于公益诉讼。

害、排除妨碍、消除危险以及对由此产生的合理费用的承担，并无惩罚性赔偿的适用余地，讨论惩罚性赔偿的适用范围应当在救济性公益诉讼的框架下。

从性质上辨析，惩罚性赔偿与救济性环境民事公益诉讼的责任方式不相契合。救济性环境民事公益诉讼提出伊始，诉的利益便明确指向环境公益，即基于环境生态功能的利益群。前文已详述，纵观权利体系，只有环境权以环境生态功能作为权利客体。[①]“诉（救济）是权利的一个组成部分”（pars iuris nostril cuiusq）。[②] 尽管环境权在我国尚未实证化，但救济性环境民事公益诉讼实质上是对侵害环境权的救济程序。环境权被侵害，实则是环境生态功能被侵害，不同于通过环境介质侵害他人的人身权、财产权，侵害客体的不同是区别侵害环境权与环境侵权的根本。两者产生的责任承担方式也不同，侵害环境权是侵害环境公益，环境侵权则是侵害私人利益，前者承担的是生态环境修复责任，责任来源是公法，后者是侵权责任，责任来源是私法。环境权是集体性权利概念，从法理上看与民法的个人主义思维方式不兼容。[③]因而在责任承担方式上，惩罚性赔偿责任无法替代生态环境修复责任，也不能在救济性环境民事公益诉讼中与生态环境修复责任并用。若将惩罚性赔偿导入救济性环境民事公益诉讼，肇因于公益和私益的根本差异，不仅理论上存在将“侵权赔偿”和“生态修复”两种性质迥异的责任置于“侵害环境权”救济体系的冲突，实践上两者并处同一起诉讼也会产生束缚和误导，违背救济公益专注于恢复生态环境原状与功能，而非单纯追求对侵权行为的经济惩罚的制度初衷。

准确界分环境诉讼中两种不同的责任形式后，可以得出主张惩罚性赔偿适用于环境民事公益诉讼的学者认为，可参照消费者权益保护、食药安全领域同样为生态环境损害设置惩罚性赔偿的观点不妥。以消费公益诉讼为例，虽然现行立法中消费者惩罚性赔偿请求权具有受害消费者私人专属性，但实

---

① 详见前文第二章第二节中的论证。

② ［德］赫尔穆特·科殷、纪海龙：《论“主观权利”概念的历史》，载《清华法治论衡》第15辑，清华大学出版社2012年版。

③ 参见李昊：《论生态损害的侵权责任构造——以损害拟制条款为进路》，载《南京大学学报（哲学·人文科学·社会科学）》2019年第1期。

践层面中，消费者协会、检察机关在公益诉讼中越来越多地主张惩罚性赔偿，且得到了法院的支持。理据在于消费公益诉讼对私益诉讼的补充性、替代性，法律推定受害消费者个人不会再提出维权之诉，进而支持公益诉讼原告提起消费公益诉讼，即认为公益诉讼原告与众多消费者形成的集团有人格等同性，[①] 消费公益诉讼是消费者个体诉讼的集合体。惩罚性赔偿作为特定个人主张的赔偿之所以能够外扩到其他主体处，是因为消费公益诉讼与私益诉讼所针对的损害具有同质性，公益诉讼的裁判结果等于所有消费者（众多已消费者+不特定潜在消费者）就全部既成损害的私益诉求之和。所以个体诉讼中固有的惩罚性赔偿才可当然地扩张到公益诉讼中，被认为是公益诉讼原告因其与专属消费者相同的参与身份所衍生出的共享请求权。但就环境诉讼领域而言，不能如此类比将惩罚性赔偿扩展至环境民事公益诉讼。与消费公益诉讼等不同，“环境民事公益诉讼制度与环境、生态侵权制度是不同的两个制度，由此分别产生的环境民事公益诉讼责任与环境、生态侵权责任也是两个不同性质的责任”。[②] 最高人民法院《关于审理环境民事公益诉讼案件适用法律若干问题的解释》第10条第3款明确规定，公民、法人和其他组织以人身、财产受到损害为由申请参加环境民事公益诉讼的，告知其另行起诉。可见环境民事公益诉讼不是人身权、财产权等私益侵权的集合诉讼。环境民事公益诉讼和环境私益诉讼所指向的救济利益截然不同，不存在由环境私益集合、汇总得出的环境公共利益，两者不能以总和分的关系涵盖，而是不同层面的损害填补与救济问题。[③] 环境私益被满足不等于环境公益也被满足。环境公益的共有性是生态环境本身的整体性与不可分性使然，不能为各个私人利益的简单累加所能涵盖，对其的保护也只能从整体上进行，不能仅通过对各个个体私益的维护而间接达成，如若未着眼于对生态环境本身的保护，也无法实现维护环境公益的最终目的。所以不可能从环境侵权惩罚性赔偿请求权推演出侵害环境权惩罚性赔偿请求权，惩罚性赔偿也就不能当然适用于环

---

① 参见肖峰、韦忠瑞：《论消费公私益诉讼中惩罚性赔偿的制度整合》，载《天津大学学报（社会科学版）》2022年第3期。

② 张新宝：《民法分则侵权责任编立法研究》，载《中国法学》2017年第3期。

③ 参见王树义、龚雄艳：《环境侵权惩罚性赔偿争议问题研究》，载《河北法学》2021年第10期。

境民事公益诉讼。

从责任方式上解读，救济性环境民事公益诉讼中的责任方式也无惩罚性赔偿的适用空间。根据《民法典》第1234条的规定,[①] 行为人造成生态环境损害，责任承担以修复为首选方式，在造成环境永久性损害，修复不能或者困难的情况下才评估生态功能的损失数额并进行赔偿。侵权人未及时修复的，可由国家规定的机关或者法律规定的组织进行修复，所需费用仍由侵权人负担。可见修复责任这一行为责任与修复费用这一赔偿责任之间具有转化性。所以《民法典》第1235条[②]规定的生态环境损害赔偿包含以下几项：（1）具有填补功能的修复性赔偿，指对环境受损不太严重，具有“可恢复性”的情况，可以经修复手段恢复至可接受风险水平或基线状态[③]所需的费用，包括清除污染费用、生态环境修复费用、防止损害扩大费用等。（2）对生态服务功能损失的赔偿，即生态环境修复期间服务功能的损失、生态环境功能永久性损害造成的损失。（3）程序性费用，如生态环境损害赔偿调查、鉴定评估等合理费用。其中，清除污染费用、生态环境修复费用、防止损害扩大费用的补偿责任范围应当与生态环境修复责任一致，对应修复责任所需的费用。调查、鉴定评估费用属于诉讼成本。生态环境修复期间服务功能的损失、生态环境功能永久性损害造成的损失是对生态服务功能相对于正常状态的减少值的折现计算。《民法典》规定的生态环境损害赔偿的范围不仅体现填补原则，还有风险预防的考量，立法上已经足以实现周延救济的责任目标，不存在主张“肯定说”的学者认为的生态环境损害中难以估值的损失无法以合法路径获得赔付，因而需要在公益诉讼中引入惩罚性赔偿的情况。

主张惩罚性赔偿适用于环境公益诉讼的学者认为在公益诉讼中引入惩罚

---

① 《民法典》第1234条规定：“违反国家规定造成生态环境损害，生态环境能够修复的，国家规定的机关或者法律规定的组织有权请求侵权人在合理期限内承担修复责任。侵权人在期限内未修复的，国家规定的机关或者法律规定的组织可以自行或者委托他人进行修复，所需费用由侵权人负担。”

② 《民法典》第1235条规定：“违反国家规定造成生态环境损害的，国家规定的机关或者法律规定的组织有权请求侵权人赔偿下列损失和费用：（一）生态环境受到损害至修复完成期间服务功能丧失导致的损失；（二）生态环境功能永久性损害造成的损失；（三）生态环境损害调查、鉴定评估等费用；（四）清除污染、修复生态环境费用；（五）防止损害的发生和扩大所支出的合理费用。”

③ 详见《环境损害鉴定评估推荐方法（第Ⅱ版）》第4.9条、第4.10条、第4.11条。

性赔偿可以解决生态环境损害大小认定的复杂性导致的赔偿责任过轻的情形也不成立。相较于认为“赔偿责任过轻”系制度配置不足所致，实则应归结为裁判者在具体的生态环境损害赔偿计算过程中对环境权及其客体认识不清。目前在救济性环境民事公益诉讼中存在以实物损害的私益赔偿替代生态功能损害的公益赔偿以致赔偿不到位的问题。究其原因，大多数是因为对损害对象评估错误，理论上未对生态功能损害认识到位，未以受损利益的公益性为根本辨别生态环境损害——污染是通过侵害作为介质的物质形态对象而害及其背后的生态功能，径直将对私益的物质形态对象的财产价值的赔偿当作对公益的无形的生态价值的赔偿，进而便难以实现生态环境损害赔偿制度的预期效果。故如果能正确认识到环境民事公益诉讼中对环境生态功能损害额的评估绝不仅限于介质的物质形态损害额，还应囊括介质承载的环境生态功能的损害额，即在计算损害赔偿时需要确定受损害的生态系统自身运行的生态价值以及服务对象的环境利益诉求并予以评估量化，“赔偿责任过轻”的问题也因此迎刃而解。

从实际的救济性环境民事公益诉讼的赔偿情况来看，即便在生态环境损害可修复（含直接可修复和替代性修复）的情况下，通常造成的污染和破坏已经非常严重，要实现同质赔偿原则下的完全填平，需以修复性赔偿为优先，叠加针对生态功能损害期间的赔偿，总体赔偿数额已经非常巨大，再叠加惩罚性赔偿更无现实可行性。况且，在环境污染导致的生态环境损害无法恢复时，损害赔偿系对于生态环境功能永久性损害造成的损失的弥补，即损害不可修复时以金钱赔偿来弥补。现实情况中因为生态功能的完全恢复程度难以准确评定，生态系统服务功能永久性损失的计量无法进行实际鉴定和评估，我国目前立法、司法实践所采取的量化环境损害、计算赔偿损失数额的方法是虚拟治理成本法。所谓“虚拟成本”即按照受污染影响区域的环境功能敏感程度划分环境功能区类型，不同的环境功能区对应不同的治污成本，根据公式模型推算和判定现行的治理技术和水平下受损环境的价值贴现，具有变动性。司法裁量上，根据现有的评估技术规范和计算方法，以虚拟治理成本法计算生态环境赔偿数额的公式为污染物排放量×单位污染物虚拟治理成本×受损环境功能敏感系数。其中，污染排放量与单位环境虚拟治理成本的乘积是计算依据（赔偿基数），受损环境功能敏感系数是计算倍率。不同环境介质对应不同的环境敏感系数推荐值，实际计算时，受损环境功能敏感系数还需要在推荐值的基础上具体根据实际环境损害的程度和持续时间进行酌情调整，调整幅度为原值的倍数，具有充足的估算和裁量的弹性空间。虚拟治理成本法在适用过程中会经过两次调整，一次是虚拟治理成本计算时需要考虑不同环境要素的敏感程度，另一次是虚拟治理成本法计算出来的结果并不必然为最终的损害数额，因为法院还需要根据一系列可能因素进行综合考虑。所以在个案裁量时，最终环境损害数额以补偿为基准，结合污染环境、破坏生态的范围和程度，生态环境的稀缺性，生态环境恢复的难易程度，防治污染设备的运行成本，被告因侵害行为所获得的利益以及过错程度等因素予以合理酌定。[①] 这一针对无法修复、治理的永久性环境损害的赔偿仍属于同质赔偿，不能被误解为惩罚性赔偿。如果再叠加惩罚性赔偿，相当于在本就高额的赔偿金额上加重，会导致侵害主体难以承担，所以没有必要在公益诉讼中再设置惩罚性赔偿。

（二）解读现行规定也说明惩罚性赔偿不适用于环境民事公益诉讼

1. 文义解释：私法性质之澄清

惩罚性赔偿适用范围主要依据权利人的权利来源确定。认为惩罚性赔偿适用于环境公益诉讼的学者为证明惩罚性赔偿的请求权主体扩展到公益原告具有正当性而采取观点各异的权利来源学说，主张惩罚性赔偿不适用于环境公益诉讼的学者鲜有回应，这无疑是一种未触本质的论证缺憾。法理基础尚未明确，更不用说澄清惩罚性赔偿制度的性质、价值目的、救济客体等问题。所以对新设制度适用扩展的正当性论证应当回归对权源问题的分析。文义解释以法律文本为导向，按照法律用语的基本含义阐释法律条文的意涵，包括法律内在的本质意义和逻辑运作的原理。通过对《民法典》惩罚性赔偿相关规定作文义解释，能够明确环境侵权惩罚性赔偿的权利人及权源，澄清制度性质。

---

① 详见最高人民法院《关于审理环境民事公益诉讼案件适用法律若干问题的解释》（法释〔2020〕20号）第23条。

《民法典》第 179 条第 2 款规定惩罚性赔偿是民事责任承担方式之一，“法律规定惩罚性赔偿的，依照其规定”，表明立法者对惩罚性赔偿的创设采取严格的法定主义，没有将惩罚性赔偿的适用当作任由当事人主张的任意事项或者交由法官酌定的自由裁量事项，惩罚性赔偿请求权内容及权利基础只有在现行法律规范中明确规定，才是被赋予主张此请求获得权利救济的正当性，否则将出现例外责任之滥用以致体系紊乱的后果。此规范位于《民法典》总则编中，具有“公因式”的效用，能够规范整个惩罚性赔偿规范群。[①]环境诉讼惩罚性赔偿请求权规定在《民法典》第 1232 条，条文已具备“假定—处理—制裁”的法规范框架。从“侵权人……造成严重后果的，被侵权人有权请求相应的惩罚性赔偿”的文本表述，按照字面意义的阐释，可以得到对惩罚性赔偿在环境诉讼中适用的解读：环境诉讼中的惩罚性赔偿系环境侵权的责任方式，请求权主体限定为“被侵权人”，即环境侵权法律关系中的特定受害人，权源是真正权利人的民事利益受到损害。《民法典》第 1232 条为环境侵权惩罚性赔偿的基本法源。

惩罚性赔偿请求权的适格主体不能扩展到公益诉讼的原告。救济性公益诉讼的法律关系与环境侵权惩罚性赔偿不相契合，在我国现行法上的环境民事公益诉讼和生态环境损害赔偿诉讼的请求权主体为“国家规定的机关或者法律规定的组织”，其本身并非具体生态环境损害的“特定受害人”，之所以能够成为公益诉讼的原告，是以诉讼实施权皆来自法律规定的转移或派生，[②] 更无涉私益关系，所以不能被纳入“被侵权人”这一特定的法律主体资格之内。

且“被侵权人有权请求”表明环境侵权惩罚性赔偿系被侵权人自行提出，采自诉路径，是真正权利人主张私益请求权的体现，与公益诉讼亦不相契合。不同于私益诉讼，环境民事公益诉讼和生态环境损害赔偿诉讼中的诉讼请求涉及生态性利益这一公共利益的损失，并非真正关乎诉讼当事人本身

---

① 《民法典》颁行后，《民法典》总则编第 179 条第 2 款沿用了《民法总则》第 179 条第 2 款将惩罚性赔偿作为民事责任承担方式之一的规定以及《民法典》侵权责任编分别针对侵犯知识产权、产品责任以及污染环境破坏生态等方面的三条惩罚性赔偿相关条款（第 1185 条、第 1207 条和第 1232 条），构成了我国现行惩罚性赔偿规定体系。

② 参见黄忠顺：《论公益诉讼与私益诉讼的融合——兼论中国特色团体诉讼制度的构建》，载《法学家》2015 年第 1 期。

的利益，所以公益诉讼原告对诉讼利益无实体处分权，取而代之的是法院在诉讼中的“深度介入”，如法院能够释明变更或增加诉讼请求、主动介入证据收集、不予受理反诉以及公告调解或和解协议、符合相关条件的情况才予准许撤诉等。① 而《民法典》第1232条表述的“有权请求”即在规范上认可惩罚性赔偿权利人能够对权利和请求权本身进行处分，被侵权人基于自身利益的处分权的彰显对诉讼程序的发生、发展与终结具有重要影响力，得依其个人意志向侵权人请求惩罚性赔偿或放弃这一主张，也可从自我利益出发协商结案，符合私法请求权的实质要素。②

2. 目的解释：制度功能之考察

主张惩罚性赔偿适用于环境民事公益诉讼的学者实际上未对惩罚性赔偿适用于环境民事公益诉讼“无必要性”的原因进行深入挖掘。现行立法已配置其他带有惩罚性因素的制度不能作为无法适用惩罚性赔偿的理由，惩罚性赔偿作为在补偿性赔偿制度基础上额外提出的赔偿，与“同质赔偿”相对，就是通过重复的方式加大赔偿力度，从而达到“惩罚”的目的。所以以重叠规制为理由否定惩罚性赔偿的说服力较弱。引入目的解释的探究则可以增强“无必要性”的论证力度。目的解释是文义解释的辅助性方法，通过目的解释能够考察惩罚性赔偿的功能目标是否与规范目标相契合，从而辨明此项救济制度在规范创设上的定位，厘清制度优势，使制度在繁密的救济网络和叠加的诉讼机制中新设和运行的必要性得以彰显。③ 经过对惩罚性赔偿“惩罚、阻遏、补偿、激励”的主要功能的体系化梳理，本书认为惩罚性赔偿只有嵌于环境私益诉讼才能发挥引入制度的效用，获得适当性的证成。

“补偿”功能作为侵权责任制度最基本的要求，在环境私益诉讼中实现

---

① 详见最高人民法院《关于审理环境民事公益诉讼案件适用法律若干问题的解释》（法释〔2020〕20号）第9条、第14条、第17条、第25条、第26条、第27条。

② 耶利内克认为，私法请求权的实质要素是“授予意志的可为才能实现的利益”。此处的“可为”即法律允许个人意志所决定的在某方面行使向他人主张的请求权或对权利和请求权本身进行处分的天然自由。参见［德］格奥格·耶利内克：《主观公法权利体系》，曾韬、赵天书译，中国政法大学出版社2012年版。

③ 参见潘承嵘：《环境侵权惩罚性赔偿的规范省思》，载《北京化工大学学报（社会科学版）》2022年第3期。

自不待言。环境侵权具有特殊性，环境侵权作为一类间接致害的民事权益损害并非在“环境侵权行为”发生时固定，而是一个具有持续性、潜伏性、累积性的过程。在同质赔偿原则下，环境侵权惩罚性赔偿的“补偿”功能便体现在解决此过程中由于立法技术的局限所致的“难预见性”问题，填补传统侵权法理和制度体系认为“过于遥远”而排除救济的人身和财产权益损害，贯彻侵权法“损害完全填补”的价值追求。

但侵权法的功能绝不限于填补损害，还会有对侵权人的制裁或曰惩罚。一般侵权中，“填补损害”是针对“过失责任”而言，过失是社会的必然，难以消除，所以法律注重填补受害人的损失。对有目的、有计划的故意侵权而言，故意是当事人的选择，支配着当事人的行为，通过遏制故意和制裁故意加害人可以控制行为进而避免损害发生。所以法律还应关注对“主观恶性”行为的制裁。惩罚性赔偿的引入便是现代侵权法通过辨识和衡量“故意”与“过失”在道德非难程度上的差异，将“故意”重新彰显于归责原则的过错理论的结果。环境侵权惩罚性赔偿责任构成便是在先决性适用危险责任①的归责原则，决定了补偿性的责任数额，解决损害填补之后，在此基础上补充性适用过错责任的归责原则，根据侵权人的过错程度相应地增加责任数额，起到对故意环境侵权行为的惩罚和制裁，以彰显矫正正义下责任确定的公平性。最高人民法院《关于审理生态环境侵权纠纷案件适用惩罚性赔偿的解释》就将环境侵权惩罚性赔偿的主观要件规定为“故意”，并且列举几种侵权人的可归咎情形以凸显惩罚功能。② 根据经济学的博弈理论，惩罚性

① 环境侵权的归责原则应为“危险责任”而非部分学者惯常主张的“无过错责任”。语义解释上，从“归责”为“追究责任的理由”的角度来检视，如果将“过错责任”解释为“因为侵权人存在过错而追究其责任”，那么对与之相对的“无过错责任”做同样解释“因为侵权人不存在过错而追究其责任”，表述显然不妥，实际上所谓的“无过错”想表达的核心内涵应为更为严格的“不以侵权行为的主观要素——过错为由追究责任”，即“客观归责”，以客观要素为归责缘由。“危险责任”以具有不正当性的危险活动为成因，恰恰为此意涵的主要体现，且鉴于环境侵权自身的特殊性，以“危险责任”作为归责原则是合理的，亦不妨碍再追究侵权人的过错责任，可以按照过错责任构成依据行为人的过错增加赔偿。惩罚性赔偿就是过错责任在环境侵权领域进一步适用的典例。参见邹雄等：《环境侵权法疑难问题研究》，厦门大学出版社 2010 年版，第 42 ~ 52 页。

② 详见最高人民法院《关于审理生态环境侵权纠纷案件适用惩罚性赔偿的解释》（法释〔2022〕1 号）第 4 条、第 6 条、第 7 条。

赔偿在补偿性赔偿基础上的额外叠加，是以增加故意侵权人的侵权成本的惩罚方式给行为人提供威慑导向，破解“守法成本大于违法成本”的困境，促使其放弃侵权，从而阻遏故意侵权的发生。这种外部成本内部化的制裁方式对环境侵权人来说固然有很好的威慑作用，但用于环境民事公益诉讼中便会面临尴尬。司法实践中，以往的环境民事公益诉讼案件在并未明确适用惩罚性赔偿的情形下，已经出现多例标的惊人的“天价赔偿”案件，企业难以承受，更不用说叠加惩罚性赔偿，可想更无实现的余地。从功能主义的视角来看，假设惩罚性赔偿能够在环境民事公益诉讼中适用，则可能会引出边际威慑逻辑[①]下生态环境损害赔偿费用本身的适用难题，即超出边际的加大处罚力度会导致威慑过度甚至威慑失灵，故而惩罚性赔偿的惩罚、阻遏功能不能在环境公益损害的领域获得证成。

环境侵权惩罚性赔偿实际上还是一种利益激励机制，具有双重激励的效果，既可以克服与缓解“履行差错”所致的责任不足，使受害人获得以实际损害额度为基准的倍数赔偿，以此作为鼓励受害人兴讼的诱因；又可以给行为人有可能的选择提供成本—收益预设，使其能清楚地预见自己的行为所产生的后果，通过外部成本内部化实现“守法激励”。[②] 具体而言，环境私益诉讼受制于环境侵权表现形式较为复杂，因果关系往往具有间接性、多因性、潜在性等特征，使损害结果具有不可预期性和不可计算性。且由于信息不对称，损害结果的潜伏性、隐蔽性增加了势单力薄的受害人感知环境利用行为的风险以及所致损害的难度。环境侵权诉讼中，对间接致害的因果关系、损害后果、损害赔偿费用等诸多问题，基本均需要通过专业性极强的司法鉴定予以明确，为此所需的获取相关证据的过程也极为关键和专业，会耗费极长的时间周期以及极高的费用，具有非常大的困难，甚至会出现受害人所获得赔偿的数额与其提起诉讼的时间、金钱成本极不相称的情形。所以引入惩罚

① 贝克尔在《犯罪与刑罚：一种经济学进路》中提出威慑犯罪的相关处罚的最优值可以从社会损失的函数中推导出来：犯罪的边际成本等于边际收入时，社会损失最小。所以威慑的效果应维持在对社会之边际利益的贡献，等于其对社会所产生之额外的边际成本，即当损害赔偿或行政罚款的数额等于违法者给社会造成的净损害时，方能实现最优威慑。See Gary S. Becker, *Crime and Punishment: An Economic Approach*, The Journal of Political Economy, Vol. 76: 2, p. 169 - 217 (1968).

② 参见谢晓尧：《惩罚性赔偿：一个激励的观点》，载《学术研究》2004 年第 6 期。

性赔偿是在补偿性赔偿的基础上增加成本之外的合理回报，对受害人权利的救济能实在落地提供激励和保障。同时，环境侵权惩罚性赔偿通过让加害人以责任赔偿的方式承担加害行为所有的社会成本，使其不能从侵权行为得到任何好处。除非有强烈的风险偏好，否则理性的行为人会选择守法，不会轻易侵权。

而环境民事公益诉讼的提起并不需要人为设置激励机制。环境民事公益诉讼的原告资格属于法定诉讼担当，① 在公益诉讼中实际上都起“补位”作用，在真正权利人不能、难以或不宜实施诉讼时法定诉讼担当才具有正当性基础。所以针对“激励”真正权利人“私人执法”的惩罚性赔偿制度便不能当然地适用于环境民事公益诉讼。作为公益诉讼原告的“国家规定的机关或者法律规定的组织”具体包括政府部门、检察机关和环保公益组织：政府部门作为法定诉讼担当人行使生态环境损害索赔权是为解决公民在生态环境损害赔偿诉讼中动力不足、能力有限而导致的缺位、怠于诉讼的问题。检察机关在环境民事公益诉讼中更多地作为一种消极的法律监督角色督促环境行政机关尽责履职，需警惕自身的“过度能动”。环境行政公益诉讼亦不涉及惩罚性赔偿的课予。环保公益组织虽然作为环境公益的代表参与诉讼，但并不具备实际的民意基础，亦缺乏责任机制的约束，且获赔资金的归属为实现公共需求，并不由其自由支配。

3. 体系解释：侵权法定位之明晰

体系解释是在上下文之间进行意义勾连的识别，即将个别的法律观念放到整个法律秩序的框架中考察，从而探寻制定法的规范意义。探究环境侵权惩罚性赔偿的制度定位，不仅需要在条文所处的章节中进行审视，更不能忽略与所在的分编以及总则的相关规定的包含与被包含的联系。

从体系化的角度出发，惩罚性赔偿的适用范围不应当扩展到环境民事公

① 本书认为，我国生态环境损害赔偿权利人权源为法定诉讼担当，其他解释生态环境损害赔偿权利人权源的学说，如自然资源国家所有权说、国家环境保护义务说、环境行政执法权能说、环境公益说以及公共信托说都带有某些逻辑上的欠缺，无法完善地解释所有生态环境损害制度的法理问题。为避免重点被模糊，在此不做太多论述，具体论证参见邹雄、陈山：《我国生态环境损害赔偿权利人权源的法理透视》，载《福建师范大学学报（哲学社会科学版）》2021 年第 4 期。

益诉讼。法律体系讲求外在逻辑与内在价值体系的一致。就外在逻辑来看，《民法典》侵权责任编的“环境污染与生态破坏责任”章节条款的设置和排列遵循环境侵权私益责任和生态环境损害责任相互区分和并列的逻辑，各自对应不同路径、不同规范、不同责任，因而对权利人的表述亦有差别。侵权责任编对权利人的一贯表达都为“被侵权人”，是指民事权益受到侵害的民事主体，包括自然人、法人、非法人组织。而规定生态环境损害赔偿制度的《民法典》第1234条、第1235条的表述是“国家规定的机关或者法律规定的组织”，区别于第1232条，也区别于总则编内的一般规定。[①] 对个别规范的理解应避免在逻辑上与规范的整体性发生抵触，[②] 按照体系逻辑，惩罚性赔偿规定在第1234条、第1235条之前，表明其适用于环境私益诉讼。最高人民法院《关于审理环境民事公益诉讼案件适用法律若干问题的解释》第2条也开宗明义地指出惩罚性赔偿的适用主体为“因环境污染、生态破坏受到损害的自然人、法人或者非法人组织”，一直到第11条，对主体的措辞都延续了“被侵权人”的表述，即认可惩罚性赔偿规制的是通过环境介质间接造成的民事主体私权益的减损。但第12条又将“国家规定的机关或者法律规定的组织”作为“被侵权人代表”，“参照”前述规定予以适用惩罚性赔偿，和之前的表述有些割裂。根据体系解释的一贯性，本书认为此“参照”条款不妥。这里的“参照”是最高人民法院通过司法解释的方法直接规定类推适用的情形，又被称为“法定的类推”。[③] 而类推作为一种漏洞填补的手段，适用的前提是法律存在漏洞。如果某一规则中有意识地未采用某些构成要件，是因为根据规则理念不应发生相应的法律效果，实际上便不存在漏洞，不需要制造解释进行虚空打靶。类推不应成为消除立法者基础评价、实现裁判者所希望发生之结果的工具。[④] 对《民法典》第1232条进行分析，可发现该规范

---

① 《民法典》第120条规定，被侵权人有权请求侵权人承担民事责任，在侵权责任编的一般规定中也表述为“被侵权人”有权请求侵权人承担侵权责任。

② 参见陈金钊：《法律解释规则及其运用研究（中）——法律解释规则及其分类》，载《政法论丛》2013年第4期。

③ 史尚宽：《民法总论》，中国政法大学出版社2000年版，第51页。

④ 参见［德］马库斯·乌尔丁格：《规范的可类推性——对例外规定和确权规范的方法论研究》，孙文译，载王洪亮等主编：《中德私法研究》（第18卷），北京大学出版社2019年版，第91页。

构成惩罚性赔偿请求权的请求权基础，通过文义、目的解释的方法即可将该规范的涵摄范围限定于环境侵权的情形，并不存在违反立法计划的法律漏洞，所以此条惩罚性赔偿请求权的确权规范不具有类推性，不应该作为类推基础引申出适用范围扩张到环境民事公益诉讼的类推解释。并且，按照侵权法一般的从补偿到惩罚的路径设置责任形式，若惩罚性赔偿责任同样适用于生态环境损害，就应当在《民法典》第1234条、第1235条后予以专门规定，或在“环境污染与生态破坏责任”章节末尾表明惩罚性赔偿在环境侵权责任和生态环境损害责任中的统一适用，否则难言契合不同责任形式之间的逻辑关系。①

就内在价值来看，虽然将具有公益性质的生态环境损害救济的法律规范安放在民法的制度安排是《民法典》在功能主义的立法导向下将公法性质的利益纳入私法救济规则操作范围的重大创新性立法，但绝不意味着《民法典》将侵权责任救济体系的客体范畴从“私益”扩展到“公益”。侵权责任法仍应秉持作为“救济法”的立法定位，其立法目的在于保护私权利，而非逾越制度之功能承担保护环境公益的任务。最高人民法院《关于审理生态环境侵权纠纷案件适用惩罚性赔偿的解释》第11条第1款对侵权人的惩罚性赔偿责任与行政责任、刑事责任之间发生非冲突性法律责任竞合时的优先承担顺位作出了规定，侵权人的财产不足以同时承担所有责任时，“应当优先用于承担民事责任”。最高人民法院《关于审理环境民事公益诉讼案件适用法律若干问题的解释》第31条则明确规定权利人在环境民事公益诉讼中和环境侵权诉讼中的受偿顺位，也强调“优先实现私益”。私主体在民事责任承担和私益受偿顺位上的优先性表明了民法体系的私法功能和价值取向。适用任一规范就是在整体上适用法秩序，要与法秩序各个部分的法律基础评价完全协调。就《民法典》第1232条的各方面情况来看，不仅有“环境污染、生态破坏侵权的惩罚性赔偿”的规范意旨，还有“被侵权人”的责任主体限定、“有权请求”发动民事诉讼的实施手段，更有规定在《民法典》传统侵

① 参见周峨春、吕靖文：《〈民法典〉中环境污染和生态破坏责任的内部逻辑与外部衔接》，载《中州学刊》2021年第12期。

权责任体系的条文位置，无一不是对环境诉讼中惩罚性赔偿规范边界的限制说明：此条款作为“私益侵权”条款，没有溢出到公益诉讼的可能。[①] 环境侵权惩罚性赔偿承继与遵循的是侵权法作为“救济法”的整体定位以及既有规范“以私权保障为核心”的价值目标。

环境公益实际应属环境权的保护范畴，要做到全面救济须适用环境法及其他公法制度。而《民法典》只能在“绿色原则”这一外源性原则的指导下，合理承接生态环境保护职能，其“绿化”的边界需要廓清，其不应也无力承载环境权及其实现制度。[②] 诸法共治，并不意味着各法彼此之间相互倾轧没有界限，而恰恰应当强调将“本质不同”“需要综合不同的法律共同调整”的内容剥离分割，明晰不同法律之间的分工配合。随着环境法典呼之欲出，待环境权概念以及实现、救济机制明晰，届时有必要正本清源，妥善安放环境公益保护规则，重新审视惩罚性赔偿规则之安放。

① 参见巩固：《公法视野下的〈民法典〉生态损害赔偿条款解析》，载《行政法学研究》2022年第6期。

② 参见邹雄、庄国敏：《论民法典绿化的边界——以民法典对环境权的承载力为视角》，载《东南学术》2017年第6期。

结　论

环境公益诉讼在我国如火如荼地开展，但一系列法理难点问题尚未解决，使相关立法和司法都备受掣肘。本书立足于辩证唯物主义方法论指导，遵循法理学原理，从法理角度深入探讨了环境民事公益诉讼、环境行政公益诉讼、生态环境损害赔偿诉讼等各种环境公益诉讼的根本性、共通性难点，系统地回答了下列十个理论和实践问题。本书特色是以符合法理的环境权概念贯穿全文，使其具有系统性、圆融性、完整性，是一个逻辑严谨的理论体系。主要观点归纳如下：

1. 环境公益是环境公益诉讼之诉的利益。诉的利益是诉讼的基础，没有诉的利益就无从启动诉讼，诉的利益也是不同诉讼的区分标志。因此，研究环境公益诉讼首先要回答其诉的利益是什么。根据诉讼法原理，诉的利益是指根据法律规定，当事人在与他人发生纠纷或者其合法权益受到侵害时，确有必要且能够运用诉讼制度实现其权益保护的正当利益。环境公益诉讼之诉的利益显然是环境公益。环境公益是什么？环境是十分广义的概念，包括自然环境、工程环境和社会环境等，环境公益诉讼中的环境应限于其中的自然环境。自然环境有很多功能，包括生态功能（不是现行立法所谓的生态环境服务功能）、经济功能和文化功能。环境公益是以环境生态功能为基础的利益群。环境公益是不特定自然人共享的利益，其区别于环境众益、环境国益和环境私益。基于对环境公益这个诉的利益的把握，可以确认我国现行环境公益诉讼有以下种类：环境民事公益诉讼、刑事附带环境民事公益诉讼中的环境民事公益诉讼、海洋自然资源与生态环境公益诉讼中的生态环境公益诉讼、环境行政公益诉讼、生态环境损害赔偿诉讼。从实质和功能分析，法理上宜分为预防性环境民事公益诉讼、救济性环境民事公益诉讼和环境行政公益诉讼三类。

2. 环境公益诉讼与私益诉讼一样需要诉权启动。诉权是肇始于私益诉讼的概念，其内涵众说纷纭。随着社会变迁，诉权理论经历了私法诉权说、公法诉权说、二元诉权说到修正的二元诉权说，诉权也从私益诉讼扩展到了公益诉讼。本书赞成修正的二元诉权说。该说的观点是：纠纷发生后当事人享有诉诸法院并请求法院依法裁判的权利，包含了程序性诉权和实体性诉权。程序性诉权是指除了包含起诉权内涵外，还包含了其诉权基础为尚未上升为权利的实体性法益。实体性诉权则是实体法上的请求权，是期待胜诉权。并且，不要求当事人同时满足两种意义的诉权，仅需符合其一，便满足诉权的成立要件。

3. 环境权是环境公益诉讼的诉权基础。环境权已被联合国人权理事会、国务院发布的《国家人权行动计划》确认为人权，编纂中的环境法典亦将确立环境权。可见，目前在我国被现代法观念和法精神所确认的尚处于法益位阶的环境权须上升为法律权利已达成共识。如何界定环境权成了学界讨论的热点，有最广义、广义、狭义等诸多观点。本书认为，界定环境权须遵循法理学原理才能达成共识。环境权是自然人享有适宜自身生存和发展的良好生态环境的法律权利，其主体限于自然人（于国际法为人类，于国内法为公民）；其客体是环境生态功能；其内容是基于环境生态功能的利益群；其属性除了人权外，还具有主观公法权利、法益属性等；其权能包括对良好生态功能的保有、享受等实体性权能以及环境参与权、环境知情权、环境请求权等程序性权能，其中环境参与权是核心权能。环境公益诉讼之诉的利益是环境公益即基于环境生态功能的利益群。环境权是环境权益体系中唯一以环境公益为内容的权利，故环境公益诉讼是救济环境权而非其他环境权益的诉讼。根据修正的二元诉权说，无论是现在的法益还是将来的权利，环境权都可作为环境公益诉讼的诉权基础。

4. 公民具有环境公益诉讼的实质原告资格。关于环境公益诉讼的性质是主观诉讼还是客观诉讼，学界观点不一。本书认为，环境公益诉讼既维护客观的秩序公益，也维护主观的环境公益，具有主客观诉讼复合性，因此要求环境公益诉讼的原告具有主观权利。环境权具有主观公法权利属性是环境公益诉讼的诉权基础，因此，作为环境权主体的公民逻辑上就具备了环境公益诉讼的实质原告资格。但为了防止滥诉，公民启动环境公益诉讼还需满足原告资格要件和起诉条件的要求。

5. 检察机关等主体具有环境公益诉讼的形式原告资格。我国现行法律、政策的规定和学说普遍主张环保公益组织、行政机关、检察机关可以提起环境公益诉讼（除行政机关不可提起环境行政公益诉讼外），但学界对于这些主体的原告资格法理依据认识不一，有国家自然资源所有权说、国家环境保护义务说、行政执法权说、公共信托说、法定诉讼担当说等。本书认为，唯有法定诉讼担当说能够完美解释这些形式原告资格的法理基础。所谓法定诉讼担当，就是法律赋予没有实体权利的合适主体以诉讼实施权，以填补实质原告的缺位，启动环境公益诉讼维护环境公益的制度。对于环保公益组织作为环境公益诉讼的形式原告，学界没有异议。而对于检察机关、行政机关作为环境公益诉讼的形式原告，学界存有异议。

对于检察机关作为形式原告的异议，主要是认为检察机关的法律监督主体地位与原告主体地位相冲突。本书认为，在我国环境公益诉讼中检察机关既是诉讼监督者又是诉讼当事人，此双重角色确实存在法理冲突。但该法理冲突并非无法消解。我国《宪法》将检察机关定位为国家法律监督机关，检察权发挥着法律监督功能。检察机关通过检察权的执法监督权能、司法监督权能、守法监督权能实现其各项职能，且每类监督权能由检察机关若干职权构成。检察权的三类法律监督权能无须在检察机关的每项活动中同时实施，构成权能的具体职权也应根据法律实施的需要而动态调整。在检察公益诉讼中，为解决双重角色的法理冲突，检察机关应主要实施执法监督权能和守法监督权能，谦抑地实施司法监督权能。故可取消司法监督权能中的抗诉职权，并转属对司法人员侵犯公民权利、损害司法公正犯罪的侦查职权至监察委员会。

对于行政机关作为环境民事公益诉讼形式原告的异议，主要是认为赋予行政机关原告资格会使司法权架空行政权。本书从行政法理论、现行相关立法等角度分析认为，在救济生态环境损害领域，行政机关无权对生态环境损害作出责令赔偿或修复生态环境的行政决定。因此，所谓司法权架空行政权等“否定说”理由不成立。在实质原告缺位时，赋予行政机关提起环境民事公益诉讼以救济生态环境损害是必需的。

6. 环境民事私益诉讼与环境民事公益诉讼（含生态环境损害赔偿诉讼）的功能划分和衔接。环境民事私益诉讼是环境侵权引发的诉讼，所谓环境侵权是指因产业活动或其他人为原因，致使环境介质的污染或破坏，进而间接对特定主体人身权、财产权造成损害或有造成损害之虞，依法应当承担法律责任的行为。故该诉讼救济的对象是特定主体被侵害的人身权和财产权。环境民事公益诉讼是侵害环境权引发的诉讼，所谓侵害环境权是指污染、破坏环境行为损害环境生态功能，致使不特定多数人基于环境生态功能的利益群受损，依法应当承担法律责任的行为。故该诉讼救济的对象是不特定主体（公民），被侵害的环境公益即基于环境生态功能的利益群。环境侵权与侵害环境权的关系是：污染、破坏环境的行为比较轻微，仅损坏水、气、土壤等环境介质，不会损坏环境生态功能时，该行为只可能构成环境侵权而不会构成侵害环境权。反之，污染、破坏环境的行为较严重，不仅损坏环境介质，还损坏环境生态功能或有损坏环境生态功能之虞时，该行为同时构成环境侵权和侵害环境权。因此，环境民事私益诉讼与环境民事公益诉讼的功能划分和衔接有三种情形：（1）当污染、破坏环境的行为只构成环境侵权时，只有特定主体的人身权和财产权（含特定主体所有的水域、土地等环境介质财产权）损害，故应由特定主体提起环境民事私益诉讼，不可能发生环境民事公益诉讼。（2）当污染、破坏环境的行为有损坏环境生态功能之虞时，不仅损坏了环境介质且损害了特定主体的人身权和财产权（含特定主体所有的水域、土地等环境介质财产权），还有损坏环境生态功能的重大危险，故应由特定主体和适格原告分别提起环境民事私益诉讼和预防性环境民事公益诉讼。（3）当污染、破坏环境的行为损坏环境生态功能时，不仅损坏了环境介质且损害了特定主体的人身权和财产权，还损坏了环境生态功能，故应由特定主体和适格原告分别提起环境民事私益诉讼（此情形下该私益不包括环境介质部分的财产利益，因为该部分利益宜并入生态环境损害赔偿诉讼中一并救济）和生态环境损害赔偿诉讼（救济性环境民事公益诉讼）。

因同一个污染、破坏环境的行为引发的前述三种情形下的诉讼，无论是环境私益诉讼、预防性环境民事公益诉讼还是救济性环境民事公益诉讼，在具备合并审理条件（如可同一法院管辖、同时起诉等）时，可以环境民事公益诉讼附带环境私益诉讼的方式审理，以节约司法资源；在先的生效判决认定的事实皆可于在后审理的诉讼中通过司法认知进行确认，以降低司法成本。

7. 环境民事公益诉讼与生态环境损害赔偿诉讼的功能划分和衔接。对于环境民事公益诉讼与生态环境损害赔偿诉讼的界分和衔接问题，多种学说和实务经验并存，这是因为生态环境损害赔偿诉讼的性质模糊以及“两诉”功能划分不清。对“两诉”内容的分析，可明确“两诉”的本质都是环境民事公益诉讼。在明确“两诉”本质一致的前提下，从“两诉”制度的目的、历史变迁和现实需要考量，提出“两诉”并存的正当性和功能划分的方案——将现行环境民事公益诉讼制度的功能界定为“事前预防”环境公益损害，宜称为预防性环境民事公益诉讼，救济污染、破坏环境行为有损坏环境生态功能重大危险之情形；将生态环境损害赔偿诉讼制度的功能界定为“事后救济”环境公益损害，宜称为救济性环境民事公益诉讼，救济污染、破坏环境行为已造成环境生态功能损害的情形。为实现“两诉”功能上的协同，最大限度发挥制度合力，必须建立以下配套制度：因为救济性环境民事公益诉讼中环境生态功能的恢复费用或赔偿金额必然涵盖了受损环境介质的恢复费用或赔偿金额，故就环境介质部分的环境民事私益诉讼必须与救济性环境民事公益诉讼合并审理，以便在评估中明晰环境介质私益部分的金额与环境公益部分的金额，从而判决分别归属环境民事私益诉讼的特定原告和救济性环境民事公益诉讼所配套建立的环境公益基金。这就要求在救济性环境民事公益诉讼中，特定主体未就环境介质部分的财产损失主动提起附带环境民事私益诉讼主张权利时，法院得依职权追加该特定主体为原告启动该附带环境民事私益诉讼。

8. 环境公益诉讼各类原告的起诉顺位及其衔接。环境公益诉讼的实质原告是公民，形式原告有环保公益组织、行政机关、检察机关。由于原告具有多元性，所以必然需要明确原告起诉的顺位。对此，学界众说纷纭。本书认为：(1) 公民应处于第一顺位。这是由公民是环境权主体、具有成为实质原告地位决定的，因为其他以法定诉讼担当身份成为的形式原告都是为了填补实质原告缺位而存在的。(2）环保公益组织应处于第二顺位。这是由《环境保护法》所确立的“公众参与原则”决定的，而且该原则极其重要，没有公众参与就没有环境保护，这也是为什么环境权的核心权能是参与权的原因，公权目标的多元性往往以牺牲环境为代价。环保公益组织作为原告启动环境公益诉讼正是“公众参与”的重要渠道，应当优先于公权机关。(3）行政机关应处于第三顺位。这是由其环境保护职责决定的。行政机关有环境保护的职责，但是它又不能优先于公民和环保公益组织，因此其处于第三顺位是合适的。(4）检察机关应处于最末顺位。这是由其法律监督机关的属性决定的。所谓监督，就是要督促其他适格原告先行起诉。即只有在其他适格原告都缺位的时候，检察机关才可以提起诉讼，以避免环境公益受损。

9. 环境民事公益诉讼中因果关系证明的法理厘清。包含环境民事私益诉讼和环境民事公益诉讼在内的环境民事诉讼中，对污染或破坏环境行为与特定人的人身、财产损害或环境公益损害之间的因果关系证明问题的认识，从学说到立法都混乱不堪。本书对此进行了全面法理透视：(1）法律与司法解释就“因果关系”举证责任分配的规定相抵牾；(2）司法解释规定的实质并非“因果关系推定”；(3）司法解释系运用主观证明责任和降低证明标准减轻原告的证明责任；(4）“间接反证”等证明方法并非“因果关系推定”。在此基础上，进一步揭示了环境民事公益诉讼中因果关系证明的应然法理：(1）环境民事公益诉讼应由原告对因果关系负举证责任；(2）救济性环境民事公益诉讼因果关系证明标准应与民事诉讼一般标准相同；(3）预防性环境民事公益诉讼因果关系证明标准应高于民事诉讼一般标准；(4）环境民事公益诉讼中不宜区分原告类型设置不同的因果关系证明标准。

10. 环境民事公益诉讼不宜适用惩罚性赔偿。关于环境民事公益诉讼是否适用惩罚性赔偿，学界也争论不休。本书对肯定说和否定说进行了全面梳理，并从惩罚性赔偿的缘起和定位、环境民事私益诉讼与环境民事公益诉讼的救济对象、惩罚性赔偿与环境民事公益诉讼责任方式的契合性、惩罚性赔偿在环境民事公益诉讼中的适用空间，以及现行相关规定的文义解释、目的解释、体系解释等角度展开分析论证，认为环境民事公益诉讼不宜适用惩罚性赔偿。

后　　记

本书系我主持的第二个国家社科基金项目《基于环境权的环境公益诉讼法理难点研究》的研究成果，也是我独撰或为第一作者出版的第三部学术专著。今如期付梓，仍有些许感慨。谨记如下：

本研究成果获国家社科基金项目五位结题鉴定专家一致好评，荣幸之至。引述于此，意见一：“长期以来，无论是环境权还是环境公益诉讼都是我国环境法学理论研究中的重点和难点议题，存在诸多学术主张和学术争议。然而，贯通环境权和环境公益诉讼这两大议题的融合性、一体性的学术研究尚不多见，本项课题成果应该是国内少见的专门的系统性研究，在一定程度上可谓填补了国内学术研究的空白。从总体上看，课题结项成果结构合理，逻辑清晰，重点突出。课题组从法理角度深入探讨了涵盖环境民事公益诉讼、环境行政公益诉讼和生态环境损害赔偿诉讼在内的各类环境公益诉讼的根本性、共通性原理及其难点问题，并将环境权嵌入其中，贯穿主题和内容，将环境权和环境公益诉讼之间的内在关联性深刻揭示出来。结项成果除了在形式结构上具有逻辑性和融洽性之外，在内容方面也颇多创见，在一定程度上深化了学界对于环境权和环境公益诉讼及其关联性的认知，对于促进我国的相关理论研究和制度构建与完善具有一定的参考价值。”意见二：“该成果的研究视角、研究内容和研究方法都较好地体现了成果的创新性。作为环境法的基本范畴，环境权研究的学术价值、理论价值和应用价值不言而喻。本课题研究成果从环境公益诉讼原告的诉权基础这个视角来研究环境权，这是一种理论创见。研究成果从诉权基础理论构建、诉权类型、环境公益诉讼的司法实践、制度完善等多个方面来研究环境公益诉讼，对环境公益诉讼的理论进行了系统论证。该研究成果对完善环境公益诉讼理论和实践提供了具有应用价值的思路和方法。”意见三：“该成果对环境公益诉讼的理解和法理阐述比较全面，政治立场正确，观点明确。收集资料全面，对于环境公益诉讼理论、实践和立法进展有全面、深入、细致的了解。学风严谨，行文流畅，逻辑严密，写作规范。从环境公益诉讼的诉的利益和诉讼类型、原告的诉权基础、实质原告资格的法理、形式原告资格的法理以及制度难点的法理选择方面，对于环境公益诉讼法理做了系统的研究。具有创新意识，做出了艰巨的创新努力，提出的学术建议具有重要的理论价值与实际应用价值。成果在以下四个方面进行了重大理论创新，极具学术价值和实际应用价值。第一，基于环境的生态功能、经济功能和文化功能，将环境公益界定为基于环境生态功能的利益群，即不特定自然人共享的利益，并将环境公益与环境众益、环境国益和环境私益加以区别。第二，将环境公益诉讼诉权分为程序性诉权和实体性诉权，并将环境权界定为环境公益诉讼的诉权基础。第三，解决了环境公益诉讼各类原告的身份定位、起诉顺位及其衔接问题。第四，解决了环境民事私益诉讼与环境民事公益诉讼、生态环境损害赔偿诉讼的功能划分和衔接问题。成果对于规划中的检察公益诉讼法、公益诉讼法的制定和环境法典的编纂具有十分重要的理论指导意义。”意见四：“环境公益诉讼的实践发展比较迅猛，实践中各种探索、新做法仍在不断推出，但是理论上的支撑仍比较缺乏，各种理论频出，对相关理论问题进行梳理，并结合环境公益诉讼的实践需求，提出理论上统一的思路对于改进环境公益诉讼实践具有重要意义。课题成果立足于环境权理论探索环境公益诉讼的法理问题，对已有观点进行了比较全面的梳理，并结合实践问题从多个层面提出了自己的思考，内容比较丰富，提出的见解有一定的说服力，特别是第五章，能够结合环境公益诉讼实践中的具体问题展开，具有针对性，对于厘清环境公益诉讼的理论问题、推进相关实践的更好展开具有现实意义。”意见五：“该成果从环境公益诉讼起诉权证明创立环境权的应然性，并深入分析环境权的理论构造。该成果提出唯有环境权堪当环境公益诉讼原告的诉权基础，在研究视角上具有较多的创新之处。该成果突出特色在于区分环境公益诉讼实质原告资格和形式原告资格，强调公民是环境公益诉讼的实质原告，而环保社会组织等是环境公益诉讼的形式原告，并且深入考查了环境公益诉讼形式原告主体的类型。

该成果主要建树在于从法理分析的视角深入分析了环境公益诉讼制度的若干重点难点，包括环境民事公益诉讼与环境私益诉讼的衔接，生态环境损害赔偿诉讼与环境民事公益诉讼的衔接，环境公益诉讼原告起诉顺位和衔接，环境民事公益诉讼因果关系证明规则，环境民事公益诉讼中惩罚性赔偿适用。这些观点都是作者的独到见解。”

完成本课题研究和本书的写作，既感艰辛又感水到渠成。本课题研究历经五年，读者从本书框架料可感受其体系庞大且兼具理论和实践性，完成之艰辛自不待言。为什么又感水到渠成呢？回顾自己的科研历程，我联想到一位文科博士生的感叹“读了20年多书，我现在也没整明白到底什么是真正意义上的创新成果。”为此，我特意搜索了学者们对社科研究创新性的阐述。教育部社会科学委员会委员、吉林大学哲学教授孙正聿对学术创新有着独特见解：“创新的五个层次就是‘解释原则的创新，概念框架的构建，背景知识的转换，提问方式的更新和逻辑关系的重组’。按照这种层次划分，真正的‘学术创新’，归根到底应当是‘解释原则的创新’，也就是以某种独特的基本理念或统一性原理去解释相应领域的理论问题和现实问题。”他还认为，提高学术研究质量，首先要“寻找理论资源”，也就是从深厚的“文献积累”挖掘素材。在学术研究中，人们往往是以发现理论的“外部困难”来代替发现理论的“内部困难”，也就是仅提出理论与经验之间的矛盾，而没有把这种理论与经验之间的矛盾升华为理论自身的逻辑矛盾，因而就把所谓的“学术创新”当作是论述对“外部困难”的感受，而不是达到对“内部困难”的理论回应。由此就形成学术研究中的两种状况：一是固守已有的理论，从而造成理论的教条化和僵化；二是只用经验来诘难既有的理论，并没有实现理论自身的解释原则创新。这表明，提高学术研究质量，既要以理论的方式关切现实，更要以理论的方式把“外部困难”升华为“内部困难”，真正在理论上有所创新。见此阐发，我深以为然！对于法学研究，其实我一向主张“秉持法理、遵循逻辑、理论联系实际”，似乎不知不觉中践行着孙教授的高见。例如，我曾在《生态法治需以“环境权”为理论基石》一文中写道：“以‘环境权’为基石，首先需要对其有共识。何以形成共识呢？要寻找共同遵循。这个共同遵循只能是‘一般法理’。‘一般法理’不是认识论意义上的方法论，更不是法解释学意义上的所谓‘法学方法论’，而是在辩证唯物主义认识论指导下揭示的法律现象‘规律’，是人类理性的成果。正如哈贝马斯所承认的那样，理性不可否定。只要法律学人自以为还是在从事科研工作，就不能否定法学的科学性或规律性，就应当遵循一般理性规律，尽管它也是不断发展变化的。在一般法理足以提供理论资源的情况下，宜谨慎创设‘准物权’等新型权利。对类似大陆法系的中国法律而言，理论自洽十分重要，关涉法律实施的成败。立法、司法和执法都应当首选用足既有一般法理，切忌为创新而创新，尽量避免法理上不能融通的应景之举。”① 也曾在《环境侵权救济研究》一书的后记中写道：“实证研究绝不是非专业的‘百姓杂谈’或不要理论的‘事务处理’，而是指相对于‘纯理念’研究，更侧重于理论的实际应用的研究。所以，法学实证研究仍然是以法学理论为基础的专业活动，实证研究既不意味着没有理论，也不意味着没有深度。与其他社会科学相比，法学是典型的应用性学科，因此，毫无疑问，绝大多数的法律人应当立足于实证研究，致力于解决现实中的法律问题。”② 或许就是因为践行这种研究和著述风格，所以时常听得同行读者赞誉：法理清晰，读得明白；逻辑严谨，读得顺畅；解决问题，读得痛快。也让各种评审专家每每肯定“见解独到、创新性强。”于是乎，又有水到渠成之感。正如经济学家魏杰言“逻辑是研究的根本源泉”，哲学家王东岳云“创新其实也不很难，发现逻辑漏洞，给它补上就是”。这两句话真可谓言简意赅，堪称创新方法论。可见，法学研究不需要刻意创新，创新已然存在于秉持法理、遵循逻辑的解决实际问题之中。科研之海，浩瀚无垠，唯有悟其真谛，方可扬帆远航！

邹雄　谨记

2024 年 12 月 16 日

① 邹雄：《生态法治需以“环境权”为理论基石》，载《中国环境监察》2023 年第 1 期。

② 邹雄：《环境侵权救济研究》，中国环境科学出版社 2004 年版，第 285～286 页。